U0373755

教学评一致性视域下
小学数学结构化教学指南

主　　编　刘晓萍　陈六一

编委名单（按姓氏笔画排序）

朱向明　刘晓萍

张　平　陈六一

黄海滢　彭国庆

苏州大学出版社

图片在版编目(CIP)数据

教学评一致性视域下小学数学结构化教学指南 / 刘晓萍，陈六一主编. -- 苏州 ：苏州大学出版社，2025. 1. -- ISBN 978-7-5672-5085-7

Ⅰ. G623.502

中国国家版本馆 CIP 数据核字第 2025M37G28 号

书　　名： 教学评一致性视域下小学数学结构化教学指南

主　　编： 刘晓萍　陈六一
责任编辑： 李　娟
助理编辑： 周　雪
封面设计： 刘　俊

出版发行： 苏州大学出版社(Soochow University Press)
社　　址： 苏州市十梓街 1 号　**邮编：** 215006
印　　装： 常熟市华顺印刷有限公司
网　　址： www. sudapress. com
邮　　箱： sdcbs@suda. edu. cn
邮购热线： 0512-67480030
销售热线： 0512-67481020

开　　本： 787 mm×1 092 mm　1/16　**印张：** 18. 25　**字数：** 445 千
版　　次： 2025 年 1 月第 1 版
印　　次： 2025 年 1 月第 1 次印刷
书　　号： ISBN 978-7-5672-5085-7
定　　价： 68. 00 元

凡购本社图书发现印装错误，请与本社联系调换。服务热线：0512-67481020

前　言

时光煮雨，岁月缝花，烟火人间，事事皆值得，何况是为了促进学生的全面发展，更好地引导学生通过探索数学来挖掘自身的潜能。于是自 2023 年 9 月起（或许更早，可以追溯到 2022 年 4 月新的《义务教育数学课程标准》颁布之时），有一群数学人开始勾勒本书的样貌，历时一年半，经过线上线下反复地磨合、磨课、修改文本，或添或删，或取或弃，诸多艰辛，历历在目。

之所以如此耗费心血，是因为我们看到日常教学中教师的教、学生的学，和教学评价间出现断层，而理想的数学教育需要发挥评价育人功能，需要伴随教学过程捕捉学生有价值的表现，需要教即学、评即学，需要“教-学-评”有机衔接。终于，区域实践有了自己的表达范式——《教学评一致性视域下小学数学结构化教学指南》。当然，教学实践的实质是教师与学生共同参与，享受思维的艰辛与愉悦，并从解决问题中汲取力量与智慧。或者说，教学评一致性、结构化教学所表达和强调的课堂始终应有一种氛围，一种诗意的气息，一种渗透在师生共同成长空间中的教育哲学。

说到案例实践，期望和大家产生这样的共鸣：评价既能促进数学的结构化理解，又能改善教学，通过改善教学促使素养提升。也就是说，将评价有机融入课堂，强化评价的诊断、改进与激励功能。毕竟，学生的成长发展才是课堂教学的终极目标。

全书共五章，第 1 章讨论了小学数学教学评一致性的内涵、框架，以及结构化教学的意蕴与教学实现；第 2 章讨论了基于数感、符号意识、运算能力、模型意识等素养表现的教学设计；第 3 章讨论了基于量感、空间观念、推理意识等素养表现的教学设计；第 4 章讨论了基于数据意识、应用意识、模型意识等素养表现的教学设计；第 5 章讨论了基于主题式学习、项目式学习的教学设计。

正所谓所有的努力都会得到回应，只是需要时间来传递。本书是落实 2022 年课程方案和课程标准的阶段性成果。它的形成是理论指导下扎根实践土壤的经验归纳与提炼，所有的教学案例都源于实践，最终还要回到实践中去修正。

令人感动的教育类著作大致分两种：一种是作者以独特的见识与科学验证，提出了富有启迪性的理论；一种是根据现实问题，通过实践，对问题进行鞭辟入里的分析，然后以鲜活的语言描述做了什么、为什么这么做、还可以怎样做。我们怀揣对小学数学教育的敬畏之心，投入集体的力量，希望以后一种方式携手更多的教师，和我们一起单纯地、专注地研究课堂、研究数学、研究学生。如此，历经找寻与确认的过程，现在该将本书交给读者们去批评与雅正了。

刘晓萍

2025 年 1 月 1 日

目　录

第1章　小学数学教学评一致性的内涵与实施

第2章　“数与代数”领域教学评一致性设计案例

第3章 “图形与几何”领域教学评一致性设计案例

第4章 “统计与概率”领域教学评一致性设计案例

第5章 “综合与实践”领域教学评一致性设计案例

第1章 小学数学教学评一致性的内涵与实施

教育部正式颁布《义务教育课程方案和课程标准(2022年版)》(以下简称《课标(2022年版)》),明确了新时代"培养什么人、怎样培养人、为谁培养人"这一根本问题,标志着我国义务教育课程改革进入了以核心素养为导向的深化阶段。为了推动义务教育阶段数学课程改革,将愿景蓝图转化为教育实践,我们有两个突破方向,一是增强数学课程内容的结构化;二是以"三会"(会用数学的眼光观察现实世界、会用数学的思维思考现实世界、会用数学的语言表达现实世界)为基本理念,用一致性思维审视教学内容与核心素养表现、教学要求与学业质量标准、教学评价方法与数学思想精神、教学评价工具与素养形成机制之间的关系,即教学评一致性。如崔允漷教授所言:教学评一致性具有课程、课堂意义上的双重意蕴(图1-0-1)。①

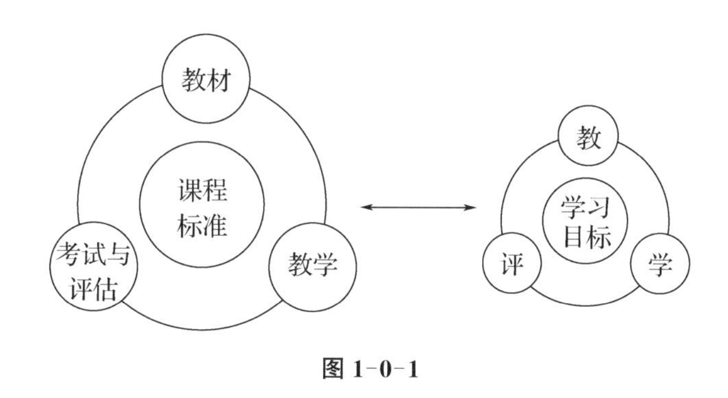

图1-0-1

1.1 小学数学教学评一致性的思考

《课标(2022年版)》在其前言中指出:课程标准针对"内容要求"提出"学业要求""教学提示",细化了评价与考试命题建议,注重实现"教-学-评"一致性,增加了教学、评价案例,不仅明确了"为什么教""教什么""教到什么程度",而且强化了"怎么教"的具体指导,做到好用、管用。② 教学评一致性是在教学目标达成过程中教学活动不偏离教学目标、教学评价真实反馈目标达成情况的根本保证,是在课堂教学系统设计中平衡统筹协调推进和紧抓细节落实之间辩证关系的基石。

1.1.1 内涵理解

韦伯将一致性分析范式定义为判断、分析课程系统各要素之间吻合程度的理念、程序

① 崔允漷. 教-学-评一致性:深化课程教学改革之关键[J]. 中国基础教育,2024(1):18-22.
② 中华人民共和国教育部. 义务教育数学课程标准(2022年版)[S]. 北京:北京师范大学出版社,2022:4.

与方法的总和。[1] 韦伯认为一致性是指两种或更多事物之间的吻合程度，即事物各个部分或要素融合成一个和谐的整体，并指向对同一概念的理解。在教育意义上，实现教学评一致性的根本目的是更好地指导教师的教与学生的学。更进一步来讲，评的不仅是学生的学，也要评教师的教，评的不仅是期中、期末考试这样的阶段性结果，还要更多关注日常的教学过程。

张菊荣认为，教学评一致性是有效教学的基本原理，要求教师的教、学生的学、课堂的评是一致性的，而不是各自为政、四分五裂、互不相干的。[2] 教学评一致性指向有效教学，强调目标指引，要求教师的教、学生的学以及对学习的评价应该具有一致的目标。教学评一致性主要是指各个教育要素之间的吻合程度。对于教学评一致性的概念，崔允漷教授最初认为可以从教师以及教育专家两个不同的层面来理解：从教师的角度来说，教学评一致性是指在教学的过程中，应该更加倾向于课堂内部的一致性，即应该将教师的教学活动、学生的学习活动和教师对学生的有效评价结合起来，让它们与先前制定的教学目标相一致；而从教育专家的层面来考虑，教学评一致性是指教师的教学活动、学生的学习活动应该与国家制定的课程标准以及考试命题相一致，从这一层面来说，这种角度更加倾向于教学外部的一致性。[3] 在教学评一致性的概念中，“教”是指教师为学生教授知识、技能的教授活动；“学”是指学生在教师的教授下通过读书、实验等方式获取知识、技能的过程；“评”是指教师在进行教学活动的过程中针对学生的表现，对学生学习的效果进行的有效的评价，这是一种形成性的评价。后来，他进一步指出，教学评一致性在课程意义上，形成基于课程标准的教材-教学-考试与评估的一致性的大闭环；在课堂意义上，形成以学习目标为指引，教学-学习-评价一致性的小闭环，实现所教即所学，所教即所评，所学即所评。[4] 由此可以看出，基于核心素养的“教-学-评”，规避了以往“教为中心”所暴露的师生主体立场错位、教学逻辑不匹配、学习内容与生活实践相分离、学生发展不平衡等误区，围绕学生的学习历程展开，为学生的主体性学习创造条件，呈现出“学习中心”的特质，回应了核心素养目标对良好教学关系的期待。

因此，我们认为教学评一致性是由课程素养目标导向的教学一致性、教评一致性和学评一致性三对关系组成的，它们两两之间存在一致性的联结，然后组合成一个整体，构成教学评一致性的内涵。落实到课程实施，需要重视目标设计，突出学习的成果意识，学习成果体现进阶性、可测性、操作性；注重问题设计，实现课堂教学结构化；注重活动设计，引领学生深度学习；重视嵌入评价，促进学生主动学习。

1.1.2 理论依据

新课程标准明确要求的教学评一致性不是凭空产生的，它不仅是教学实践的需求，更有其强大的理论基础。我们认为至少有五个理论支撑。

---

① Webb N. L. Alignment of Science and Mathematics Standards and Assessments in Four States [J]. Education, 1999, 289(3): 559-569.

② 张菊荣.“教-学-评一致性”给课堂带来了什么？[J]. 中小学管理，2013(1)：7-9.

③ 崔允漷，雷浩. 教-学-评一致性三因素理论模型的建构[J]. 华东师范大学学报（教育科学版），2015(4)：15-22.

④ 崔允漷. 教-学-评一致性：深化课程教学改革之关键[J]. 中国基础教育，2024(1)：18-22.

1. 教育目标分类学理论

1956 年，布卢姆等人出版了《教育目标分类学：认知领域》，该书的出版对教育研究、课程编制、教育测验与评价产生了深远的影响。布卢姆将教育目标分为三个领域的内容，分别是认知领域、情感领域和动作技能领域。[①] 在布卢姆看来，教育是有层次结构的，在每一个领域中，目标都可以分为从低到高的很多层次，这也就形成了目标的层次结构。同时，要将教育目标分类的对象定为外显的行为，因为只有外显的行为是可以观测和测量的。它是一种教育评价的工具，不受学生的年龄层次和具体学科本身的特点的限制，只需要将其作为框架，然后加入相应的内容，就能够形成每一个学科自己独特的教育目标的分类体系。

布卢姆的教育目标分类体系，其基本框架可以总结如下：

① 在认知领域，教育目标可以按照从简单到复杂分为六个层次：知识、领会、应用、分析、综合、评价。其中后五个属于理智能力和技能。

② 在情感领域，教育目标可以按照价值内化的程度，分为五个具体的类别：接受价值观念、反应价值观念、形成价值观念、组织价值观念、价值体系个性化。

③ 在动作技能领域，教育目标可以按照从简单到复杂的基本原则分为七个层次：知觉、定势、模仿、操作、准确、连贯和习惯化。

布卢姆教育目标分类理论的提出对我国基础教育领域产生了十分深远的影响，能协助教育者更好地把控教学过程，提升教学效果。[②] 2001 年，洛林 · W. 安德森等人从心理学、课程评价的角度将布卢姆的教育目标分类学进行完善和修订，将教育目标分成了知识和认知过程两个不同的维度，形成了一个二维分类表，如表 1-1-1 所示：

表 1-1-1 修订的布卢姆教育目标

知识维度	认知过程维度					
	记忆	理解	应用	分析	评价	创造
事实性知识						
概念性知识						
程序性知识						
元认知知识						

原来的教育目标分类学更加关注的是学生学习后所表现出来的结果，而经过修订的教育目标分类学则更加关注的是学生学习本身。经过修订的布卢姆教育目标分类学，可以帮助教师确定更加合适的教育目标，设计更加合理的教学活动，抉择出更加有效的教学评价办法，同时能够将教学目标、教学活动和教学评价放到同一个表格中，便于对其进行教学评一致性的分析。

2. 逆向教学设计理论

“理解为先”(Understanding by Design)教学模式，亦称“UbD 逆向设计”教学模式，是

① 崔允漷，夏雪梅.“教-学-评一致性”：意义与含义[J]. 中小学管理，2013(1)：4-6.

② Adams N E. Bloom's taxonomy of cognitive learning objectives[J]. J Med Libr Assoc, 2015, 103(3):152-153.

由美国教学改革专家格兰特·威金斯和杰伊·麦克泰格开发的。他们将具有多维性和复杂性的“理解”概括界定为“解释、阐明、应用、洞察、神入(或移情)、自知”六个侧面,对教与学的设计具有关键性的指导意义,受到美国课程开发学会(ASCD)的关注并进行试验推广。逆向教学设计区别于传统的正向教学设计,是目前教学中的一种新实践。

逆向教学设计的设计理念成功避开了传统教育的两大误区,即教学基于活动和灌输,它打破了传统教育的刻板印象,是基于理解的教学,既不会让学生只动手不动脑,又不会让学生只是被动地接受教师灌输的内容。逆向教学设计理论成功地将教学设计的三个环节——明确学习目标、确定实现目标的措施和手段、制定学习活动有机地结合起来,它强调评价设计要先于教学活动的设计,更强调目标、评价和教学三者的一致性,为实现教学评一致性提供了依据。逆向教学设计有三个明确的特征:一是逆向教学设计必须具有有选择、有层次的教学目标;二是逆向教学设计必须具有诊断性、多元化的评价标准;三是逆向教学设计必须具有吸引人、有成效的活动设计。当前,许多数学课堂之所以出现高付出低回报的情况,并不是因为没有采取逆向教学设计的理论,而是因为教学目标的设立比较空泛,教学评价不具体,教学活动设计不到位。学生上课时忙于猜测教师的答案,而教师则只会根据教学任务安排教学活动。逆向教学设计让数学教师能够在进行数学教学设计时首先研究课程标准,然后根据课程标准的内容确定评价的方式,最后来设计教学活动。具体的教学备课环节如图 1-1-1 所示:

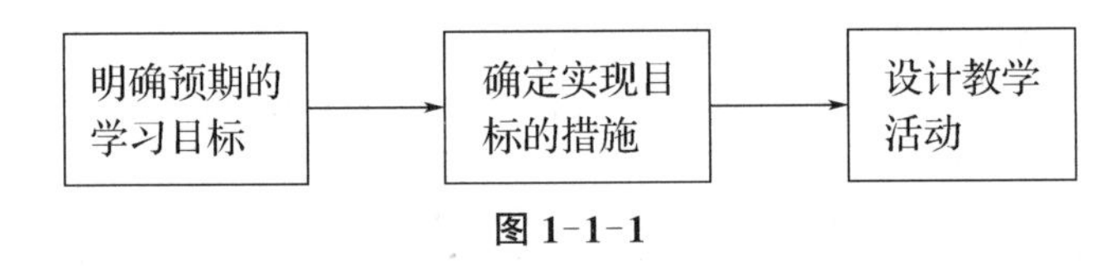

图 1-1-1

3. 有效教学理论

教学评一致性是有效教学的表现,有效教学就是让学生在知识上有收获、能力上有提高、方法上有形成、情感上有陶冶、思想上有启迪、习惯上有改进的教学,强调学生学业成绩、认知和态度的变化。① 对于有效教学的评判准则,很多学者提出了自己不同的见解。例如,盖奇认为能否达到有效教学,主要取决于教师能否在教学过程有效地组织课堂、是否具有提问的技巧、教学设计是否合理,能否让学生参与课堂教学活动,教师是否会用恰当的方式对学生取得的学习结果进行表扬。

有效教学侧重的是教学效益,即学生在经过教师一段时间的教授之后获得的具体进步和发展,因此决定教学是否有效的关键不在于教师是否认真地教,而在于学生是否认真地学。如果教师认真仔细地备课和讲授,学生却没有认真听讲,那么这个教学仍然是无效的。有效教学有三个方面的内涵,分别是有效果、有效率和有效益。其中有效果是指最终学生的学习结果与先前教师制定的学习目标是一致的;有效率是指在投入更少的情况下获得更好的学习效果;有效益是指最终实现的教学目标是否符合社会和时代发展的需要。

有效教学理论对于数学教学有重要的意义,无论是对《课标(2022 年版)》的解读,还是

① 余文森.有效教学三大内涵及其意义[J].中国教育学刊,2012(5):42-46.

对教学目标的制定都有很重要的指导作用。有效教学理论可以帮助教师明确自己的教学行为和学生的学习效果,为教师下一步制定有效的教学目标、制定教学活动提供参考,促使学生更好地学习,促进数学核心素养的落实。

4. "再创造"理论

"再创造"理论是由荷兰数学家、数学教育家汉斯·弗赖登塔尔提出来的。弗赖登塔尔认为数学教育方法的核心是学生的"再创造",无论是概念、公理定理、数学符号语言所代表的形式化体系,还是各种需要解决的问题,都应该使用"再创造"方法进行教学。弗赖登塔尔在1980年第四届国际数学教育会议上作的一篇报告中指出:数学史是一个不断发展的系统学习化过程,儿童无须机械地重复历史,但新的一代人也无法从前人终止的地方继续下去。因此儿童还是应该重复数学创造的历史,假设我们的祖先在掌握了现有的知识后会怎样做——可能发生的历史。① 弗赖登塔尔认为的数学分为两种:一种是现有或已经完成的数学,这种数学以形式演绎的方式出现,直接给予数学研究结果,掩盖了其数学思维和创造过程;另一种是活动或创新的数学,这种数学体现了数学家研究数学时的真实过程,让学生体会到数学冰冷的美丽背后数学家们火热的思考。②

数学史融入数学教学的过程,实际上就是数学史从历史形态转化成教育形态的过程,数学教师通过挖掘、加工、重构数学史,带着学生重走数学知识的发现之旅。数学史为学习者提供了认清数学本质的深厚背景,在数学的具体源头和抽象形式之间架起一座通往学生理解的桥梁,通过教师对数学史料进行"再创造",帮助学生获得更高层次的理解水平。

5. 建构主义理论

皮亚杰在研究人类知识发生、发展的过程中,深入探讨了人的认知建构。他主张学习从属于发展,直觉受制于心理运算,学习是儿童的一个心理建构活动,错误是有意义学习所必要的,否定是有意义学习的一个重要环节。③

苏联的维果茨基等心理学家与皮亚杰有着类似的观点,他们提出:学生的智力变化需要进行综合的、辩证的考察和解释。例如,要考虑到自然的或学习环境的影响、学生本人的行动或活动等。特别应当注意的是,维果茨基所说的活动并不是一般所认为的学生做起来、动起来之类的动作,而是比这些动作具有更全面、更深刻的意义。它不仅指活动过程的本身,而且指主体、客体、过程三者的统一,其中主要涉及个人的意图、需求、参与投入的程度、与他人的关系等,特别是强调活动必须是主体自觉的、有目标的、真正开动脑筋的参与,而不是那种相对于无意识的、习惯性的、自动化的程式性操作运算。④

1.1.3 原则框架

从以知识为重的教学目标转向知识与素养并重的教学目标,教学的基本样态和评价的

① H Freudenthal. Major Problems of Mathematics Education [J]. Educational Studies in Mathematic, 1981(5):133-150

② 蒲淑萍,汪晓勤.弗赖登塔尔的HPM思想及其教学启示[J].数学教育学报,2011(6):20-24.

③ 谢明初.数学教育中的建构主义:一个哲学的审视[M].上海:华东师范大学出版社.2007:46-49.

④ 李士锜,吴颖康.数学教学心理学[M].上海:华东师范大学出版社,2019:6-7.

内容形式必然发生转变，这是一个基本事实。那么，如何实现教学评的转变？《普通高中数学课程标准(2017 年版)》和《课标(2022 年版)》两份标准中都有相应的教学建议，前者提出：教学目标的制定要突出数学学科核心素养；情境创设和问题设计要有利于发展数学学科核心素养；整体把握教学内容，促进数学学科核心素养连续性、阶段性发展；既要重视教，更要重视学，促进学生学会学习；重视信息技术运用，实现信息技术与数学课程的深度融合。后者提出：教学目标要体现核心素养主要表现；整体把握教学内容；选择能引发学生思考的教学方式；进一步加强综合与实践；注重信息技术与数学教学的融合。可以看到，这些教学建议均涉及教学评的原则。

1. 整体性

教学不是以内容为起点，而是要分析内容的结构化，以期望学生掌握内容之后具有怎样的素养表现为起点。这样从“人”的角度界定教学评，即在育人的框架中，数学内容、价值观、思维水平与品格是素养的重要成分，但这些成分不是互相分离的，而是整合成一个整体(图 1-1-2)，是分化与整体的辩证统一。

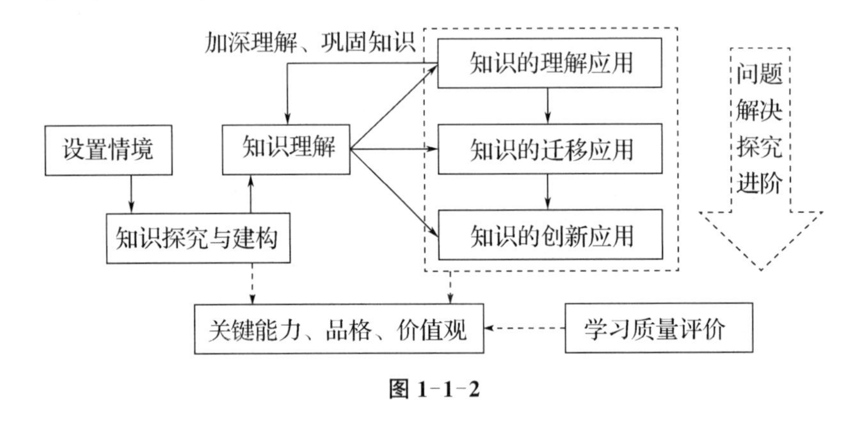

图 1-1-2

2. 阶段性

学生核心素养的养成不是一蹴而就的，有其明显的阶段性特征，因此《课标(2022 年版)》将学生核心素养表现分为小学与初中两个阶段。小学阶段学生的思维以具象为主，核心素养的表现侧重于意识，即基于经验的感悟；初中阶段学生具备了一定的抽象能力，核心素养的表现侧重于观念，即基于概念的理解。由此我们也可以得到这样的启示：在教学评中要认真思考每一阶段学生素养得以养成的证据。比如，是否存在这样的阶段性教学评的思考：① 明确预期的素养表现——应达到怎样的学业质量标准；② 确定可观察的证据——评价方法是否检验到学业质量；③ 规划相应的学习任务与学习体验——确立结构化的学习内容以达到最大学业成就，以及调控学业进步。

3. 进阶性

学生的素养表现除了阶段性，还应有进阶性原则(图 1-1-3)。在教学评一致性的视域下，教师需要根据学生的学习过程，判定学生已经具备了怎样的水平，还要清楚高一级的素养水平是什么，从而设计出从低水平向高水平的培养路径。

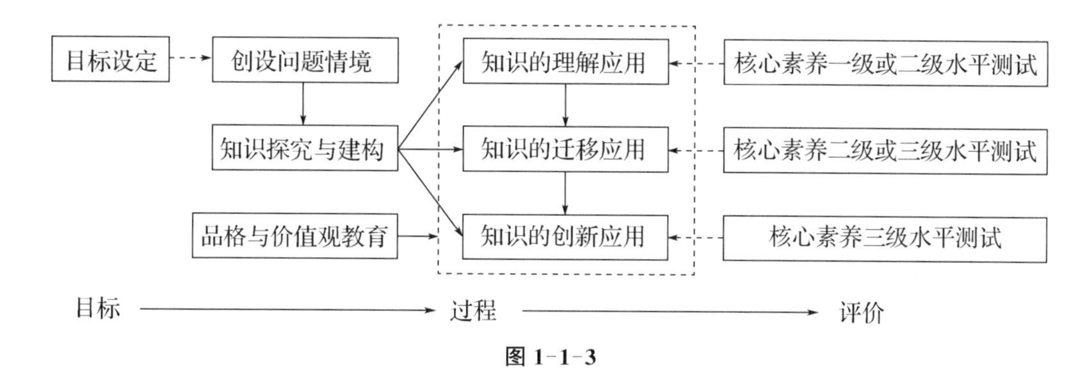

图 1-1-3

上述分析完全符合《课标(2022年版)》的要求:核心素养是在长期的教学过程中逐渐形成的,核心素养在不同学段的主要表现体现了核心素养的阶段性和各阶段之间的一致性。要依据核心素养的内涵和不同学段的主要表现,结合具体的教学内容,全面分析主题、单元和课时的特征,基于主题、单元整体设计教学目标,围绕单元目标细化具体课时的教学目标。充分发挥核心素养导向的教学目标对教学过程的指导作用,在实现知识进阶的同时,体现核心素养的进阶。基于整体性、阶段性、进阶性的教学评考量,是因为学生的素养发展需要经历"完整的学习事件"①。即要站在学生学习的立场上来思考教学,从关注"教什么""怎么教"走向"学什么、怎么学、何以学会"。这样一是要求学生学习的知识体系是完整的,整体性除了利于学生掌握知识本身,更能形成知识之间的关联,形成数学结构;二是遵循学生掌握素养的阶段性,学生的个人经验能够与所学知识建立关联,进而超越具体的知识,形成与素养高度关联的大观念;三是学习过程的不断进阶,学生便能运用所学知识来解决陌生情境、真实生活和专业情境中的问题,并反思自己的学习。

1.2 小学数学教学评一致性的实施

课程内容之所以需要进行结构改革,是因为新的时代对于中小学到底要教什么、学什么提出了一系列的挑战和要求。如果课程内容不突破,课标规定的具体内容不改革,那么教材内容、学习内容乃至考试评价内容改革,都会由于缺乏政策依据和标准参考步履维艰,核心素养理念很难真正落地。② 实践证明,单元整体教学是实现核心素养为纲的课程内容的有效方式,是实现教学评一体化的有效途径。单元整体教学以单元为基本的教学单位,以融合为基本的教学理念,以结构化为教学路径,以探究为基本的学习方式,"联结"和"转化"是单元整体教学的深层特征。下面我们从四个方面来探讨小学数学教学评一致性的实施。

1.2.1 落实基于教学评一致性的单元整体教学理念

因为数学具有高度的抽象性和严谨的逻辑性,特别强调前后知识的逻辑性,所以数学

① 崔允漷.新课程呼唤什么样的"新"教学[J].教育家,2023(2):6-8.
② 吴刚平,安桂清,周文叶.新方案·新课标·新征程:《义务教育课程方案和课程标准(2022年版)》研读[M].上海:华东师范大学出版社,2022:36.

学习中,“理解”毋庸置疑是第一位的。“理解”已经成为当今数学教育界继“问题解决”后所关注的另一重要话题。章建跃、朱文芳两位学者认为:数学知识的理解可以概括为领会和释义,要从直观和概括两个环节促进知识理解。① 史宁中教授指出:理解数学,既要从全局上把握知识的逻辑体系和结构框架,更要从局部上掌握知识的产生背景、形成过程以及隐藏在知识背后的思想方法。②

1. 教学评一体化的单元整体教学的基础:大概念

所谓大概念,也有人译为“大观念”,英文 Big Idea,利用“大概念”教学的思想早在 20 世纪 80 年代就已经初见端倪,布鲁纳在研究教学过程的时候提到,教授学生的时候应该让学生了解学科的基本结构,对学科基本架构的掌握将有利于理解学科知识、促进迁移发生。关于大概念内涵的探讨由于研究视角不同,观点也各有千秋,国内外对大概念的研究大致可以分为两个方面。从认知发展方面,如克拉克在布鲁纳等人的研究基础上把“观念”定义为理解或联结小观念的大概念,即将“观念”与“大概念”等同,认为大概念为教学提供理解的框架或认知结构。在课程与学科教学方面,大概念常被理解为一个“核心概念”或“上位概念”,可以将零碎的知识点组织成整体,为迁移提供基础。例如,菲尼克斯在讨论教学设计的时候强调“代表性概念”的重要性,认为如果有一门学科有明确的特征概念可以代表它,那么对于这些概念的全面理解也就相当于对整个学科知识的理解,这样的大概念应该在该领域引发新的知识,帮助学生学习。虽然研究人员从不同角度对大概念进行阐述,表达也各不相同,但是对于大概念的内涵,他们的观点还是一致的,即大概念是处于学科的核心位置,隐于具体知识背后的抽象的具有深层意义、具有代表性的知识结构。

大概念具有中心性,与“基础知识”“浅层知识”相对应,是抽象、高度概括化、深层次核心的知识。在这个基础上,大概念呈现网络状,它是学科知识的枢纽,可以用它架构课程内容框架,使内容形成“知识团”,促使课程结构化,不仅仅在同一学科有极强的架构价值,大概念的跨学科联结价值一样不容忽视。促使课程结构化的最终目的是发展教育的终极目标——迁移,想让学生接受“少而精”的“代表性知识”,在走出校园、忘记大部分细节性知识后仍然有印在脑海的“持久性”解决问题的能力。正是大概念丰富的内涵和独特的属性为广大教育研究人员提供了一种教学的思路,以促进核心素养更好地发展。

因此我们认为,大概念是抽象概括出来的具有联系整合作用并能广泛迁移的概念。

① 大概念是抽象概括出来的概念,是在经验和事实的基础上,对概念与概念之间的关系加以抽象概括的结果。(来历)

② 大概念是联系整合概念的概念,是概念的集合,能够将各种相关概念和理解联系成为一个连贯的整体。(概括)

③ 大概念是更能广泛迁移的概念,超越了个别的知识和技能,能够在更大范围内加以迁移运用。(迁移能力)

---

① 章建跃,朱文芳.小学数学教学心理学[M].北京:人民教育出版社,2001:59-63.

② 史宁中,孔凡哲.方程思想及其课程教学设计:数学教育热点问题系列访谈录之一[J].课程·教材·教法,2004(9):27-31.

2. 重建以大概念为核心的课程内容：单元整体教学建构

《课标（2022 年版）》指出“以学科大概念为核心，使课程内容结构化，以主题为引领，使课程内容情境化”。以学科大概念为核心的课程内容重建是深化课程改革的关键。从对孤立的知识点的设计转变为对大单元和大概念的设计已经成为一种趋势。这种基于大概念的单元知识建构，强化知识点之间的联结，有利于学生理解具体知识背后的“核心内容”，是落实核心素养的有效途径。通过分析大概念的内涵和本质属性，我们可以构建出大概念视角下指向核心素养的数学单元教学设计。

史宁中教授指出，针对教师发展和未来教学，我们的目标是“学生能够掌握知识，理解本质，发展数学学科核心素养”。故而在进行单元设计的时候应从两方面思考：一是单元目标是发展学生数学核心素养，教学设计应由其指引；二是教学设计要从“理解”出发，创设适合的情境、问题，促使学生在掌握知识的基础上能进行有效的思考。大概念是理解的“锚点”，而其丰富的内涵和独特的属性显然不适合由单个课时承载，单元则更合适成为大概念视角下的教学载体。从数学教育的终极目标（核心素养）出发的基于大概念的单元教学设计分为四个阶段：阶段一，分析教学背景，确定着重发展的学科核心素养并根据课程标准凝练出大概念；阶段二，明确教学目标，在此基础上结合埃里克森的 KUD（Know，Understand，Do）模式确定基于学科核心素养的教学目标；阶段三，确定评估证据，全面考虑上述因素，寻找能够评估学生对目标掌握水平的证据，设计表现性任务和其他评价；阶段四，规划教学过程，根据确定的素养目标和评估证据规划单元教学过程，促使学科核心素养真正落实。值得注意的是四个阶段要保持一致性，上一阶段都是下一阶段的基础，同时要经历实践修正的过程使其更加完善。

在教学过程中基于学科大概念实施单元整体教学，相比传统以课时为单位的教学，更能够突出学生主体性地位，较为有效地提升课堂教学效率，促进学生深度理解学科知识及发展学科核心素养。

1.2.2 设定核心素养目标

教学评一致性即教师的教、学生的学以及对教学和学习的评价应该具有一致的素养目标。清晰的目标是教学评一致性的前提和灵魂。没有清晰的目标，就无所谓教、学、评的活动；没有清晰的目标，也就无所谓一致性。可以说，教学“有效”的证据在于目标的达成，在于学生学习结果的质量，在于何以证明学生学会了什么。在教学中，目标是课程教学的支点，而评价则贯穿教学始终以促进目标的达成。①

在教学评三要素中，核心素养目标是课程教学系统设计的起点和终点。教学活动严格围绕核心素养目标展开才能保证教学目标的可达性，目标达成度反馈回教学设计时才能真正发挥反馈调整的作用。因此，以教学评一致性为切入点，以教学目标为导向设计课程教学系统以及基于教学评一致性评价结果的课程教学系统反馈调节机制，构建全周期的课程

① 杨雪，张春莉，刘冠男. 教、学、评一致性：贯穿单元整体教学的设计与实施：对《义务教育数学课程标准（2022 年版）》的一些思考[J]. 小学教学研究，2022(25)：13-16.

教学系统设计闭环实施路径对教师教学和学生学习都具有指导意义。

单元教学主题是单元整体教学设计的重要基础和关键。教师在教学过程中要合理确定单元教学主题，并对其进行分析、分解与提炼，选择一个具有统摄性的学科大概念作为单元主题知识内容整合架构的支撑点，整合教材中较为零碎的课时知识内容，建构学科主题单元的知识脉络。学科大概念视角下的学习单元主题的选择和建立，需要教师明确单元主题知识和任务之间的联系，并据此展开相关教学活动，如图 1-2-1 所示。

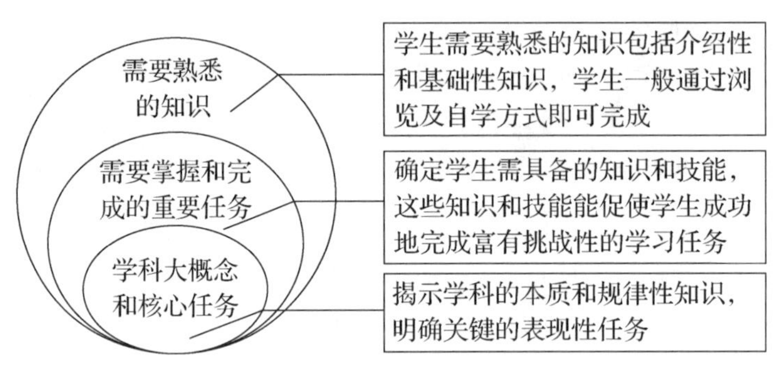

图 1-2-1

《课标（2022 年版）》明确指出，单元教学目标是对单元教学主题内容的教学目标的确定，要充分考虑核心素养在数学教学中的达成。每一个特定的学习内容都具有培养相关核心素养的作用，要注重建立具体内容与核心素养主要表现的关联，在制定教学目标时将核心素养的主要表现体现在教学要求中。例如，确定“图形的性质”主题的教学目标时，关注学生空间观念、几何直观、推理等能力的形成。核心素养导向的教学目标是对“四基”（基础知识、基本技能、基本思想、基本活动经验）和“四能”（发现问题的能力、提出问题的能力、分析问题的能力、解决问题的能力）教学目标的继承和发展。“四基”“四能”是发展学生核心素养的有效载体，核心素养对“四基”“四能”教学目标提出了更高要求。例如，要引导学生在发现问题、提出问题的同时，会用数学的眼光观察现实世界；在分析问题的同时，会用数学的思维思考现实世界；在用数学方法解决问题的过程中，会用数学的语言表达现实世界。

教师在确定单元教学目标时，首先要明确本单元主题内容的学习目标，在整体把握预期目标的基础上，统筹考虑教学活动实施过程中需要的相关支持，同时兼顾新课程标准对该单元知识内容的具体要求；其次要基于学生的学情分析，系统考量学生的实际需求和长远发展需要，既要充分兼顾学科必备知识和学科关键能力，又要考虑学生的学科核心素养水平发展，还要考虑本单元教学目标的预期学习结果和目标达成度。

教学目标的制定应遵循的原则，一是体现核心素养的发展性。核心素养是在长期的教学过程中逐渐形成的，核心素养在不同学段的主要表现体现了核心素养的阶段性和各阶段之间的一致性。教学目标的制定应反映核心素养的形成过程，这就要求教师要依据核心素养的内涵和不同学段的主要表现，结合课程目标及内容要求、学业要求和学业质量标准，全面分析主题、单元和课时的特征，基于主题、单元整体设计教学目标，再围绕单元目标细化具体的课时教学目标。具体的课时教学目标应体现核心素养发展相应水平的要求，不同主题、单元的教学目标应形成序列，循序渐进，逐步发展，体现核心素养的进阶。二是体现核心素养的实践性。“做中学”“用中学”“创中学”是发展核心素养的重要策略。三是要注重实践育人，体现对实验探究和跨学科实践活动的要求，尤其是培养学生在探究问题和解决问题时的正确价值观、必备品格和关键能力。

至此，回顾小学阶段核心素养的主要表现：数感、量感、符号意识、运算能力、几何直观、空间观念、推理意识、数据意识、模型意识、应用意识、创新意识，厘定清楚其内涵（表1-2-1），制定单元目标才有的放矢。

表1-2-1 小学阶段数学课程核心素养的主要表现及其内涵

表现	内涵
数感	数感主要是指对于数与数量、数量关系及运算结果的直观感悟。能够在真实情境中理解数的意义，能用数表示物体的个数或事物的顺序；能在简单的真实情境中进行合理估算，做出合理判断；能初步体会并表达事物蕴含的简单数量规律。数感是形成抽象能力的经验基础。建立数感有助于理解数的意义和数量关系，初步感受数学表达的简洁与精确，增强好奇心，培养学习数学的兴趣
量感	量感主要是指对事物的可测量属性及大小关系的直观感知。知道度量的意义，能够理解统一度量单位的必要性；会针对真实情境选择合适的度量单位进行度量，会在同一度量方法下进行不同单位的换算；初步感知度量工具和方法引起的误差，能合理得到或估计度量的结果。建立量感有助于养成用定量的方法认识和解决问题的习惯，是形成抽象能力和应用意识的经验基础
符号意识	符号意识主要是指能够感悟符号的数学功能。知道符号表达的现实意义；能够初步运用符号表示数量、关系和一般规律；知道用符号表达的运算规律和推理结论具有一般性；初步体会符号的使用是数学表达和数学思考的重要形式。符号意识是形成抽象能力和推理能力的经验基础
运算能力	运算能力主要是指根据法则和运算律进行正确运算的能力。能够明晰运算的对象和意义，理解算法与算理之间的关系；能够理解运算的问题，选择合理简洁的运算策略解决问题；能够通过运算促进数学推理能力的发展。运算能力有助于形成规范化思考问题的品质，养成一丝不苟、严谨求实的科学态度
几何直观	几何直观主要是指运用图表描述和分析问题的意识与习惯。能够感知各种几何图形及其组成元素，依据图形的特征进行分类；根据语言描述画出相应的图形，分析图形的性质；建立形与数的联系，构建数学问题的直观模型；利用图表分析实际情境与数学问题，探索解决问题的思路。几何直观有助于把握问题的本质，明晰思维的路径
空间观念	空间观念主要是指对空间物体或图形的形状、大小及位置关系的认识。能够根据物体特征抽象出几何图形，根据几何图形想象出所描述的实际物体；想象并表达物体的空间方位和相互之间的位置关系；感知并描述图形的运动和变化规律。空间观念有助于理解现实生活中空间物体的形态与结构，是形成空间想象力的经验基础
推理意识	推理意识主要是指对逻辑推理过程及其意义的初步感悟。知道可以从一些事实和命题出发，依据规则推出其他命题或结论；能够通过简单的归纳或类比，猜想或发现一些初步的结论；通过法则运用，体验数学从一般到特殊的论证过程；对自己及他人的问题解决过程给出合理解释。推理意识有助于养成讲道理、有条理的思维习惯，增强交流能力，是形成推理能力的经验基础
数据意识	数据意识主要是指对数据的意义和随机性的感悟。知道在现实生活中，有许多问题应当先做调查研究，收集数据，感悟数据蕴含的信息；知道同样的事情每次收集到的数据可能不同，而只要有足够的数据就可能从中发现规律；知道同一组数据可以用不同方式表达，需要根据问题的背景选择合适的方式。形成数据意识有助于理解生活中的随机现象，逐步养成用数据说话的习惯

续 表

表现	内涵
模型意识	模型意识主要是指对数学模型普适性的初步感悟。知道数学模型可以用来解决一类问题，是数学应用的基本途径；能够认识到现实生活中很多问题都与数学有关，有意识地用数学的概念与方法予以解释。模型意识有助于开展跨学科主题学习，增强对数学的应用意识，是形成模型观念的经验基础
应用意识	应用意识主要是指有意识地利用数学的概念、原理和方法解释现实世界中的现象与规律，解决现实世界中的问题。能够感悟现实生活中蕴含着大量的与数量和图形有关的问题，可以用数学的方法予以解决；初步了解数学作为一种通用的科学语言在其他学科中的应用，通过跨学科主题学习建立不同学科之间的联系。应用意识有助于用学过的知识和方法解决简单的实际问题，养成理论联系实际的习惯，发展实践能力
创新意识	创新意识主要是指主动尝试从日常生活、自然现象或科学情境中发现和提出有意义的数学问题。初步学会通过具体的实例，运用归纳和类比发现数学关系与规律，提出数学命题与猜想，并加以验证；勇于探索一些开放性的、非常规的实际问题与数学问题。创新意识有助于形成独立思考、敢于质疑的科学态度与理性精神

也正如前文所说，教学评一致性有其整体性、阶段性与进阶性，从上表我们可以整体鸟瞰小学阶段的数学课程核心素养，以此为统领。《课标(2022年版)》又明确指出了每个学段的目标，这既表明了小学三个学段需要各司其职，也指引了进阶的路线。

1. 第一学段(1～2年级)

经历简单的数的抽象过程，认识万以内的数，能进行简单的整数四则运算，形成初步的数感、符号意识和运算能力。能辨认简单的立体图形和平面图形，认识长方形和正方形的特征，体验物体长度的测量过程，认识常见的长度单位，形成初步的量感和空间观念。经历简单的分类过程，能根据给定的标准进行分类，形成初步的数据意识。在主题活动中认识货币单位、时间单位和基本方向，尝试用数学方法解决问题，积累数学活动经验，形成初步的量感和应用意识。

能在教师指导下，在日常生活中提出简单的数学问题，尝试运用所学的知识和方法解决问题。在解决问题的过程中，感悟分析问题和解决问题的基本方法，感受数学在生活中的应用，形成初步的几何直观和应用意识。

对身边与数学有关的事物有好奇心，能参与数学学习活动。在他人帮助下，尝试克服困难，感受数学活动中的成功。了解数学可以描述生活中的一些现象，感受数学与生活有密切联系，感受数学美。能倾听他人的意见，尝试对他人的想法提出建议。

在一年级第一学期的入学适应期，利用生活经验和幼儿园相关活动经验，通过具体形象、生动活泼的活动方式学习简单的数学内容。这期间的主要目标包括：认识20以内的数，会20以内数的加减法(不含退位减法)；能辨认物体和简单图形的形状，会简单的分类；解决日常生活中的简单问题；对数学学习产生兴趣并树立信心。

2. 第二学段(3～4年级)

认识自然数，经历小数和分数的形成过程，初步认识小数和分数；能进行较复杂的整数四则运算和简单的小数、分数的加减运算，理解运算律；形成数感、运算能力和初步的推理意识。认识常见的平面图形，经历平面图形的周长和面积的测量过程，探索长方形周长和面积的计算方法；了解图形的平移、旋转和轴对称；形成量感、空间观念和初步的几何直观。经历简单的数据收集过程，了解数据收集、整理和呈现的简单方法；理解平均数的意义，会用平均数解决问题；形成初步的数据意识。在主题活动中进一步认识时间单位和方向，认识质量单位，尝试应用数学和其他学科知识与方法解决问题，积累数学活动经验，形成量感、推理意识和应用意识。

尝试从日常生活中发现和提出数学问题，探索分析和解决问题的方法，经历独立思考并与他人合作交流解决问题的过程，会用常见的数量关系和其他学科的知识与方法解决问题，能初步判断结果的合理性；形成初步的模型意识、几何直观和应用意识。

愿意了解日常生活中与数学相关的信息，愿意参与数学学习活动。在他人的鼓励和引导下，体验克服困难、解决问题的成就感，体会数学的作用，体验数学美。在学习活动中能提出自己的想法，在与他人交流的过程中，敢于质疑和反思。

3. 第三学段(5～6年级)

经历用字母表示数的过程，认识自然数的一些特征，理解小数和分数的意义；能进行小数和分数的四则运算，探索数运算的一致性；形成符号意识、运算能力、推理意识。探索几何图形面积和体积的计算方法，会计算常见平面图形的周长和面积，会计算常见立体图形的体积和表面积；能用有序数对确定点的位置，进一步认识图形的平移、旋转和轴对称；形成量感、空间观念和几何直观。经历收集、整理和表达数据的过程，会用条形统计图、折线统计图表达数据，并做出简单的判断；理解百分数的意义，了解随机现象发生的可能性；形成数据意识和初步的应用意识。在主题活动和项目学习中了解负数，应用数学和其他学科知识与方法解决问题，积累数学活动经验，形成数感、量感、模型意识、应用意识和创新意识。

尝试在真实的情境中发现和提出问题，探索运用基本的数量关系，以及几何直观、逻辑推理和其他学科的知识、方法分析与解决问题，形成模型意识和初步的应用意识、创新意识。

对数学具有好奇心和求知欲，主动参与数学学习活动。在解决问题的过程中，体验成功的乐趣，相信自己能够学好数学，感受数学的价值，体验并欣赏数学美。初步养成认真勤奋、独立思考、合作交流、反思质疑的习惯。

1.2.3 施行基于教学评一体化的单元整体教学设计

学科大概念视角下的单元整体教学设计，涉及单元教学主题选择、单元教学目标确定、单元教学情境创设、单元教学活动设计、单元教学评价实施等基本要素。合理处理好这些基本要素之间的关系是完成单元整体教学设计的重要基础。

1. 基于核心素养表现，分析教学内容

《课标(2022年版)》指出：教学内容是落实教学目标、发展学生核心素养的载体。在教学中要重视对教学内容的整体分析，帮助学生建立能体现数学学科本质、对未来学习有支撑意义的结构化的数学知识体系。一方面，了解数学知识的产生与来源、结构与关联、价值与意义，了解课程内容和教学内容的安排意图；另一方面，强化对数学本质的理解，关注数学概念的现实背景，引导学生从数学概念、原理及法则之间的联系出发，建立起有意义的知识结构。通过合适的主题整合教学内容，帮助学生学会用整体的、联系的、发展的眼光看问题，形成科学的思维习惯，发展核心素养。教师应基于课程标准的素养要求，先行分析学科内容的逻辑关联、学习内容与核心素养表现的关联。然后将教学中的基本内容和基本问题转化为学习任务，并以学科大概念统领，确定教学的核心任务，进一步分解为系列教学子任务，构建教学活动任务群，通过采取任务驱动式的教学策略让学生进行自主探究。在教学过程中，不仅要注重具体内容与核心素养之间的关联，还要注重内容主线与核心素养发展之间的关联，要改变单一讲授式教学方式，注重启发式、探究式、参与式、互动式等教学方式，探索大单元教学，积极开展跨学科的主题式学习和项目式学习等综合性教学活动。根据不同的学习任务和学习对象，选择合适的教学方式或多种方式相结合，组织开展教学。通过丰富的教学方式，让学生在实践、探究、体验、反思、合作、交流等学习过程中感悟基本思想、积累基本活动经验，发挥每一种教学方式的育人价值，促进学生核心素养发展。

素养为纲的内容组织形态要成为一种大概念聚合机制，即基于大概念的知识必须少而精，做到综合化，才能为学生发展的意义关联和价值关系给予更大空间，才能成为可迁移的强有力的素养。同时，还要成为一种学习动机激发机制，即在任务化、问题解决的单元主题活动中，嵌套结构化的知识图谱，学生在完成任务和解决问题的过程中同步获得新知识、新经验，知行合一，形成迁移能力与心智的灵活性。

2. 基于单元整体考量，设计真实情境

《课标(2022年版)》指出：注重发挥情境设计与问题提出对学生主动参与教学活动的促进作用，使学生在活动中逐步发展核心素养。重视设计合理问题，在真实情境中提出能引发学生思考的数学问题，也可以引导学生提出合理问题。问题提出应引发学生认知冲突，激发学生学习动机，促进学生积极探究，让学生经历数学观察、数学思考、数学表达、概括归纳、迁移运用等学习过程，体会数学是认识、理解、表达真实世界的工具、方法和语言，增强认识真实世界、解决真实问题的能力，树立学好数学的自信心，养成良好的学习习惯。

教师要在明确单元教学目标的基础上，基于课程标准要求创设真实的、综合的、具有挑战性的教学情境，并将整个教学内容和教学活动的实施根植于教学情境之中。让学生在真实的教学情境中借助协作式学习活动的开展，引发深度思考，促进实践探究。也就是说，要给学生提供机会去面对各种真实的任务和问题，让他们能够积极探索未知、敢于迎接挑战，在应对和解决各种复杂开放的现实问题或任务过程中，逐渐发展创造性思维、批判性思维、沟通交流和团队协作能力。①

3. 基于核心素养养成，思考教学活动

核心素养是教学的出发点，也是教学的落脚点和着力点。如果说制定教学目标解决的

① 杨向东.关于核心素养若干概念和命题的辨析[J].华东师范大学学报(教育科学版)，2020(10)：48-59.

是“去哪里”（为什么教、教什么）的问题，那么设计教学活动解决的就是“怎么去”（怎么教）的问题。课堂教学是发展学生核心素养的主渠道，教师应秉持核心素养导向理念，设计有助于核心素养形成和发展的教学活动。

知识是教学的载体，也是发展学生核心素养的支点。知识本位的教学活动主要指向知识的传授、讲解、记忆与理解，核心素养的教学活动其本质是把知识转化为素养。要将传统教学设计中基于知识授受的教学过程，转变为基于学生核心素养发展的教学过程，不仅要考虑教学内容的逻辑、教学过程的环节和学生的认知特点等，还要在教学理念上以学生的学习与发展为本，注重学生的自主探究活动，调动和发挥学生学习的积极性、主动性和创造性。

4. 数学教学过程设计应关注的三个问题

一是以核心素养为导向整合教学内容。教学内容是落实教学目标、发展学生核心素养的载体。进行教学活动设计时，应准确把握内容要求和学业要求，分析教材，整体梳理教学内容，把握每一学习主题涉及的范围、层次、要点，以及核心概念、重要问题，不仅要整体把握教学内容之间的关联，还要把握教学内容主线与相应核心素养发展之间的关联。根据实际需要对“内容要求”相关学习主题内容进行重新组合，加强内容之间的关联性。整合教学内容可以基于单元主题进行整合，也可以围绕关键问题进行整合，还可以运用大概念进行整合。

二是强化情境设计与问题提出。真实、生动、直观且富有启迪性的学习情境，能够激发学生的学习兴趣，引发学生的思考，促进学生核心素养的发展。在教学中，教师可以根据教学目标、教学内容、学生的已有经验，以及学校的实际条件，有针对性地创设情境，在真实情境中提出能引发学生思考的问题，也可以引导学生提出合理问题。提出的问题应能引发学生认知冲突，激发学生学习动机，促进学生积极探究，让学生经历观察、思考、表达、概括、归纳、迁移运用等学习过程，使学生在解决问题的过程中掌握知识，发展核心素养。

三是以探究实践为主要方式开展教学活动。探究和实践是主动获得新知的重要途径，教师应充分认识这种学习活动在培养学生核心素养中的价值，要加强对探究和实践活动的研究与指导，整合启发式、探究式、互动式、体验式和项目式等各种教与学方式的基本要求，设计并实施能够促进学生深度学习的思维型探究和实践。

5. 数学教学过程设计的基本模式

威金斯提出了在进行教学活动的设计时，最重要的两个特征是学生投入（engaging）和内容有效（effective），并给出了满足条件的教学设计需要具备的元素——“WHERETO”，其具体意思大致如下：“W”（Where）——学习的目标；“H”（Hook）——吸引学生的注意力；“E”（Equip）——让学生掌握必备的知识；“R”（Rethink，Reflect，Revise）——让学生有机会进行重新思考、反思和改正；“E”（Evaluate）——教师评价和学生自我评价；“T”（Tailored）——针对学生特点进行个性化教学设计；“O”（Organized）——设计有组织的活动。基于课程标准的教学设计主要有三个特点：一是基于课程标准确定学习目标；二是根据学习目标设计评价任务；三是将评价任务镶嵌到教学活动之中。

教师进行逆向教学设计的重点是"教学",也就是在进行教学设计时要根据教学目标来设计教学活动,并将教学评价嵌入教学目标和教学活动中,即确定学习目标—设计评价任务—确定教学活动。生动的教学活动情境是促使教学目标和评价活动达到匹配的桥梁。[①]教学设计是按照板块式推进的,每个板块都是评价任务的展开,每个板块包括三个环节:明确评价任务—执行评价任务—交流学习情况。整体地看,"明确评价任务—执行评价任务—交流学习情况"是一个学习链,一节课的教学就是由若干这样的学习链构成的。在进行教学设计时,我们可以按照如图 1-2-2 所示的模式进行。

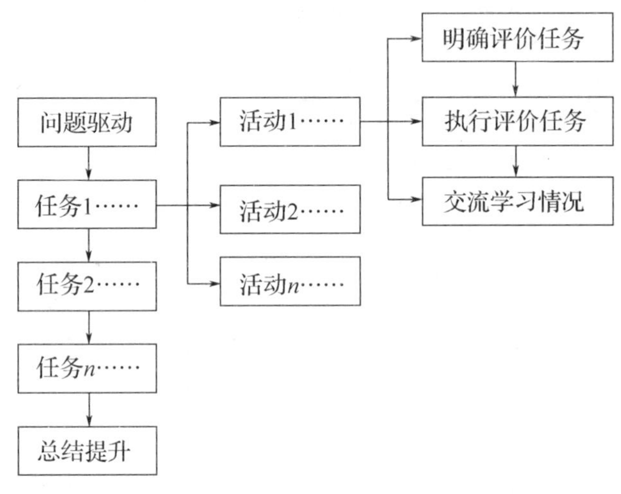

图 1-2-2

1.2.4 实践表现性评价

指向核心素养的课程改革需要在构建核心素养内涵的基础上,修订或完善课程标准学科核心素养,倡导单元设计并实施教学,进而开展教学评价,以确保核心素养的落地。[②] 具体来说,教学评价对促进学生核心素养的发展具有重要作用。好的教学评价有助于学生不断体验学习的进步和成功,更加全面地认识自我、发现自我,保持并提高学习的兴趣和自信心。同时,也有助于教师获取教学的反馈信息,对自己的教学行为和效果进行反思,不断提高教学水平和专业能力。

评价是通过收集、解释证据来描述目标达成情况的活动。在这一活动中,如何收集证据,收集的证据是否足以说明我们所期望的学习效果,是评价活动的关键。因此,目标是怎么样的,就需要选择与之相匹配的评价。《课标(2022 年版)》指出:评价维度多元是指在评价过程中,在关注"四基""四能"达成的同时,特别关注核心素养的相应表现。不仅要关注学生知识技能的掌握,还要关注学生对基本思想的把握、基本活动经验的积累;不仅要关注学生分析问题、解决问题的能力,还要关注学生发现问题、提出问题的能力。全面考核和评价学生核心素养的形成和发展。在完成教学活动后,教师还要注意开展单元教学的评价,

① 颜红波.课堂"学教评一致性"的实践探索[J].上海教育科研,2016(7):68-70.
② 钟启泉.基于核心素养的课程发展:挑战与课题[J].全球教育展望,2016(1):3-25.

一方面可以基于学习单元目标的预设和生成进行评价，对学生在教学活动中的学习行为、学习体验方式及学习任务的完成等方面进行评价；另一方面可以对主题单元教学进行整体设计后的效果进行评价，对重构后的学习单元在引导学生对学科知识的整体理解和掌握、学科大概念的建构及学科核心素养的发展等方面进行评价。在具体的评价方式上，可以编制相关评价量表，进行单元任务完成表现性评价、单元学习活动合作性评价等，真实可靠的评价能够更好地促进学校教育教学水平的整体提升，引导教师和学生总结分析、获取经验，并对经验进行加工重组和完善，让教师的教和学生的学都更加有针对性，全面促进教师与学生共同发展和成长。

综上，基于核心素养的课程改革，需要构建更平衡、更具生长性的评价体系。教师以学科大概念为统领，将课程内容进行结构化设计（图 1-2-3），以这样的评价体系能很好地体现核心素养所描绘的学习结果，尤其是那些高阶思维、复杂的认知能力，以及在新的情境中解决问题的能力等关键学习结果。同时，这样的评价能指向素养的课程开发与实施。大量的证据表明，表现性评价更适合用于检测核心素养，且更有可能促进素养的获得，能支持更具诊断性的教学实践。正如钟启泉教授所言，探索以表现性评价为代表的新型评价模式，是直面核心素养导向的教学挑战。

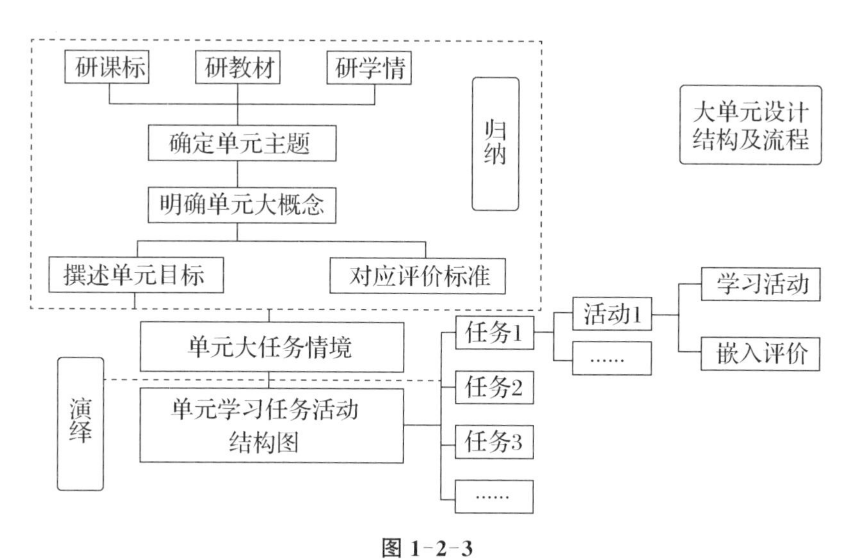

图 1-2-3

什么是表现性评价？最直观的理解就是对学生表现的评价，但这样的界定比较粗略。斯蒂金斯和威金斯是学生表现性评价研究领域的重要代表人物。斯蒂金斯从表现性评价所应具备的要素出发，提出一项完整的表现性评价主要由四部分构成：评价的目的、所要评价的具体表现内容、开发用于引出学生表现的练习或任务、针对表现结果的评分和记录方案的设计。威金斯则从评价目标出发，认为表现性评价主要关注学生在界定不明和结构不良的情境中应用知识的能力。在这一定义中强调表现性评价，关注学生在情境中应用知识解决问题的能力。我国教育部基础教育司编著的《新课程与学生评价改革》一书中，对表现性评价做了如下界定：教师让学生在真实或模拟的生活情境中，运用先前所获得的知识解决某个新问题或创造某种东西，以考查学生知识与技能的掌握程度，以及实践、问题解决、交流合作和批判性思考等多种复杂能力的发展状况。查普斯等人与斯蒂金斯有着相似的思路，主要从表现性评价的构成来界定表现性评价最本质的要素，认为表现性评价就是由学生所要完成的表现性任务和相应的评分规则组成的。斯坦福大学评价、学习与公平中心(Stanford Center for Assessment，Learning and Equity，SCALE)的施特歇尔则从测评系统视角出发，在将传统测验和表现性评价相比较之后，认为表现性评价是一系列表现性任务的集合。如果说将传统纸笔测验中的选择性问题(multiple-choice questions)称为“题项”的话，那么学生的表现性活动则可以称为“任务”。表现性任务为学生提供一种结构化的情境，在该情境中，刺激材料以及相关信息或行动的要求会一并呈现给学生，最后结合具体标准对学生的回答进行质量评级。①

可见，表现性评价不仅能测评复杂、高阶、指向核心素养的目标，还具备促进课程、教学和学生学习的教育性功能，真正实现了教学评的一致性。那么如何实施表现性评价才能更好地促进学生核心素养的养成呢?

1. 将表现性评价嵌入教学

我们不能在原来的教学安排之外，再给学生添加一些所谓的表现性评价，而是要想办法把课程、教学和表现性评价统整在一起。表现性评价本身的特质也使得它具有统整课程与教学的潜力。它聚焦大概念的评价目标，正是课程与教学的素养目标；详细描述的评分规则，让教师和学生更加清楚地知道努力的方向；让学生综合运用知识来解决真实世界问题的评价任务，既是学习任务，又能更深层次、更全面地了解学生的所知与所能。

当然，嵌入表现性评价的教学实施(表 1-2-2)需要教师在设计教学活动之前设计表现性任务，也就是“逆向设计”。具体的做法是：首先，在设计和教学一个单元开始之前，确定这个单元的关键素养目标。在确定了对学生而言什么是重要的基础上，进行课程的设计。其次，针对关键的素养目标设计表现性评价任务。最后，将评价任务镶嵌在教学活动中，使其成为教学活动(学习活动)的一部分。理想的表现性评价任务同时也是一项有效的教学活动(学习活动)。或者说，表现性评价统领着教学的设计与实施。②

表 1-2-2　嵌入表现性评价的教学实施

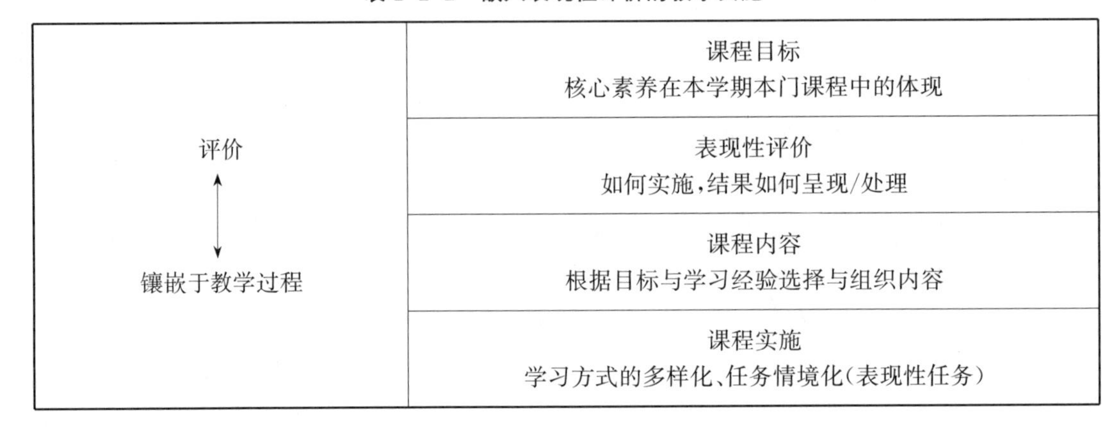

<table>
<tr><td rowspan="4">评价
↕
镶嵌于教学过程</td><td>课程目标
核心素养在本学期本门课程中的体现</td></tr>
<tr><td>表现性评价
如何实施，结果如何呈现/处理</td></tr>
<tr><td>课程内容
根据目标与学习经验选择与组织内容</td></tr>
<tr><td>课程实施
学习方式的多样化、任务情境化(表现性任务)</td></tr>
</table>

① 教育部基础教育司，教育部师范教育司. 新课程与学生评价改革[M]. 北京：高等教育出版社，2004:70-72.

② 周文叶. 中小学表现性评价的理论与技术[M]. 上海：华东师范大学出版社，2014:53-59.

2. 确保学生经历评价全过程

表现性评价需要学生经历任务完成的全过程，而不是仅仅给出一个答案。的确，学生有机会将课堂所学知识应用于真实问题，可以更深入地理解所学内容。所以在表现性评价的实施过程中，为了能更好地驱动学生进行深度学习，我们首先要确信学生知道自己将要完成什么样的任务，也就是清楚任务要求。只有学生理解了任务的要求，才有可能做出一致的表现。其次，我们要创造条件确保学生有机会做选择，从而深度参与整个过程，如选择研究问题、选择资料等，学生有机会对自己的学习进行自主计划、自我监控和自我管理。再次，关注不同学生的不同学习经历，为每一个学生的知识建构提供可行的路径，课堂中的表现性评价驱使着学生进行深度学习。

为了有效交流，在实施表现性评价的时候，还要充分利用评价规则，引导学生开展自我引导学习，了解自己的学习进程，评判自己的成果，监测并改进表现性任务的质量。

1.3 素养导向的小学数学教学评一致性体系构建

泰勒认为教育评价是确定课程与教学计划实际达到教育目标程度的过程，其本质是测量课程和教学方案在多大程度上达到教育目标。[①] 小学数学教学评一致性旨在基于新时期教育评价改革的目标和任务，充分发挥评价即时诊断教与学问题、改进教与学行为、提升教与学质量等作用，进一步完善“目标-教学-评价”一体化的课程实施系统，强化教师的课程意识，引导教师开展基于课程标准的教与学活动，帮助教师从预期学习结果（目标），到寻求评估证据（评价），再到设计学习活动（教与学）整体思考课程实施各环节。

1.3.1 核心素养导向的教学评价的基本特征

教学过程是教与学双边动态的活动。小学数学教学评价以课程标准为参照，以诊断、改进教学质量为导向，聚焦学生表现性行为的即时性、过程性评价，可以评定学生学习表现达成课程目标的水平程度。评价融于教学过程之中，可以及时发现与改进教学问题，其具备如下特征。

1. 建构性

随着新课改的不断深入，评价理念逐渐由“知识立意”向“问题立意”“思维立意”“素养立意”转变。小学数学教学评价就是以聚焦知识理解、呈现思维过程、关注知识建构、评估数学核心能力为追求，通过搭建基于“知识技能”，兼顾“认知水平”与“数学素养”的多维立体评价框架，实现课程实施与学生能力发展的桥梁作用，进而促进小学数学教学从知识识记、技能套用的“惰性知识”学习[②]，转变为数学本质理解、思想方法领悟与应用的“活性知识”学习。

---

① 孙名符，刘岗. 数学学习评价[M]. 北京：科学出版社，2008：15-168.

② 刘会超，杨锋英. 惰性知识的特性及克服[J]. 天中学刊，2008(2)：107-108.

2. 诊断性

美国教育评价专家 Linn 和 Gronlund 指出：诊断性评价的目的在于找出引发学习问题的顽固性原因，从而执行弥补行动。[①] 小学数学教学评价的诊断性功能体现在以下两个方面：一是依据学业质量标准，诊断分析学生学业表现存在的问题及原因，为改进教与学提供支撑与依据；二是借助小学生学习行为评价指标，诊断教与学的行为表现，及时调整改进，为学生获得良好的学业表现提供保障。

3. 导向性

评价的本质属性是一种认识活动，是依据评价标准、指标对学生学习活动的状态及结果进行价值判断。尽管评判结果是对学生学习表现或行为状态进行质性描述，但评价依据了一定的标准，且标准本身兼具指导意向，能指引学生学习行为的努力方向。同样，对学生学习表现的评判信息进行反馈，可引导教师探讨课堂教学目标在预设与达成过程中存在的问题，帮助教师寻找、改进与学习目标相匹配的教与学活动，最终导向教与学向着既定目标努力。

4. 发展性

随着基础教育课程改革的不断发展，当前的教育评价在发挥诊断和改进功能的同时，强调以唤醒评价主体的个性化表现为目标，促进教师、学生的自主发展。诊断性动态评价强调评价主体由追求多元性，发展为突出被评价者的自我反思与评估。对学生来说，诊断性动态评价强调学习者开展自我反思与评价，明确学习目标、学习问题及能力方向；对教师来说，诊断性动态评价强调教师反思、评价自身教学行为的优劣，及时做调整与改进，使其符合学生的学习认知。总之，诊断性动态评价除了关注学习过程，关注学生学习品质及正确价值观的形成，还关注评价主体能动性的发挥，强调师生都成为评价的参与者、反思者及相互促进者。

5. 多元性

小学数学教学评价主要依据学业质量标准，运用恰当的评价工具，测评学生学习表现水平。因此，无论是教育行政部门开展的区域教育质量监测、学校教研部门基于问题的教学研究，还是教师的教学管理与改进，教学评价都是多级别、多类型、多部门展开教育评价的依据。同时教学评价的主体是灵活、多元的，囊括教师、家长、同伴以及学生本人。

1.3.2 核心素养导向的教学评一致性体系构建

新课程理念下的数学课堂教学，更加强调实现学生主动、自觉、相对独立的建构性学习，因此，测评学生学习行为表现指标，不是以静态的教学设计环节或要素而设定的，而是以动态的学习过程中的行为表现为依托的，可以凸显数学学习的理解建构性。只有这样，才能确保教师获取的评价信息对教与学行为具有诊断、改进功能。同样，学习结果评价指

---

① Linn R L, Gronlund N E. Measurement and Assessment in Teaching [M]. 7th ed. Englewood Cliffs N J: Merril, 1995.

向数学能力与素养，需要借助指向数学核心素养的测评工具进行评定。核心素养导向的小学数学教学评一致性体系是依据课程实施的结构要素设计的，由“内容标准”“评价指标”“测评工具”“学业标准”等要素构成，如图1-3-1所示。

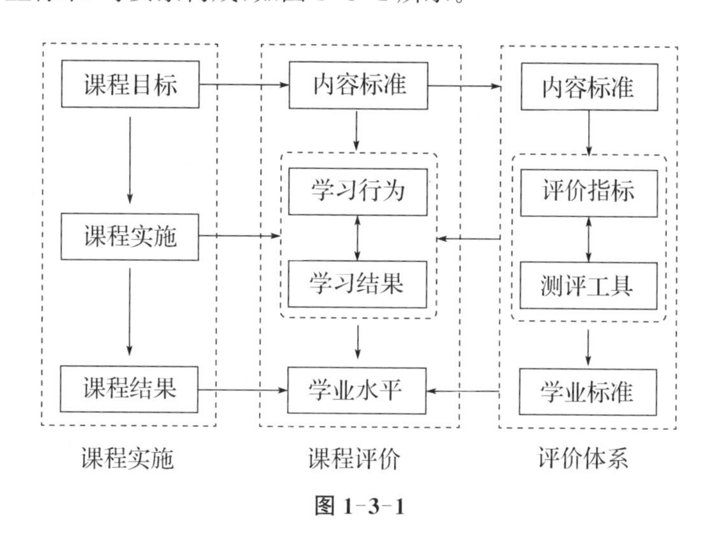

图1-3-1

其中，评价体系包括两个部分：一是内容标准，它是数学课堂教学实施的依据，依托具体学科内容，是对课程目标的具体化，能够考查学生在数学学习过程中的变化和发展状态；二是学业标准，它描述学生完成相应学段课程学习任务后，在知识、技能以及素养方面的综合表现水平。

1. 内容标准的制定

小学数学学业质量标准中的内容标准不仅包括学生对数学概念、法则、性质等具体知识技能的认识水平，还包括通过数学学习而形成的必备能力，如收集处理信息能力、分析与解决问题能力和形成的数学思维方式、数学思想方法的感悟等，以及学生自主发展所必备的学习品质、创新精神和实践能力等内容。

内容标准既要呈现学习结果质量，还要体现学习过程质量。所谓学习结果质量是指教学活动引起的学生身心素质变化的结果，即学业成就；所谓学习过程质量是指学生在课程或学科学习过程中的变化和发展状态，主要通过学生在学习过程之中的体验来反映。

关于认知水平，依据布卢姆目标分类学中的认知过程维度，以及《课标(2022年版)》中有关行为动词的分类，结合知识内容的特点与性质，根据小学生年龄特点和认知水平，将小学生的数学认知水平划分为四级(表1-3-1)。

表1-3-1 布卢姆目标分类及小学生的数学认知水平划分

认知过程维度的六个类目	小学生的数学认知水平
记忆(从长时记忆系统中提取有关信息)	了解识记(知道、初步认识)
理解(从传播的教学信息中建构意义)	数学理解(认识、会)
应用(在给定的情境中执行或使用某程序)	实践应用(能、掌握)

续 表

认知过程维度的六个类目	小学生的数学认知水平
分析(把材料分解、确定各部分之间相互联系以形成总体结构或达到目的)	迁移创新(感悟、形成、建构)
评价(依据标准或规格做出判断)	
创造(将要素重新组织成为新的模式或结构)	

了解识记:从具体实例中知道或举例说明对象的有关特征;根据对象特征,从具体情境中辨识或举例说明对象。数学理解:能够描述对象的特征、解释由来,能比较此对象与相关对象之间的区别与联系;能够推论、概括一个新的结论,完成意义的内化与建构。实践应用:在理解的基础上,运用某种程序化的方法解决给定情境中的问题。迁移创新:能综合运用已掌握的知识经验,选择或创造恰当的方法解决新问题,形成新的模型、方法(属于高阶认知过程)。

2. 小学数学学业质量标准

学业质量是学生在完成课程阶段性学习后的学业成就表现,反映核心素养要求。学业质量标准是以核心素养为主要维度,结合课程内容,对学生学业成就具体表现特征的整体刻画。依据小学生数学核心素养表现数学课程学业质量标准,主要从以下三个方面来评估学生核心素养达成及发展情况。

① 以结构化数学知识主题为载体,在形成与发展“四基”的过程中所形成的抽象能力、推理能力、运算能力、几何直观和空间观念等。

② 从学生熟悉的生活与社会情境,以及符合学生认知发展规律的数学与科技情境中,在经历“用数学的眼光发现和提出问题,用数学的思维与数学的语言分析和解决问题”的过程中所形成的模型观念、数据观念、应用意识和创新意识等。

③ 学生经历数学的学习运用、实践探索活动的经验积累,逐步产生对数学的好奇心、求知欲,以及对数学学习的兴趣和自信心,初步养成独立思考、探究质疑、合作交流等学习习惯,初步形成自我反思的意识。

数学课程学业质量标准是学业水平考试命题及评价的依据,同时对学生的学习活动、教师的教学活动、教材的编写等具有重要的指导作用。据此《课标(2022年版)》对学业质量标准有明确的界定(表1-3-2)。

表1-3-2 小学数学课程学业质量标准

学段	学业质量描述
第一学段(1~2年级)	能结合具体情境,认识万以内的数及其大小关系,描述四则运算的含义,能进行简单的整数四则运算,形成初步的数感、运算能力和符号意识;能结合现实生活中的事物,认识并描述常见的立体图形和平面图形特征,会对常见物体的长度进行测量,形成初步的空间观念和量感;能对物体、图形或数据按照一定的标准分类,形成初步的数据意识。认识货币单位、时间单位和基本方向,尝试用数学方法解决问题,积累数学活动经验,形成初步的量感和应用意识。 结合现实生活情境,尝试用数学语言描述生活中的实际问题,运用所学的数学知识和方法解决问题,形成初步的数感、量感和应用意识。 通过操作、游戏、制作等丰富多彩的活动,对数学产生一定的好奇心,形成学习数学的兴趣和初步的合作交流意识与独立思考的学习习惯。

续 表

学段	学业质量描述
第二学段 （3～4 年级）	认识自然数，能结合具体情境初步认识小数和分数，能进行整数四则运算和简单的小数、分数加减运算，形成数感、运算能力和初步的推理意识；能认识常见的三角形和四边形，会测量、计算长方形与正方形的周长和面积，了解图形的平移、旋转和轴对称，形成空间观念、量感和初步的几何直观；能分析与表达数据中蕴含的信息，能绘制简单的数据统计表和统计图，形成初步的数据意识。进一步认识时间单位和方向，认识质量单位，尝试应用数学和其他学科知识与方法解决问题，积累数学活动经验，形成量感、推理意识和应用意识。 结合现实生活，能尝试运用所学的数学知识和方法描述、表达、分析、解释实际问题，运用常见的数量关系解决问题，形成量感和初步的应用意识，以及分析问题与解决问题的能力。 经历数学学习的过程，通过操作、游戏等丰富多彩的活动，对数学形成一定的求知欲，具有学习数学的兴趣，初步养成独立思考、合作探究等良好的学习习惯。
第三学段 （5～6 年级）	认识自然数的一些特征，理解小数和分数，能进行简单的小数和分数四则运算和混合运算，感悟运算的一致性，形成数感和运算能力；能用字母表示数量关系和规律，理解常见的数量关系，形成符号意识；能认识常见的立体图形和平面图形，计算图形的周长、面积（或表面积）、体积，能描述图形的位置和运动，形成量感、空间观念和几何直观；知道数据的统计意义，能对一些随机现象发生的可能性大小做定性描述，形成数据意识和推理意识。了解负数，应用数学和其他学科知识与方法解决问题，形成数感、量感、模型意识、应用意识和创新意识。 能从数学与生活情境中，在教师的指导下，初步学会用数学的眼光观察，尝试、探索发现并提出问题，将所学的数学知识应用于解决现实生活中的问题，形成初步的模型意识和应用意识。 对数学形成一定的好奇心与求知欲，具有学习数学的兴趣，初步养成良好的学习态度和习惯。初步建立学好数学的自信心，体会数学的价值，在解决问题的过程中逐步克服困难，初步形成一定的应用意识和创新意识。

同时，《课标（2022 年版）》还指出：教学目标的确定要充分考虑核心素养在数学教学中的达成。每一个特定的学习内容都具有培养相关核心素养的作用，要注重建立具体内容与核心素养主要表现的关联，在制定教学目标时将核心素养的主要表现体现在教学要求中。而评价反映着教学目标（学习目标），即核心素养是否实现。所以从核心素养开始，也从核心素养结束，形成了教学评的闭环。由此可见，核心素养是教学、学习、评价的中介。只是，把核心素养作为课程目标，并发挥目标的功能，还需要采用专业的路径，在教育目的与学习结果之间设置一定的层级，并对每一层级做出可理解、可观察、可实施、可评价的陈述。也就是说，需要设计合理的教学评一致性工具（表 1-3-3），可使得核心素养落实到具体的教学层面。

表 1-3-3　核心素养导向的教学评一致性效度工具

教学评一致性维度	好的素养描述	不良的素养描述
内容的相关性	与课程标准、课程方案框架一致；为了促进学习，可能对内容进行单元整体教学、跨学科学习；能将内容与更上位的大概念联系起来，能用一种清晰的方式表达主题内最为重要的概念	少量的证据表明与课程标准、课程方案框架一致；集中于事实性内容；缺乏内容的结构化关联

续　表

教学评一致性维度	好的素养描述	不良的素养描述
能力的迁移性	包含了在内容领域间可迁移的并且能运用到真实生活情境中的技能与经验；能理解原理、规律、性质间的关系；深度理解数学内容在各种情境中的应用	局限于教材的资源；考虑非常具体的内容；常规或机械的思考、回忆，缺乏应用知识的机会
数学理解	表现超出既定事实或字面解释的理解水平；通过内容的运用来支持学生自己的观点；通过分析、证明、创造，促进复杂的联结	回忆、背诵、陈述信息、定义和数学术语；执行简单的问题或任务
表现评价	用清晰的数学语言定义被评价的内容；用大概念、跨学科的方式提供学习的证据	缺乏被评价内容的描述；自我限制展示学习的证据

如果上表中“好的素养描述”记作素养水平 4，那么“不良的素养描述”可以记作素养水平 1，实践中老师还可以设置出水平 2 和水平 3，以帮助教师教学更有进阶感，帮助学生更好地实现素养的进阶。所以还可以在表 1-3-3 的基础上，设计出分析性评价量表，如表 1-3-4 所示。通过表 1-3-4 的开发，教师就能回答好以下几个问题，从而实现教学评的一致性：① 优秀的学生作品具有怎样的特征？什么样的证据可以说明学生诞生了精彩的观念？② 所评价的学习目标有哪些重要特征？③ 区分不同素养水平的特征是什么？

表 1-3-4　核心素养导向的教学评一致性分析性评价量表

一致性维度	素养水平层次			
	水平 1	水平 2	水平 3	水平 4
维度 1				
维度 2				
维度 3				
维度 4				

核心素养为纲的教学目标规定了学科教学从以学科为本到以人为本的根本转向，直接关系到“培养什么人”和“培养人的什么”问题。从关注知识的性质到关注个体意义和社会意义，使得学习过程从认识、反映关系到理解、建构关系，深化学生的生命意义。学生从一个人在学习学科知识，转向一个学习学科知识的人，人成了教育教学真正的对象和目的。这一教育理想的实现，课堂是主阵地，所以基于《课标（2022 年版）》教学评一致性的理念，在上述文献分析、一线观察、学理辨析之后，我们提出了“问题（任务）→学科实践”的教学方式，如图 1-3-2 所示，以此承载教即是学，评即是学，评即是教；以此践行数学课堂是学生智力撒欢的疆场，是人性真善美的唤醒，是真实生活的智慧实验，并在不同学生收获不同数学进步的过程中，不断丰富核心素养。

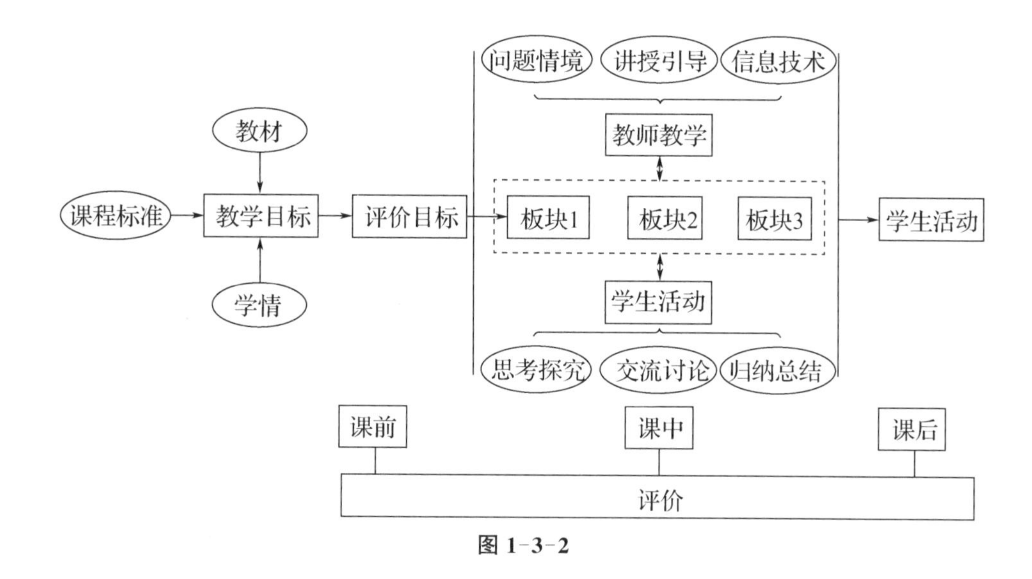

图 1-3-2

1.4 结构化教学意蕴与实现途径

课程内容的结构化是《课标(2022年版)》的基本理念,也是其相对于《义务教育数学课程标准(2011年版)》(以下简称《课标(2011年版)》)的主要变化之一。以"结构化"为关键词的教学实践与理论探讨,便成了近些年来的教育热词。但是我们也要思考:第一,结构化是要从纯数学的角度对待具体的数学结构吗?尽管强调结构化体现在将具有一致性学科本质特征的内容整合成一个主题,有助于学生整体把握和理解数学,但是波及全球的"新数运动"已经有了足够的教训,这条路径完全超越了小学生的学习程度。第二,结构化是要将学生的认知建构视同课程内容的结构化吗?尽管学生有无限的可能,但最近发展区理论启示我们,教必须跑到学的前面,因为处在最近发展区的系列知识一个人无法独自学习。何况,从学科沿演史可见,数学是按照一定的秩序与内部联系,对已经积累的经验、知识进行归类、整理或加工,组合成的一个有机逻辑体系。① 而这需要教师的示范、启发、对话、点拨,或者说学生在与教师的互动探究中,通过再创造才能得以洞见数学。为此,结构化教学需要我们从学的结构化与教的结构化两个维度重新理解教学。更重要的是通过教的结构化更好地促进学的结构化,从而让学生理解数学,感受数学思维是理解世界的一个重要方式,进而实现通过数学发展学生的核心素养。由此与本章前面三节相互映照,教学评一致性、单元整体教学、结构化教学虽然是三个不同的概念,但是都指向了怎样培养人、培养怎样的人,是为了落实素养目标同一方法论的三个等价表达。

1.4.1 结构化教学意蕴

学的结构化是指要对学生的学习内容做结构化的分析和设计,以便于让学生能形成更好的思维结构,以及习得数学学习的方法论,这既是为了回应《课标(2022年版)》中内容的

① 孙绵涛,朱晓黎.关于学科本质的再认识[J].教育研究,2007(12):31-35.

结构化要求，也是对学习理论的实践性反思。

1. 变革学习形式

学的结构化首先是针对内容结构在学习形式上的分析。当下基本的教学流程是：问题（聚焦于某一个知识点）→解题（方式有教师讲解或少部分学生讲解）→练习（基础练习、变式练习、拓展练习）。反思教学流程，由于问题的孤立性与碎片化，课时学习仿佛永远都在解决全新的问题，连续的内容学习却不能产生连贯的整体认知。纵然后续有大量的练习加以串联，学生通过熟能生巧也许会举一反三，但也有可能“熟能生笨”，从而丧失学习的热情，并在强势威权（老师与优秀生）介入的共识与大量练习中，失去了面对复杂问题尝试“举三反一”的洞见。

为此，我们试图革新对内容学习的课堂进程：问题（基于内容单元与素养目标下的问题任务群活动）→回溯与唤醒（学生在个性化表达与多元表征中回到学习经验，回到数学基础概念）→识别与归类（识别模式、辨析比较）→自反抽象（将概念回到背景意义）。当学生发现每天解决的问题只是“数学树”上的一根枝条，即数学结构上的一个结或者结与结之间的一段线，学生便能悟出今天所学与昨天所学之间有所关联，并能想象到未来相关所学，这样每一次新学便可以退回到旧知之中，或者改造了旧知的局限。于是，唤醒过往的学习经历便能作为新知学习的支架，继而在对数学内容变与不变、静与动的观察、操作、协商、争论、建构、变构中，将数学经历凝练为数学经验，进而指导未来的自学行为。

为了让形式上的变化能促进学生的数学理解，还要对学科本质进行分析。例如，数与运算的教学，就要帮助学生“感悟数概念本质上的一致性”“体会数的运算本质上的一致性”。[①] 当然，学科本质不可能在一节课，甚至不可能通过一个自然单元、一个年级的学习就能实现，我们要在本质的统领下，分侧面、分层级地以长时间的数学学习，通达数学的理想状态。同时，每一个单元、每一个课时的学习，要分析单元、课时内容的纵向关联，寻找到所学知识所处的地位，以及分析单元、课时内容的横向关联，以学生的数学经验、数学学习经验为基点，将新知、未知纳入已知模式，或者暂时不能解决问题，但是可以思考可能抵达问题解决的路径。如图 1-4-1 所示，以分数除法的学习为例，其中椭圆内容指向纵向结构，即内容本身的前后关联；方形内容指向横向结构，即数学学习经验的关联。

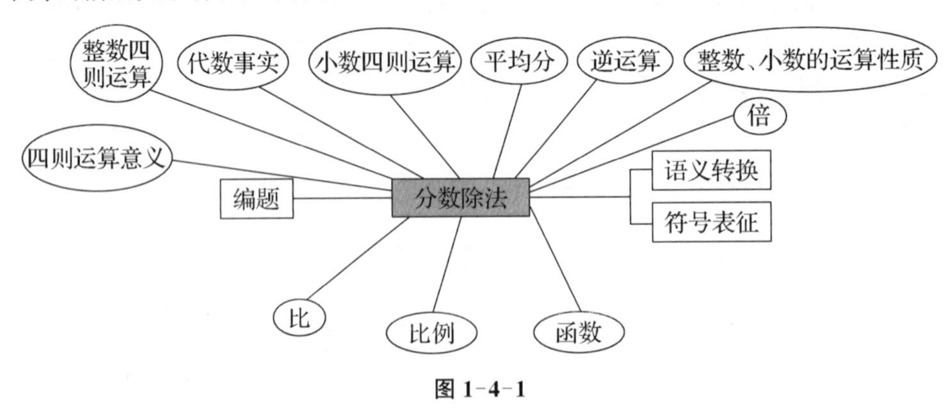

图 1-4-1

① 中华人民共和国教育部. 义务教育数学课程标准（2022 年版）[S]. 北京：北京师范大学出版社，2022：18.

2. 设计学习路径

如果说上述分析试图在启迪学生思考什么是数学、数学有什么用、数学为什么是今天这个样子，教学还要帮助学生学会思考怎样可以更好地学习数学、数学如何让理性思维得以实现。例如，分数除法的学习，课程目标指向运算能力素养。目标对应的学业质量标准是：能进行简单的分数除法运算，感悟运算的一致性，形成数感和运算能力。① 具体来说也就是要做到以下几点：明晰分数除法运算的对象，知道为何用分数除法进行运算，理解分数除法可以用被除数乘除数的倒数来计算这一算法和算理之间的联系；会选择合理简洁的运算策略，有基于自己思维经验的问题解决方法；形成规范化的思考，养成求实的科学态度。

其教学目标的实现过程，几乎可以看作学习沿阶而行的路径。也就是说一旦厘定了数学内容所承载的素养目标，我们便可以将目标细化，同时赋予目标可以量化的质量描述，再以此设计教学程序。继续以分数除法为例，为了实现前面所描述的目标与质量要求，课堂可以分三步走，在多个课时的连续学习中兑现目标。第一步学习分数除以整数；第二步学习整数除以分数，含整数除以几分之一、整数除以几分之几；第三步学习分数除以分数，如图 1-4-2 所示。需要注意的是，在学习肇始，依据情境学生能够发现分数除以整数、整数除以分数、分数除以分数，讲述相同的数学故事，只是解决问题时数字不同而已。辨析不同的解释，学生能够发现尽管每一步骤都有不同的解题方法，但是每一种解题方法都能在乘法和除法之间建立联系。

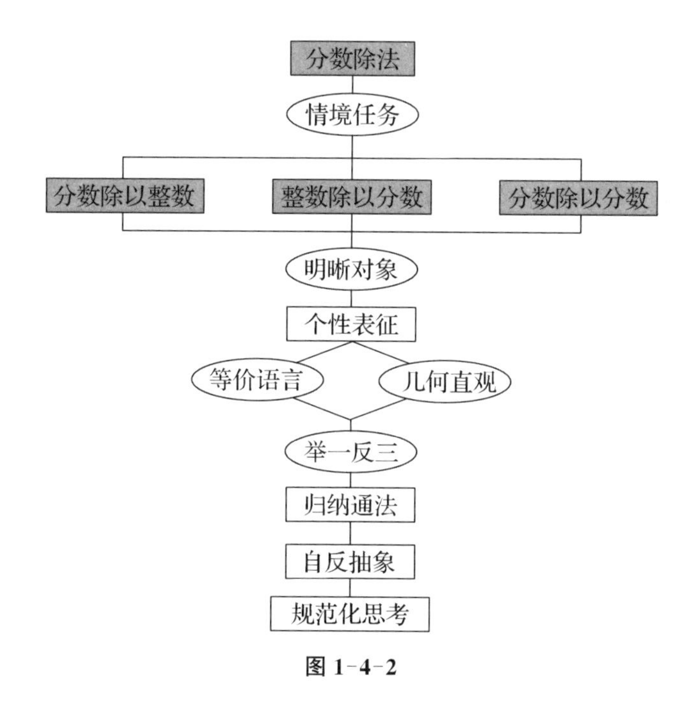

图 1-4-2

教的结构化是指教师以结构化的方式表达自己对教学的思考，建构“从一节课到一类课”的整体教学设计的框架，这是作为教师适应《课标(2022 年版)》的教学思考与设计的应

① 中华人民共和国教育部. 义务教育数学课程标准(2022 年版)[S]. 北京：北京师范大学出版社，2022：17-18.

对。也就是对于数与运算的教学、数量关系的教学、图形的认识与测量的教学等，都能在框架下进行教学思考。毕竟每一个主题的学习不是一节课就能完成的，每一个结构也不是靠教师的告知学生就能掌握的。

继续以分数除法的教学为例，在分数范围内理解除法意义应该是这几节课的教学起点，等分模型和包含除模型分别对应理解分数除法两种思考过程，估算是运算教学不可分割的一部分。而这样的教学经验当然来自整数除法、小数除法的课堂，由此就构成了运算教学的基本样态。具体展开来讲，可以从以下四个方面建构分数除法学习的框架。

第一，使用情境任务。有关分数的情境问题有助于加深学生对分数的理解，形成他们自己的解题方法。问题的情境不需要太复杂，但必须是学生熟悉的，符合分数在日常生活中的实际使用情况。比如，用瓶子、千克、米等为单位进行测量，用语中含有$\frac{1}{2}$、$\frac{1}{4}$、$\frac{1}{8}$这样的分数，而非$\frac{1}{3}$、$\frac{1}{5}$这样人为刻意规定的。

第二，运用多种模型探索。面积、长度和集合模型可以从不同角度刻画分数，帮助学生深入理解分数除法的意义。特别强调的是要让模型既要与情境建立联系，也要与除法运算相关联。

第三，重视估算和学生的创造。$\frac{1}{2}\div\frac{1}{4}$比 1 大还是比 1 小？和 3 相比呢？估算能让学生把关注点放在数和除法运算的意义上，可以更好地帮助他们建立对分数的数感。接着让学生用自己的方式推理出答案，学生会呈现精彩的观念。例如，半张饼里有 2 个$\frac{1}{4}$张饼；一张纸对折后是整张纸面积的$\frac{1}{2}$，再对折一次是它的$\frac{1}{4}$，$\frac{1}{2}$里有 2 个$\frac{1}{4}$；1 里有 4 个$\frac{1}{4}$，有 2 个$\frac{1}{2}$，所以$\frac{1}{2}\div\frac{1}{4}=2$；$\frac{1}{2}$连续减两次$\frac{1}{4}$，刚好是 0……

第四，讨论计算过程中遇到的挑战。学生会在新的学习中使用他们已经掌握的知识。比如，除法运算的意义在整数与分数范围内相同，看似迁移促进了分数除法的学习，但是它们计算的过程却不相同，也就意味着用整数知识解决分数除法会导致困惑。教师应该把常见的误解呈现给学生，并组织学生讨论为什么有些方法可以直接推广，有些方法却导致错误。

其实，我们由以上分数除法教学的结构化分析可反推数运算教学的基本框架，或者说关于数的运算每个学段的教学，乃至每个具体的教学单元，都可以从图 1-4-3 框架中得到启示。

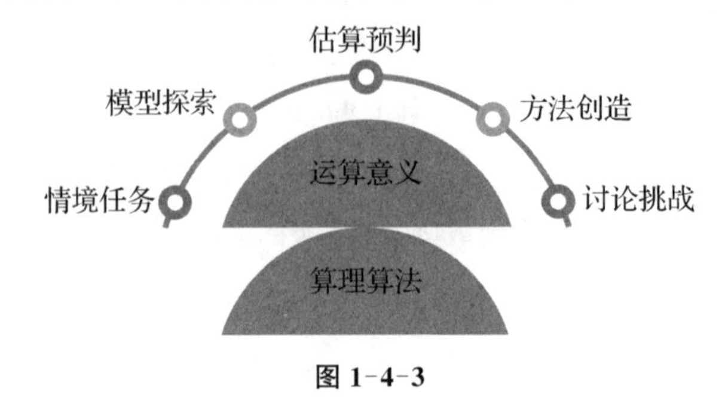

图 1-4-3

1.4.2 结构化教学实现途径

教的结构化，是为了从一类课上构建学习框架；学的结构化，是将框架变成学生课堂学习的具体过程。因为教学的立足点与落脚点都是学生的学，所以教的结构化与学的结构化是让数学学习成为可能的一体两面。而这无疑考验着教师对数学的理解，对数学学习的理解。为了让教师的理解更好地支持学生的数学学习，以及践行教学相长的理念，本节通过实践的检视，探寻了以下几种途径。

1. 建立联结

在新知和旧知之间建立联结，可以增进理解，联结越多，理解得越好。例如，学生在学习分数除法时，如果能主动关联图 1-4-2 纵向结构的上半部分，可以促进对分数除法意义、算理、算法的全面理解。当然，课堂里还要鼓励学生根据已有的想法（黑色点）来构建一个新的想法（灰色点）。在这个过程中，想法之间建立了一个联结网络（图 1-4-4），联结越多，理解就越有深度。

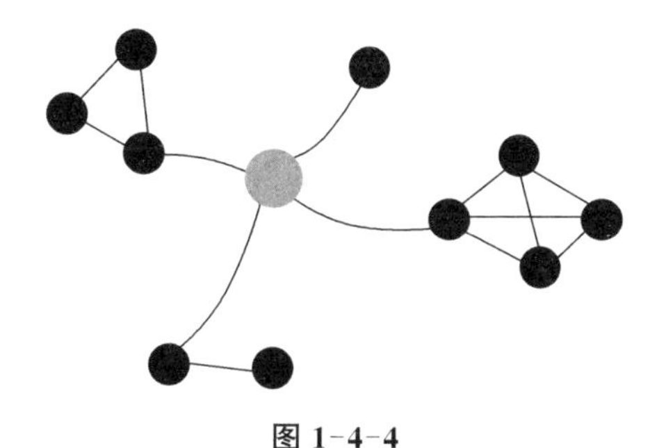

图 1-4-4

2. 工具探索

工具指日常生活用品、数学图形以及学具。工具不仅仅是用来说明、解释概念的，同时也可以具象化地表达数学概念，以帮助大脑建立起数学思维。还是以前文所提及的分数除法举例，如计算$\frac{4}{3}\div\frac{2}{5}$，在课堂上教师不急着揭示标准算法——“被除数乘除数的倒数”，要求学生展示自己个性化的理解，诞生了很多精彩的观念：① 把 15 粒豆子看作“1”，$\frac{4}{3}$对应了 20 粒，$\frac{2}{5}$便指 6 粒，$\frac{4}{3}\div\frac{2}{5}$就是算 20 里有几个 6，或者 20 是 6 的多少倍，即 $20\div6=\frac{20}{6}$。② $\frac{4}{3}$里有(4×5)个$\frac{1}{15}$，$\frac{2}{5}$里有(2×3)个$\frac{1}{15}$，$\frac{4}{3}\div\frac{2}{5}=(4\times5)\div(2\times3)=\frac{4\times5}{2\times3}$。③ 把$\frac{4}{3}$和$\frac{2}{5}$放到数轴上，将数轴上的 1 平均分成 15 份，$\frac{4}{3}$占有这样的 20 份，$\frac{2}{5}$占有这样的 6 份，对该 20 份每 6 份数一次，数出了 3 次余下 2 份，2 份占 6 份的$\frac{1}{3}$……

过分强调标准算法，实际上对学生提高运算能力有负面干扰。学生需要构建自己的解决方案，这些属于自己的方案和标准算法同样有效，而且对学生而言更有意义。另外需要提醒的是，教师告诉学生跟着做，是常见的误用工具探索，这既不能促进学生思考，也不能帮助学生理解概念。当然，我们也要引导学生关注不同工具探索所体现的共同数学特征。

3. 经历困境

有时候学生想一个人安静地思考数学问题，但是课堂上教师总是会“好心”地给予讲解、提点。虽然教师的初衷是为了让学生更快获得答案，然而却不能帮助学生学会思考。正如皮亚杰的研究，学习者在发展新知时会经历不平衡，通过顺应与同化让认知重新平衡正是构建知识结构不可或缺的，所以课堂要帮助学生认识到错误、误解、思虑不周都是学习的机会。例如，上文学生计算$\frac{4}{3}\div\frac{2}{5}$，发现商远远大于被除数，学生进入了认知困境。只有当学生理解了除数是个单位量，即用$\frac{2}{5}$来度量$\frac{4}{3}$，才能走出困境。当$\frac{2}{5}$来度量1的时候，就需要$\frac{5}{2}$次，由此推理用小于1的数度量1，必然要多于1次。而且学生历经了分数除以整数、整数除以分数、分数除以分数的“失衡—平衡”过程，能渐渐感悟分数除法不管用包含除还是等分除来解释，分母所表达的都是到底要分成多大的分数单位，这反映在算法上就是乘分母。分子表达的是每份是多少，反映在算法上就是除以分子。例如$\frac{4}{3}\div\frac{2}{5}$，意义可以追溯为$\frac{4}{3}$千克是总质量的$\frac{2}{5}$，求总质量。先想每份是$\frac{4}{3}\div 2=\frac{2}{3}$千克，也就是总质量的$\frac{1}{5}$是$\frac{2}{3}$千克，那么总质量便是$\frac{2}{3}\times 5$。然后在某个时间节点，突然发现可以直接颠倒除数再相乘更简单。同时，教师也要注意的是，一定要表扬学生在问题探索过程中的努力和坚持。

当我们通过教的结构化实现了学的结构化，在课堂以学的结构化帮助学生感悟到了学好数学的方法论时，教学也就实现了通过例子学习数学思维。数学学习思维具体表现在学生会发现和提出问题，尝试多种策略，借助直观寻找规律，在联系中推理，理性地表达与交流。进而我们可以说，在课堂实现了结构化教学，也就是在进行单元整体教学，也就落实了教学评的一致性。

第2章 “数与代数”领域教学评一致性设计案例

《课标(2022年版)》对“数与代数”领域做了较大调整。从学习主题来看,小学阶段由原来的六大主题整合为“数与运算”和“数量关系”两大主题,主题的整合体现了“内容结构化”的要求;从学段来看,由原来三个学段调整为两个学段,不同学段的具体内容有所增删,内容的呈现方式也发生了较大变化。此外,《课标(2022年版)》还特别强调学习内容结构化,注重学习内容与核心素养表现相关联,突出代数推理、等价类和转化等思想的渗透和感悟。为此,本章从学科内容内在逻辑关联的教学设计、学习内容与核心素养表现关联的教学设计和思想方法教学设计三个方面分别呈现具体案例,从教学评一致性角度分析“数与代数”领域在教学设计中如何体现上述变化和要求。

2.1 学科内容内在逻辑关联的教学设计案例

核心素养的形成与发展需要以具体的数学内容为载体。一方面,义务教育数学课程内容由“数与代数”“图形与几何”“统计与概率”“综合与实践”四个学习领域组成,每个领域学习内容与不同的核心素养行为表现相关联;另一方面,同一领域或不同领域的学习内容有着本质的一致性,其内容之间蕴含内在的逻辑关联。为此,在教学时,应依据不同的学习内容,体现学科内容内在的逻辑关联,有侧重地培育相关联的核心素养。本节从跨学段相同学习内容和教材自然单元两个维度,分别介绍基于学科内容内在逻辑关联的教学设计案例。

2.1.1 基于跨学段的教学设计(以“数的认识”连续教学为例)

《课标(2022年版)》在“课程实施”的“教学建议”中强调:核心素养是在长期的教学过程中逐渐形成的,核心素养在不同学段的主要表现体现了核心素养的阶段性和各阶段之间的一致性。要依据核心素养的内涵和不同学段的主要表现,结合具体的教学内容,全面分析主题、单元和课时的特征,基于主题、单元整体设计教学目标,围绕单元目标细化具体课时的教学目标。①

学科核心素养形成的主要载体是学科知识。学科知识以结构形式呈现才有生命力。而知识结构包括课时知识结构、单元知识结构、跨年级或学段单元知识结构、相关领域知识结构等。教学中,教师要充分把握整个学科知识体系,在学科整体观的视野下引导学生主动发现知识点之间的联系,使学生的学习由“零散”走向“结构”,进而明晰不同知识之间或同一知识在不同单元、不同学段之间的联系,在零散、碎片化的知识点之间建立联系并形成知识结构,以引导学生建立学科的整体构架,促进学生的知识

---

① 中华人民共和国教育部.义务教育数学课程标准(2022年版)[S].北京:北京师范大学出版社,2022:85.

迁移和素养发展。

结构化视角下的教学设计，不仅要把握课时知识，还要将课时知识与单元知识、本册教材的相关知识以及跨年级或学段的相关知识进行系统梳理与整合，抓住该主题学习的核心概念，引导学生深度思考，将整合后的包含多种信息的知识结构转化为学生的认知结构，从而帮助学生理解数学知识本质。

1. 教学内容分析

以"数的认识"为例，《课标(2022年版)》在小学三个学段提出了不同的内容要求：第一学段"在实际情境中感悟并理解万以内数的意义，理解数位的含义，知道用算盘可以表示多位数"；第二学段"在具体情境中，认识万以上的数，了解十进制计数法"，"结合具体情境，初步认识小数和分数，感悟分数单位"；第三学段"结合具体情境探索并理解小数和分数的意义，感悟计数单位；会进行小数、分数的转化，进一步发展数感和符号意识"。[①] 由此发现，数的认识从整数的认识开始，第一、第二学段由万以内数的认识拓展到万以上数的认识；小数和分数的认识安排在第二、第三学段，由小数、分数的初步认识拓展到小数、分数意义的理解。依据这些要求，教材的编写和实际教学一般对这些内容进一步细化(图 2-1-1)。

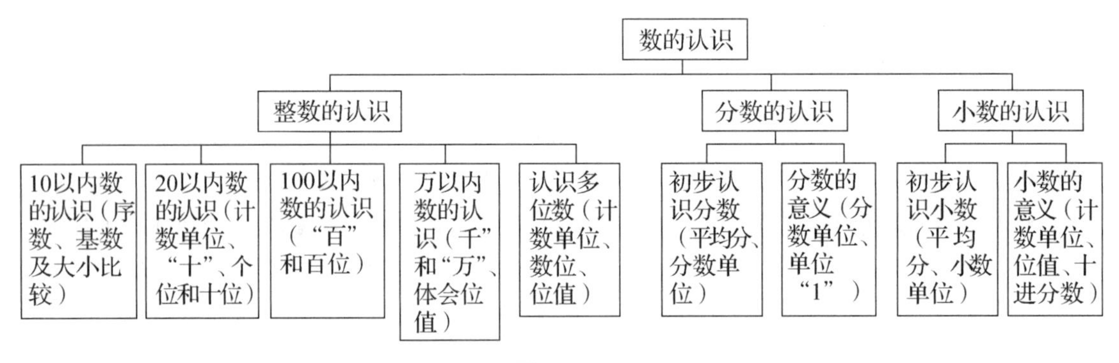

图 2-1-1

2. 教学目标确定

可以发现数的认识基于计数单位在计数规则上的一致性：第一学段数的认识强调"感悟并理解万以内数的意义，理解数位的含义"；第二学段除进一步认识十进制计数法外，特别强调"初步认识小数和分数，感悟分数单位"；第三学段明确"探索并理解小数和分数的意义，感悟计数单位"。

数的认识，重点在于数的意义和数的表示，数是数量的抽象，数的抽象表现为用符号表示数。"数位"是自然数表示的关键，通用的十进制计数法就是用 0～9 这十个符号，以及这些符号在不同位置上的值表达任何数。所以"数位"是整数认识的关键。分数的表达与整数有所不同，分数单位对分数的大小有着重要的影响，是认识分数的关键。而小数是特殊的分数，本质上是十进制分数，具体表示又与整数的数位相似(十分位、百分位等)，最终在第三学段统一用"计数单位"表述。因此，从整数到小数、分数，再到有理数，数的意义在拓

① 中华人民共和国教育部. 义务教育数学课程标准(2022 年版)[S]. 北京：北京师范大学出版社，2022：18-24.

展，表示方式也各有不同，但它们在本质上是一致的。内容本质的一致性又体现在核心素养的具体表现上，不论哪个学段的数的认识，都要把发展学生的数感、量感和符号意识作为主要目标。教、学、评都要聚焦这三种主要核心素养表现及对数的本质理解。

为此，对于跨学段的同一主题内容的学习，要紧扣内容核心，从内在一致性出发设计和实施教、学、评，促进学生形成核心素养。

3. 教学活动设计

下面从小学阶段的三个学段分别选择具体课例做简要分析。

第一学段　11～20 各数认识

任务 1 ▶ 感知古人计数，导入新课

播放古人计数视频，组织学生看视频并思考古人是如何记录事物数量的。

师：古人计数的经验会对我们的学习有所帮助，今天我们也一起来数数。

【分析：通过古人计数视频，激发学习兴趣，使学生真实地感受古人用半抽象的代替物——石头来表示数量，当数量多的时候，以大石头表示 10 个，真实而形象的感悟十进制计数法。】

任务 2 ▶ 开展数数活动，探究新知

活动 1：动手摆 12，建立十进制关系

（1）学生用小棒摆出 12

课件呈现学生不同的摆法：1 根 1 根地摆；2 根 2 根地摆；5 根 5 根地摆；左边 10 根一堆，右边 2 根一堆。

师：哪种方法能很快数出 12？

生 1：我喜欢 5 个 5 个地数的方法，因为我熟悉这样的数法。

生 2：我喜欢最后这种，因为这样表示简单又好数……

（2）建构 10 个一是 1 个十

操作：学生动手将 10 根小棒捆在一起。

利用小棒读数，体会以“一”当“十”的简便性，学习数的组成。

写数、读数。渗透位值制，10 个一是十。

师：生活中，你在哪里见到 10 个物体组合成一个整体的例子？

学生举例：10 支一盒的铅笔，10 盒一箱的牛奶，10 个一袋的口罩……

师：学了今天的知识，你就能明白为什么人们这么喜欢 10 个 10 个地包装物品了。

【分析：本活动聚焦新的计数单位“十”，引导学生感受按群计数的必要。当个数多于 10 个时，以 10 个为一个整体计数更方便，体会“十”产生的价值。】

活动 2：认识十几的数是由 1 个十和几个一组成的

同桌之间说说 12 里面有几个十和几个一，再摆出 13 并说说里面有几个十和几个一。

借助课件演示数 11～18 和摆的过程，交流数的组成。

师：11 是由两个“1”组成的，这两个“1”表示的意思一样吗？

生：左边的“1”表示 1 个“十”，右边的“1”表示 1 个“一”。

师：是啊，在计数时，同样的 1，在不同的位置，表示的意思是不同的。

组织学生动手摆19。

师：数出19根小棒后再添1根小棒，现在有几个十和几个一？

生：10个一是1个十。看见10根小棒就把它变成1个十，10根小棒捆在一起。

师：现在变成几个十？

生：(2个十)合在一起是20。

【分析：通过操作，从直观上认识十几就是由1个十和几个一组成的，1个十和几个一就是十几。通过把19根加1根变成20根，进一步感受满十进一的十进制计数法。】

活动3：学习11～20各数的顺序和大小

教师出示直尺图，将直尺变成数轴，再组织师生共同玩“给数找家”的游戏，整理出11～20各数的顺序。

师：读一读这些数，分别从0读到20、从20读到0、只读单数、只读双数。

师：比一比，这些数中，比13大的有哪些？比13小的呢？

师：直线上的数，越到右边数就越大。

【分析：数之间的关系本质就是数的大小关系。本环节把每个数与点一一对应，进一步强化了对20以内数的数序和大小关系的认识，同时也渗透了数形结合的数学思想，发展了数感。】

第二学段　认识整万数

任务1 ▶ 激活经验

师：我们知道利用计数器可以拨出大小不同的数，但每个数位上最多只能拨几颗珠子？

生：9颗。

师：想一想，如果再添1颗，怎么做呢？

生：满十进一。

师：在计数器上拨出3，你是怎么拨的？表示多少？在计数器上拨出30、300、3 000呢？你又是怎么拨的？表示多少？继续拨呢？

师：刚才拨的四个数大小一样吗？每次用的珠子个数呢？

生：数的大小不同，但都是用3颗珠子。

师：既然都是3颗珠子，怎么会表示出大小不同的数呢？

生：因为它们所在的数位不同。

师：同样的3，拨在不同的数位上，表示的数的大小就不同。拨在个位上表示3个一，拨在十位上表示3个十，拨在百位上表示3个百，拨在千位上就表示3个千。个(一)、十、百、千就是计数单位，这些计数单位所在的位置就叫数位。这是我们之前学习的数位顺序表。

【分析：借助常见的学具激活认数经验，特别是认数过程中重点研究数的读、写、组成、计数单位、数位等，为认识更大的数做好铺垫。同时通过拨数游戏，既帮助学生理解每一个数字除了本身的值以外，还有一个“位值”，让学生充分感悟数之“值”，又回顾了万以内的数位顺序表，为后面进一步拓展数位顺序表做了铺垫。】

任务 2 ▶ 经验迁移，探究新知

活动 1：改造计数器

师：看来大家已经找到这个拨数游戏的规律了，猜猜看，第五个数该拨什么了？

生：30 000。

师：仔细观察这个数，再看看你手中的计数器，能拨出这个数吗？

生：不能。

师：我们的计数器为什么拨不出三万？

生：没有万位，数位不够。

师：你有什么好办法？请小组讨论。

生 1：把两个计数器拼在一起，在左边的计数器的个位上拨 3 颗珠子。

生 2：把左边这个计数器上的“个”改成“万”。

生 3：左边的“十”“百”“千”也改一改。

师：请同桌两人的计数器像这样合起来，并调整数位。

课件演示对应关系：“个位”对应“万位”，“十位”对应“十万位”，“百位”对应“百万位”，“千位”对应“千万位”。

师：看来新增加的数位和原来的数位之间是对应的关系。

活动 2：认识新计数单位

师：现在数位由原来的 4 个变成了 8 个，那计数单位呢？

生：也变成了 8 个，增加了万、十万、百万、千万。

师：看看新的 4 个计数单位和原来的 4 个计数单位也是一一对应的关系吗？它的计数规则有没有新的变化？

生：是一一对应的关系，计数规则没有变。

师：让我们一起拨一拨、数一数。这颗珠子表示多少？

师：我们已经知道 10 个一千就是一万，你会一万一万地数，从一万数到十万吗？如果接着十万十万地数，你能数到一百万吗？拨一拨、数一数。

师：再接着往下一百万一百万地数，告诉大家你数出的结果。

师：通过刚才的拨珠过程，你有什么体会？

生：新的计数单位间也是满十进一。

师：看来“满十进一”的计数规则也同样适用于新的计数单位。

活动 3：完善数位顺序表

师：对比新数位、计数单位跟原来的有什么不同？

师：正因为如此，我国的计数方法中把这四个数位统称为万级，而原先的千位、百位、十位、个位则统称为个级。个级上的数表示多少个“一”，而万级上的数则表示有多少个“万”。

【分析：借助万以内的数认识的经验，在认识“万”的基础上，引导学生通过改造学具、拨珠数数对十万、百万、千万等计数单位及相应的数位进行迁移和类比。让学生在自主探究中实现新知的有序生长，从而获得对个级和万级数的计数单位和数位的结构性认识，加深对十进制计数法特征的理解和感悟，发展了数感。】

第三学段　小数的意义

任务1 ▶ 激活经验，复习一位小数

师：三年级的时候，我们已经认识了一位小数，你能表示出 0.3 吗？请在学习单上完成后再交流。

学生交流汇报（略）。

师：先表示出 0.1，再数出 3 个 0.1 就是 0.3。小数的计数单位是十分之一，写作 0.1。小数和整数一样，都可以通过数数数出来。数小数也是数计数单位的个数。

师：（出示数轴）怎样在这条线（图略）上表示出 0.3？

【分析：本环节基于学生已经认识的一位小数，激活小数的知识和认数经验，聚焦理解一位小数的计数单位，体会一位小数就是 0.1 不断累加而成的，渗透计数单位的重要性。借助数轴帮助学生感受小数与整数之间的联系。让学生感悟到数数也就是数计数单位的个数，在数数的过程中深入理解计数单位与数的产生、数的组成以及数的意义之间的紧密联系。】

任务2 ▶ 构建冲突，研究两位小数

师：（出示图 2-1-2）如果大正方形表示“1”，现在用哪个数表示大正方形［图 2-1-2(a)］中的涂色部分？

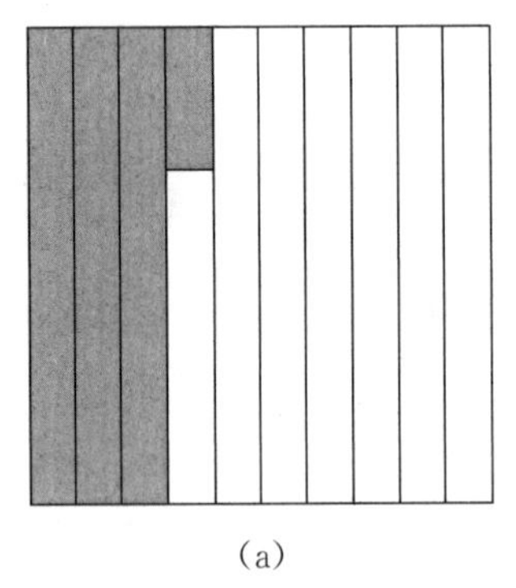

(a)　　(b)

图 2-1-2

生 1：3.1。

生 2：0.31。

生 3：0.33。

师：哪个数是对的呢？请在小组中交流，说清理由。

生 1：把大正方形继续分［图 2-1-2(b)］，把 0.1 平均分成 10 份，其中一份就是 0.1 的十分之一，用 0.01 来表示。

生 2：把这个大正方形平均分成了 100 份，其中一份就是百分之一，用 0.01 来表示。

生 3：我发现大正方形的百分之一和长条的十分之一是一样的，都是 0.01。

师：是啊，通过细分，我们得到了新的计数单位百分之一，也就是 0.01，3 个 0.01 就是 0.03，与 0.3 合起来就是 0.33。这里的两个“3”表示的意思一样吗？

生 1：不一样。第一个“3”表示 3 个十分之一，第二个“3”表示 3 个百分之一。

【分析：富有挑战性的问题引发学生继续细分的想法，从而产生了新的计数单位——百分之一。通过对比，进一步理解小数计数单位的含义，深刻理解位值制，体会小数计数单位

的重要性。】

任务 3 ▶ 类推联想，研究三位小数

师：我们刚才把图形平均分成 10 份、100 份，如果继续平均分，会怎样？

生：把这个大正方形平均分成 1 000 份，其中的一份就是千分之一，也就是 0.001。

师：[出示图 2-1-3(a)]估一估，如果大正方形表示“1”，涂色部分可以用哪个数来表示？

生自主探究后全班交流。

师：是啊，要准确表示涂色部分的大小，还需要把小正方形中不满 1 格的继续平均分[出示图 2-1-3(b)]，可以发现，涂色的占了这样的 3 份，也就是 0.003，与 0.3 合起来就是 0.303。

师：这个小数中的两个“3”表示的意思一样吗？两个“0”能不能不写？

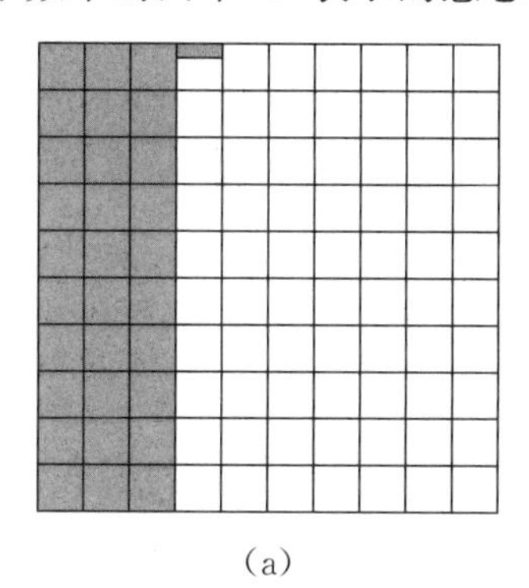

(a)

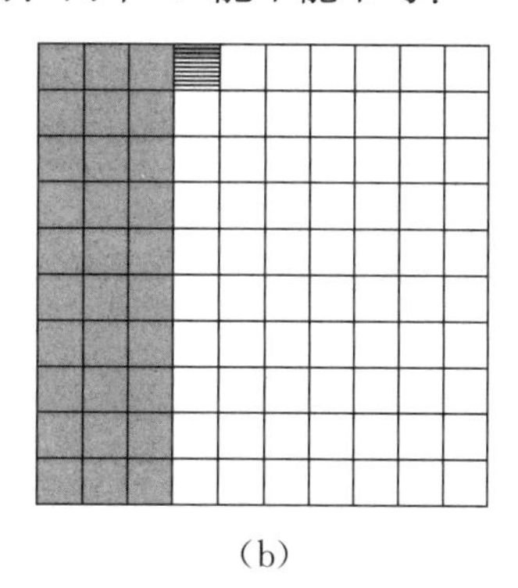

(b)

图 2-1-3

【分析：借助认识两位小数的经验，引发学生联想，确认有三位小数，并通过几何直观研究三位小数，借助 0.303 进一步理解位值制，体会小数计数单位是基于进一步细分得到的，同时在数数过程中深刻感悟数是数出来的。】

案例分析

关于数的概念，要明确两个问题：一个是数的产生，另一个是数的表达。自然数产生于计数(数数)。纵观自然数的产生过程，历史上不管是“绳结”，还是“石子”等，数都与被计事物间建立了一一对应的关系。在对更多数量表征中，位值制思想的出现使得计数走向了真正的抽象，人类也最终选择了十进位值计数法。数的概念以及位值制思想的形成，使计数有了科学的表达方式，使数的计算更加简洁。而小数又是沟通整数(小学阶段主要是自然数)和分数的桥梁，是进一步体会计数单位和十进制的关键内容。整数和小数间有着内在的一致性：都是十进制计数，都可以通过数计数单位得到不同的数。一方面，整数和小数都是基于 1 产生的：整数是通过对“1”的累加产生新的计数单位，再根据新的计数单位数出更大的整数；小数则是通过对“1”的细分产生新的计数单位，再根据新的计数单位细分出更小的小数。另一方面，小数又可以看作是分母为十、百、千……的分数。因此，从数的产生和数的表达两个方面来看，整数、小数和分数有着内在的一致性。为此，在教学中，应从结构化视角，对同一主题的学习内容做系统分析，从教学评一致性出发，既要把握内容的一致性，也要把握内容本质的阶段性。

(案例提供：苏州高新区实验小学　朱向明)

2.1.2 基于自然单元的教学设计(以“分数除法”教学为例)

崔允漷教授曾在一次报告中谈道:一个学科的核心素养就像一栋大楼,教师原来都是按照知识点教学的。一扇门教一下,一扇窗教一下,水泥教一下,钢筋教一下,这样的教跟整栋大楼难以建立关联。这是基于知识点教学的缺陷。现在要改成单元学习设计,单元就是一间房子,既有窗子又有门,把门、窗、水泥、钢筋等结构化就变成一个单元。当教师在设计一个单元时,才能看到价值观念。这正是指向核心素养的课程发展给教师带来的变化。由此,在教学中,教师应基于单元整体分析学习内容所关联的核心素养表现,设计利于学生核心素养形成的教学活动。也就是落实核心素养的教学,不应把教学内容碎片化地当作知识点来处理,而是应将知识结构化、有机地组织在一起,通过比较大的主题或者项目,以解决问题的任务来驱动,引导学生在参与问题解决的实践中提升能力,发展素养。

1. 教学内容分析

分数除法属于数与代数领域数与运算主题,是小学阶段最后一次学习数的基本运算。此前,学生已经学习了整数的除法(除法意义、表内除法、除数是一位数的除法和除数是两位数的除法)、小数除法(小数除法的意义、除数是整数的小数除法和除数是小数的除法)、分数的意义和分数乘法。分数除法单元主要学习的内容包括分数除法的意义、分数除以整数、一个数除以分数(整数除以分数和分数除以分数)、分数除法实际问题(基于乘除法意义列方程解决分数实际问题)。

分数除法的计算历来是学习的难点,并不是学生不会按照法则进行计算,而是法则的得出很不容易。基于单元的视角,既能有效突破分数除法法则的学习难点,还利于发展核心素养不同表现,从学习内容所关联的核心素养表现可以对分数除法单元主要内容做如图 2-1-4 分析。

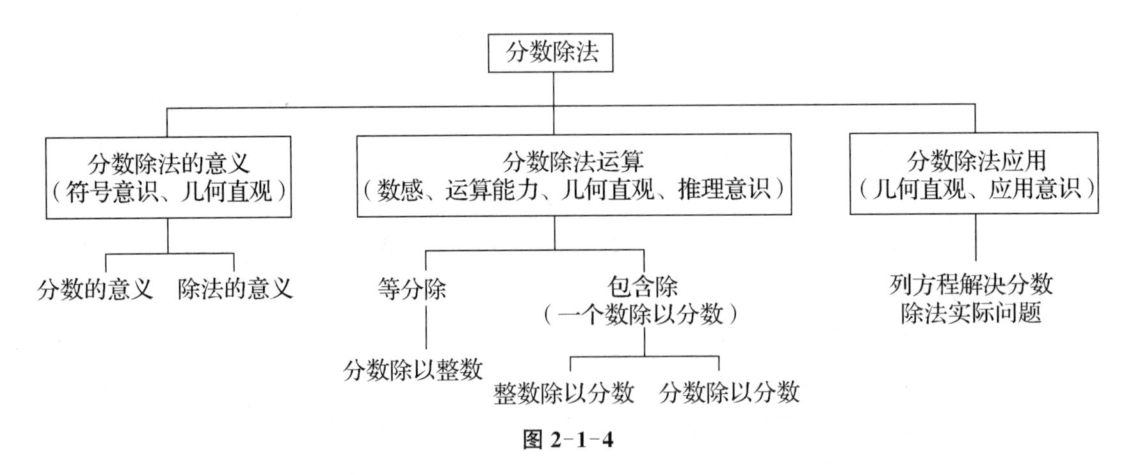

图 2-1-4

2. 教学目标确定

分数除法单元重点培养的核心素养表现是运算能力、推理意识、数感和几何直观。特别是运算能力和推理意识,要着重处理好算理直观、算法抽象和运算一致性等问题,让学生借助直观和推理理解算理、抽象算法，发展运算能力和推理意识。

分数除法单元中，“一个数除以分数”的算法具有形式化和程序化的特点，其计算法则推导又是单元学习的难点。为突破难点，让学生理解算理、掌握算法，有教材编排了 2 个课时：第 1 课时教学整数除以分数，第 2 课时教学分数除以分数，引导学生逐步完善对分数除法计算方法的理解。

《课标(2022 年版)》强调：数与运算要感悟数的运算以及运算之间的关系，体会数的运算本质上的一致性，形成运算能力和推理意识。为让学生通过“一个数除以分数”的学习，体会数的运算本质上的一致性，实际教学可以借助计数单位为算理统整的核心，将 2 课时的内容整合在一节课中，从“1 除以分数单位出发”，打通分数除法的“隔断墙”，类推到“几除以分数”和“分数除以分数”，引导学生借助直观和推理，经历从算理推演到算法总结的自然、和谐的推进过程，同时建立分数乘除法之间的联系，让合情推理和演绎推理相互补充。让学生体会感悟每种形式的“一个数除以分数”的算法都是基于计数单位，从而实现算理与算法的融合。

3. 教学活动设计

下面呈现单元视角下对教材整合的课时教学设计。

任务 1 ▶ 借助图形直观，构建法理通道

出示多彩分数条(图 2-1-5)。

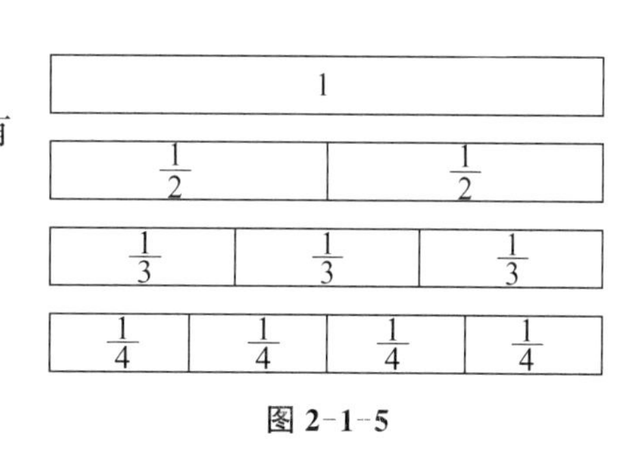

图 2-1-5

师：观察分数条，1 里面有几个$\frac{1}{2}$？有几个$\frac{1}{3}$？有几个$\frac{1}{4}$？怎样列式？

生 1：1 里面有 2 个$\frac{1}{2}$，$1\div\frac{1}{2}=2$。

生 2：1 里面有 3 个$\frac{1}{3}$，$1\div\frac{1}{3}=3$。

生 3：1 里面有 4 个$\frac{1}{4}$，算式是 $1\div\frac{1}{4}=4$。

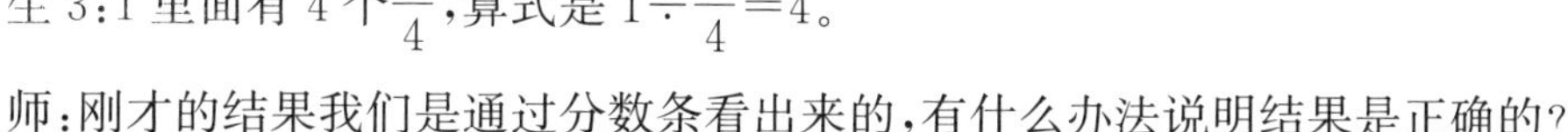

师：刚才的结果我们是通过分数条看出来的，有什么办法说明结果是正确的？

生 1：将$\frac{1}{2}$化成小数为 0.5，$1\div0.5=2$。

生 2：因为 $2\times\frac{1}{2}=1$，所以 $1\div\frac{1}{2}=2$。

生 3：$1\div\frac{1}{2}=(1\times2)\div\left(\frac{1}{2}\times2\right)=2\times1=2$

生 4：$1\div\frac{1}{2}=\frac{2}{2}\div\frac{1}{2}=2$

师：无论是把分数化成小数、利用商不变规律还是利用乘除法之间的关系，都可以证明结果是正确的。要求 1 里面有几个$\frac{1}{2}$、$\frac{1}{3}$、$\frac{1}{4}$，就是把 1 看成和$\frac{1}{2}$、$\frac{1}{3}$、$\frac{1}{4}$相同的计数单位再

计算。

师：观察这三个算式，你们有什么发现？

生：都是1除以几分之一。

师：说得对，我们通过观察和计算得到了1除以一个分数单位的计算方法，也明白了这样计算的道理。那么一个数除以分数该怎样计算呢？下面我们就利用刚才的经验一起来研究。

【分析：除法有“平均分”和“包含除”两种现实模型。除数是分数的除法，选择“包含除”更利于学生理解算理。而认识分数时，学生已多次研究过“分数墙”，因此，借助“分数墙”为背景材料，通过分数条这一素材，让学生直观“看”出结果，再通过已有经验从不同角度进行说理和证明，实现从几何直观向逻辑验证的过渡。这样的引入，既尊重了学生的已有经验，又体现了“数的认识”与“数的运算”的一致性。同时，从特例“1除以几分之一”出发，既突出分数的“计数单位”——“分数单位”在这一课学习的核心地位，又为探究其他类型的运算积累经验。】

任务2 ▶ 正向拓展，建构算法

动态出示（由1米变成2米）：2米长的彩带（图2-1-6）。

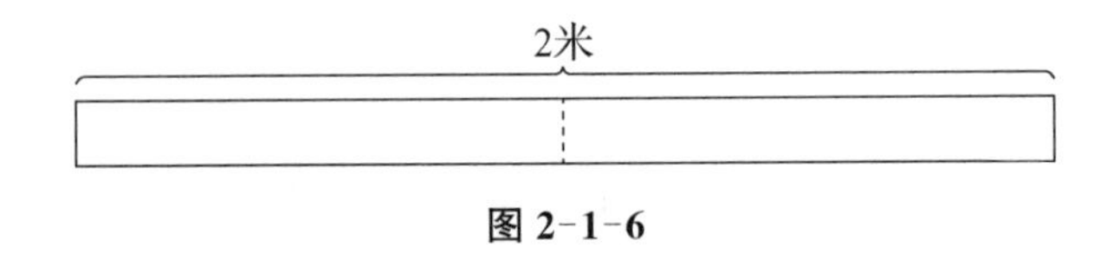

图 2-1-6

师：瞧！分数条发生了变化。如果把2米长的彩带，每$\frac{1}{2}$米剪一段，可以剪成几段？每$\frac{1}{3}$米剪一段，可以剪成几段？每$\frac{2}{3}$米剪一段，可以剪成几段？怎样列式？

生1：$2\div\frac{1}{2}$，$2\div\frac{1}{3}$，$2\div\frac{2}{3}$。

师：这三个问题为什么都用除法算？

生1：就是把2米长的彩带按一定的长度平均分，求分成几段。

生2：求2米里面有几个$\frac{1}{2}$米、$\frac{1}{3}$米和$\frac{2}{3}$米，就要用除法计算。

师：这三个算式的结果是多少呢？我们可以用直条表示2米长的彩带，你们能分一分，得出分别可以剪成多少段吗？请先在研究单上分一分，再写出算式的结果。

学生独立完成后，小组交流，并借助课件逐步展示。

师：1米中有2个$\frac{1}{2}$米，2米中呢？

生：1米中有2个$\frac{1}{2}$米，2米中就有4个$\frac{1}{2}$米，可以剪成4段。

师：这里的4从哪里来？

生1:4是4个$\frac{1}{2}$,1米中有2个$\frac{1}{2}$米,2米里面就有(2×2)个$\frac{1}{2}$米。

生2:2米就是$\frac{4}{2}$米,$\frac{4}{2}$米里有4个$\frac{1}{2}$米。

师:对于$2\div\frac{1}{3}$,你们又是如何想的?

生:1米中有3个$\frac{1}{3}$米,所以2米中就有(2×3)个$\frac{1}{3}$米,也就是6个$\frac{1}{3}$米。

师:对比一下,我们要先想求2米中有几个$\frac{1}{2}$米,有几个$\frac{1}{3}$米,可以先求什么?

生1:可以先求1米中有几个$\frac{1}{2}$米,有几个$\frac{1}{3}$米,再用2乘几。

师:结合分的过程和结果,你们能想到什么?在小组里交流。

师:从上面的讨论中可以看出$2\div\frac{1}{2}$和2×2有怎样的关系?$2\div\frac{1}{3}$和2×3呢?

生1:$2\div\frac{1}{2}=2\times2$。

生2:$2\div\frac{1}{3}=2\times3$。

板书上面两个算式。

师:$2\div\frac{2}{3}$的结果是多少呢?你们能用刚才用的研究方法,得出结果吗?

生:$2\div\frac{2}{3}=3$(段)。

生:把1米长的彩条平均分成2份,表示其中的3份,就是1÷2×3。

师:1÷2×3就是$\frac{3}{2}$。算出1米中有几个$\frac{2}{3}$米,再用2乘几就算出2米中有几个$\frac{2}{3}$米。所以$2\div\frac{2}{3}$也可以转化成$2\times\frac{3}{2}$,结果等于3。

师:刚才我们研究了整数除以分数的计算,比较这三组算式的左右两边,你有什么发现?

生:整数除以分数都可以转化成整数乘这个数的倒数。

师:为什么是乘除数的倒数?

生:倒数就是1里面有几个除数,再用整数去乘这个倒数。

【分析:探究整数除以分数,被除数是1的除法最关键。本环节仍然紧扣“一个数中有几个分数单位”,以分数条为生长点,由“1”拓展到“2”,即2米的彩条,使学生将1除以一个分数单位的经验自主迁移到整数除以分数。而且分数条的直观性便于学生理解较为抽象的算理,将复杂的数学思考变得简单、易懂。对于一个数除以分数学习中的难点——整数除以非分数单位,从两个方面来突破:一方面是借助“$2\div\frac{1}{2}$”和“$2\div\frac{1}{3}$”的类比归纳推演;另一方面借助运算律与等式的基本性质,通过演绎推理来理解。在理解三道算式算理的基础

上，通过对比归纳，把算法统一到“乘这个数的倒数”上来。】

任务3 ▶反向拓展，算法统整

师：分数除以分数，根据你们的经验，你们认为可以怎样计算？按你们的想法计算得数。

学生完成学习单，小组交流，汇报计算过程。

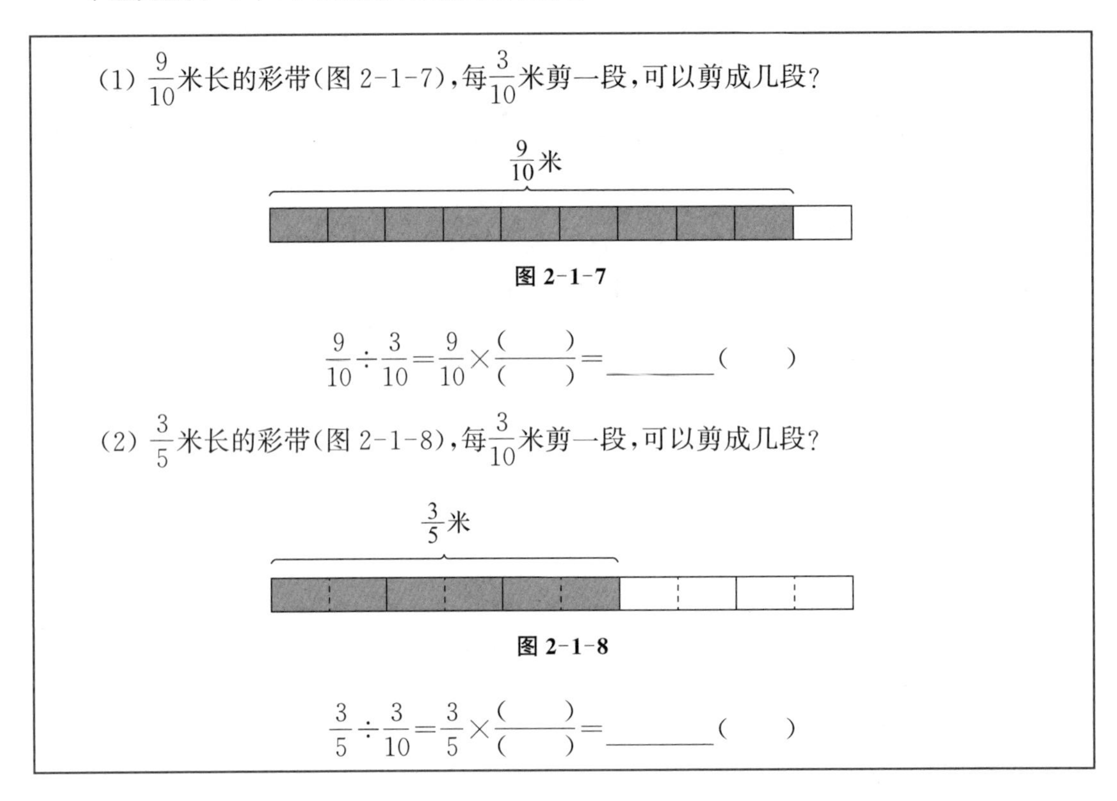

（1）$\frac{9}{10}$米长的彩带（图2-1-7），每$\frac{3}{10}$米剪一段，可以剪成几段？

图 2-1-7

$\frac{9}{10}\div\frac{3}{10}=\frac{9}{10}\times\frac{(\quad)}{(\quad)}=$______（　　）

（2）$\frac{3}{5}$米长的彩带（图2-1-8），每$\frac{3}{10}$米剪一段，可以剪成几段？

图 2-1-8

$\frac{3}{5}\div\frac{3}{10}=\frac{3}{5}\times\frac{(\quad)}{(\quad)}=$______（　　）

师：你们是如何计算$\frac{9}{10}\div\frac{3}{10}$的？

生：$\frac{9}{10}\div\frac{3}{10}=\frac{9}{10}\times\frac{10}{3}=3$。

师：你是用$\frac{9}{10}$乘$\frac{3}{10}$的倒数，能说说这样计算的道理吗？

生：1里面有$\frac{10}{3}$个$\frac{3}{10}$，$\frac{9}{10}$里就有$\frac{9}{10}\times\frac{10}{3}$个，用$\frac{9}{10}\times\frac{10}{3}$计算。

师：谁能来说说怎么计算$\frac{3}{5}\div\frac{3}{10}$？

生：$\frac{3}{5}\div\frac{3}{10}=\frac{3}{5}\times\frac{10}{3}=2$。

师：看来同学们都理解了这种算法。无论是整数除以分数，还是分数除以分数，都可以先想1里面有几个除数，再用被除数去乘，也就是乘除数的倒数。这样计算到底有没有道理呢？你们能想办法用已经学过的知识进行验证吗？

集体交流，学生尝试用不同方式验证说明，展示学生不同验证方法。

生 1:画图表征(图 2-1-9)。

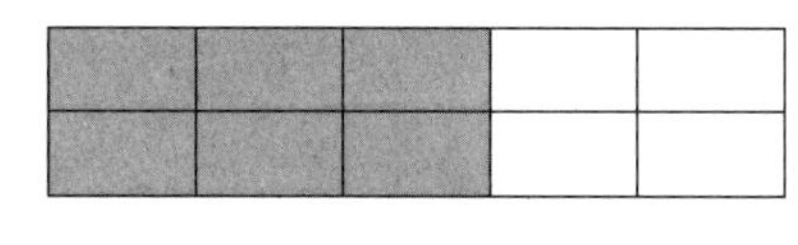

图 2-1-9

生 2:利用商不变规律,$\frac{3}{5}\div\frac{3}{10}=\left(\frac{3}{5}\times\frac{10}{3}\right)\div\left(\frac{3}{10}\times\frac{10}{3}\right)=\frac{3}{5}\times\frac{10}{3}=2$。

生 3:利用乘除法运算的性质,$\frac{3}{5}\div\frac{3}{10}=\frac{3}{5}\times10\div3=\frac{3}{5}\times(10\div3)=\frac{3}{5}\times\frac{10}{3}=2$。

生 4:利用等式的性质,$\frac{3}{5}\div\frac{3}{10}=\left(6\times\frac{1}{10}\right)\div\left(3\times\frac{1}{10}\right)=6\div3=2$。

师:不同的验证方法都验证了被除数除以除数等于被除数乘除数的倒数的道理。

出示:$2\div\frac{1}{2}=2\times2$　$2\div\frac{1}{3}=2\times3$　$2\div\frac{2}{3}=2\times\frac{3}{2}$

$\frac{9}{10}\div\frac{3}{10}=\frac{9}{10}\times\frac{10}{3}$　$\frac{3}{5}\div\frac{3}{10}=\frac{3}{5}\times\frac{10}{3}$

师:观察上面的式子,你们能用一句话总结一个数除以分数的计算方法吗?

生:一个数除以分数,等于这个数乘分数的倒数。

生:我有补充,除数不能为 0。

师:你思考得很全面,一个数除以分数可以表述为甲数除以乙数(0 除外),等于甲数乘乙数的倒数。

【分析:本环节,学生继续借助已有经验猜测分数除以分数的算法,通过两个方面验证猜测并总结算法,一是借助图形表征类比和不同算式的归纳推演;二是借助商不变规律、运算律与等式的基本性质通过演绎推理来理解。正是在一次次的算理感悟与算法总结中,学生发现了“一个数除以分数”的内在规律,真正体验到“算理是算法的因,算法是算理的果”。】

任务 4 ▶ 对比勾联,凸显运算本质的一致性

师:对于$\frac{9}{10}\div\frac{3}{10}$,除了转化成乘除数的倒数,谁还有不同的想法?

生:$\frac{9}{10}$里有 9 个$\frac{1}{10}$,$\frac{3}{10}$里有 3 个$\frac{1}{10}$,$9\div3=3$。

师:为什么用 9 除以 3 进行计算呢?

生:$\frac{9}{10}$和$\frac{3}{10}$分数单位相同,$\frac{9}{10}\div\frac{3}{10}$就是算 9 个$\frac{1}{10}$除以 3 个$\frac{1}{10}$。

师:这也是一个好方法,对于分数单位相同的两个分数除法我们可以用这种方法,那么$\frac{3}{5}$和$\frac{3}{10}$分数单位不同,$\frac{3}{5}\div\frac{3}{10}$又该如何计算呢?

生:转化成分数单位一样的分数。

师：谁听明白了，能详细地说一说吗？

生：把$\frac{3}{5}$转化成和$\frac{3}{10}$相同的计算单位，就是$\frac{6}{10}\div\frac{3}{10}$，然后计算6个$\frac{1}{10}$除以3个$\frac{1}{10}$，所以商是2。

出示：$\frac{3}{5}\div\frac{3}{10}=\frac{3\times10}{5\times10}\div\frac{3\times5}{10\times5}=(3\times10)\div(3\times5)=\frac{3\times10}{3\times5}=\frac{3}{5}\times\frac{10}{3}$。

师：转化成分数单位相同的分数，可以直接用分子除以分子。通过推算，其结果就是乘这个数的倒数。也就是说，分数除法其实就是相同分数单位的运算。

出示：$80\div40=(8\times10)\div(4\times10)=8\div4=2$

$0.8\div0.4=(8\times0.1)\div(4\times0.1)=8\div4=2$

$\frac{1}{4}\div\frac{1}{8}=\frac{2}{8}\div\frac{1}{8}=\left(2\times\frac{1}{8}\right)\div\left(1\times\frac{1}{8}\right)=2\div1=2$

师：分数除法可以将两个分数化成相同分数单位后再运算，那么整数除法和小数除法怎么运算呢？通过上面的一组运算，你们发现了什么？

生1：80除以40可以看成是8个十除以4个十。

生2：$0.8\div0.4$可以计算8个0.1除以4个0.1。

生3：$\frac{1}{4}\div\frac{1}{8}$可以计算2个$\frac{1}{8}$除以4个$\frac{1}{8}$。

师：这里的十、0.1、$\frac{1}{8}$分别是它们的计数单位，看来整数除法、小数除法、分数除法都是将数化成相同计数单位后再运算。

【分析：本环节的教学，一方面把“除以一个不等于0的数，等于乘这个数的倒数”和“将数化成相同计数单位后再运算”通过通分完美融合，体现“法”与“理”的完美融合。另一方面，打通了整数、小数、分数运算各讲各理的隔断墙，重构了数的运算，让学生感受到了数的运算在本质上的一致性，实现了算理贯通，算法统整。】

案例分析

为体现素养导向的课程理念，《课标（2022年版）》在对课程内容的描述上，贯穿了内容和核心素养两条线索，将具体的内容与相关的核心素养建立联系。

数的运算教学也应体现具体内容与相关核心素养的关联。单元是教材或教学组织的单位，是外在的组织形式，单元内容的学科本质是内容的魂。从自然单元入手进行内容分析，既容易操作，又可以从自然单元分析中将学习主题延伸、拓展，形成对学习内容的整体理解。在分数除法单元内容分析的基础上着重发展运算能力、推理意识。

（案例提供：苏州高新区实验小学　朱向明）

2.2 学习内容与核心素养表现关联的教学设计案例

《课标（2022年版）》提出的数学课程要培养的学生核心素养主要包括“三会”：会用数学

的眼光观察现实世界，会用数学的思维思考现实世界，会用数学的语言表达现实世界。这种凝练的表达，体现了核心素养具有高度的整体性、一致性和发展性。小学阶段的核心素养包括数感、量感、符号意识、运算能力、几何直观、空间观念、推理意识、数据意识、模型意识、应用意识和创新意识共 11 种不同表现，其中应用意识和创新意识主要是跨学科的素养表现，而另外 9 种核心素养表现则与学习内容高度相关。因此，教学中，应分析与学习内容相关联的核心素养表现，从教学评一致性的角度分析学习内容和核心素养表现，切实促进核心素养的形成和发展。本节重点讨论数感、符号意识、几何直观、运算能力和模型意识 5 种核心素养表现的教学设计。

2.2.1 指向数感的教学设计（以“千以内数的认识”教学为例）

《课标（2022 年版）》对数感的内涵、表现及作用做了明确界定：数感主要是指对于数与数量、数量关系及运算结果的直观感悟。它体现在能够在真实情境中理解数的意义，能用数表示物体的个数或事物的顺序；能在简单的真实情境中进行合理估算，做出合理判断；能初步体会并表达事物蕴含的简单数量规律。建立数感有助于学生理解数的意义和数量关系，初步感受数学表达的简洁与精确，增强好奇心，培养学习数学的兴趣。① 数感是对现实世界中数量关系的直观认识，是形成抽象能力的经验基础，也是与小学阶段“数与运算”学习内容相关联的重要核心素养表现。

数的概念是所有数学概念的基础。小学阶段，帮助学生形成和发展数感主要依赖于数的概念的学习。无论是第一学段的 20 以内数的认识、百以内数的认识、千以内数的认识，还是第二学段的认识整万数及更大的数、小数和分数的初步认识，甚至第三学段的小数的意义和分数的意义，都是发展学生数感的重要载体。

1. 教学内容分析

千以内数的认识是在学生认识了 100 以内的数，积累了利用数珠、小棒、计数器等表示数的经验，初步形成了理解数的意义、读数与写数的经验，具备了基本的数感和符号意识的基础上展开教学的。由 100 以内的数到万以内的数，不仅是认数范围的扩大，更是计数单位的增加。这些变化对于学生进一步体验“满十进一”的十进制计数法，丰富认识更大数的经验，发展数感、符号意识和推理意识等核心素养具有重要作用。依据《课标（2022 年版）》，如何通过认数的教学，突出“数与运算”中的“位值制”“计数单位”“相加”等核心概念？如何发展数感、符号意识和推理意识等核心素养？总体设想是：让学生经历表示数、数数的过程，感悟不同计数单位对数的变化的影响，通过动手实践、活动操作慢慢体会“拐弯数”的重要性，让那一颗神奇的珠子在数的认识过程中落地生根，并在今后数系的扩充中开花结果。

2. 教学目标确定

① 通过观察、操作、数数等活动认识计数单位“千”，理解千以内数的意义，了解千以内数的数位顺序，知道相邻两个单位间的进率，会正确数出千以内的数。

---

① 中华人民共和国教育部. 义务教育数学课程标准（2022 年版）[S]. 北京：北京师范大学出版社，2022：7.

② 在认数的过程中进一步体会十进制计数法的基本特点，提高用数进行表达和交流的能力，培养初步的观察、比较、推理能力，发展数感。

③ 在认数的过程中进一步感受数学与日常生活的密切联系，培养认真观察、积极思考的习惯，体验与同学合作交流的乐趣，提高学习兴趣。

本课以发展学生数感为核心任务，引导学生借助直观材料和结构化学具在找一找、摆一摆、拨一拨和数一数等活动中，经历计数单位“千”产生的过程及 1 000 的大小观念，以此引导学生用数学的眼光来观察，用数学的思维来思考，用数学的语言来表达，在潜移默化、不断积累的过程中促进数感的发展，提升数学素养。

3. 教学活动设计

任务 1 ▶ 情境引入，激活数数经验

(1) 情境引入

师：跳绳是你们熟悉的运动，1 分钟你们可以跳几个呢？来看看跳绳达人的速度，来试着帮他数一数。

学生根据已有认知和学习经验尝试数数。(略)

(2) 激活经验

师：(课件出示图 2-2-1 所示的小正方体)你们能根据之前丰富的数数经验，数一数这里一共有多少个小正方体吗？

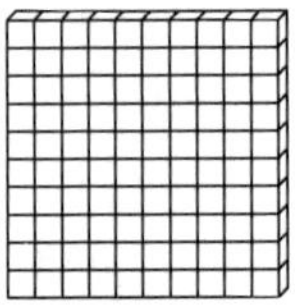

图 2-2-1

生：100 个。

师：100 个在计数器上如何表示呢？

生：在百位上拨 1 颗珠子。

师：明明 100 个，怎么就变成了 1 颗珠子呢？

生：因为百位上的计数单位是百，1 颗珠子就表示一百。

师：看来这颗珠子可真不简单，小身材，大作用，在不同的数位上代表了不同的数(图 2-2-2)。它在个位上，就表示 1 个一；在十位上就表示 1 个十，在百位上就表示 1 个百。

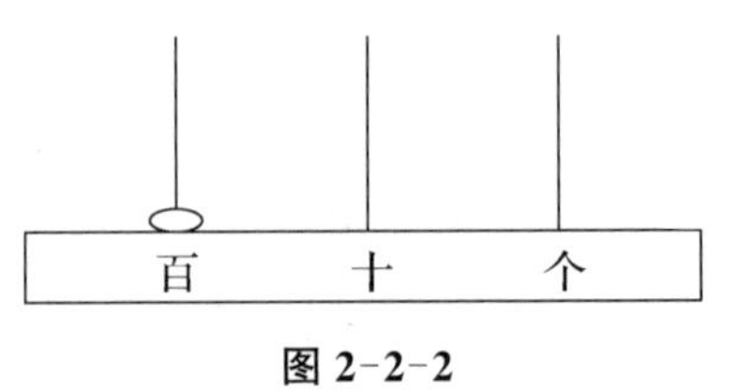

图 2-2-2

【分析：利用跳绳计数这种学生经常遇到的数数实例，激发学生数数的兴趣，初步唤醒学生对 1 000 有多大的生活经验。借助已有的百以内数的认识方法以及满十进一的位值原则，让学生经历“用小正方体表示数”到用“计数器表示数”的过程，激活个位、十位、百位上每一颗珠子代表的意义，为新知探究扫清障碍。同时让学生体会在计数器上表示一个数跟用实物表示数的联系与区别，更直观理解十进制计数法的数位顺序以及位值原则。】

任务 2 ▶ 多维活动，理解数的意义

(1) 生活中找数，生成探究素材

师：千以内的数，在我们的生活中随处可见，请你们用数学的眼光再来仔细找一找，跟大家分享一下。

学生根据生活经验来找一找。(略)

师:老师也找到了 3 个数,你们会读吗?

生:牛奶的净含量是 500 毫升,一盒乐高里有 870 颗颗粒,电话手表的价格是 989 元。

(2) 直观中认数,多元表征意义

四人小组探究活动 1:借助学具(小正方体、计数器)表示出千以内的数。探究要求如下:

◆ 选一选:从 500、870、989 中任选一个数。

◆ 摆一摆、拨一拨:用小正方体和计数器表示出选中的数。

小组完成后汇报。

生 1:我们是用小正方体摆的。500 是 5 个百。摆 870,先摆 8 个百,再摆 7 个十。摆 989,先摆 9 个百,再摆 8 个十,最后摆了 9 个一。

生 2:我们是在计数器上拨出这 3 个数的。摆 500,就在百位上拨 5 颗珠子。摆 870,先在百位上拨 8 颗珠子,再在十位上拨 7 颗珠子。摆 989,先在百位上拨 9 颗珠子,再在十位上拨 8 颗珠子,最后在个位上拨 9 颗珠子。

(3) 迁移中抽象,理解数的组成

师:我们通过摆一摆、拨一拨知道了这 3 个数的组成,你们还能应用刚刚学到的本领来表示出更多数的组成吗?

生 1:2 个百,3 个十,4 个一合起来是二百三十四。

生 2:1 个百,6 个十合起来是一百六十。

生 3:1 个百,6 个一合起来是一百零六。

师:图 2-2-3 中两个计数器上同样是 7 颗珠子,表示的数的大小怎么不一样呢?

生:因为在不同的计数单位上。

师:就像你们想的这样,相同的数字在不同的数位上,表示的意思是不一样的,因为它们的计数单位不同。

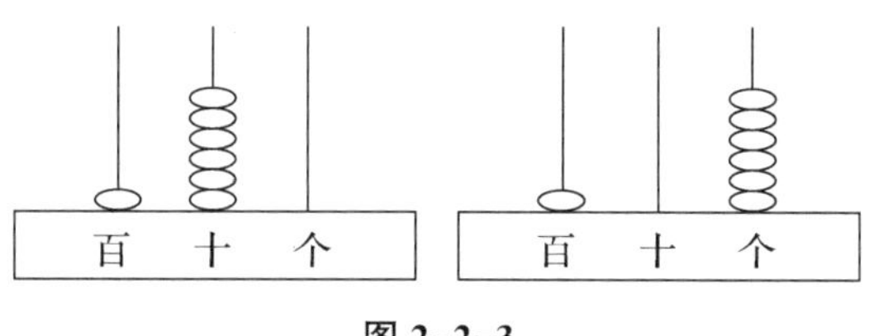

图 2-2-3

(4) 数数中建构,理解“满十进一”

师:数光会认还不够,还得会数,不同的数法适合不同的情况。再来看这些数,你们能选择不同的数数方式分别数到一千吗?

四人小组探究活动 2:借助计数器表示出千以内的数。探究要求如下:

◆ 选一选:继续从 500、870、989 中任选一个数。

◆ 数一数、拨一拨:选择合适的数数方式,将你们选中的数数到一千,并把思考过程通过计数器表示出来。

生1:一百一百地数,从500数到1 000。

师:刚刚听你们数出了10个一百,还有同学说是一千,让我们再来回顾一下一千是怎么得到的,“千”又到底在哪里?

生:百位“满十进一”就是一千。

千 百 十 个

图 2-2-4

师:那你能在计数器上找准千位的位置吗[图2-2-4]?

生:从右往左数起的第四位。

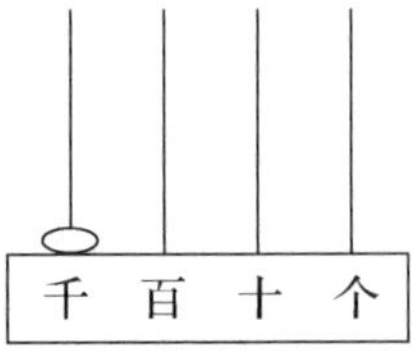

生2:十个十个地数,从870数到1 000。

师:请你们仔细观察,990又是怎么变成1 000的,进位了几次?

生:十位“满十进一”进到百位,百位又“满十进一”进到千位,就数到了一千,进位了2次。

生3:一个一个的数,从989数到1 000。

师:现在数到999了,老师又要提醒你们仔细观察了,你们猜猜观察什么?

生:999数到1 000,要进位几次。

师:是的,让我们再来仔细回顾一下这个过程(图2-2-5)。

生:个位“满十进一”进到十位,十位“满十进一”进到百位,百位又“满十进一”进到千位,就数到了一千,进位了3次。

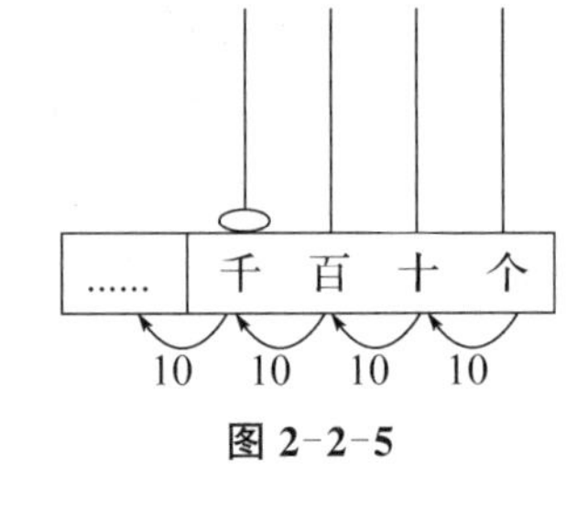

图 2-2-5

师:如果继续数下去,数得完吗?

生:数不完。

师:是的,只要有了“满十进一”的规则,我们就可以数出无穷无尽的数。

【分析:认数主要包括联系数的组成理解数的意义、认识计数单位和数位,以及读数与写数等。本环节,教师以精选的“500、780和989”三个数为研究素材编织新知探究的线索:在找出大于100的千以内的数的过程中,既激发学生进一步认识较大数的心理需求,又充分了解不同学生的原有认知水平。同时教师以平等的身份推出要研究的对象:500、780和989。进而通过摆一摆、拨一拨,让学生经历借助直观认数、表征数的过程,从小正方体的实物具体到计数器的半抽象表示,既感受了三位数的实际大小,获得对数的基数意义的初步理解,进而掌握千以内数的组成,又发展了数感、符号意识和运算能力。在直观表征的基础上,由点到面,迁移经验,丰富体验,强化数的组成,理解数的意义。为突破难点,让学生体会十进制计数法的位值原则,教师充分体现“数是数出来的”,仍然借助三个数引导学生一边拨珠,一边数数,特别学习难点处——“拐弯数”,放慢节奏、适时追问,自然生成新的计数单位——“千”,从而加深对十进制的数位顺序和位值原则的理解。】

任务3 ▶ 巩固应用,发展素养

(1) 联系生活,发展数感

师:一千与我们的生活有怎样的联系呢?一包打印纸一般有500张,几包就是一千呢?

生:2包。

师:老师这里有个薄薄的红包,准备买刚刚那款电话手表,猜猜有多少钱呢?

生：一千元。

师：为什么都是一千，一千张纸那么厚，一千元钱却那么薄呢？

生：因为一千元钱是 10 张一百元的纸币组成的。

师：无论是一千张纸还是一千元人民币，或者其他的一千，都可以用一颗神奇的珠子表示，这颗珠子在哪里呢？

生：在千位上。

师：是的，千位上的这颗珠子就表示 1 个千。数学可以用最简洁的方式表示出最清晰的意思。

（2）开放问题，感知推理

师：老师这里有三个数（990、900、890），图 2-2-6 中三个计数器只让你们拨 1 颗珠子，可以把哪个变成一千呢？为什么？

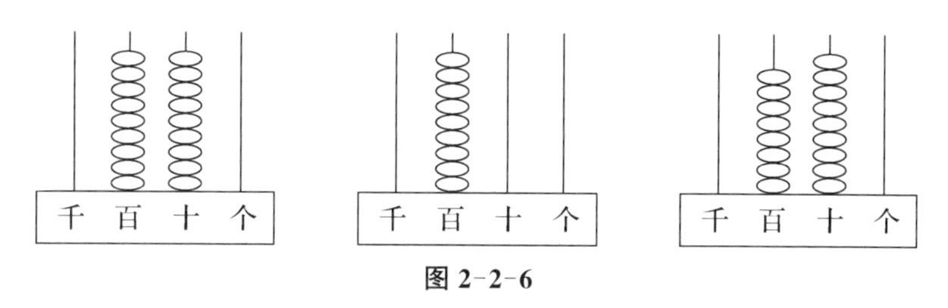

图 2-2-6

生 1：在百位上拨 1 颗珠子，可以把 900 变成 1 000。

生 2：在十位上拨 1 颗珠子，可以把 990 变成 1 000。

师：你们为什么都不选 890 呢？

生：890 在十位拨 1 颗是 900，在百位拨 1 颗是 990，都不能变成 1 000。

师：除了这些数，你们还能想到哪个数只拨 1 颗珠子也可以数到一千？如何数到一千呢？

生：999 在个位上拨 1 颗珠子就能变成 1 000 了。

师：你们真是了不起，不仅数出了今天的“新朋友”一千，还发现了数和数之间的关系。

【分析：本环节聚焦核心素养培育，精心选择学习素材，巧妙设计两个层次的练习，促进学生思维进阶。层次一：紧密结合学生的生活情境，1 000 张纸和 1 000 元人民币形成强烈的视觉冲突效果，同样都是纸，因为计数单位的不同，看到的样子完全不同，沟通了不同计数单位之间的区别与联系，也在生活情境中培养了学生的数感。层次二：在开放性问题的驱动下，进一步激发学生的好奇心和探究欲，引导学生借助所学内容和半直观的计数器，在头脑中运用千以内的数的组成及其关系开展推理，进而用数学语言表达自己的想法，充分体验了推理的过程，发展了推理意识。】

任务 4 ▶ 小结内化，拓展生疑

师：今天我们通过哪些方式认识了千以及千以内的数？

生：摆一摆、拨一拨、数一数。

师：是的，希望你们以后继续使用这些方法去认识更多、更大的数，拥有更广阔的数的世界,也更多感受到数的魅力。

案例分析

《课标(2022年版)》明确突出课程内容结构化,提倡核心素养导向的学科内容结构化重整。“数的认识”与“数的运算”整合为“数与运算”,不但可以更好体现数的认识与数的运算的联系,而且有助于学生从整体上理解、认识数与运算的本质和关键内容,即数与运算的核心概念:位值制、计数单位、相加等,也有助于发展学生的数感。本课的教学,教师就紧扣这些核心概念,结合低年级儿童认知特点,采用直观手段,在真实情境、深度探究和整体关联中开展丰富的数学活动,以数感的培养为主线,有效链接符号意识、推理意识和运算能力等核心素养,让儿童在数的认识活动中获得充分发展。

(案例提供:苏州科技城外国语学校　仇燕萍)

2.2.2　指向符号意识的教学设计(以“用字母表示变化规律”教学为例)

符号意识主要是指能够感悟符号的数学功能。知道符号表达的现实意义;能够初步运用符号表示数量、关系和一般规律;知道用符号表达的运算规律和推理结论具有一般性;初步体会符号的使用是数学表达和数学思考的重要形式。符号意识是形成抽象能力和推理能力的经验基础。[①] 形成符号意识是小学阶段的一个学习难点,其中的一个主要原因是数学符号的抽象性与形式化。因此,从具体到抽象是培养学生符号意识的基本途径。[②]

1. 教学内容分析

用字母表示数是发展学生符号意识的重要载体。《课标(2022年版)》将方程调整到中学阶段学习,却在小学阶段保留了用字母表示数,就是为了突出符号意识和代数思维的培养。还在附录部分增加了一个实例19——用字母表示数量关系或规律。

该实例中研究拼在一起的餐桌数和人数之间的关系,要求学生根据提供的信息列出含有字母的式子表示拼 n 张餐桌一共可以坐的人数。引导学生发现数量关系不同,字母式的写法也不同,但是表示的意义却是相同的,都表示 n 张餐桌一共可以坐的人数。在文字和字母都可以表示数量关系时,发现字母式表达的概括性,并通过学习化简较复杂的字母式进一步发展学生的符号意识。

以此例为主要内容,设计了“用字母表示变化规律”一课。本节课是学生在初步掌握用字母表示简单的数量关系的基础上进行的,学生通过经历探索用字母表示变化规律的过程,体会符号表达的简洁与概括性,同时在学习字母式运算以及代入求值的方法的过程中,感受字母式是可以运算和求值的,进一步发展学生的符号意识。后续,学生将继续研究用字母式来表示更复杂的数量关系和规律,并能运用字母式运算开展数学推理,体会字母表

---

① 中华人民共和国教育部. 义务教育数学课程标准(2022年版)[S]. 北京:北京师范大学出版社,2022:8.

② 史宁中,曹一鸣. 义务教育数学课程标准(2022年版)解读[M]. 北京:北京师范大学出版社,2022:56.

达，即符号的使用是数学表达和数学思考的重要形式，从而进一步增强符号意识。

2. 教学目标确定

① 在具体情境中，进一步探索用字母表示较复杂的数量关系和简单的变化规律，能理解并运用运算律对较复杂的字母式进行运算；能够根据所给字母的值，求出代数式的值。

② 在抽象概括变化规律中体会数学的抽象性和概括性，感悟字母运算得到结论的一般性，进一步培养学生的分析、抽象和概括能力。初步体验代数思维，发展符号意识和运算能力。

③ 使学生深刻体会从特殊到一般的数学思想方法，感悟用字母表示数所具有的简明、普遍的优越性。

本课以发展学生符号意识为核心任务，引导学生经历借助具体数值感知规律、尝试字母表达概括规律、联系旧知解释运算、代入求值体会对应、真实背景加深体验等活动，发展学生的符号意识，让学生能够初步运用符号表示数量、数量关系和简单的规律，知道用符号表达的结论具有一般性，初步体会符号的使用是数学表达和数学思考的重要形式。

3. 教学活动设计

任务 1 ▶ 提出问题，尝试解答

师：今天这节课我们从一张餐桌开始。

师：1 张餐桌可以坐 4 人，2 张餐桌(分列)可以坐几人？3 张餐桌呢？照这样想下去，a 张餐桌可以坐多少人，怎么表示人数？

生：4×2，4×3，$4a$。

师：这里的 $4a$ 怎么理解？

生：每张桌子坐 4 人，有 a 张桌子，所以是 $4a$。

师：真棒，你找到了餐桌数和人数之间的关系，今天我们继续来研究用字母表示数量关系。(板书：用字母表示数量关系)

师：老师像这样把 2 张餐桌拼在一起，想一想 18 张餐桌拼在一起能坐多少人？206 人坐在一起需要几张餐桌？

师：对于比较复杂的问题，我们可以从简单想起。(板书：从简单想起)

任务 2 ▶ 借助具体数值，感知规律

(1) 自主探究

师：1 张餐桌可以坐 4 人，2 张餐桌拼在一起可以坐多少人？

生：6 人。

师：你是怎么想的？

生 1：$4+2=6$(人)，原来 1 张餐桌可以坐 4 人，2 表示增加 1 张餐桌多坐 2 人，6 表示现在一共可以坐 6 人。

生 2：$4\times2-2=6$(人)

师：照着你的想法继续思考下去，3 张餐桌呢？

动画闪动：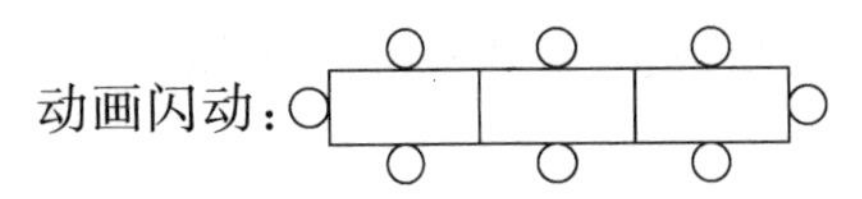

生：8 人。

师：照这样拼下去，4 张餐桌呢？5 张呢？拼得完吗？可以怎么办？

生：拼不完。

师：我们用字母 n 表示餐桌张数，你们能将表 2-2-1 填写完整吗？接下来请同学们分小组研究。

教师出示研究建议：

◆ 画一画：在图上画一画或者脑中画一画。

◆ 算一算：通过计算尝试找到变化规律。

◆ 说一说：在小组中交流自己的想法。

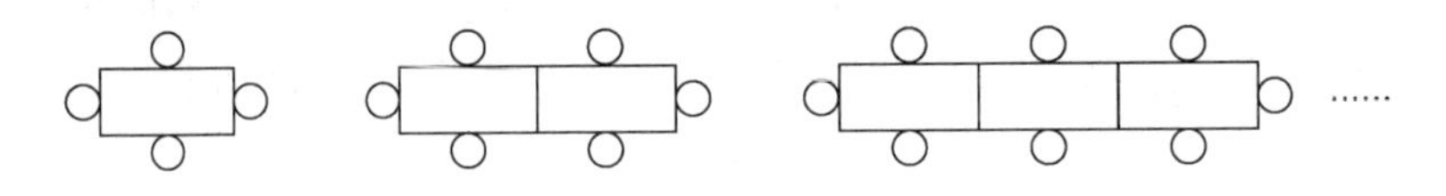

表 2-2-1　餐桌容纳人数统计表

桌子张数	1	2	3	4	5	……	n
一共坐的人数	4	6	8				

(2) 交流第一种思路

师：4 张餐桌拼在一起能坐多少人？

生 1：1 张餐桌坐 4 人，每增加 1 张餐桌就增加 2 人。这里 4 张餐桌相当于增加了 3 张餐桌，也就是增加了 3 个 2，加上本来的 4 人，合起来就是 10 人。

师：你的发现适用前 3 种情况吗？我们一起来看：1 张餐桌坐 4 人，2 张餐桌拼在一起，相当于增加了 1 张餐桌，增加了 2 个人，算式就是 $4+2$。（动画演示“$+2$”）

师：3 张餐桌呢？

生：3 张餐桌拼在一起，相当于增加 2 张餐桌，增加了 2×2 个人，算式就是 $4+2\times2$。（动画演示“$+2\times2$”）

师：照这样想下去，4 张餐桌能坐多少人该用哪个算式来表示？5 张餐桌呢？

生：4 张餐桌是 $4+2\times3$，5 张餐桌是 $4+2\times4$。

师：想一想，像这样一直拼下去，n 张餐桌呢？

生：$4+(n-1)\times2$。

师：这里为什么要 $n-1$？

生：去掉第一张桌子 4 人，n 张餐桌相当于增加 $(n-1)$ 张餐桌。

师：同学们，在桌子张数不断变化的过程中，你们发现有什么是不变的吗？

生：餐桌的张数是变化的，但是原来人数不变，每增加 1 张餐桌就增加 2 人是不变的。

师：餐桌的张数是个变化的数，可以用字母来表示，而每次增加的人数是不变的，又因为原来的人数是不变的，所以把原来的人数加上增加的人数，就可以把一共能坐的人数表示出来了。抓住变与不变，利用数与字母的关系，我们就可以用含有字母的式子表示出比较复杂的数量关系。

(3) 交流第二种思路

生：我是这样想的，左右两端各坐 1 人，1 张餐桌坐(2+2)人。

师：这里的(2+2)表示什么意思？

生：第 1 个 2 表示左右两端的 2 人，第二个 2 是前后的 2 人。

生：2 张餐桌坐(2+2×2)人，3 张餐桌坐(2+2×3)人。

师：你们也发现这样的规律了吗？4 张餐桌呢？

生：2+2×4。

生：$2+2n$。

师：$2+2n$ 表示？

生：左右 2 个人不动，每张桌子可以坐 2 人。

(4) 对比思路，发现异同

师：同学们，通过刚才的探究，我们得到了 $4+(n-1)\times 2$ 和 $2+2n$ 这两个字母式，它们都表示拼 n 张餐桌一共能坐的人数。为什么这两个字母式的写法不同呢？

生：因为第一种表示一开始不变的量是 4 人，每次增加 2 人；第二种表示是在 2 人的基础上，再加上餐桌数乘 2。

师：也就是数量关系不同。

任务 3 ▶ 字母表达，概括规律

师：如果用 m 表示 n 张餐桌拼在一起能坐的人数，可以怎样表示 m 和 n 的关系？这里的 m 表示什么意思？

生：$m=4+2\times(n-1)$。(板书)

生：n 张餐桌拼在一起坐的人数。

师：同学们，我们通过刚才的观察得到了字母式 $m=4+2\times(n-1)$，这个式子能表示 1 张餐桌能坐的人数吗？能表示 2 张餐桌能坐的人数吗？3 张餐桌呢？4 张呢？你们有什么发现？

生：任意张餐桌能坐的人数都可以用这个式子表示。

师：我们再来研究第二种情况可以怎样表示 m 和 n 的关系。

生：$m=2+2n$。(板书)

师：这个字母式可以表示哪些情况？

师：每一种情况都能概括出来。(板书：概括)

任务 4 ▶ 联系旧知，解释运算

师：我们从不同的角度来思考，得到了不同的字母式，它们都表示的是餐桌一共能坐的人数。比较下这两个字母式，你们更喜欢哪个？

生：$m=2n+2$。

师：是的，这样书写更加简洁。(板书：简洁)你们有什么方法把第一个字母式变得和第

二个字母式一样简洁？

学生尝试计算并讨论，教师巡视，核对答案。

$m=4+2\times(n-1)$

$=4+2n-2$

$=2n+2$

师：第一步运算的依据是什么？

生：乘法分配律。（板书：乘法分配律）

师：字母运算和我们以前学习的数的计算一样，都可以运用运算律或运算性质。（板书：字母运算）

师：我们可以通过字母运算把复杂的字母式变得简单，这样的过程其实就是字母式的化简。书写时，我们一般把数字写在字母前面。

师：虽然字母式的写法不一样，通过化简我们发现它们其实是一样的。

任务5 ▶ 代入求值，体会对应

师：同学们，学到这里，一开始提出的问题，现在能解决了吗？

生：能。

师：想一想这里的18表示什么？

生：餐桌的张数 n。

师：也就是当 $n=18$ 时，m 等于多少？你们能试着算一算吗？

组织学生交流。

师：同学们，字母式代入求值是有一定格式的。（板书：代入求值。并板书示范计算过程）

当 $n=18$ 时，$m=2n+2$

$=2\times18+2$

$=36+2$

$=38$

师：再来看206人坐在一起需要几张餐桌拼在一起，其实就是求什么？

生：求当 $m=206$ 时，n 等于多少。

师：你能试着算出来吗？

投影展示学生两种不同的计算过程（略）。

师：同学们，把字母代入求值时，我们既可以用等式的性质，也可以借助我们以前学过的四则运算中各部分之间的关系。

师：在含有字母的式子中，当一个字母表示的数确定了，另一个字母也就有了对应的值。

任务6 ▶ 真实背景，加深体验

（1）出示问题

出示实际问题：一个物体从高空下落时，第1秒下落的距离是4.9米，从第2秒起，后面每一秒下落的距离都比前一秒多9.8米。照这样，如果用 s 表示第 t 秒下落的距离，可以怎

样表示 s 和 t 的关系?

师:你认为题目中最关键的是哪一句?

生:后面每一秒下落的距离都比前一秒多 9.8 米。

师:你是怎么理解这句话的?

生:我们可以从简单想起,第 1 秒下落 4.9 米,第 2 秒下落(4.9+9.8)米,第 3 秒下落(4.9+9.8×2)米……

师:如果像这样借助表格,你们能探索出下落距离 s 和第 t 秒之间的关系吗? 请把你们的发现填在表 2-2-2 中。

表 2-2-2 物体下落距离统计表

时间/秒	第 1 秒	第 2 秒	第 3 秒	第 4 秒	……
下落距离/米	4.9				……

(2) 探究交流

生:第 3 秒下落的距离比第 1 秒多 2 个 9.8 米,列式为 4.9+9.8×2;第 4 秒下落的距离比第 1 秒多 3 个 9.8 米,列式为 4.9+9.8×3……

生:第 t 秒下落的距离比第 1 秒多$(t-1)$个 9.8 米,列式为 $4.9+9.8\times(t-1)$。

师:怎么理解这里的 $t-1$?

生:增加 $t-1$ 个 9.8 米。

师:如果用 s 表示第 t 秒下落的距离,可以怎么表示?

生:$s=4.9+(t-1)\times9.8$。

师:你会化简 $s=4.9+(t-1)\times9.8$ 吗?

生:$s=4.9+(t-1)\times9.8$

$=4.9+9.8t-9.8$

师:这里既有含字母的式子,也有数,我们如何化简?

生:相同单位合并。

师:怎么合并? 这 4.9-9.8 不够减怎么办?

生:可以减去(9.8-4.9)。

师:减 9.8 我们先减 4.9,再减 4.9 可以吗?

师:老师这里还有几个用字母表示的式子,你们能把它们化简吗?

出示:$3x+4(x-2)$ $12+2\times(m-5)$

师:化简时,有时是把含有字母的式子进行化简,有时是把数进行化简。

案例分析

符号是某种事物的记号。数学符号是数学学科专门使用的特殊符号,是一种含义高度概括、形体高度浓缩的抽象的科学语言。具体而言,数学符号是产生于数学概念、演算、公式、命题、推理和逻辑关系等整个数学过程中,为使数学思维过程更加准确、概括、简明、直观和易于揭示数学对象的本质而形成的特殊的数学语言。[①] 数学符号既有一般符号的功能，又具有数学的特征。作为核心素养表现的“符号意识”特指对数学符号的意义、特点、功能的初步理解，以及在运用数学符号进行表达、运算、推理和交流过程中形成的活动经验和感悟。本课教学，基于学生已有的用字母表示数和数量的经验，引导学生在运用字母表示简单的变化规律过程中从不同角度发展符号意识：经历字母式表示规律过程，感悟字母表示的抽象、概括和简洁；在字母式运算中体会数的运算与字母运算的一致性及函数思想；在运用字母表示规律过程中，形成主动运用符号表达规律的意识。

（案例提供：苏州高新区实验小学　朱向明，苏州高新区白马涧小学　于婷婷）

2.2.3　指向运算能力的教学设计（以“小数加法和减法”教学为例）

“数与代数”是小学数学最重要的学习领域，而“数的运算”不仅是该领域内容学习的重要基础，也是其他领域内容学习的重要基础。无论是运算的意义和运算的对象，还是运算的方法和运算的结果，都有着丰富的内涵，可以说，运算是数学的“半壁江山”。为此，在《课标（2022 年版）》中，运算能力是小学阶段 11 个核心素养表现中唯一一个用“能力”来界定的。《课标（2022 年版）》对运算能力做了明确界定：运算能力主要是指根据法则和运算律进行正确运算的能力。能够明晰运算的对象和意义，理解算法与算理之间的关系；能够理解运算的问题，选择合理简洁的运算策略解决问题；能够通过运算促进数学推理能力的发展。运算能力有助于形成规范化思考问题的品质，养成一丝不苟、严谨求实的科学态度。[②] 这样的阐述明确表达了“运算能力”的内涵、表现和作用。

根据一定的数学概念、法则和定理，由一些已知量通过计算得出确定结果的过程，称为运算。运算能力作为具体演算的能力，在小学阶段主要包括三个方面：一是“如何算”，即对算法与运算程序的运用；二是“为什么可以这样算”，即对算理的理解；三是“怎样算得更好”，即对算法的优化。这三个方面主要体现了运算的熟练性、合理性和灵活性。根据《课标（2022 年版）》的界定，运算能力主要包括以下四个方面：能够根据运算律、运算法则和运算程序熟练地进行数的四则运算；理解运算对象、运算律与算法之间的关系，感悟运算的一致性；能够通过运算解决数学问题和简单的实际问题；能够通过运算探究、发现简单的数量关系与规律。[③] 实际教学中应聚焦这四个方面设计和实施活动。

1. 教学内容分析

小数的加法和减法是小学运算体系中重要一环。在此之前，学生已经掌握了整数加、减法的口算及笔算，掌握了一位小数的加、减法。小数加、减运算与整数的加、减运算都是十进制计数法，而小数同时具备了分数的等分思想，可以与分数进行沟通和转换。其实不

---

① 徐品方，张红. 数学符号史[M]. 北京：科学出版社，2006：1.
② 中华人民共和国教育部. 义务教育数学课程标准（2022 年版）[S]. 北京：北京师范大学出版社，2022：8.
③ 史宁中，曹一鸣. 义务教育数学课程标准（2022 年版）解读[M]. 北京：北京师范大学出版社，2022：57-58.

管是整数、小数还是分数的加、减运算，核心本质都是计数单位相同的数相加、减。所以，小数加、减法的学习起着承上启下的作用。

2. 教学目标确定

① 结合具体情境探索并掌握小数加、减法的计算方法，体会小数加、减法与整数加、减法在算理上的联系，能正确计算小数加、减法，能用小数加、减法解决简单的实际问题。

② 在探索并掌握小数加、减法的过程中，培养学生观察比较抽象概括的能力，发展学生的运算能力和数感，体会转化思想，积累数学活动经验。

③ 进一步增强运用已有知识和经验探索并解决问题的意识，感受与他人合作的意义，体验成功的乐趣。

本课以发展学生运算能力为核心任务，引导学生经历复习、回顾、激活整数加、减法经验，出示情境、提出问题，尝试加法、理解算理，经验迁移、计算减法，再次尝试、完善算法，对比沟通、建立联系，应用内化、解决问题，回顾总结、体会一致性等活动，让学生借助已有经验尝试探索算法，借助多元表征完整地表述算理，在形成基本算法的基础上不断完善算法，促进算理和算法的融合。让学生在发展初步的分析、抽象等思维能力的同时，培养和发展运算能力和推理意识。

3. 教学活动设计

任务 1 ▶ 复习引入，激活经验

(1) 复习

出示图 2-2-7。

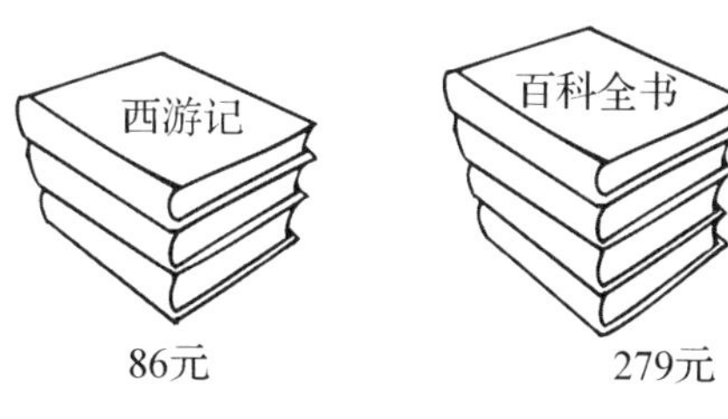

图 2-2-7

师：上周，老师在网上买了两套读物。根据图片信息，如果要算出老师一共花了多少元，你们会列算式吗？

生：86＋279。（板书：算式）

师：你们会用竖式计算吗？（个别学生板演，竖式略）

师：整数加法在计算时需要注意什么？

生：把两个加数的末位对齐。（板书：个位　十位　百位）

师：也就是把相同数位上的数对齐。（板书：相同数位对齐）

生：注意从个位算起。（板书：从末位算起）

(2) 引入

师：整数加减法是我们一、二年级的时候学习的，如果继续学习加、减法，你们认为要学习什么样的加、减法?

生:小数的加法和减法。(板书:课题)

师:你们认为我们要研究小数加、减法的哪些问题?(板书:怎样算?为什么这样算?)带着这些问题,开始我们今天的学习。

【分析:整数和小数都是按十进制计数规则计数。小数加、减法计算在算理和算法上和整数加、减法具有一致性。为此,课始从复习整数加、减法入手,激活"相同数位对齐,个位算起"的经验,为小数加、减法的算法探究、算理理解扫清障碍,也为整数加、减法和小数加、减法的沟通对比积累了素材。】

任务2 ▶ 探究新知

(1) 出示情境,提出问题

课件出示教材第1题的主题图。

师:星期天,五1班的三位同学去文具店买文具。一起看大屏幕。从图中你们能发现哪些数学信息?

师:你能提出用加法或减法一步计算的数学问题吗?

师:同学们真聪明,提出了这么多数学问题。这节课我们先来研究这两个问题。(课件出示这一题的两个问题)

师:第一个问题,谁会列算式?(板书:4.75+3.4)为什么要用加法计算?

生:要求买一个讲义夹和一本笔记本一共需要多少元,就要把4.75元和3.4元合在一起,可以用加法进行计算。

师:第二个问题,谁会列算式?(板书:4.75−3.4)为什么要用减法计算?

生:要求两个数相差多少,只要从4.75里面去掉3.4就可以了,所以列出减法算式4.75−3.4。

【分析:能够明晰运算的对象和意义是运算能力的具体表现。本环节,教师引导学生从具体问题情境中提出数学问题并列出算式,体会小数加法和减法作为运算来自实际问题,并结合问题情境,理解小数加法和减法的意义与整数加法和减法意义相同。】

(2) 尝试加法,理解算理

师:你们能用竖式计算4.75+3.4吗?动手试一试。

学生各自尝试计算后,组织展示、评点和交流。

师:你们列出的竖式也是这样吗(出示末尾对齐的竖式)?有一位同学是这样列竖式的(出示小数点对齐的竖式)。两种竖式有什么不同?你们认为哪种方法正确?

同桌交流后汇报。

生1:末尾对齐不正确。4元多加3元多应该是7元多或8元多,末尾对齐计算结果不对。

生2:小数点对齐是正确的。

师:确认这样算是对的?这种方法是把什么对齐的?(板书:小数点对齐)

师:小数点对齐再计算为什么是正确的?你们能结合人民币模型或者小数的意义来说一说吗?先独立想一想,然后选择一种在小组中交流。

学生汇报。

师：(板书：元　角　分)小数点对齐后，就是元和元对齐了，角和角对齐了，分和分对齐了。也可以从小数的意义来理解：4.75 由 4 个一、7 个十分之一和 5 个百分之一组成；3.4 由 3 个一和 4 个十分之一组成。小数点对齐后就是相同数位对齐了。(板书：个位　十分位　百分位)

【分析：整数加、减法是小数加、减法的基础，但也是算法迁移的障碍。学生借助整数加、减法的经验尝试计算小数加、减法，会出现不同的方法。教师通过小数加法的不同算法对比，使学生借助人民币模型、小数的意义和直观图式理解小数加法的算理：小数点对齐，就是相同计数单位对齐。】

(3) 经验迁移，计算减法

师：加法会算了，你们认为减法该怎样计算？先想一想，再联系计算小数加法的经验试着用竖式计算。

学生各自尝试计算后，重点讨论如下问题：为什么要把小数点对齐？对齐后怎么办？

生 1：小数点对齐了，就是把相同的计数单位对齐了。只有相同计数单位上的数才能相加或者相减。

生 2：小数点对齐后，要从末尾算起。

师：用竖式计算小数减法时，也要把被减数和减数中的小数点对齐，因为这样做就能让相同数位上的数对齐，也就能让相同单位的数直接相减；列出竖式后，要从最低位减起，依次算出每一位上两个数的差。

师：用竖式计算小数减法与用竖式计算小数加法的过程有什么相同的地方？

生 1：都要把小数点对齐了再计算。

生 2：都要从末位开始算起。

师：用竖式计算小数加法或减法时，都要把各数的小数点对齐，都要从最低位开始算起，得数里的小数点都要和横线上的小数点对齐。

【分析：借助小数加法的算理和算法，学生自然迁移到小数减法的计算中，通过小数加减法的笔算对比，学生深入理解小数加、减法的相同点，也就是小数加、减法的基本算法和算法背后的算理。】

(4) 再次尝试，完善算法

师：这里有两个问题(课本“试一试”)，你们能先列出算式，再用竖式分别算出它们的得数吗？同桌一组，左边的同学完成第一题，右边的同学完成第二题。

学生各自用竖式计算后，组织交流讨论。

教师实物投影展示学生的两种结果：一种化简，一种没有化简。

师：比较两个结果，你们有什么发现？

生 1：这两道题的计算结果末尾都有 0。

生 2：小数末尾有 0 的，要化简。

师：当计算结果是小数，而且末尾有“0”时，通常要根据小数的性质进行化简。(板书：结果要化简)

【分析：小数加、减法和整数加、减法不同在于计算结果的处理。整数加、减法的计算结果末尾有0的，不能把0去掉。而根据小数的性质，小数加、减法计算的结果要化简。为此，本环节在前面总结了小数加、减法基本算法的基础上，通过再次尝试，让学生自主发现计算结果的特点，从而引导学生完善算法。】

(5) 对比沟通，建立联系

师：通过前面的学习，我们一共计算了4道小数加、减法的试题。想一想，小数加、减法与整数加、减法的笔算方法有什么相同的地方？

学生分组讨论后，明确：笔算整数加、减法或小数加、减法时，都要把相同计数单位上的数对齐，都要从最低位算起，相加满10都要向前一位进1，不够减时都要从前一位退1当10。

引导：用竖式计算小数加、减法时又要注意什么呢？

学生分组讨论。

师：用竖式计算小数加、减法时，要把小数点对齐；要对着横线上的小数点在得数里点上小数点；计算结果能化简的要化简。

【分析：运算能力的进阶，不仅体现在运算对象的扩展，更体现在不同运算之间关联的深刻感悟。因此，在理解并掌握了小数加、减法的算理的基础上，教师组织学生把本课研究的小数加、减法与以前学习的整数加、减法做对比沟通，不仅发现两类运算的相同点——都是把相同计数单位上的数相加减，而且发现了小数加、减法的独特之处：只要把小数点对齐，相同数位就对齐了，计算的结果能化简的要化简。】

任务3 ▶ 巩固应用

(1) 练一练

学生做课本第49页“练一练”，比一比谁做得又对又快。

师：哪一道题需要我们特别注意？算法很重要，熟练算法以后就可以加快计算速度了。

(2) 完成练习八第1题

师：请大家直接写得数。算之前，有什么要提醒大家注意的？

生1：要把小数点对齐。

生2：看清运算符号。

生3：要注意计算的结果，小数末尾有0的，要化简。

(3) 完成练习八第2题

师：学习计算，不仅是为了算得对，算得快，还是为了解决一些实际问题。（课件出示练习八第2题）

(4) 开放题

从9.2、2.65、7.42三个数中任选两个组成加法或减法算式。

生：9.2＋2.65，9.2－2.65，9.2＋7.42，9.2－7.42，2.65＋7.42，7.42－2.65。

师：课后请大家把这些算式先分类，再计算，看看哪些算式的计算又出现了新问题，这些问题该怎样解决。

【分析：运算能力的形成，需要一定量的练习巩固。在理解算理、掌握算法的基础上，还需要借助丰富的练习和应用才能真正形成运算能力。本环节安排了四个层次的练习。基础练习注重引导学生用竖式按规定的算法进行计算；专项练习则让学生在熟练掌握算法的基础上提高运算速度，形成运算技能；解决问题则让学生应用所学运算解决生活中的实际问题，体验数学学习的价值；开放练习则让学生在组算式并分类中，发现运算中的新问题，激发学生在课后进一步探究运算的兴趣。】

案例分析

运算能力并非一种单一的孤立的数学能力，而是运算技能与逻辑思维等的有机整合。在实施运算分析和解决问题的过程中，要力求做到善于分析运算条件，探究运算方向，选择运算方法，设计运算程序，使运算符合算理，合理简洁。怎样在整数运算的基础上，通过小数运算的学习实现运算能力素养提升？本节课，教师通过多元表征理解算理、分层突破完善算法、新旧对比感悟原理、多元应用形成技能等四个方面帮助学生通过小数加法和减法的运算的学习，实现运算能力的进阶。

（案例提供：苏州高新区实验小学　朱向明）

2.2.4　指向模型意识的教学设计(以“乘法数量关系”教学为例)

数学是研究数量关系和空间形式的科学。“数量关系”作为“数与代数”领域的重要学习主题之一，主要包括利用数与运算解决问题、估算、常见数量关系、字母表示数、探索规律等内容。数量关系是运用数与符号或含有符号的式子对实际问题中数量之间的关系、性质和规律的表达。数量关系是解决实际问题的核心，数量关系的研究探索是提高学生问题解决能力，发展符号意识、应用意识，特别是模型意识等核心素养的重要路径。

《课标(2022 年版)》明确了模型意识的内涵、表现及作用：模型意识主要是指对数学模型普适性的初步感悟。知道数学模型可以用来解决一类问题，是数学应用的基本途径；能够认识到现实生活中大量的问题都与数学有关，有意识地用数学的概念与方法予以解释。模型意识有助于开展跨学科主题学习，增强对数学的应用意识，是形成模型观念的经验基础。①

1. 教学内容分析

数学模型是对现实问题进行数学抽象，用数学语言表达问题，用数学知识与方法构建模型、解决问题的过程。也就是说，数学模型是用数学语言讲述现实世界的故事，是沟通数学与现实世界的桥梁。在数量关系主题的学习中，对学生模型意识的培养同样需要鼓励他们解决现实生活中的真实问题，体会数学的应用价值；同时，要让学生在经历问题解决的全过程中，感悟数学模型可以解决一类问题。《课标(2022 年版)》主要提到两个模型：加法模型和乘法模型，其中加法模型为“总量＝分量＋分量”；乘法模型包含两个，一个是“总价＝单价×数量”，另一个是“路程＝速度×时间”。它们都是解决一类问题的数学模型，有助于学生解决现实问题，感悟数学的价值，发展模型意识。

---

① 中华人民共和国教育部. 义务教育数学课程标准(2022 年版)[S]. 北京：北京师范大学出版社，2022：8.

单价、数量和总价三个量之间的关系是乘法模型之一,与速度、时间、路程是两类基本的数量关系。单价是一个比较抽象的概念,是总价和数量的比。本课的教学重点是借助现实情境,理解单价的含义。掌握单价、数量和总价之间的数量关系,并能解决生活中的实际问题,在解决问题的过程中进一步体会模型的价值,形成模型意识和应用意识。

2. 教学目标确定

① 在具体情境中,通过自主探索,合作交流,理解单价的含义,会读写单价;掌握"总价=单价×数量"数量关系,并能应用于实际问题的解决。

② 经历常见数量关系抽象的过程,感受数量关系的模型本质,体会模型思想,培养抽象概括等思维能力,发展模型意识。

③ 进一步体会数学与生活的密切联系,积累积极思考、自主探索、合作交流等数学活动经验,感悟数学模型的简洁与方便,培养学习数学的兴趣。

本课以发展学生模型意识为核心任务,引导学生经历基于生活经验初步感悟数量关系、对比发现总结数量关系、数形结合建立模型、实际应用体会价值等活动,主动建构乘法模型之一"总价=单价×数量",从而发展学生的模型意识。

3. 教学活动设计

任务 1 ▶ 激活经验,初步感知

(1) 呈现素材,填写表格

师:在以前的学习中,我们曾经解决过这样的问题(课件出示表 2-2-3)。你们能把表格填写完整吗?

表 2-2-3 物品的购置清单

每个 32 元	每个 12 元	每瓶 4 元
2 个	5 个	18 瓶
一共( )元	一共( )元	一共( )元

生 1:书包一共 64 元。

生 2:文具盒一共 60 元。

生 3:墨水一共 72 元。

(2) 认识单价

师:学习数学就要在学过的知识的基础上,通过观察思考发现新知识。我们一起来看表 2-2-3 第二行的信息,你们能说说它们有什么相同点吗?

生:它们都表示每个文具多少钱。

师:这一行都表示每个物品的价钱,数学上,我们把单个物品的价钱叫作单价。在生活

中，单价随处可见。

课件呈现生活中的单价（文字表述单价，举例略）。

师：这个标价牌上的信息（图 2-2-8）你们能读懂吗？

生：这台冷柜的价钱是 1 299 元。

师：标价牌上圈出的部分是一个复合单位，表示每台冷柜的价格。刚才表 2-2-3 中三种文具的价格你们能写成这种形式吗？

图 2-2-8

师：我们先看第一个。

示范：书包每个 39 元，这里的 39 元就是书包的单价。每个 39 元还可以写成 39 元/个，在“元”的后面写“/”再写“个”。读作三十九元每个。

师：它表示什么意思？

生：表示每个书包 39 元。

师：另外两种文具的价格可以怎样写？请拿出自主学习单，在第一个表格里写一写。

师：写好的同学请与同桌比较一下，写得一样吗？我们一起看大屏幕，谁带着大家读一读这里的价格？

（3）认识数量和总价

师：表 2-2-3 的第三行都表示什么？你们能给它起个名字吗？

生：都表示买了多少个，就是数量。

师：第四行呢？

师：这一行都表示一共的价钱，也就是总共的价钱，我们一般叫作总价。

（4）引入新课

师：下面我们就来研究单价、数量和总价之间的关系。（板书：总价、单价、数量）

【分析：小学数学中的很多知识都是从日常生活现象中抽象概括出来的。教学的内容与学生的生活背景越接近，学生接纳并理解知识的积极性就越高。购物是学生在日常生活中经常参与的一项活动。在这项活动中，尽管学生未必能够清楚地意识其中的数量关系，但他们通常都能利用生活经验正确理解其中的关键信息，进而顺利地解决问题。在此前，学生经常解决关于购物的实际问题。为此，课的开始，呈现曾经解决过的关于购物的题组，先口答每种文具一共的价钱，初步感受数量之间的关系。在此基础上，引导学生理解表中第一行信息表达的意思，从而认识复合单位，学习复合单位的读写。进而结合丰富的生活实例理解单价的含义，再借助认识单价的经验，进一步理解数量和总价的含义。】

任务 2 ▶ 逐步抽象，研究关系

（1）独立探究，建构关系

教师出示学习要求：

- ◆ 说一说：每种文具的总价是怎样算出来的。
- ◆ 写一写：用一个式子表示总价、单价和数量之间的关系。

师：请大家独立说一说，写一写，然后在小组中交流你们的想法。全班交流时请每组 2

号同学准备发言。

(2) 全班交流,教师点拨

生:我们小组认为,每种文具的总价都是用单价乘数量算出来的。我们写的式子是:总价=单价×数量。

师:的确是这样。计算每种物品的总价都是用表2-2-3中的第一个信息(也就是单价)与第二信息(数量)相乘。因此,我们可以用一个式子表示出它们之间的关系。也就是总价=单价×数量。(板书)

师:由这个式子,你们还能想到哪些式子?

生:数量=总价÷单价,单价=总价÷数量。(板书)

师:大家根据这个表格写出了三个式子来表示总价、数量和单价之间的关系。由这里我们发现,三个量只要知道了其中的两个量,就能求出另外一个量。

【分析:本环节主要引导学生在理解相关概念内涵的过程中自主归纳数量关系,体会"单价×数量=总价"是实际生活中常见的数量关系模型。教师引导学生"结合表格说一说,总价是怎样计算出来的?怎样用一个式子来表示单价、数量和总价之间的关系?"在学生抽象概括出"总价=单价×数量"后,再进一步引发学生思考"由这个式子,你们还能想到哪些式子?"由此,通过比较、分析和概括,把实际问题中具体计算过程抽象成能表示一类问题的数量关系。】

任务3 ▶ 沟通联系,建立模型

(1) 依据数量关系解决实际问题

师:文具店一种自动铅笔的售价为4元/支,买3支这种铅笔多少钱?

师:你们能说说这个问题中告诉了哪些量,要求哪个量吗?要根据哪个数量关系解答?请同桌互相说一说再汇报。

学生汇报。(略)

师:以后遇到这样的问题,就可以先想数量关系,再根据数量关系来解决问题。

师:水果店苹果的售价是60元/箱,买3箱苹果需要多少元?

师:先想数量关系,再根据数量关系来解决问题。

(2) 数形结合,建立模型

师:刚才我们运用自己发现和总结的数量关系解决了两个实际问题。我们静下心来看下面这两道题。

课件呈现:

◆ 一种自动铅笔的售价为4元/支,买3支这种铅笔需要多少元?

◆ 水果店苹果的售价是60元/箱,买3箱苹果需要多少元?

师:你们会用线段图表示这两道题的条件和问题吗?请男同学画第一题,女同学画第二题。比一比谁能把条件和问题完整地画出来。

教师先呈现男生画的图,并组织交流。

师:这一段表示什么意思?为什么画3段?问题标在哪里?

再呈现女生画的图，同样组织交流。

师：这一段表示什么意思？为什么画 3 段？问题标在哪里？

师：大家画的图好像也有相同的地方，你们发现了什么？

生：都画了 3 段，问题都是求总共多少元。

师：(课件呈现线段图，图 2-2-9)图中的每一段表示单价，也就是每份数；图中的几段表示数量，也就是份数。要求的问题就是总价，即总数。

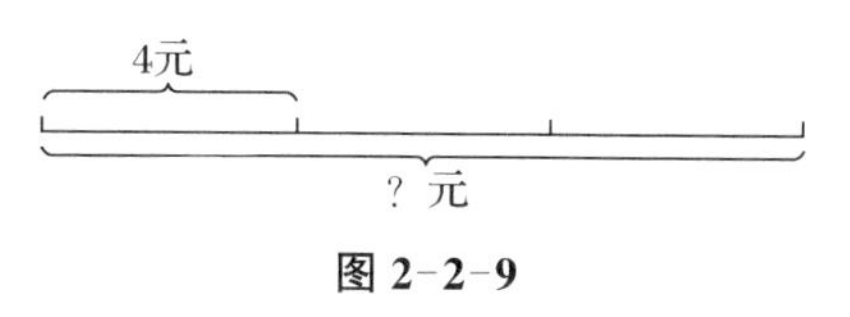

图 2-2-9

【分析：数量关系的模型建立以后，应该通过用模的过程让学生体会数学学习的价值。为此，教师通过呈现简单的实际问题，引导学生借助数量关系来分析和解决问题，因为分析数量关系、选择运算方法是问题教学的核心。在借助数量关系解决两个实际问题后，教师引导学生用线段图表示题意，在比较两个图后，发现题目表达的意思不一样，但是线段图都是一样的，从而借助数形结合引导学生在更高的层面对数量关系进一步抽象，从而真正发展模型意识。】

任务 4 ▶ 巩固应用课堂检测

课件呈现：

> 运动服的售价为 84 元/套，李老师购买 2 套运动服，一共要花多少钱？当李老师购买 4 套、8 套或 10 套运动服时，分别要花多少钱？

师：你们能运用今天学习的知识把表 2-2-4 填写完整吗？比比谁最先完成。请大家一边填一边想，解决这个问题运用了哪个数量关系式？

表 2-2-4　运动服购买清单

数量/件	2	4	8	10
总价/元				

师：完成后把自己的发现和同桌说一说。

生：都是根据“总价＝单价×数量”来解答的。

师：观察表格，有什么发现？

生 1：从左往右看，数量变大，总价也变大。

生 2：从右往左看，数量变小，总价也变小。

【分析：在帮助学生抽象概括出数量关系的模型之后，本环节引导学生观察并比较两组相互关联的数据，一方面巩固对所学数量关系的理解，另一方面从变化的角度初步感受分析数量关系的方法，体会数量之间总是相互依存的。这样的教学，体现了数学知识发生、发展的内在逻辑，能为后续学习提供实实在在的支持。】

任务 5 ▶ 回顾总结

师：今天这节课有什么收获？数量关系有什么用？

师：今天主要学习了单价、数量和总价之间的数量关系，数学中类似这样的数量关系还有很多。我们在解决问题的过程中要注意总结，这样可以帮助我们更好地解决问题。

案例分析

模型意识分为建模和用模两方面。数学建模是数学学习的一种方式，更是一种过程。它需要经历对原始问题分析、假设、抽象的数学加工过程，同时要经历选择数学工具、方法和模型的过程，最后还要经历模型求解、模型验证和模型再分析、再求解的迭代过程。

本节课教师引导学生完整经历了这样一个数学建模的过程。首先，从原始问题计算一共要用多少元入手，体会生活中常见的关于物品总价格与数量之间关系有着一定的内在联系。然后，通过三次抽象逐步建立起“单价、数量和总价”之间的数量关系。由此，在教学中，发展学生的模型意识应从原始问题出发，采取已有的解决问题的策略对问题进行加工，用联系的眼光去看问题，寻求合适的模型，并对所要建构的模型进行验证分析，甚至是解构和重构，在培养学生抽象概括能力的同时，塑造理性精神。

（案例提供：苏州高新区实验小学　朱向明）

2.3　思想方法教学设计案例

数学思想是数学的核心，也是数学课程教学的关键。数学思想的内涵十分丰富，数学的基本思想是众多数学思想中具有本质性特征和代表性的一些思想。《课标（2022 年版）》中所说的“数学基本思想”主要是指抽象、推理和模型思想。在这三个最为基本的数学思想之下又演变出很多数学思想。例如，由抽象思想派生出来的符号化思想、分类思想、对应思想等；由推理思想派生出来的数形结合思想、代换思想、转化（化归）思想、代数推理思想、类比推理、演绎推理、归纳推理等；由模型思想派生出来的简化思想、方程思想、函数思想、等价类思想、随机思想等。结合小学数学学科特点及当前数学课程改革的新要求，本节重点讨论代数推理思想、等价类思想和转化思想。

2.3.1　基于代数推理的教学设计（以“用字母运算推理”教学为例）

推理作为三大基本数学思想之一，反映数学学科的本质特征，是数学思维的基本表现形式，也是科学态度与理性精神的基础。《课标（2022 年版）》不仅将推理意识和推理能力作为核心素养的具体表现，而且特别加强了代数推理的培养。

小学阶段主要是培养学生的推理意识，而非严格的数学推理能力。代数推理是一个过程，学生通过这种过程来寻找某些数学问题或情境的模式，在数量之间建立关系，并通过形式化的象征、表征和操纵来进行概括。[①] 代数推理的培养，一是要注重早期代数思维的渗透，二是要强化字母表示数量关系的教学。“用字母表示数”是小学生学习代数知识的起始，是学生从算术思维到代数思维的一个重要转折：在小学阶段，由具体的、确定的数过渡

① 谢春艳，黄娜娜，潘禹辰，等. 国外中小学代数推理研究的主要成果及其启示[J]. 中学数学杂志，2023(2)：5-11.

到用字母表示抽象的、可变的数，用含有字母的式子表示数、数量关系、运算律以及求周长与面积的计算公式，是认识上的一种飞跃。《课标(2022 年版)》提出：运用数和字母表达数量关系，通过运算或推理解决问题，形成与发展学生的符号意识、推理意识和初步的应用意识。用字母表示数参与到“等量关系”和“变化规律”的表示和运算中，等量关系和变化规律就可以刻画一类事件，体现着字母表示一般化思想，这实际上更是一种抽象，这种进一步的抽象是认识上的重大转折，也是学生进一步学习代数知识乃至其他数学知识的重要基础。

1. 教学内容分析

“用字母表示数量关系”是“用字母表示数”的自然延伸，也是衔接中学阶段方程及函数的重要内容。主要包括用字母表示较复杂的数量关系、字母运算及用字母运算推理等。“用字母运算推理”以图形面积关系为研究素材，让学生借助已有经验(举例计算)尝试解决，在交流中感受到不管正方形的边长是几，结果都相同。进而由特殊到一般，引导学生用字母式计算开展推理，感悟用字母推理得到的结论更有一般性。“试一试”则让学生体验字母推理的过程和规范，在尝试字母推理中体会图形面积之间的关系，发展符号意识和代数推理。

2. 教学目标确定

① 在具体的问题情境中，经历用字母式计算开展推理的简单过程，探索用字母式进行简单推理的方法，能较为规范地用字母式运算表达推理过程和结果。能运用字母式计算推理来解决简单的实际问题。

② 在探索用字母式进行简单推理的过程中，进一步体验由特殊到一般的思维方式，知道字母推理得到结论具有一般性，体会符号的使用是数学表达和数学思考的重要形式，进而培养学生的分析、抽象和概括能力，发展代数思维。

③ 在解决问题的过程中，初步学会通过具体的实例，运用归纳和类比发现数学关系与规律，形成勇于探索、自我反思的科学精神。

代数推理任务设计有两个基本条件，一是问题解决的重点不在于得到事实性的答案，而是关注学生展开关系转化的思考过程；二是问题解决的情境创设，可以是生活情境，联系学生的生活经验，更要呈现数学情境，使学生能够学会观察、想象、描述与概括。为此，本课的核心问题任务是在数学情境中探究“圆面积是正方形面积的百分之几”，通过举例计算和字母运算不同方式解决问题，并通过观察、比较、想象、概括等活动，体会字母运算进行推理的好处，感受代数推理的过程与方法。

3. 教学活动设计

任务 1 ▶ 激活经验，提出问题

(1) 激活经验

师：同学们，我们这几天研究了字母式的计算。你们能计算这几个字母式吗？

$$\left(\frac{1}{2}a\right)\times\left(\frac{1}{2}a\right) \qquad (2b)^2 \qquad (\pi r^2)\div(4r^2)$$

师:用运算律或者运算的规律可以对字母式进行化简。今天研究用字母式计算来解决问题。

(2) 提出问题

师:在一个正方形内画一个尽可能大的圆,你们能想象出是怎样的图形吗?

师:是啊,就像这位同学说的一样,圆紧紧地贴着正方形的边。这个图中,正方形和圆有怎样的关系?

小结:正方形的边长就是圆的直径。

师:除了这个关系,这两个图形还会有什么关系呢?你们能试着提出一个问题吗?(板书:提出问题)

生:圆的面积和正方形的面积有什么关系?圆的周长和正方形的周长有什么关系?

师:大家提出了这么多的问题,我们这节课重点研究"圆面积是正方形面积的百分之几"这个问题。

任务2 ▶ 解决问题,体验字母推理

(1) 尝试解决

师:你们打算怎样解决这个问题?先独立想一想,再同桌交流。

全班讨论汇报。

生1:举例计算。

师:正方形的边长除了是2 cm,还可以是几厘米?

生2:用字母表示再计算。

师:谁理解他的方法?

课件呈现学习建议:

◆ 写一写:用自己喜欢的方式有条理地写出解决问题的过程。

◆ 说一说:在小组中说一说自己是怎么想的。

请在学习单"我来探索"中完成,并在小组中交流。

小组交流后全班汇报。

(2) 举例计算

① 正方形的边长为4。

学生汇报自己的想法。

师:正方形的边长是4,也就是圆的哪一部分也是4?为什么用"圆的面积÷正方形的面积"?

根据学生汇报,教师规范计算过程。

师:像这样,在计算过程中标上小标题,更有利于表达。

② 正方形的边长为2或者6。

学生汇报自己的想法。

师:你们能看懂吗?这个同学的方法和刚才有什么不同?计算的结果一样吗?

师:换了一个数值,计算结果还是一样的。

③ 正方形的边长为 10 或者 20。

师:看看这种方法和得到的结果,你们有什么想说的?

小结:无论正方形的边长是几,得到的结果都约是 78.5%。

师:还有哪些同学是这样举例的?你们计算的过程有哪些地方是相同的?(板书:举例计算)又有什么不同?(举例的数据不同)

我们通过举出不同例子,借助计算,发现圆的面积都约是正方形面积的 78.5%。另外,对比发现举例的数据要方便计算。

(3) 字母推理

① 规范表达。

师:我们能举出所有的例子吗?

在巡视时,老师发现还有不一样的解决方法。投影展示学生用字母表示计算过程完成推理的方法。学生介绍自己的思路和方法。

师:你们是怎样想到用字母表示正方形边长的?运算过程中你们有什么要和大家分享的?听了同学的介绍,你们能看懂计算的过程吗?

教师规范字母计算进行简单推理的过程。

师:为了更有条理地把这个同学的想法表示出来,老师和大家一起,像他这样写一写思考的过程,感受一下他的独特思路。我们先是用字母表示一个未知的量,接着把字母看作已知数,分步算出正方形的面积和圆的面积。字母运算中,注意化简。

边介绍边完成板书:

如果正方形的边长是 a,那么

$$S_{正}=a\times a=a^2$$

$$S_{圆}=\pi\times\left(\frac{a}{2}\right)^2=\frac{\pi}{4}a^2$$

$$S_{圆}\div S_{正}=\left(\frac{\pi}{4}a^2\right)\div a^2=\frac{\pi}{4}\approx 78.5\%$$

② 迁移尝试。

师:像这样通过字母运算推理得到了结论。(板书:字母运算)刚才我们用字母 a 表示正方形的边长,如果用字母 r 表示圆的半径,你们能像这样用字母运算表达自己解决问题的过程和结果吗?

请在学习单"我来推理"中完成,独立尝试完成后全班简单交流。

师:我们刚才解决同一个问题都是用字母运算来推理。一种是用字母表示边长,一种是用字母表示半径,虽然假设的量不同,但推理的过程以及结果相同。

师:想一想,为什么字母表示的量不同,得到的结果却一样?因为假设的两个量是有关系的:$a=2r$。

(4) 回顾过程,比较内化

师:(组织比较)回顾解决问题的过程,我们通过一个具体的图形,提出了问题,发现了图形之间的关系。(板书:发现关系)在研究它们的关系时,用两种不同的方法。一种是通过举例计算发现了结论,一种是通过字母运算来表达推理的过程和结果。这都是解决问题的好方法。比一比,这两种方法各有什么好处?又分别要注意什么?

小组交流后全班汇报。

小结:举例计算便于发现规律,要注意举的例子应便于计算,但是每举一个例子,只能代表一种特殊情况,所以同时还要注意多些例子。(板书:特殊)字母运算更加简洁概括,方便推理,得到的结论更有一般性。(板书:一般)

课件出示大小不同的图形,对比感知:无论这个圆和正方形的大小是怎样的,圆的面积都约是正方形面积的78.5%。

师:像这样,用字母来表示未知量,通过字母运算进行简单推理,从而解决问题的方法就是用字母运算推理。(板书:课题)

师:用字母运算推理要注意什么?

小结:要确定假设的量是什么,尽量选择便于运算的量;为了便于找寻关系,最好分步规范表达;字母运算中,要注意化简。

(5) 变式迁移

师:刚才我们研究了在正方形内画一个尽可能大的圆,正方形和圆之间的面积关系。如果正方形内有4个同样的尽可能大的圆,你们能想象出图形样子吗?

师:(提出问题)4个圆面积的和与正方形的面积有什么关系?

师:(提出要求)先猜一猜,再用字母运算进行推理的方法解决问题。

师:78.5%,这只是我们的一种感觉!要说明你们的感觉正确,老师要提高要求,你们能用字母运算进行推理的方法解决问题吗?

师:(提示)在这里,你们打算用字母表示哪个量?可以假设边长为a,也可以假设每个圆的半径为r。请选择自己喜欢的方法有条理地解决问题。

师:哪些同学假设正方形的边长为a来计算推理的?哪些同学假设圆的半径为r来计算推理的?可以选择更简单的方式进行推理。

(6) 体验优点

师:刚才我们解决了两个问题(依次贴出两幅图),像这样排列的组合图形还有吗?

师:我们由这两个图还可以类比迁移出更多的图。(板书:类比迁移)

教师再贴出第3幅图,标上省略号。

师:每个图中圆的面积和与正方形面积的关系是怎样的?

师:为什么图形不一样,圆的面积都约是正方形面积的78.5%?

小结:在用字母推理的过程中,我们可以看出每个图中正方形的面积始终不变,而每个图中圆的面积和都相等。

师:为什么圆的个数不同,面积却相等?(因为直径相等)

师:(追问观察解决问题的过程)你们对用字母运算进行推理有什么感受?

小结:用字母运算进行推理,不仅便于我们发现规律、验证猜想,而且得到的结果更有一般性。

任务 3 ▶ 巩固练习，加深体验

师：我们前面主要用字母运算推理研究圆和正方形的面积之间的关系，其实，很多图形之间的关系，也同样可以用字母运算来进行推理。

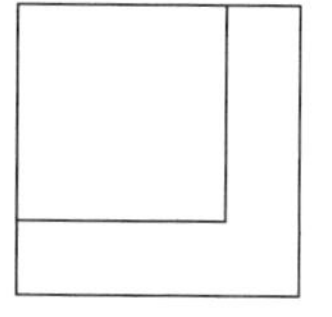

图 2-3-1

课件出示图 2-3-1：把一个正方形的边长增加$\frac{1}{2}$，新的正方形的面积是原来的几分之几？（用字母运算进行推理得到结果）

师：用字母表示哪个量？怎样用字母运算进行推理？

案例分析

《课标（2022 年版）》将方程移到中学阶段，而小学阶段保留用字母表示数的内容，就是强化用字母表示数的价值。本课在学生能够用字母表示较复杂数量关系及字母运算的基础上，组织学生以图形面积关系为研究对象，用字母推理获得数学结论或解决问题，从而发展学生的符号意识、推理意识和代数思维，感悟代数推理思想，这正是课标变化的价值所在。这部分内容是学生感受从具体到抽象、从特殊到一般的代数推理过程的重要契机。

（案例提供：苏州高新区实验小学　朱向明）

2.3.2 基于等价类思想的教学设计（以“等值分数”教学为例）

等价类思想是一种重要的数学思想。所谓等价类思想，就是用一个相等的准则，把彼此相等的对象归为一类。同一类的对象，它们的本质是一样的，只是表示形式各不相同。要知道，同一个事物常常有很多种表示方式，这在现实世界里是非常普遍的现象。万物经过分类，出现了一个个的等价类。① 小学数学中涉及等价类思想的具体内容不多，但很重要。例如，分数的基本性质其实就是分数相等的性质：分子、分母各不相同，但是分数的值大小相等。与$\frac{1}{2}$相等的无数个分数，它们都是等价的。再例如，张奠宙教授曾经提出角相等的性质：角的大小与边的长短无关，凡是顶点和两边互相重叠的角彼此相等，属于一个等价类。其实这样的例子还有：全等的三角形是一个等价类，它们可以处于不同位置，可是它们是同一个三角形；同解的方程也是等价类，类中方程的解都一样，但形式各不相同；等等。

通俗地讲，等价类指同一个东西有很多种表示方式。结合具体的内容，学生可以初步感受一个事物可以有多种表示方式。例如，在第二学段，结合等值分数的学习可以初步感受等价类思想。

1. 教学内容分析

等值分数是分数学习中的一个重要概念，它既是分数意义、分数单位等概念的“凝聚”，又是发现和理解分数基本性质、开展分数大小比较，以及进行分数四则运算的重要基础。

① 张奠宙，巩子坤，任敏龙，等. 小学数学教材中的大道理[M]. 上海：上海教育出版社，2018：138.

等值分数丰富的内涵，使得其成为分数体系中重要且较难理解的概念。因此，教学实践中，较多学生对等值分数的理解属于工具性理解，停留在“知其然，不知其所以然”的水平，即只知道要将分子、分母同时乘或除以一个相同的数（零除外），分数的值不变，却不了解等值分数中隐含着分割、单位量转换以及单位分数等概念。《课标（2022 年版）》在课程内容部分提出第二学段要让学生感悟分数单位，能比较简单的分数大小。结合《课标（2022 年版）》附录 1 课程内容中的例 9 的学习[①]，我们认为有必要以实践来落实新课标的理念，聚焦培养学生的核心素养展开教学。在三年级“分数的初步认识”教学中先行引入“分数单位”，将现行教材与新内容进行对接开展等值分数的早期教学，注重等值分数概念的获得过程及结构关系，初步感悟等价类思想，使其“不仅知其然，还知其所以然”。

2. 教学目标确定

① 通过操作、观察和比较等活动，学生能够识别等值分数。

② 在说理的过程中，学生能够初步感悟等价类思想，发展模型意识和推理意识。

③ 在探究等值分数的过程中，激发数学学习兴趣和探究热情。

为此，本课的核心问题任务是在绘本情境中，以问题串引领学生深入探究等值分数，由一类到其他类，借助数形结合，深刻感悟等值分数背后蕴含的等价类思想。

3. 教学活动设计

任务 1 ▶ 从“量”的大小感悟相等

师：老师今天带来了一个分比萨的绘本故事，仔细听，看看里面有没有藏着什么数学奥秘。

出示图 2-3-2，并讲述绘本故事。

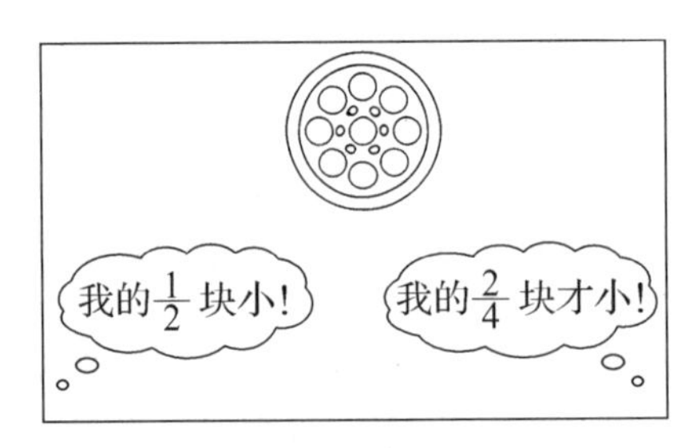

图 2-3-2

师：你们知道双胞胎为什么吵起来吗？

生：因为他们觉得$\frac{1}{2}$块比萨和$\frac{2}{4}$块比萨不一样大，都觉得自己的比萨小。

师：那你们觉得呢？

生：一样大。

师：你们是怎么知道一样大的？

生：我是从绘本里看出来的，都是半块比萨。

师：眼见是否为实呢？实践出真知，今天我们也来分一分，通过操作来验证一下你们的

---

① 中华人民共和国教育部. 义务教育数学课程标准（2022 年版）[S]. 北京：北京师范大学出版社，2022：103.

猜想。

出示活动提示：

◆ 折一折、涂一涂：表示出你选中的分数。 ◆ 比一比、说一说：你有什么发现。

学生小组交流后全班汇报。

生 1：我是这样做的，我把这个圆对折一次，就把这个圆平均分成 2 份，涂其中的 1 份，就是$\frac{1}{2}$块。

师：你呢？

生 2：我是这样做的，我把这个圆对折两次，就把这个圆平均分成 4 份，涂其中的 2 份，就是$\frac{2}{4}$块。

师：你们真了不起，用先分一分，再数一数的方法，清晰地表示出了$\frac{1}{2}$和$\frac{2}{4}$的含义$\left(板贴两个圆及\frac{1}{2}、\frac{2}{4}\right)$。表示出这两个分数后，又该怎么办呢？

生 2：我们把两个圆的涂色部分叠在一起比了一比，发现一样大，那分比萨的保罗大叔呢，也是这样比的吗？

师：你们的做法和保罗大叔一样呢。（播放绘本）

师：我们通过操作和比较，发现了$\frac{1}{2}$块和$\frac{2}{4}$块一样大！在数学上，我们可以用怎样的符号来表示这样的关系呢？

生：等号。

师：所以我们就说$\frac{1}{2}$块等于$\frac{2}{4}$块。

【分析：学生通过折一折、涂一涂、比一比，发现$\frac{1}{2}$块和$\frac{2}{4}$块都表示“半块披萨”，经过重叠比较，发现$\frac{1}{2}=\frac{2}{4}$。这样，让绘本上的图“走”下来，变成手中的图，学生的感悟更直接，感悟“数”是对“数量”的抽象。】

任务 2 ▶ 借助直观理解相等关系

师：这两个分数，分子和分母明明都不一样，为什么大小相等呢？我们来慢镜头回放一下（出示图 2-3-3），瞧，这条调皮的虚线在干吗？

生：把半块平均分成了 2 份。

生：把另外半块也平均分成了 2 份。

师：是啊，这条神奇的虚线就把每 1 份再平均分成了 2 份。一共就平均分成了多少份呢？

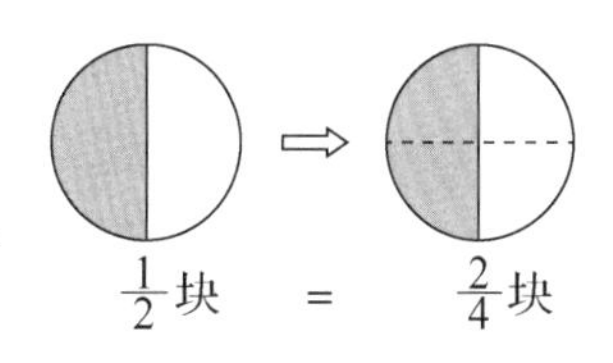

图 2-3-3

生：4份。

师：你怎么知道一共是4份呢？

生：每1份都被平均分成了2份，2×2=4，2个2份就是4份。

师：在你的表达中，老师仿佛看到了平均分的过程，这边2份，另一边呢？原来取的1份就变成现在的几份？

生：2份。

师：同学们，当我们把每1份再均分时，分的份数发生了变化，取的份数也跟着发生了变化，但涂色部分大小呢？

生：没有变。

师：所以$\frac{1}{2}=\frac{2}{4}$。

师：之前我们是看出来、比出来的，现在还能从分数意义的角度理解$\frac{1}{2}$是怎么变成$\frac{2}{4}$的，同桌再互相说一说变化的过程吧。

【分析：本环节紧扣"分子和分母明明都不一样，为什么大小相等？"借助直观图形，引导学生进一步观察分子和分母的变化，从而发现把每个$\frac{1}{2}$再均分成2份后，总份数变了，取的份数也变了，涂色部分的大小没有变。同时给出语言表达的支架，不仅能够理解相等分数之间分数意义的联系，也能表达清楚分数相等的道理。】

任务3 ▶ 拓展等值分数的范围，揭示概念

师：除了$\frac{2}{4}$和$\frac{1}{2}$一样大，还有其他分数和$\frac{1}{2}$一样大吗？（出示图2-3-4）你们能不能像保罗大叔一样分一分，把你们的想法用小手比画在圆片上，同桌互相说一说自己的想法，并记录在学习单上。

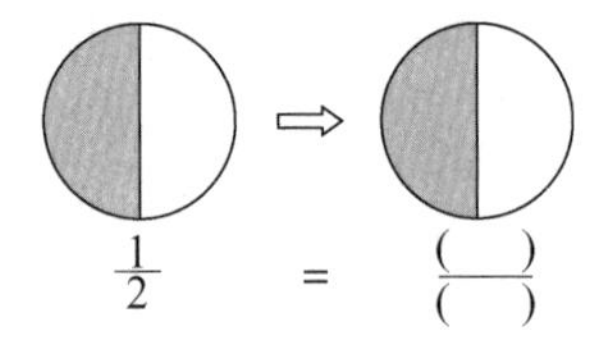

图2-3-4

组织全班交流。

生1：我把每1份再平均分成3份，一共就平均分成了6份，原来的1份就变成现在的3份，所以我发现了$\frac{1}{2}$块$=\frac{3}{6}$块。$\left(\text{板书：}\frac{1}{2}=\frac{3}{6}\right)$

生2：我把每1份再平均分成4份，一共就平均分成了8份，原来的1份就变成现在的4份，所以我发现了$\frac{1}{2}$块$=\frac{4}{8}$块。$\left(\text{板书：}\frac{1}{2}=\frac{4}{8}\right)$

师：我们来回顾一下，这些和$\frac{1}{2}$大小相等的分数，什么发生了变化呢？

生：一共平均分成几份和取几份变了，分子、分母变了。

师：是啊，当我们把每1份再均分时，虽然分的份数和取的份数都发生了变化，但分数大小始终不变。在数学上，我们就把这些分数称为等值分数，记作$\frac{1}{2}=\frac{2}{4}=\frac{3}{6}=\frac{4}{8}$。（板书：等值分数）

师：你们真了不起，不仅能够通过观察看出这些分数大小相等，还能通过思考发现相等背后的道理和联系，在变化中找到了不变的关系。（板书：观察、思考）

【分析：学生根据把每个$\frac{1}{2}$再均分成2份的经验，尝试着再平均分成3份、4份，继续寻找与$\frac{1}{2}$大小相等的分数，进而得出$\frac{1}{2}=\frac{2}{4}=\frac{3}{6}=\frac{4}{8}=\cdots\cdots$的结论，感受到等值分数的等价传递性。同时通过寻找其他和$\frac{1}{2}$大小相等的分数，让学生的认知从特殊性走向一般性，总结出所有这些分数具有的共同联系，体会到在变化中找到了不变的关系，感受数学就是研究关系的学问。从只看表象走向分析内因，数形结合，感悟等价类思想。】

任务4 ▶ 聚焦分数单位，深入理解等值分数

师：还有什么秘密呢？让我们把数学思考再推进一步，想一想，从$\frac{1}{2}$变成$\frac{2}{4}$，平均分的份数变了，也就是这个分数的什么也变了呢？

生：分数单位变了。

师：想着想着，我们从找等值分数过渡到对分数单位的研究！这是一个非常了不起的研究方向。你们能具体说说，分数单位怎么不一样吗？

生：$\frac{1}{2}$的分数单位是$\frac{1}{2}$，$\frac{2}{4}$的分数单位是$\frac{1}{4}$。$\left(\text{板书：分数单位}\frac{1}{2}、\frac{1}{4}\right)$

师：数一数，图2-3-5中涂色部分有几个$\frac{1}{4}$。

生：2个$\frac{1}{4}$。$\left(\text{板书：2个}\frac{1}{4}\right)$

师：也就是原来的1个$\frac{1}{2}$变成了2个$\frac{1}{4}$。

师：我们分着分着就分出了新的分数单位，数着数着数出了新分数单位的个数。你们能继续用分一分、数一数的方法，研究$\frac{3}{6}$和$\frac{4}{8}$吗？

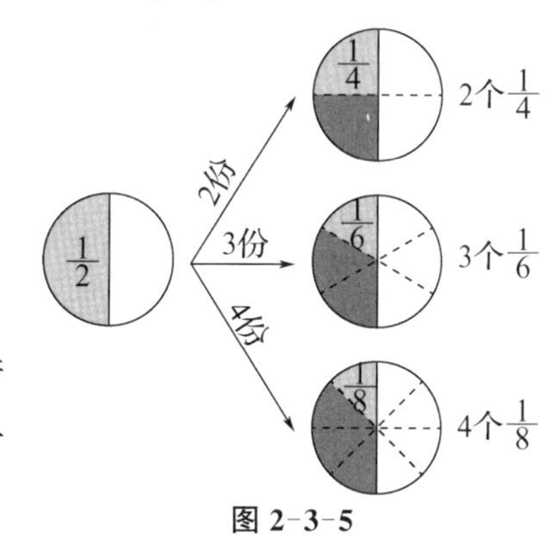

图2-3-5

生1：$\frac{3}{6}$的分数单位是$\frac{1}{6}$，原来的1个$\frac{1}{2}$变成了3个$\frac{1}{6}$。$\left(\text{板书：分数单位}\frac{1}{6}，3\text{个}\frac{1}{6}\right)$

生2：$\frac{4}{8}$的分数单位是$\frac{1}{8}$，原来的1个$\frac{1}{2}$变成了4个$\frac{1}{8}$。$\left(\text{板书：分数单位}\frac{1}{8}，4\text{个}\frac{1}{8}\right)$

师：看来，$\frac{1}{2}$块可以是1个$\frac{1}{2}$，也可以是2个$\frac{1}{4}$，还可以是3个$\frac{1}{6}$，4个$\frac{1}{8}$。

师：无论是哪一种分法，我们始终在做哪两件事呀？

生：分出分数单位，数出有几个。

师：是啊，方法是一样的。无论是以前学习的自然数，还是今天的分数，都可以这样数出来。

师:我们已经找到了 3 个$\frac{1}{2}$的等值分数,你们的脑海中产生了什么联想呢?

生:还有没有其他等值分数?

师:这真是一个有价值的思考。你们能不能用先分后数的方法,通过想象找出更多$\frac{1}{2}$的等值分数呢?闭上眼睛试试看吧。

师:同学们,你们还能继续分下去吗?分得完吗?

师:瞧!我们刚才动手分、脑中想,找到了这么多的等值分数。在这些等值分数中又藏着怎样的变化过程呢?

生:分数单位越来越小。数的个数越来越多。

师:是的,随着分数单位的变化,数的个数自然也发生了变化,我们就得到了不同的分数,但是大小始终不变,看来你们已经真正明白等值分数背后相等的原因。(板书:明理)

【分析:引导学生聚焦"分数单位"和"单位个数"的变化,分出了新的"分数单位",数出了和$\frac{1}{2}$相等的分数。同时联系自然数的数数方法,体现数的认识的一致性和整体性。】

任务 5 ▶ 动手操作,多维理解等值分数

师:还能找到其他等值分数吗?想一想完成学习单上的题目。

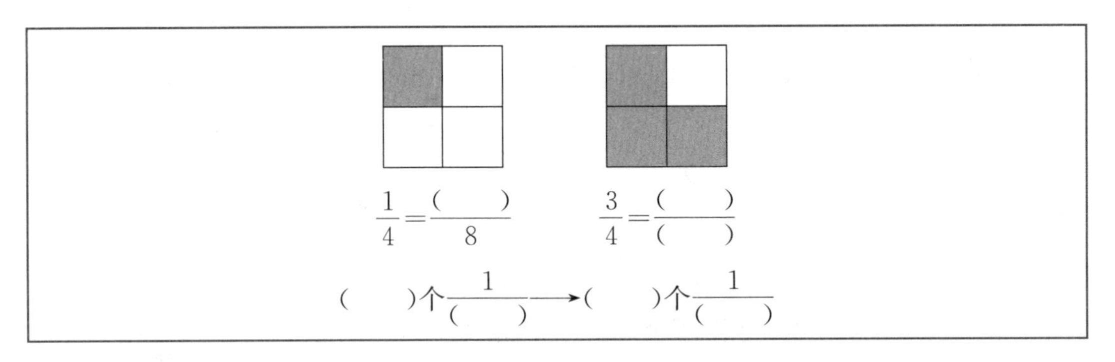

生:1 块平均分成了 2 份,$2\times4=8$,一共就平均分成了 8 份,所以 1 个$\frac{1}{4}$就是 2 个$\frac{1}{8}$。

师:虽然分法不同,但都是把 1 个$\frac{1}{4}$变成了 2 个$\frac{1}{8}$,所以$\frac{1}{4}=\frac{2}{8}$。

生 2:我把 3 个$\frac{1}{4}$分成了 6 个$\frac{1}{8}$,得到了$\frac{3}{4}=\frac{6}{8}$。

师:老师还看到了有的同学没有在图上分一分,就直接找到了$\frac{6}{8}$,说说你又是怎么想的?

生 3:1 个$\frac{1}{4}$是 2 个$\frac{1}{8}$,$2\times3=6$,3 个$\frac{1}{4}$就是 6 个$\frac{1}{8}$,所以$\frac{3}{4}=\frac{6}{8}$。

师:看来你已经能通过找$\frac{1}{4}$的等值分数来推理出$\frac{3}{4}$的等值分数了,你真是个善于思考

的孩子。

师：通过先分一分后数一数，我们不仅找到了几分之一的等值分数，还能找到几分之几的等值分数。

师：(课件出示分数墙，如图 2-3-6 所示)瞧，这么多分数条组成了一面分数墙，你们能利用分数墙找出更多等值分数吗？

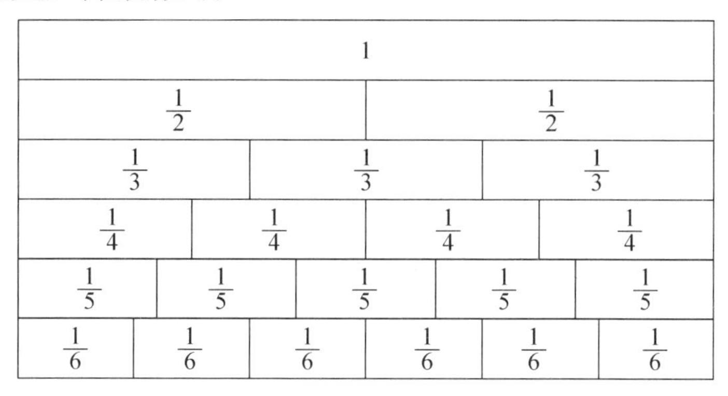

图 2-3-6

生 1：我们找到了 1 个$\frac{1}{3}$是 2 个$\frac{1}{6}$，也可以是 3 个$\frac{1}{9}$，也可以是 4 个$\frac{1}{12}$，所以$\frac{2}{3}=\frac{4}{6}=\frac{6}{9}=\frac{9}{12}$。

生 2：我们找到了 1 个$\frac{1}{4}$是 2 个$\frac{1}{8}$，1 个$\frac{1}{8}$是 2 个$\frac{1}{16}$，所以 1 个$\frac{1}{4}$就是 4 个$\frac{1}{16}$。

生 3：我们找到了 1 个$\frac{1}{5}$是 2 个$\frac{1}{10}$，$\frac{1}{5}=\frac{2}{10}$，就想到了$\frac{2}{5}=\frac{4}{10}$，$\frac{3}{5}=\frac{6}{10}$，$\frac{4}{5}=\frac{8}{10}$，$\frac{5}{5}=\frac{10}{10}$。

师：老师听明白了，你们都用先分一分，后数一数的方法找出了更多的等值分数。

师：老师把你们找到的一些分数条请到了屏幕上，仔细观察，这些等值分数在表示“1”的这条直线上的位置(PPT 动态演示)，你们有什么发现？

生：这些等值分数都在一起。

师：老师明白了你的“在一起”，就是指等值分数在数直线的同一个点上。让我们的眼睛随着这条线来“走一走”，看，在这个点上你看见了哪个分数？

生：$\frac{1}{2}$。

师：只有$\frac{1}{2}$吗？你还能想到哪些分数呢？

生：还有$\frac{3}{6}$……

师：是啊，我们以前学习的自然数，每个数在这条直线上都有各自不同的位置，所以一个数只有一种表示形式。但在分数里，等值分数却有着无限种表示形式，这就是分数的特别之处。

【分析：本环节安排了三个活动，无论是直观图、分数墙，还是数轴，继续聚焦分数单位，从不同维度帮助学生从核心概念的视野去理解等值分数，特别是借助数轴，深刻理解分数和自然数的相同点和不同，引领学生从操作行为逐步走向关系思维，真正达到概念理解的通透和深刻。】

案例分析

分数本身就是比较抽象的概念，等值分数是表示具有相等值的分数，每个分数都属于一个等值集。感悟等价类思想，感受到这个集合中包含无限个分数，并理解它们之间为什么相等，确实对三年级的学生提出了较大的挑战。正如史宁中教授所说，数学的表达是符号的，但教学应当是物理的；数学的证明是形式的，但教学应当是直观的；数学的体系是公理的，但教学应当是归纳的。[①] 所以，本节课以具有现实意义的绘本情境为依托，通过多次的图形表征进行观察比较，再借助实物操作进一步感悟，同时挖掘了分数相等背后分数单位的联系，通过精心的设计逐步抽象概括，引导学生逐步感悟等价类思想。

（案例提供：苏州科技城外国语学校　仇燕萍）

2.3.3　基于转化思想的教学设计［以“两位数乘两位数（不进位）笔算”教学为例］

转化思想是小学数学学习中最基本、最常用的数学思想之一。吴正宪认为在现代数学中，转化思想不是放弃寻找问题的答案，而是采用迂回策略，将问题的答案求解过程变为自身熟悉的问题求解过程，然后通过理论方法等手段解决问题。总而言之，转化思想就是在求解数学问题时，利用问题变换的方式解答问题的一种常用手段。[②] 转化思想的核心是变，不是直接处理相关数学问题，而是采取游击式的战术，通过变化、变形的方法将需要解决的数学问题转化成某个曾经解决了的问题或分解成若干个小问题，再通过组合来解决原来的问题。其思维过程大致可以用图 2-3-7 简要表示。

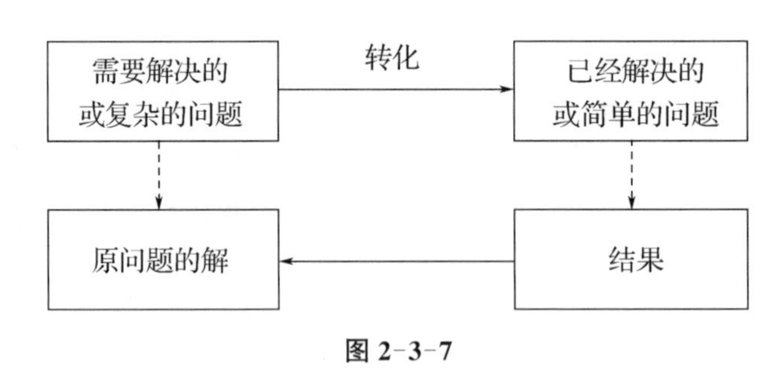

图 2-3-7

1. 教学内容分析

“数与代数”中有很多内容涉及转化思想，如整数、分数、小数之间的转化，各种运算之间的转化，数的简便运算与图形的转化等，这些内容都蕴含了转化思想，教学中，教师不能

① 史宁中. 如何理解直观与几何直观[J]. 小学教学（数学版），2017(9)：4-7.
② 吴正宪，刘劲苓，刘克臣. 小学数学教学基本概念解读[M]. 北京：教育科学出版社，2014：61.

只在形式上运用转化，而应将其中蕴含的深层次的转化思想清晰且有逻辑地展现出来，从而将转化思想真正地运用到“数与代数”的教学中。以整数的乘法运算为例，主要包括表内乘法、两位数乘一位数、两位数乘整十数、两位数乘两位数和三位数乘两位数。这些运算中蕴含的转化思想如图 2-3-8 所示。

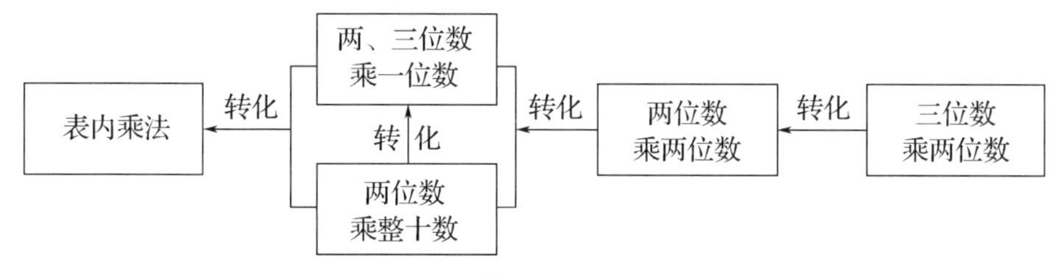

图 2-3-8

两位数乘两位数(不进位)笔算在整数乘法系列内容中起着承上启下的作用，是学生学习多位数乘法的关键课时。学生在此之前已经学习过表内乘法，两、三位数乘一位数，两位数乘整十数(口算)，具备了学习本节课内容的基础。本课重在让学生实现两位数乘两位数的算理和竖式计算方法的意义建构，其关键在于理解为什么要分两步乘，以及每一步乘得的结果要写在什么位置上。《课标(2022 年版)》附录 1 课程内容中的例 8 的学习旨在培养学生解决新问题的探索精神和推理意识，理解两位数乘两位数的基本算理，也为竖式计算积累感性认识，注重感悟从未知到已知的转化思想。

2. 教学目标确定

① 借助已有经验经历两位数乘两位数笔算方法的探索过程，在自主转化的基础上理解算式，结合横式掌握竖式计算方法，并学会乘法的验算方法。

② 结合具体问题情境合理运用多种方法计算出正确结果，体会将未知转化为已知的过程，发展运算能力和推理意识；借助点子图理解竖式计算原理，发展几何直观。

③ 在探索算法和解决实际问题的过程中感受数学与生活的联系，提高自主探索能力，增强学习数学的兴趣。

为此，本课的核心任务是让学生借助已有经验自主探索两位数乘两位数(不进位)笔算的算法，借助横式计算和几何直观理解竖式计算原理，感悟从未知到已知的转化思想，发展推理意识、运算能力和几何直观。

3. 教学活动设计

任务 1 ▶ 情境引入，激活转化方向

师：学校两位老师准备给低年级的孩子购买一批新的绘本，从题目中你们知道了哪些数学的信息？

生：数学绘本每本 14 元，王老师买 2 本，李老师买 10 本。

师：根据这些的信息，你们能提出用乘法一步计算的问题吗？

生：王老师买数学绘本需要多少元？

师：谁能列式并解答？

生：14×2＝28(元)。

师:这是我们之前学过的两位数乘一位数。(板书:两位数乘一位数)李老师买绘本花了多少钱?

生:14×10=140(元)。

师:说说你是怎样计算的?

生:14×10 可以想成 14 个十是 140。

师:这是我们刚刚学习的两位数乘整十数。(板书:两位数乘整十数)

师:张老师也买了 12 本,一共需要多少元?你们会列出算式吗?

生:14×12 或 12×14。(板书:14×12)

师:为什么用乘法来计算?你们能估一估,结果大约是多少吗?

生 1:把 14 看作 10,12 看作 10,10×10 等于 100,14×12 是 100 多。

生 2:把 12 看作 10,14×10 等于 140,14×12 是 140 多。

师:比 140 多一些。究竟是多少?有信心挑战一下吗?

师:我们这节课就来研究两位数乘两位数。(板书课题:两位数乘两位数)

任务 2 ▶ 横式表达,尝试转化方法

(1) 借助直观,自主探究

师:能不能运用我们之前学过的知识尝试解决呢?

出示活动建议:想一想可以先算几本书的价格,圈一圈之后用算式分步记录下自己的想法,完成后可以和同桌交流。

学生自主探究后全班交流汇报。

① 圈法一:平均分。

实物投影出示:14×6=84(元)　84×2=168(元)

师:这个同学的想法,你们看懂了吗?看得懂的请举手。

生:6 个为一组,先用 14×6 算出 6 本多少钱,再乘 2 算 2 个这么多一共多少钱。

师:讲得太棒啦!掌声送给他!你们都听懂了吗?这种方法是把 12 拆成了 6×2,变成了两位数乘一位数来计算。

实物投影出示:14×3=42(元)　42×4=168(元)

师:这种方法谁能看得懂?老师发现,现在看得懂的同学比刚才多了。

生:3 个为一组,先用 14×3 算出 3 本多少钱,再乘 4,算 4 个这么多一共多少钱。

师:这种方法是把 12 拆成了 3×4,也变成了两位数乘一位数来计算。

师:比一比,这两种方法有什么相同的地方?

生:都是把 12 本书平均分,再分别和 14 乘。

师:太厉害了,你透过算式看到了背后的方法,这两种方法都是把两位数乘两位数变成了两位数乘一位数来算的。

② 圈法二:10 本加 2 本。

实物投影出示:14×10=140(元)　14×2=28(元)　140+28=168(元)

师:这个同学的想法有点不一样,他用了几步来计算?

师:通过算式,你们能理解他的想法吗?想象一下,他圈出的图是怎样的?

生：先圈了 10 本书，再圈了 2 本书。

师：和你们想的一样吗？结合图片能看懂算式了吗？谁来说一说。

生：先用 14×10 算出 10 本多少钱，再用 14×2 算出 2 本多少钱，最后合起来，就是 12 本书的价格。

师：这种和前面的方法有什么不同？

生：把 12 本分成了 10 本和 2 本，分别算出 10 本、2 本的价格，再相加。

师：也就是把 12 拆为了 10+2，把两位数乘两位数变成了两位数乘整十数、两位数乘一位数来算！虽然方法不同，但都把两位数乘两位数转化成了以前学过的知识来解决。（板书：转化）

（2）变化数据，确认通法

师：如果买 17 本，你们准备怎么分？

生 1：17 不能平均分，我们可以先算 10 本的价格，再算 7 本的价格，最后合起来。

生 2：任何一个两位数都能分成整十数和一位数。

师：这么分和刚才哪种方法是相同的？都是把十几本书拆成了十本和几本。

师：看来这样的方法可以解决更多的问题！我们继续来研究，这样三步口算的方法能不能用我们学过的竖式记录下来呢？

任务 3 ▶ 竖式计算，感悟内在关联

（1）尝试笔算

师：按照横式的顺序书写竖式，第一行写 14，第二行写×12，数位对齐，横线表示等号。在竖式上你能找到 14×2 吗？（移动板贴 14×2=28 在竖式旁边）

师：找到了吗？按照你们的想法老师把它框出来。同学们，14×2 就是我们以前学过的两位数乘一位数，一起算，二四得八，一二得二。28 是几本的价格？接下去要算几本啦？你们能在竖式中找到 14×10 吗？（移动板贴 14×10=140 在竖式旁边）

请学生在黑板的竖式中框一框。

师：10 在哪里？十位上的 1 就表示 1 个十。接下去计算的结果你们能试着记录在竖式中吗？

教师巡视，指导有困难的学生完成，并选取两种写法投影辨析。

（2）展示交流

出示：

$$\begin{array}{r} 14 \\ \times\ 12 \\ \hline 28 \\ 140 \\ \hline 168 \end{array} \qquad \begin{array}{r} 14 \\ \times\ 12 \\ \hline 28 \\ 14 \\ \hline 168 \end{array}$$

师：这两种写法有什么问题？

生：加号没有写，140 的个位没有 0。

师：为了书写简便，加号可以不写。0不写可以吗？（讨论）

生1：可以。4在十位上，1在百位上，就能表示14个十，是140。0不写也不会影响到得数。

生2：如果写了零，那就明显能看出这是140个一，不写零就是14个十，也就是140。

师：非常有道理。4在十位，就能表示14个十。0写不写，不影响计算的结果。

师：也有同学是这么写的，对吗？

$$\begin{array}{r} 1\ 4 \\ \times\ 1\ 2 \\ \hline 2\ 8 \\ 1\ 4 \\ \hline 4\ 2 \end{array}$$

生：不对，没有对齐数位，十位上的1表示一个十，10×14得14个十。

师：是的，竖式中要注意数位对齐。想一想，如果把0省略不写，在计算第二步时需要注意什么？

生：第二步用十位上的1去乘个位上的4，得数4要和十位上的1对齐。

（3）规范竖式

师：用竖式算14×12，我们也是把12分成了10和2，先算个位2×14=28；再算十位1×14，一四得四，接着算，一一得一；最后把两次相乘的结果加起来，个位8+0=8，十位2+4=6，百位写1，168也就是几本书的价格？（板书：140+28=168在竖式边）

师：像这样横式的每一步都记录在竖式中了，虽然写法不同，但其中原理是相通的，都把12本书分成了10本和2本，也就是将新知识转化成了我们学过的知识。

（4）图式沟通

师：请你们修改好自己的竖式，再和同桌说一说计算的过程。

师：这是我们认识的点子图，一行有14个，有12行，一共有多少个点子？是的，也可以用14×12来计算。你们能在点子图上圈出竖式计算每一步表示的含义吗？

请学生上黑板圈一圈。

生：先用个位2×14，算出2排的个数（箭头指向竖式中的28）。再用十位1×14，算出10排的个数（箭头指向竖式中的140）。

师：结合点子图，我们一起说一说计算的过程。先算个位2×14，再算十位1×14，4写在十位，最后把两次乘积加起来。

小结：之前用三个横式解决这个问题，现在用竖式来解决这个问题，其实是在做同一件事，先算2个14，再算10个14，合起来就是12个14。

（5）学会验算（略）

任务4 ▶巩固应用，拓展延伸

（1）会计算

师：你能运用竖式计算的经验计算21×13和32×12吗？

学生计算练习，教师巡视指导。

师：比一比，这几题和我们之前学的两位数乘一位数的竖式有什么不同？

生 1：乘了两次，再相加。分别用第二个两位数的个位和十位去乘第一个两位数。

生 2：原来 1 条横线，现在 2 条横线。

师：是呀，不知不觉我们从之前的造一层楼，学会造两层楼（竖式）了，这个竖式先算什么呀？再算什么呀？

小结：两位数乘两位数，先用第二个乘数个位上的数乘第一个乘数，再用十位上的数乘第一个乘数；用哪一位上的数去乘，乘得的数的末位就和这一位对齐；最后把两次的积相加。

（2）会应用

师：你们能运用今天学的知识解决生活中的问题吗？学校打算买 22 个文具盒，每个 13 元，准备 300 元够吗？

师：你们准备怎么解决？

生：先求出 22 个文具盒的价格，再和 300 元比一比。

生：13×22。

师：竖式中两个 26 表示的意思一样吗？分别是几个文具盒的价格？

生：个位乘出的 26 是 26 个一，表示 2 个文具盒用去 26 元；十位乘出 26 是 26 个十，表示 20 个文具盒用去 260 元。

生：22 个文具盒用去 286 元，比 300 元少，够。

（3）会思考

师：之前我们学习了两位数乘一位数的笔算，今天我们学习了两位数乘两位数的笔算，如果把 14×12 里的 14 换成 134，你们还会算吗？

生：也可以把它转化成我们已经学过的知识计算。

师：学习新知识的过程，也就是不断将它转化为旧知识的过程。

师：换成任意的三位数乘任意的两位数，你们还会算吗？

师：同学们，运算是数学的重要技能，从最古老的筹算，一路衍生发展出珠算、笔算，再到现在的超算、量子计算，计算助力我国科技发展。希望同学们也能打好计算基础，长大后为我们国家的发展贡献力量！

案例分析

转化思想的实质就是在已有的简单、具体、基本的知识的基础上，把未知化为已知、把复杂化为简单、把一般化为特殊、把抽象化为具体、把非常规化为常规，从而解决各种问题。[①] 本节课，教师通过实际生活情境，引导学生进行直观、可视化的算法探索，帮助他们感悟将未知转化为已知的过程，并注意沟通横式推算过程与竖式记录方法的关联、图形与竖式的关联，为学生理解算理、掌握算法提供了典型学习材料，感悟转化思想。

（案例提供：苏州高新区实验小学　朱向明、张晨）

① 王永春，小学数学与数学思想方法[M]. 上海：华东师范大学出版社，2014：57.

第3章 “图形与几何”领域教学评一致性设计案例

“图形与几何”是义务教育阶段数学学习的重要领域，它是学生形成空间观念、几何直观及推理能力等必需的载体。小学阶段“图形与几何”领域由《课标（2011年版）》的“图形的认识”、“图形的测量”、“图形的位置”及“图形的运动”四个主题统整为《课标（2022年版）》的“图形的认识与测量”和“图形的位置与运动”两个主题，体现了内容结构化一致性的特征。

《课标（2022年版）》在关于小学阶段“图形与几何”领域的教学提示中指出“图形的认识与测量”的教学，要将图形的认识与图形的测量有机融合，引导学生从图形的直观感知到探索特征，并进行图形的度量。“图形的位置与运动”的教学，要选择学生熟悉的情境，组织有趣的活动，帮助学生认识图形运动的现象，感知特征，增强空间观念。同时，课标在课程实施的建议中，提出要整体把握教学内容，注重内容与核心素养的关联。尤其要关注内容主线与学科素养发展之间的关联。“图形的认识和测量”主线，第一学段的要求是通过直观辨认和感知形成初步的空间观念。第二学段通过感悟图形的抽象，逐渐形成空间观念和初步的几何直观。第三学段在对图形测量的过程中从度量的角度加深对图形的认识，理解图形的关系，进一步增强空间观念、量感和几何直观。

总之，“图形与几何”领域不管是分成四个板块，还是分成两个板块，这一领域内容之间都存在着内在关联，图形的认识侧重于图形特征，图形的测量侧重于大小，图形的运动是从动态的视角丰富对图形的认识，图形的位置则是通过描述图形或物体的位置来进一步刻画图形（图3-0-1）。[①] 这种内在关联为开展教学评一体化单元教学设计指明了方向。

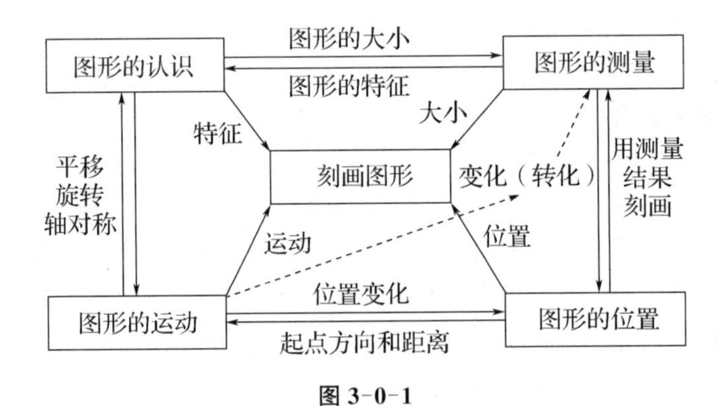

图3-0-1

① 曾亮，杜林. 以“结构化教学”为核心的小学数学课程图谱[M]. 上海：上海教育出版社，2022：188-194.

3.1 学科内容内在逻辑关联的教学设计案例

《课标(2022 年版)》指出,课程内容是实现课程目标的主要载体,课程内容的组织重点是对内容进行结构化整合。课程内容的呈现,注重数学知识与方法的层次性和多样性。教学中要达到这样的要求,就必须关注学科内容的内在逻辑关联。数学内容内在逻辑关联是指数学学科特有的思维规律,内含着数学最本质的思想、最核心的价值,也是培育学科素养最要关注的问题,是数学教学的根本诉求和实践旨归。具体而言,数学学科内容的内在关联就是关注通过合理的内容组织、教学设计及教学实施,达成学科素养目标。教材内容是教学内容的主要构成,但是教材内容的编排并不一定完全符合学科知识逻辑,这就需要教师在教学过程中对教材内容进行合理加工,使之更加契合学科知识逻辑。[①] 依照数学内容内在逻辑来设计教学内容,要抓住两个方面:一是数学知识的本质,呈现有结构的知识体系;二是要遵循学生的认知心理和规律。具体的做法一般是先确定素养目标,根据数学知识指向的核心素养进行细分;再依据素养目标要求整体性、结构化地组织教学内容,进行教学设计并实施;最后根据素养目标和实施过程进行相应的评价。

3.1.1 基于跨学段的教学设计(以“确定位置”教学为例)

关于跨学段教学设计是指基于学科素养目标,把分布在不同学段的同一主题的教学内容进行整体设计,目的是使学科知识贯通,确保知识理解的连贯性;使学习方法贯通,确保学科能力发展的连贯性;使学科思想贯通,确保学科思维水平发展的连贯性。下面就以“确定位置”为例,进行基于跨学段的教学设计。

1. 教学内容分析

确定位置的学习贯穿整个小学阶段,是“图形与几何”板块中图形的位置的重要内容。人们在确定物体位置之前,往往需要对物体所处的空间进行一定的心理表征。特沃斯基区分了四种类型的空间心理表征:身体的空间、身体周围的空间、导航的空间和图形的空间。身体的空间是指构成身体的各个部分,它们都承载着不同的功能。身体周围的空间是以头和脚(上和下)、前和后、左和右这三个主要身体轴的延伸为参考框架而构想出来的三维空间。导航的空间指我们探索的空间,是我们从一个地方移动到另一个地方时所经过的空间,通常是一个庞大而不能立刻看到的空间。图形的空间是由人类创造的外部空间,是一

① 陈荣泉,杨少波.国内教师教育课程逻辑起点、困境与应对:基于新常态下的审视[J].中国成人教育,2017(18):92-94.

种用来增强认知的工具，如地图、图画和图表等。① 无论是在哪一种空间中，要想确定物体的位置，都离不开一个关键的要素，那就是参照系。用坐标系可以确定空间的点的位置，它具有起点、方向和距离三个要素(图 3-1-1)。

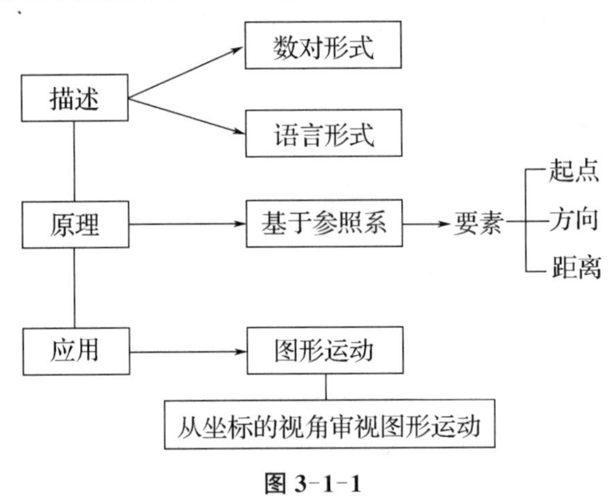

图 3-1-1

“图形的位置”的教学内容一般分为两个部分，分别是认识方向和确定位置，方向的学习为确定位置打下了基础。确定位置主要是在平面上确定点的位置，要求学生结合实际情境判断物体的位置，探索用维数(一维的点用一个数，二维的点用两个数)确定点的位置。对于认识方向，最初认识的方向是基于观测者的，包括上下、左右、前后三组方向。在此基础上来认识的东、南、西、北和东北、东南、西北、西南这八个方向，是基于环境存在不会随着观测者变化而变化的。对于确定位置，又可以分为在一维(直线)和二维(平面)上确定点的位置。其中第一学段安排了一维的确定位置，第二、三学段安排了二维的确定位置。小学阶段关于“图形的位置”的教学内容如下表(表 3-1-1)：

表 3-1-1　小学阶段关于“图形的位置”的教学内容

学段	相关教学内容的要求
第一学段 (1～2 年级)	1. 在日常生活情境中，会用上、下、左、右、前、后描述物体的相对位置； 2. 认识东、南、西、北四个方向，形成初步的空间观念
第二学段 (3～4 年级)	1. 在生活情境中，认识东北、西北、东南、西南四个方向； 2. 了解“几点钟方向”，会描绘物体所在的方向，发展空间观念
第三学段 (5～6 年级)	1. 能根据参照点的方向和距离确定物体位置，会在实际情境中，描述简单的路线图； 2. 能用有序数对(限于自然数)表示点的位置，理解有序数对与方格纸上点的对应关系； 3. 了解比例尺

① Tversky, B. Structures of mental spaces: How people think about space [J]. Environment and behavior, 2003, 35(1), 66-80.

小学阶段关于“确定位置”的学习路径见表 3-1-2。

表 3-1-2 小学阶段关于“确定位置”的学习路径①

要素	一个方向	一个方向和距离	两个方向和距离	一个方向(角度)和距离
内容	上下、前后、左右、东西南北	去图书馆	确定位置(数对)	确定位置(方向和距离)

2. 教学目标确定(跨学段)

① 在一维情境中初步体验用数确定位置,感受用数确定位置所面临的矛盾冲突,从而思考如何解决冲突,并在该过程中初步感知确定位置的基本要素,即起点、方向和距离。初步体会空间位置的相对性。

② 明晰数对确定位置的方向规则与行列规则,知道数对的读写法,会用数对表示位置。感受一维和二维确定点的位置的联系与区别。

③ 会用方向(角度)和距离来确定位置,感悟在一维、二维空间中确定点的位置的一般方法。

④ 通过探究活动,学生展开大胆猜想,并经历抽象过程,体会坐标与对应思想,感受数对确定位置的一般性和简洁性,培养空间观念,发展解决问题的能力。

⑤ 充分感知现实中的位置关系,体会到数学与生活的密切联系,进一步增强用数学的眼光观察生活的意识。

3. 教学流程安排(跨学段)(图 3-1-2)

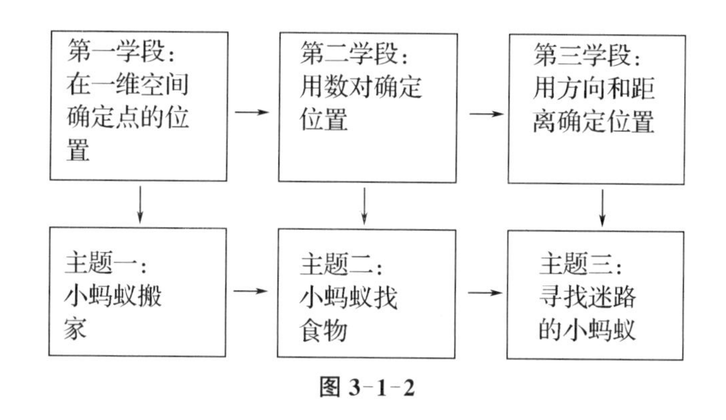

图 3-1-2

4. 教学活动设计(跨学段)

第一学段 在一维空间确定点的位置

☞ 主题一 小蚂蚁搬家

(1) 教学活动目标

① 初步掌握在一维空间确定点的位置的方法。

② 在确定第几个的过程中初步感悟用数确定位置的原理。

① 高方方,付丽.真情境、大任务统领单元整体教学:以小学数学五年级下册“确定位置”单元设计为例[J].基础教育课程,2021(24):34-40.

③ 能应用确定位置的知识解决实际问题。

(2) 教学流程安排(图 3-1-3)

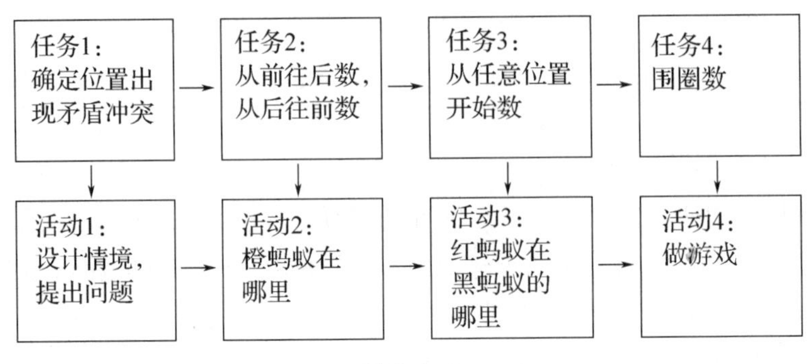

图 3-1-3

(3) 教学活动设计

任务 1 ▶ 确定位置出现矛盾冲突

活动 1:设计情境,提出问题

师:一队小蚂蚁准备搬家,它们排着整齐的队伍(出示图 3-1-4)。

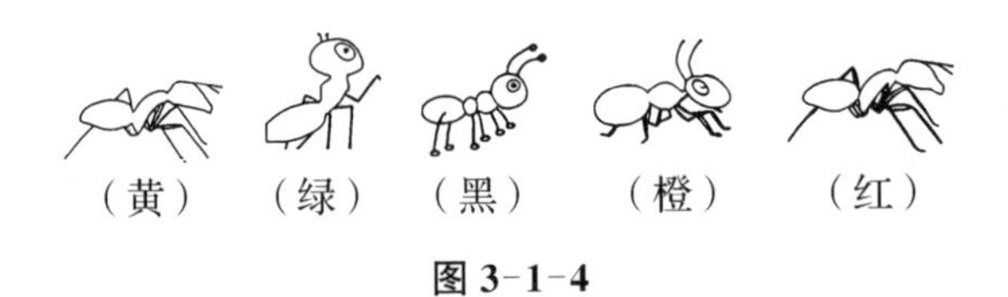

图 3-1-4

师:你们知道绿蚂蚁排在第几个吗?

生 1:绿蚂蚁排在第二个。

生 2:绿蚂蚁排在第四个。

思考:同样一只蚂蚁,为什么位置不一样呢?

【分析:本环节通过有趣的情境,揭示在一维空间确定位置的核心问题:同一只蚂蚁,学生说的位置为什么不一样?学生可能会初步感悟到,要确定绿蚂蚁的位置,先要看从哪个蚂蚁开始数(起点)。学生 1 和学生 2 确定的都是绿蚂蚁的位置,学生 1 是从黄蚂蚁开始数的,学生 2 是从红蚂蚁开始数的,起点不一样,描述位置的数就不一样。】

任务 2 ▶ 从前往后数,从后往前数

活动 2:橙蚂蚁在哪里

生 1:从红蚂蚁开始往后数,第二个是橙蚂蚁。

生 2:从黄蚂蚁开始往前数,第四个是橙蚂蚁。

【分析:活动 2 的教学是在前面核心问题的基础上让学生进一步体会确定位置除了要明确起点外,还要有方向和距离。学生进一步感受到橙蚂蚁的位置有多种描述方法,描述位置的关键元素就是起点、方向和距离。】

任务 3 ▶ 任意位置开始数

活动 3:红蚂蚁在黑蚂蚁的哪里

师:红蚂蚁在黑蚂蚁的哪里?

生:从黑蚂蚁开始数,往前数第三个是红蚂蚁。

师:红蚂蚁在绿蚂蚁的哪里?

生:从绿蚂蚁开始数,红蚂蚁在前面第四个。

师:你能描述黄蚂蚁在哪吗?生:从黑蚂蚁开始数,往后第三个是黄蚂蚁。

【分析:活动 3 的教学是在活动 2 的基础上,更加灵活地确定位置,也是对活动 2 的方法的应用。通过活动 3 的教学,学生明白确定位置不一定要从第一个开始数,只要起点、方向和距离确定了,小蚂蚁的位置也就确定了,这样学生对确定位置的基本要素理解更加深入了。这个知识在生活中也经常用到,如坐地铁,你要确定目的地,不一定是从起点站开始数起的,这样说明了空间位置的相对性。】

任务 4 ▶ 围圈数

活动 4:做游戏

小蚂蚁围成一个圈(图 3-1-5)。

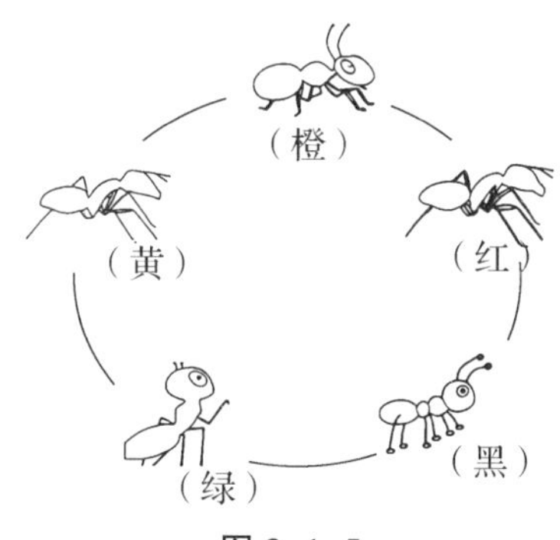

图 3-1-5

思考:怎么确定红蚂蚁的位置。

生 1:从橙蚂蚁开始数,按时钟走的方向(顺时针)数,红蚂蚁在第二个。

生 2:从绿蚂蚁开始数,按时钟走的反方向(逆时针)数,红蚂蚁在第三个。

生 3:从黄蚂蚁开始数,按时钟走的方向(顺时针)数,红蚂蚁在第三个;按时钟走的反方向(逆时针)数,红蚂蚁在第四个。

生 4:从绿蚂蚁开始数,按时钟走的方向(顺时针)数,红蚂蚁在第四个。从红蚂蚁开始数,按时钟走的反方向(逆时针)数,第四个是绿蚂蚁。

【分析:活动 4 的教学是一维空间确定位置的进一步应用和拓展,圆是二维图形,但小蚂蚁围成一圈,实际是在圆周上,是一维空间的变式。圆周上确定点位置的方法与直线上确定点的位置原理一致,所不同的是方向的表述上,确定起点后按两个方向都可以确定某只小蚂蚁的位置。注意体会两只小蚂蚁的位置关系,互为起点的小蚂蚁,确定位置时方向相反,距离相等。这样的设计让学生更加深刻体会空间位置是相对的。】

（4）学习效果评价（表3-1-3）

表3-1-3　学习效果评价

评价内容	核心素养	学习评价指标	学习效果评价
活动1： 设计情境， 提出问题	抽象能力 空间观念	能基于实际问题发现确定位置需要先确定起点； 能通过比较发现同一个物体，起点不同，位置描述也不一样； 能初步体会空间位置的相对性	
活动2： 橙蚂蚁在哪里	空间观念 应用意识 推理意识	能通过比较发现确定位置除了要确定起点，还需要确定方向和距离； 能进一步体会空间位置的相对性	
活动3： 红蚂蚁在黑蚂蚁的哪里	空间观念 创新意识 推理意识	能进一步理解确定位置的三要素； 能应用确定位置的方法解决实际问题； 能初步感悟物体间的位置关系	
活动4： 做游戏	空间观念 创新意识	能初步体会空间确定位置的一致性； 能灵活应用所学知识解决实际问题； 进一步感悟物体间的位置关系	

第二学段　用数对确定位置

☞主题二　小蚂蚁找食物

（1）教学活动目标

① 初步掌握在二维空间确定点的位置的方法。

② 在用数对确定位置的过程中进一步感悟确定位置的三要素。

③ 能应用确定位置的知识解决实际问题。

（2）教学流程安排（图3-1-6）

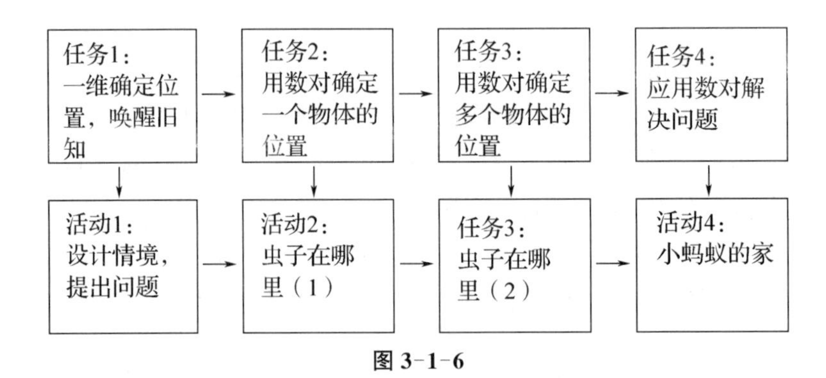

图3-1-6

（3）教学活动设计

任务1 ▶一维确定位置，唤醒旧知

活动1：设计情境，提出问题

大蚂蚁和小蚂蚁发现网上挂着一条虫（图3-1-7）。

大蚂蚁:虫子在我的上方第二格。

小蚂蚁:虫子在我的下方第四格。

思考:虫子在同一个地方,两只蚂蚁描述的位置为什么不一样?

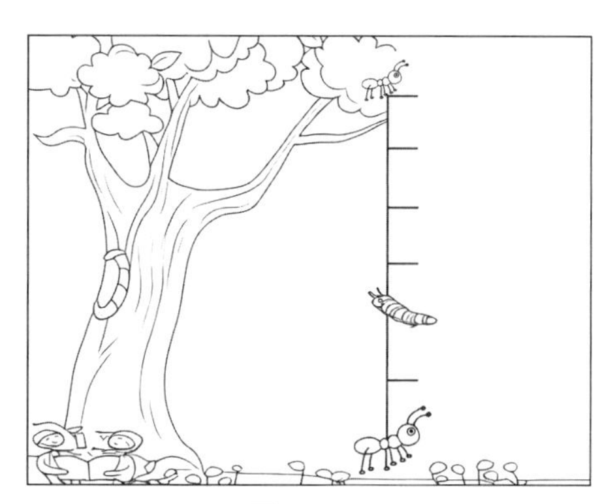

图 3-1-7

【分析:第一学段学生已经掌握了一维空间确定位置的方法。这个片段的教学通过情境设计,用“虫子在同一个地方,两只蚂蚁描述的位置为什么不一样?”这样一个关键问题唤醒学生用起点、方向及距离确定一维空间点的位置的方法,为确定二维空间点的位置做迁移准备。】

任务 2 ▶ 用数对确定一个物体的位置

活动 2:虫子在哪里(1)

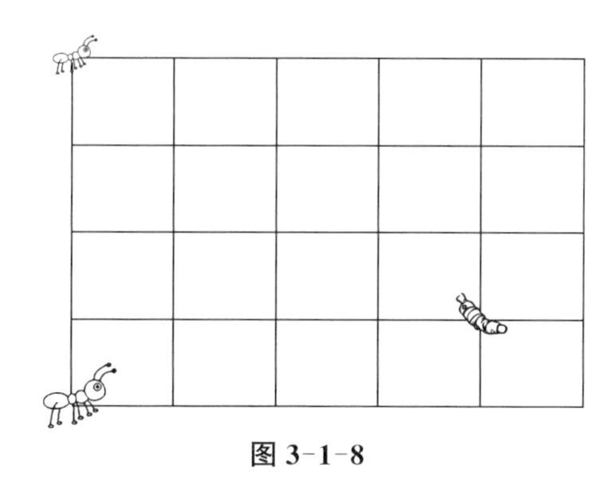

图 3-1-8

小蚂蚁:先向右边 4 格,再往下 3 格。

大蚂蚁:先向右边 4 格,再向上 1 格。

思考 1:同一条虫子,小蚂蚁和大蚂蚁描述的位置为什么不一样?

思考 2:如果从左往右称为“列”,从下往上称为“行”,小虫子的位置在第几列第几行?

思考 3:怎么用最简洁的方式表示小虫子的位置?

思考 4:在线上确定位置和网中确定位置有什么相同和不同之处?

【分析:在平面上确定位置与一维空间确定位置的原理是一致的,都是基于参照物(起点)的方向和距离的描述。所不同的是一维空间确定位置是一个方向和一个距离的描述,而二维空间是两个方向和两个距离的描述。本片段的教学先让大小蚂蚁分别描述小虫子的位置,让学生初步感受平面上确定位置也需要先确定参照物(起点),起点确定了,列和行也就确定了,即从起点开始从左往右开始数列,从起点开始从前(下)往后(上)数行,渗透了坐标的思想。数对是对二维空间点的位置的描述，这里有个前提，就是起点和方向已经确定了。这个片段的教学不仅要让学生掌握用数对确定平面内点的位置的方法，更要让学生感悟到二维空间确定位置与一维空间确定位置方法是相同的。】

任务3 ▶ 用数对确定多个物体的位置

活动3：虫子在哪里(2)

分别用数对表示四条虫子的位置(图3-1-9)。

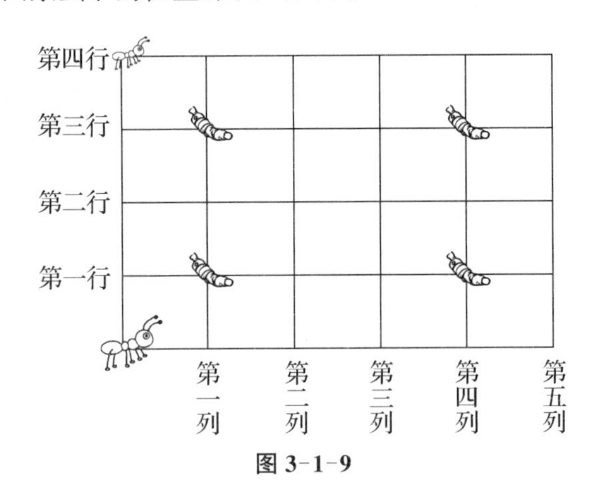

图3-1-9

思考1：表示同一行的小虫子和同一列的小虫子位置的数对有什么特点？

思考2：将四条小虫子位置的点连起来是个什么图形？

【分析：本片段是用数对确定平面上多个物体的位置。分三个层次教学：一是用数对表示四个点的位置；二是通过探索和比较发现同一列和同一行的点的位置关系；三是用点的位置表示出图形，渗透用代数的方法解决几何问题的思想。】

任务4 ▶ 应用数对解决问题

活动4：小蚂蚁的家

图3-1-10中小蚂蚁的位置为小蚂蚁的家。

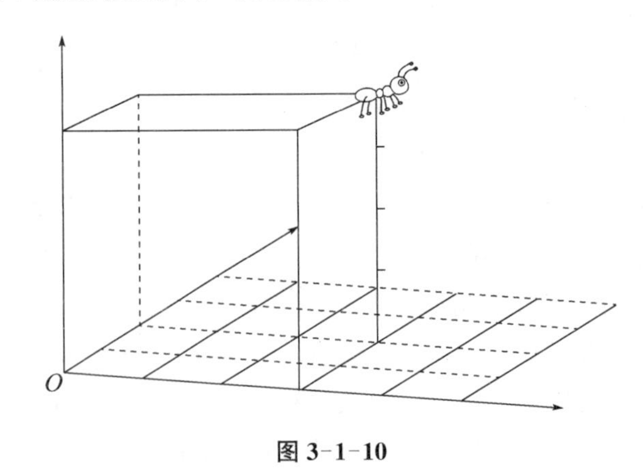

图3-1-10

思考1：怎么用数对表示小蚂蚁的家的位置？

思考2：三维空间确定点的位置与二维及一维空间确定点的位置有什么不同？

思考3：三维空间确定点的位置与二维及一维空间确定点的位置有什么一致性？

【分析：本片段是用数对确定点的位置的拓展应用。通过前面的教学，学生已经掌握了一维空间和二维空间确定点的位置的方法，这种方法可以迁移到三维空间。让学生进一步发现确定空间点的位置的规律，即一维空间确定点的位置需要一个方向和距离，二维空间确定点的位置需要两个方向和两个距离，三维空间确定点的位置需要三个方向和三个距离。最关键的是让学生感悟到确定点的位置的三要素是一致的。】

（4）学习效果评价（表 3-1-4）

表 3-1-4 学习效果评价

评价内容	核心素养	学习评价指标	学习效果评价
活动 1：设计情境，提出问题	抽象能力 空间观念	能通过比较发现同一个物体，起点不同，位置描述也不一样； 能抽象出一维空间确定点的位置的方法并迁移到二维空间	
活动 2：虫子在哪里(1)	空间观念 创新意识 推理意识	能根据一维空间确定点的位置的原理探索出二维空间确定点的位置的方法； 能用数对确定二维空间中一个点的位置	
活动 3：虫子在哪里(2)	空间观念 应用意识	能进一步用数对表示二维空间中多个点的位置； 能感悟二维空间中点的位置关系； 能根据点的位置画出图形	
活动 4：小蚂蚁的家	空间观念 创新意识	能发现空间中确定位置的一般规律； 能进一步体会空间中确定位置的一致性； 能灵活应用所学知识解决实际问题	

第三学段 用方向和距离确定位置

☞ 主题三 寻找迷路的小蚂蚁

（1）教学活动目标

① 掌握用方向（角度）和距离确定二维空间点的位置的方法。

② 在对比感受相对位置关系的过程中，理解互为观测点的两地相对位置关系的规律。

③ 进一步体会确定点的位置的一致性。

（2）教学流程安排（图 3-1-11）

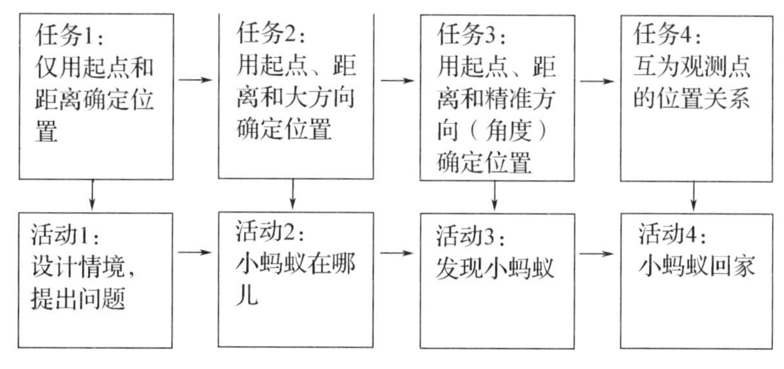

图 3-1-11

(3) 教学活动设计

任务1 ▶ 仅用起点和距离确定位置

活动1:设计情境,提出问题

大蚂蚁和小蚂蚁到野外找食物,走着走着小蚂蚁迷失方向走丢了,大蚂蚁和小蚂蚁的距离相隔6米,你们能帮大蚂蚁确定小蚂蚁的位置吗?

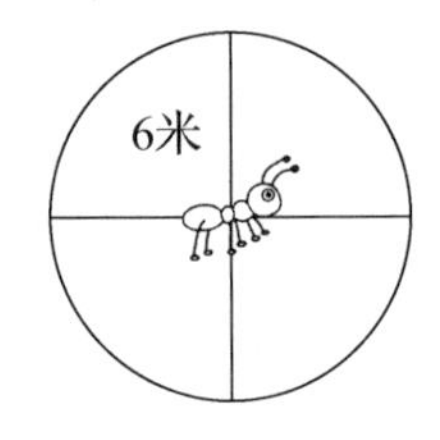

图 3-1-12

【分析:本片段是通过情境提出核心问题,让学生根据已经掌握的确定位置的方法探索在没有行和列的情况下如何确定平面内点的位置,感受到只有起点和距离的情况下,只能知道小蚂蚁在距离大蚂蚁6米的圆周上(图3-1-12),并不能精确定位。要精确确定位置还需要知道方向。】

任务2 ▶ 用起点、距离和大方向确定位置

活动2:小蚂蚁在哪里

大蚂蚁仔细查看了小蚂蚁的足迹,发现小蚂蚁大概在距大蚂蚁北偏东6米处,你们能帮助大蚂蚁确定小蚂蚁的位置吗?

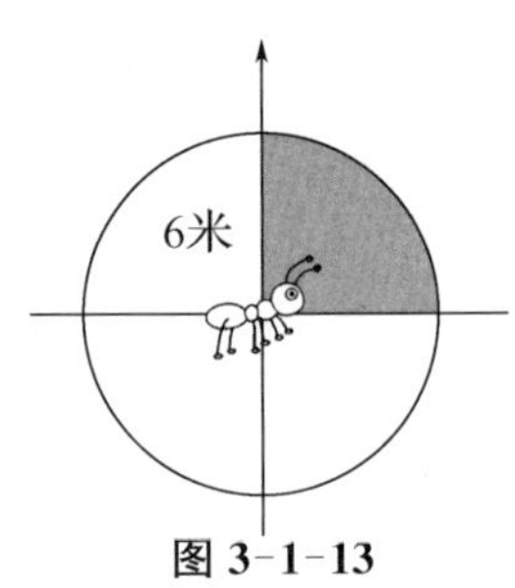

图 3-1-13

【分析:本片段是在前面教学的基础上增加方向这个元素,但学生发现还是不能确定小蚂蚁的位置,北偏东的方向只能知道小蚂蚁在北偏东这个区域的圆弧上(图3-1-13),要精确确定小蚂蚁的位置还需要更加精确的方向。】

任务3 ▶ 用起点、距离和精确方向(角度)确定位置

活动3:发现小蚂蚁

大蚂蚁仔细查看小蚂蚁足迹的时候又有新的发现,发现小蚂蚁大概在距大蚂蚁北偏东60°方向6米处,你们能帮助大蚂蚁确定小蚂蚁的位置吗?

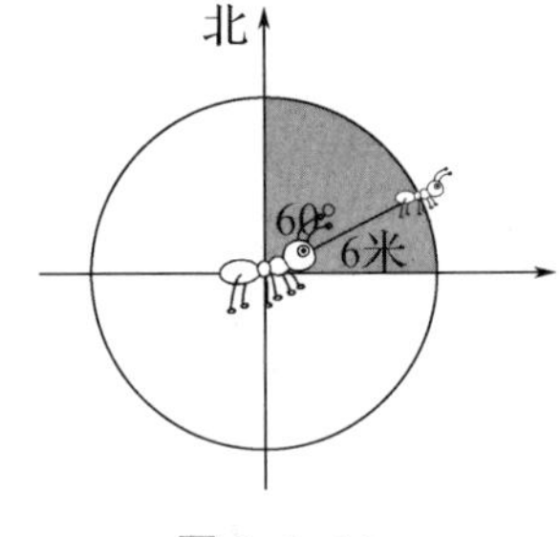

图 3-1-14

思考:根据参照物(起点)、方向(角度)和距离确定空间点的位置,与一维、二维空间确定位置有什么不同和相同的地方?

【分析:通过只有起点和距离到有起点、距离和大致方向,再到有起点、距离和精确方向(角度),学生经历了小蚂蚁在圆周区域—圆弧区域—点的探索过程。比较一维空间确定位置,用数对确定位置和用距离、方向(角度)确定位置本质上都是一致的,都离不开三要素,所不同的是要素的具体情况发生了变化,一维空间确定点的位置是一个方向和一个距离,二维空间确定点的位置是两个方向和两个距离,用方向和距离确定位置不仅需要方向,还要角度。】

任务4 ▶ 互为观测点的位置关系

活动4:小蚂蚁回家

大蚂蚁发现小蚂蚁在距自己北偏东60°方向6米处(图3-1-15),如果小蚂蚁要回到大蚂蚁的身边,需要走怎样的线路?

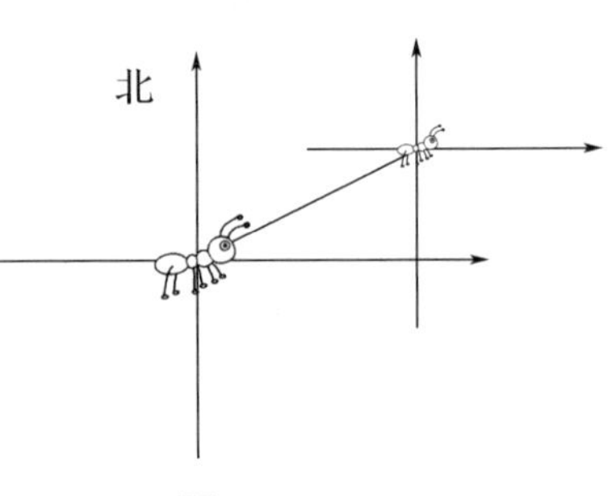

图 3-1-15

【分析:用方向(角度)和距离确定平面上的点的位置,参照物(起点)是关键。以大蚂蚁为观测点(起点),

小蚂蚁就在大蚂蚁的北偏东 60°方向 6 米处。小蚂蚁回家是以小蚂蚁为观测点(起点),大蚂蚁在小蚂蚁南偏西 60°方向 6 米处。学生会发现大蚂蚁和小蚂蚁距离相同,角度相同,方向相对,即北对南、西对东。学生在对比感受相对位置关系的过程中,理解互为观测点的两地相对位置关系的规律。】

(4) 学习效果评价(表 3-1-5)

表 3-1-5 学习效果评价

评价内容	核心素养	学习评价指标	学习效果评价
活动 1: 设计情境, 提出问题	抽象能力 空间观念	能根据起点和距离,描述出小蚂蚁的位置区域; 能分析出不能确定点的位置具体原因,尝试寻找需要的条件	
活动 2: 小蚂蚁在哪里	空间观念 创新意识 推理意识	能根据起点、距离和方向描述出小蚂蚁的位置区域; 能比较两次位置区域的不同点,分析不能确定位置的具体原因,进一步探索确定位置的条件	
活动 3: 发现小蚂蚁	空间观念 创新意识	能用方向(角度)和距离确定平面内点的位置; 能感悟一维空间、数对和方向(角度)及距离确定位置的一致性	
活动 4: 小蚂蚁回家	空间观念 推理意识 应用意识	能应用方向(角度)和距离灵活确定位置; 能发现互为观测点的两个点之间的位置关系; 能应用所学知识解决实际问题	

5. 学习效果评价(三个学段)(表 3-1-6)

表 3-1-6 学习效果评价(三个学段)

评价内容	核心素养	学习评价指标	学习效果评价
主题一: 小蚂蚁搬家 (第一学段)	抽象能力 空间观念 推理意识 应用意识	能根据起点、方向和距离确定一维空间点的位置; 能初步感悟确定位置的一般方法; 能通过比较发现同一个物体,起点不同,位置描述也不一样,初步感受点的位置的相对性; 能用一维空间确定点的位置的知识解决实际问题	
主题二: 小蚂蚁找食物 (第二学段)	空间观念 创新意识 推理意识	能用数对确定平面内一个点或多个点的位置; 能用数对描述平面图形上的点,渗透坐标思想; 能感悟一维空间和二维空间确定点的位置的方法的一致性; 能用数对确定平面内点的位置的知识解决实际问题	
主题三: 寻找迷路的小蚂蚁 (第三学段)	空间观念 创新意识 应用意识	能用方向(角度)和距离确定平面内点的位置; 能发现互为观测点的平面内两个点的位置关系规律; 能进一步感悟一维空间、数对和方向(角度)及距离确定位置的一致性; 能用方向(角度)和距离确定平面内点的位置解决实际问题	

3.1.2 基于自然单元的教学设计(以"角认识"教学为例)

在数学中,角是一个重要概念。在数学史上,人们对角的认识,大致分为四个阶段。第一阶段是在研究两条直线的位置关系的时候,认为两条直线如果重合或者平行,就说这两条直线方向一致,也就是没有形成角;如果两条直线方向不一致,就会相交,也就产生了角。第二阶段仍然是以直线间的位置关系为基础的,主要源于对"垂直"的理解,两条直线互相垂直的角度就是直角,直角的出现表明人们对角的认识开始有了量化的思想。第三阶段是角的测量精确化,随着天文学和历法研究的发展,就有了对圆周进行等分的需求,将圆周长等分成 360 段弧,其中每一段弧长对应的圆心角就是 1°角。第四阶段是用运动的眼光看角,把角看作是射线围绕顶点旋转出来的,把角的大小看成这种运动过程中的连续变量。[①] 角的认识属于小学数学图形与几何领域中图形的认识和测量主题。

关于角认识的教学,《课标(2022 年版)》要求:结合生活情境认识角,知道角的大小关系;会用量角器量角,会用量角器或三角板画角。各个版本的教材对于角的认识的编排一般分为两个学段:第一学段初步认识角,初步了解角的组成、大小,初步感知直角;第二学段进一步认识角,包括用"由一点引出两条射线"描述角的定义,角的度量和角的分类。角在图形与几何领域应用非常广泛,在图形的认识与测量中,角是认识图形的重要元素,也是图形测量的重要对象,在图形位置与运动中,用方向、距离和角度确定位置、图形旋转等都涉及角的相关知识。由此可见,角的相关知识看似简单,但在各个学段都有分布,角这一概念贯穿了从小学到高中,乃至高等教育阶段的数学学习。通过角的学习,学生能够发展多种学科素养(图 3-1-16)。国内外文献资料显示,儿童对角度概念的理解遵循着一定的顺序性,下面就以第二学段角的再认识为例,进行整体性设计。

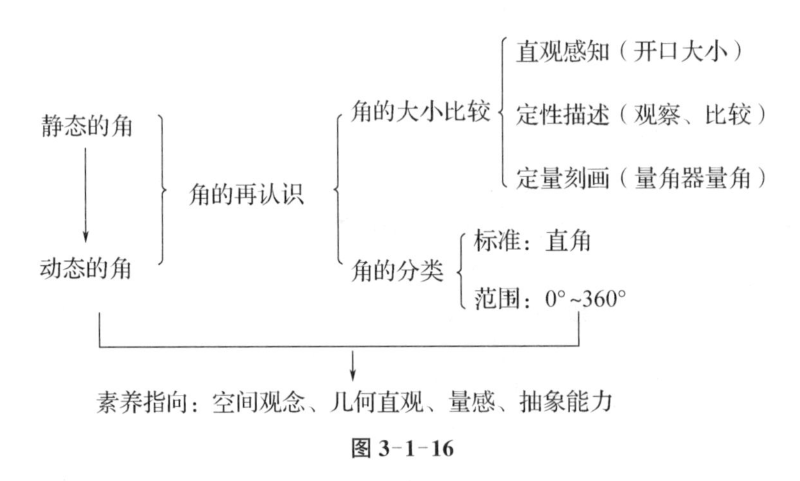

图 3-1-16

1. 教学内容分析

第一学段已经初步认识了角,知道角的各部分名称,初步感知了角是有大小的。第二学段是从角的本质、度量及关系等方面进一步认识角。关于角的本质,泰米娜和亨德森

① 郜舒竹. 小学数学这样教[M]. 上海:华东师范大学出版社,2015:81.

(2005)列出了三种方式来定义角:静态的角,角是具有共同端点的一对射线组成的一个几何图形;动态的角,角是经过运动或旋转形成的动态图形;可测量的角,角是可以被测量的,是一个旋转量。① 尽管三种定义都不能包含角的全部内涵,但从运动的视角把角看作射线围绕顶点旋转的图形更具一般性。角的相关知识对应的学科素养非常丰富,包括空间观念、几何直观、量感、符号意识、抽象能力及推理意识等,如何通过整体设计来培育学生的数学素养,促进学生几何思维的发展,范希尔夫妇的几何教学理论给我们以启示。

荷兰数学家范希尔夫妇在对学生的几何思维发展特点进行实践研究的基础上,提出了著名的范希尔几何思维水平理论。该理论认为学生几何思维水平的发展是一个由简单视觉分析上升到复杂抽象的过程,这个过程可划分为5个水平,5个水平所对应的具体思维表现特征如表3-1-7所示。②

表3-1-7 范希尔几何思维水平理论

水平层次	内容	具体表现
水平1	视觉化/直观化	该阶段学生可以通过对几何图形或者几何体的外观、形状的整体感知来辨认图形,但还没有关注到图形的性质和特征。例如,他们可能会说皮球看起来像一个圆,但不知道为什么像,不能对其性质和特征进行分析
水平2	描述/分析	该阶段学生能够分析几何图形的特征和组成要素,能根据属性或特征来判断图形,并能基于日常生活经验用语言将这些特征描述出来,但还不知道图形之间的联系。例如,他们能认识到矩形的对角线相等、菱形的边都相等,但他们可能会认为一个图形是正方形,所以它就不是长方形
水平3	非形式化演绎	该阶段学生能够根据图形的性质和特征来建立图形与图形之间的关系,并通过非形式化的演绎来证明关系的合理性。例如,学生能够认识到所有的正方形都是特殊的矩形,但尚不理解定义、定理、公理,即还不知道如何利用所给出的前提条件建立逻辑证明
水平4	形式化演绎	该阶段学生掌握了定理系列,能从一个定理推出另一个定理,并通过逻辑推理的方式来证明某个结论。例如,他们能由平行线的性质推出三角形的内角和,但他们还没有意识到逻辑的严密性
水平5	严密性	该阶段学生能够以较严密的逻辑进行推理,他们推理的对象是形式对象之间的关系,推理的产物是建立几何的公理系统,并且做出详尽的阐述和比较

根据范希尔几何思维水平理论,第二学段的学生认识角是从水平1向水平2、水平3发展,即从角的特征、组成要素及关系来认识。具体来说第二学段学生认识角要注重以下几个方面:一是组成角的要素及要素间的关系;二是角的可测量性;三是图形间的关系。

2. 教学目标确定(整体)

① 掌握构成角的要素,会直观比较角的大小,完善关于平面内一个角的认识。

---

① Henderson D W, Taimina D. Experiencing geometry: Euclidean and non-Euclidean with history[M]. Upper Saddle River: Prentice Hall, 2005:37-38.

② Van Hiele P M. Structure and insight: A theory of Mathematics education [M]. Orlando: Academic Press, 1986.

② 知道角的大小与边的长短无关，而是与边的旋转有关；掌握利用尺规比较角的大小。

③ 了解角的度量的原理，渗透数学度量的思想，会用量角器量角和画角。

④ 能以直角为标准，给角进行分类，能估测角的大小，培养学生的量感。

3. 教学流程安排（整体）（图 3-1-17）

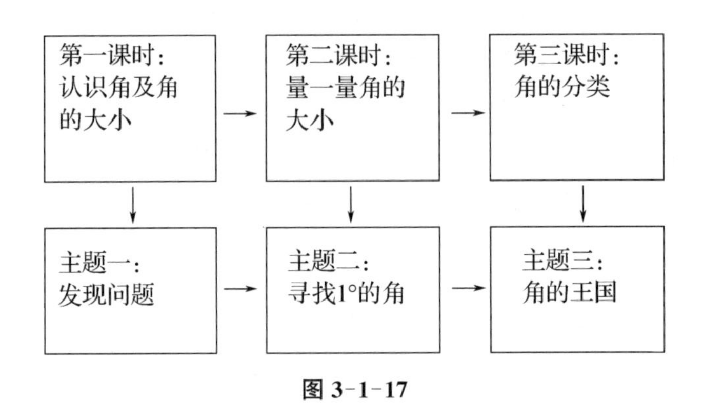

图 3-1-17

4. 教学活动安排（整体）

第一课时　认识角及角的大小

☞ **主题一　发现问题**

（1）教学活动目标

① 掌握角的组成要素，知道角的边长是射线，可以无限延长。

② 会通过看一看、叠一叠、比一比、量一量（尺规）来直观比较角的大小。

③ 进一步体会角的大小与边的旋转（开口大小）有关。

（2）教学流程安排（图 3-1-18）

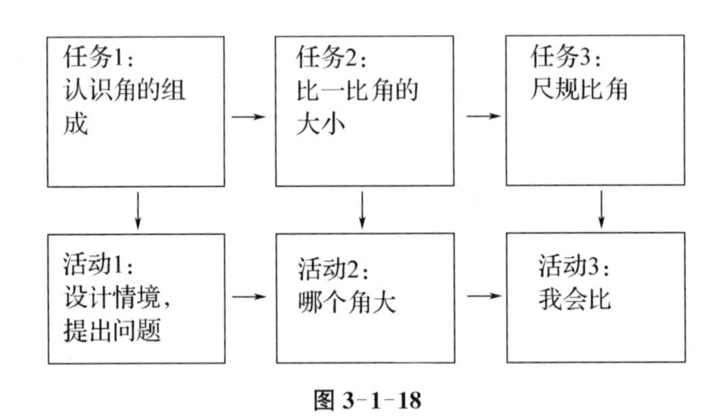

图 3-1-18

（3）教学活动设计

任务 1 ▶ 认识角的组成

活动 1：设计情境，提出问题

小明的激光笔在 O 点射出的光线分别经过 A 点和 B 点（图 3-1-19）。

思考 1：射线 OA 和 OB 构成了什么图形？

思考 2：请你们画出激光笔从照射 A 点到照射 B 点转动的角度。

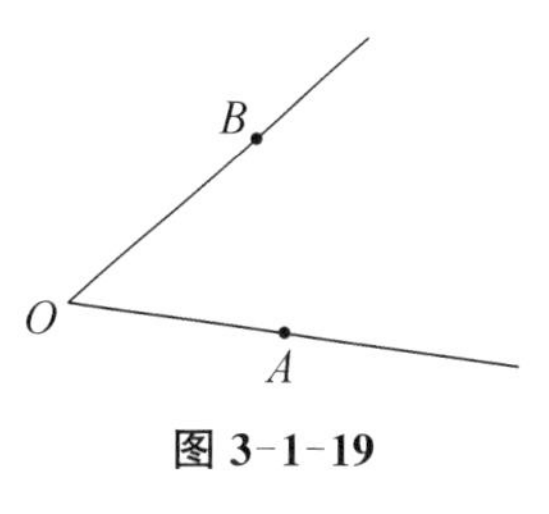

图 3-1-19

思考 3：角的大小与什么有关系？

【分析：通过创设的情境，学生可以通过观察发现角是如何形成的，完成了从第一学段认识静态角向感受动态角的转变。这个情境设计还要让学生感受以下几个方面：一是角的组成，从一个顶点出发形成一条射线，再转动这条射线就形成了角，这两条射线就是角的两条边，两条射线共同的端点就是角的顶点；二是角的边是可以无限延长的；三是角的大小与边的长短没有关系，而是与射线的转动有关系。】

任务 2 ▶ 比一比角的大小

活动 2：哪个角大

小明画了三组角（图 3-1-20），你们能帮他比一比同一组哪个角大吗？（小组活动）

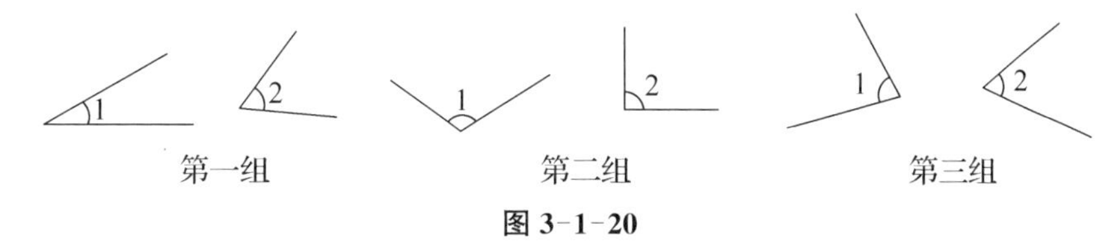

图 3-1-20

【分析：对角的大小的感知是认识角的关键。通过比较角的大小，可以让学生进一步认识角的特征，感受角的可测量属性，发展学生的量感。比较角的大小的方法是多样的，第一组学生通过直接观察比较，角 1 旋转的角度小，角 2 旋转的角度大；第二组学生可以借助三角尺上的直角进行比较，角 1 比直角大，角 2 与直角相等，所以角 1 大于角 2；第三组学生可以借助活动角进行比较，先用活动角的两边与角 1（或角 2）重合，再把活动角移到角 2（或角 1），用活动角的一边与角 2（或角 1）的一边重合，再看另一边是在角里还是角外（也有可能重合），就可以比较大小了。这样做虽然能够比较角的大小，但有局限性，不能精确知道角的大小。这样的活动会让学生体会到精确测量角的大小的必要性。】

任务 3 ▶ 尺规比角

活动 3：我会比

小明和小芳各画了一个角，请你们用尺规准确地比较两个角的大小（图 3-1-21）。

图 3-1-21

具体操作：先用圆规以小明画的角的顶点为圆心，以任意长为半径画一段弧线，与角的两边相交。再以小红画的角的顶点为圆心，相同长度的线段为半径画一段弧线，与角的两边相交。用圆规或尺量一下两个交点之间的距离，距离大的角就大。

【分析：设计尺规比角的活动，一是让学生进一步感受角的大小和可测量的属性；二是使角的大小的比较更加多样化；三是比较角的大小从定性描述向追求更加精确的方向发展，这是测量本质的体现；四是尺规量角的过程中渗透用圆弧或距离表征角的大小的思想，体现了测量方法的一致性，并为定量刻画角做好铺垫。】

（4）学习效果评价（表 3-1-8）

表 3-1-8　学习效果评价

评价内容	核心素养	学习评价指标	学习效果评价
活动 1： 设计情境， 提出问题	抽象能力 几何直观 空间观念	能从射线绕一端点旋转后形成角来理解角的本质； 能掌握角的组成要素	
活动 2： 比一比角的大小	量感 空间观念 推理意识	能通过看一看、比一比等方式定性描述角的大小； 能通过估一估、比一比等方式发展学生量感	
活动 3： 我会比	量感 空间观念 几何直观	能用圆规量角来比较角的大小，进一步感受角的大小与边的开口大小有关； 能通过用圆规量角，增强学生的几何直观，进一步体会度量图形方法的一致性	

第二课时　量一量角的大小

☞ 主题二　寻找 1°的角

（1）教学活动目标

① 理解角的度量与度量图形其他属性一样，都要知道三要素，即量什么（图形属性）、用什么量（标准）和怎么量（方法）。

② 知道 1°角的产生历史，掌握用量角器量角的原理和方法。

③ 通过画一画、估一估，发展学生空间观念和量感。

（2）教学流程安排（图 3-1-22）

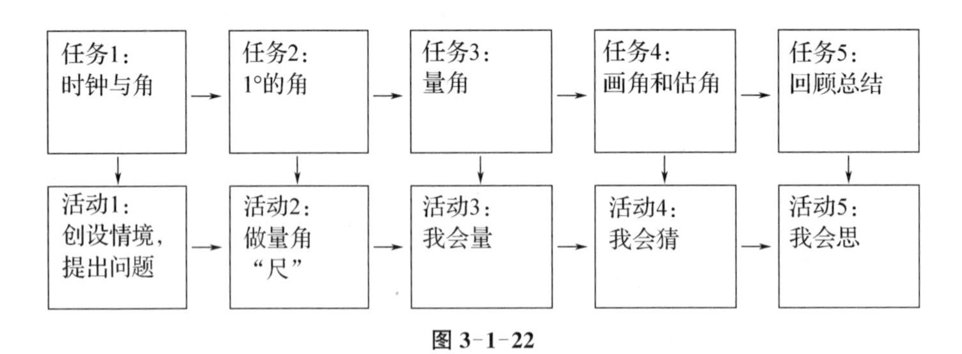

图 3-1-22

（3）教学活动设计（图 3-1-23）

任务 1 ▶ 时钟与角

活动 1：创设情境，提出问题

图 3-1-23

思考 1:三个时钟上时针和分针组成的角有什么变化?

思考 2:你能说说中间时钟和最右边时钟的角是最左边时钟的角的多少倍吗?

思考 3:时钟上角的大小可以用什么来量?

【分析:科伯恩和考克斯通过圆对角度进行了研究,并指出角度是由圆中的两条半径所决定的,使得两条半径重合所需要的转动量就是角度,而角度的大小与圆的大小无关,是由半径旋转的数量决定的。而要精确地测量角的大小,就要将一个圆划分为越来越多的等份的弧,使其测量单位处于更小的间隔内。

本教学片段通过三个大问题展开。第一个问题是让学生通过观察随着时针的变化,角度也越来越大,初步体会时针走的“距离”与角度相关;第二个问题是发现度量角的标准,可以用“小格”度量时针和分针组成的角,中间时钟的角有 15 个“小格”,最左边时钟的角有 5“小格”,所以中间时钟的角是左边时钟角的 3 倍,通过这样的比较活动,让学生感受到可以用一个标准来度量角;第三个问题是在前面两个问题及第一课时圆规量角的基础上,初步感悟角度的大小可以用角张开的“距离”表示,这个“距离”可以借助圆周等分成圆弧来表示。】

任务 2 ▶ 1°的角

活动 2:做量角“尺”

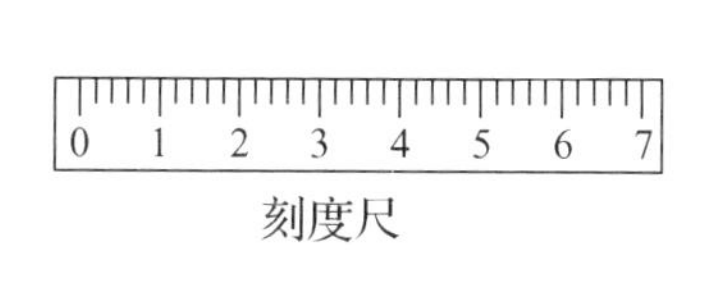

刻度尺

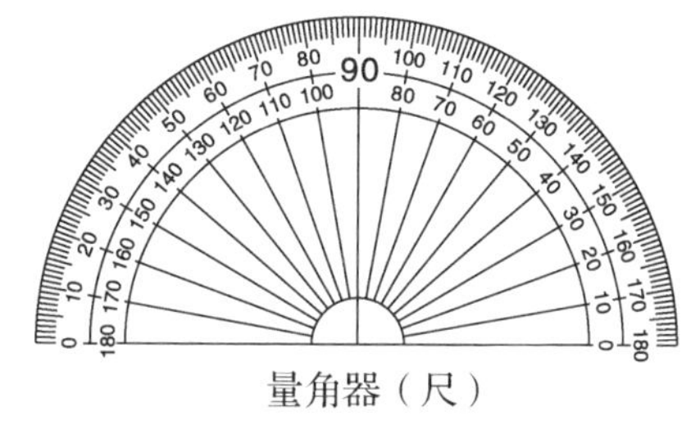

量角器(尺)

图 3-1-24

思考 1:想一想,量长度和量面积时用什么单位?那么量角度可以用什么单位?

思考 2:如图 3-1-24 所示,量角器和刻度尺有什么共同点?

【分析:本教学片段中先让学生想一想量长度和量面积的方法。学生测量长度时用了单位长度作为标准,测量面积时用了单位面积作为标准,迁移到量角时需要用单位角,体现了图形测量本质的一致性,即数测量对象中包含了多少个测量单位。学生通过经历活动 1 在时钟上量角的过程,已经能感受到角的大小可以借助圆上的“小格”(圆弧)来度量。接下来再让学生自主阅读关于 1°角的数学史,学生就会明白量角标准的来龙去脉了。有了 1°的角,用一个个这样的小角去量角,还是很不方便,于是就有了第二个问题。第二个问题是借助刻度尺与量角器的共同原理，它们都是度量单位的累积，这样就能更容易让学生明白抽象的量角器量角的原理了。科伯恩和考克斯指出利用量角器测量角度与使用直尺测量线段有一个共同之处，在测量时，直尺和量角器上的任何一个刻度都可以看成“起点”，用终点的刻度减去起点的刻度就可以得出角的度数。】

任务3 ▶ 量角

活动3：我会量

思考1：如图3-1-25所示，这样两种量角方法怎么快速读出角的度数？

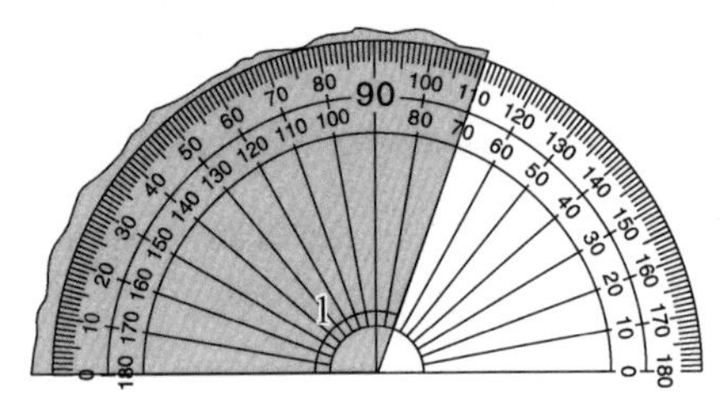

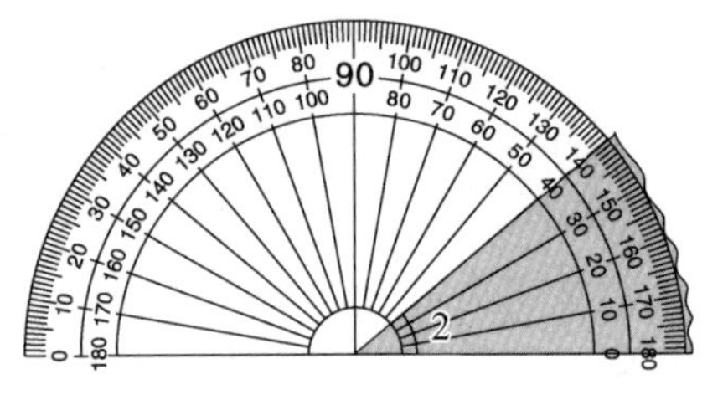

图 3-1-25

思考2：如图3-1-26所示，怎么读出角的度数？

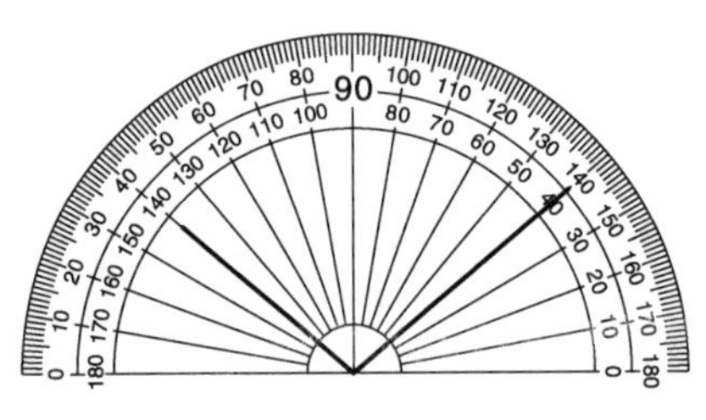

图 3-1-26

【分析：本教学片段中要让学生掌握用量角器量角的基本方法：① 要将量角器的中心点与角的顶点重合；② 零刻度线与角的一条边重合；③ 读出角的另一条边在量角器的刻度。突出了量角的重点和难点问题。思考1和思考2是学生量角中的难点，思考1中注意到量角器有内圈和外圈，这就与角的开口方向有关。当角的开口向左时，以外圈的0°刻度作为起点，角的开口向右时则以内圈的0°刻度作为起点。简单方法就是角的哪一边与0°刻度线重合，另一边就读0°刻度所在圈的数。思考2是角的两边都不在0°刻度，用终点的刻度数减去起点的刻度数就是角的度数，这与度量线段的方法也是一致的。】

任务4 ▶ 画角和估角

活动4：我会猜

思考1：先估一估，再量一量图3-1-27中角的度数。

图 3-1-27

思考 2：请用量角器画出下面的角。

35°　　80°　　135°　　160°

思考 3：请分别量一量(图 3-1-28)∠1 和∠2 的度数，再算一算∠1+∠2。

图 3-1-28

【分析：这个片段的教学主要是应用量角器量角。第一个环节先让学生估一估，再用量角器验证，有利于培养学生对角度的估算能力，发展学生的量感。第二个环节画角可以让学生进一步熟练对量角器的应用，明确画角的步骤：① 确定一个起点，画一条射线；② 量角器的中心点与角的顶点重合，0 刻度与这条射线重合；③ 找到所画角的度数的对应刻度，并作记号点；④ 将记号点与顶点连线。第三个环节渗透了角度的可加性，进一步发展学生的量感。】

任务 5 ▶ 回顾总结

活动 5：我会思(表 3-1-9)

表 3-1-9　角的度量回顾总结

内容	角的度量		
要素	量什么	用什么量	怎么量
属性	角	单位角(1°角)	拼满(量角器)
	长度	单位长度	连接(刻度尺)
	面积	单位面积	铺满
	……	……	……

【分析：通过引导学生回顾反思角的度量过程，联系学生已有的量长度和面积的经验，抓住图形测量三要素，将量长度和面积的度量方法迁移到角的度量，让学生体会图形测量方法的一致性，更好地理解图形测量的本质。】

(4) 学习效果评价(表 3-1-10)

表 3-1-10　学习效果评价

评价内容	核心素养	学习评价指标	学习效果评价
活动 1：设计情境，提出问题	量感 推理意识 创新意识	能从时针的旋转感受到角的大小变化； 能用钟面上的小格(圆弧)为标准准确度量角； 能初步感受用旋转“距离”作为度量角的标准	
活动 2：做量角“尺”	量感 推理意识 应用意识	能联想单位长度和单位面积理解单位角； 能通过刻度尺是单位长度的聚合理解量角器是单位角的聚合的原理	

续　表

评价内容	核心素养	学习评价指标	学习效果评价
活动 3： 我会量	量感 空间观念 应用意识	能掌握量角器量角的一般步骤； 能灵活使用量角器量角，进一步发展学生的量感； 能体会量角器量角与量长度方法的一致性	
活动 4： 我会猜	量感 空间观念	能通过估一估、量一量形成估测角度的经验，发展学生的量感； 能通过画一画规定度数角，培养学生动手操作能力	
活动 5： 我会思	几何直观 推理意识 应用意识	能通过量长度、量面积及量角度的联系深刻感悟量图形的一般方法，并进一步感悟测量的思想； 能通过量图形的一般方法推理出量图形其他属性的方法，培养学生的推理意识及应用意识	

第三课时　角的分类

☞ 主题三　角的王国

(1) 教学活动目标

① 经历角的分类过程，认识直角、锐角、钝角、平角和周角，会判断已知角是哪一类角。

② 在实际操作中确定角的分类标准及分类结果。

③ 通过观察、分析、判断等活动，让学生体验数学的探究过程，体会数学分类思想。

(2) 教学流程安排(图 3-1-29)

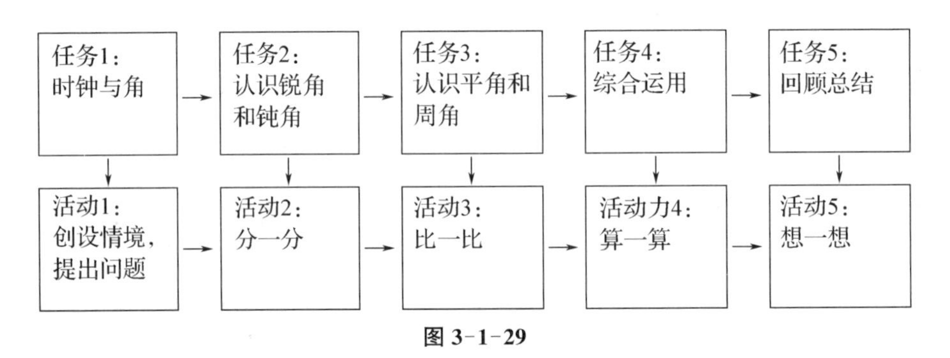

图 3-1-29

(3) 教学活动设计

任务 1 ▶ 时钟与角

活动 1：创设情境，提出问题

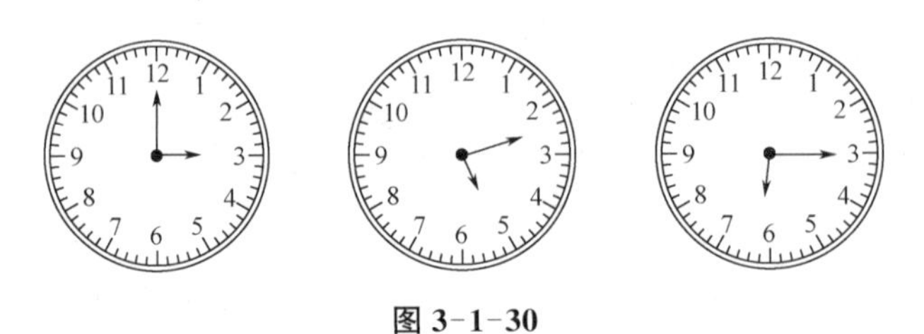

图 3-1-30

思考1:三个钟面上分针和时针组成的角一样大吗?是什么角?

思考2:找一找生活中这样的角。

【分析:直角的概念源于对垂直的理解。古时对垂直的理解是假设一根绳子端点处固定一重物,使得绳子自然下垂,那么这根绳子就与地面垂直。当两条直线相互垂直时,就具备以下两个特征:一是对称性,相互垂直的两条直线所形成的角都是相等的;二是两条直线方向的相对确定性。这两个特征让人们认为两条直线互相垂直时,它们之间的夹角是非常好的角。《几何原本》中把它命名为"好角"。直角的对称性和方向的相对确定性使人们把直角作为比较角大小的标准。

这个片段中三个钟面上的角位置虽然不一样,但它们之间的"距离"都是3个"大格",所以是一样大小的,这样的角就是直角。学生对直角是有经验的,生活中的墙角、桌角、地面上地砖角基本都是直角,学生使用的三角尺上也有直角。因此,在教学中抽象出直角后,再让学生回到生活中找直角,可以进一步加深其对直角的认识。】

任务2 ▶ 认识锐角和钝角

活动2:分一分

请你将图3-1-31中钟面上的角分分类。

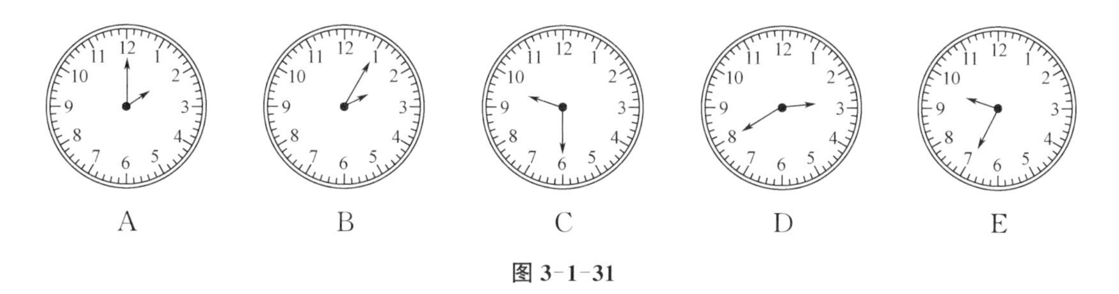

图3-1-31

【分析:分类是重要的数学思想,也是认识图形的重要方法。一般的图形分类是依据图形的某些特征进行区分,通过分类能够明晰图形间的关系,从而更好地认识图形。角的分类主要是依据角的大小来进行的。直角比较特殊,所以人们习惯以直角为标准,把小于90°大于0°的角称为锐角,大于90°小于180°的角称为钝角。学生通过经历分类过程,会进一步感知角的大小,能掌握直角、锐角、钝角的特征;同时更能体会到图形与图形之间的关系。】

任务3 ▶ 认识平角和周角

活动3:比一比

思考1:图3-1-32中三个分针从指向12起,分别走了多少分钟,形成的角是什么角?

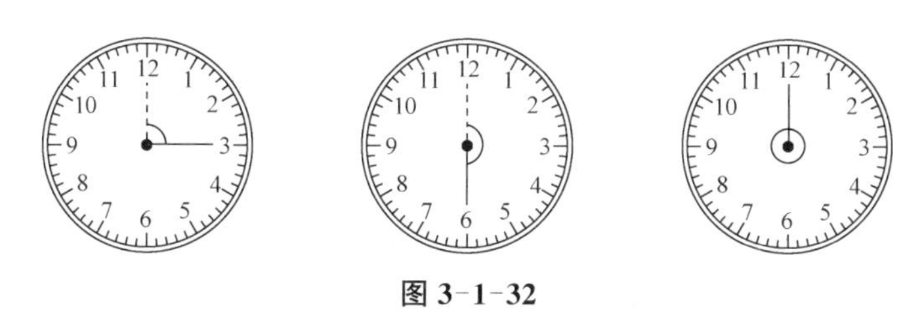

图3-1-32

思考 2:一个平角=(　　)个直角　　一个周角=(　　)个平角=(　　)个直角

【分析:这个教学片段主要让学生认识平角和周角及相关应用。思考 1 通过分针旋转的角度,在直角的基础上,分别让学生认识平角和周角。思考 2 是让学生掌握直角、平角及周角之间的关系。】

任务 4 ▶综合应用

活动 4:算一算

思考 1:如图 3-1-33,分针从指向 12 起,旋转到 5,形成的角度是(　　),从 5 再回到 12,还要旋转(　　)。

图 3-1-33

思考 2:先估一估,再算一算下面角的度数(图 3-1-34)。

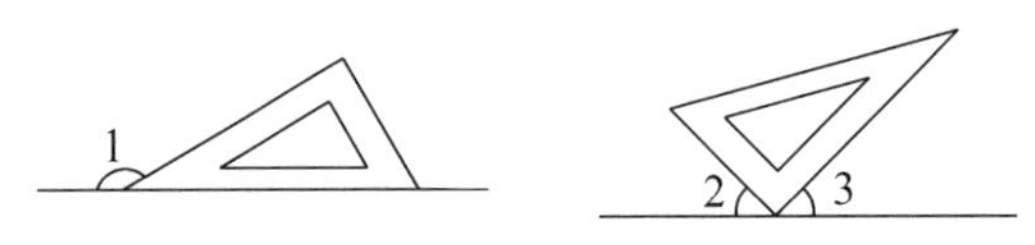

图 3-1-34

∠1=(　　)　　∠2=∠3　　∠2=(　　)

思考 3:如图 3-1-35,算一算,你们发现了什么? 想一想为什么?

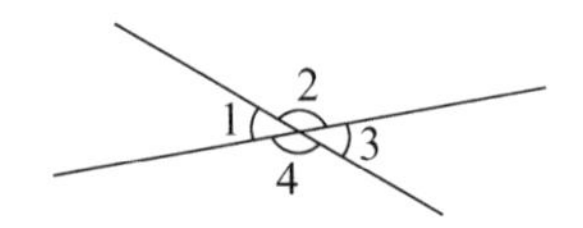

图 3-1-35

∠1=40°　　∠2=(　　)　　∠3=(　　)　　∠4=(　　)

【分析:这个教学片段是在角的分类后的相关应用。思考 1 通过钟面直观感知圆周角,并利用圆周角解决相关的问题。思考 2 利用平角和三角尺来解决实际问题。思考 3 是利用周角和平角来解决实际问题,并在问题解决中发现对顶角相等的规律,鼓励学生进一步去探索规律背后的道理,尝试发现∠1+∠4=180°,∠3+∠4=180°,所以∠1=∠3,∠2=∠4也是一样的道理。学生发现这个现象后,还可以任意画一组这样的直线来验证这个现象,发现一般的规律,发展学生的推理意识。】

任务 5 ▶回顾总结

活动 5:想一想

思考 1:请你们将学过的角按照角度从小到大排列。

思考 2:想一想这些角还能不能以其他标准来分类?

【分析：回顾反思有助于学生整理已学知识并形成知识结构。让学生把学过的角按照一定的顺序排列，能更好地建立各种角大小的表象，理解角与角之间的关系，加深对角的认识。同时，通过思考对角的再分类，不仅可以让学生从新的视角来认识角，还可以培养学生的创新意识。】

(4) 学习效果评价(表3-1-11)

表3-1-11　学习效果评价

评价内容	核心素养	学习评价指标	学习效果评价
活动1：创设情境，提出问题	量感 符号意识	能从时针的旋转感受到直角的大小； 能抽象出直角并用直角符号表示； 能建立直角的表象，感受生活中的直角	
活动2：分一分	量感 分类思想 几何直观	能以直角为标准进行角的分类； 能掌握锐角和钝角的特征，感受直角、锐角和钝角的大小并能正确判断	
活动3：比一比	量感 空间观念 几何直观	能掌握平角和周角的特征，感知平角和周角的大小； 能掌握平角、周角与直角之间的关系； 能正确画出直角、平角和周角	
活动4：算一算	量感 推理意识 应用意识	能通过角的大小特征及相互关系灵活解决实际问题； 能在问题解决中发现一些规律，并通过猜想、验证等过程培养推理意识	
活动5：想一想	几何直观 推理意识 创新意识	能通过回顾反思，加深对角的特征及角之间关系的认识； 能进一步建构和完善角的知识结构； 培养学生的推理意识及创新意识	

角的历史十分悠久，人们对角的认识是一个逐步深入的过程，包括角的产生、从静态认识到动态认识的变化过程、角的度量等。与角相关联的知识也非常广泛，如线路、折线统计图、图形上的角及生活中各式各样的角等。就角作为一个平面图形来讲，与图形领域的相关知识有着内在的关联，如图形的运动、图形的位置、图形的测量等。基于教学评一致的整体设计，角的认识这个自然单元的整体设计抓住了以下几个方面：一是单元整体素养目标的确立，角的认识单元所指向的主要素养有量感、几何直观、推理意识、空间观念及抽象能力等，这些素养在每节课的每个环节中都能得到相应的落实。二是以范希尔几何思维水平理论为基础，依据学生的几何认知水平和心理整体设计活动，重视了从角的组成要素、角测量及角与角之间的关系等方面来认识角。三是以学定教，以评促教，角的再认识是在学生初步认识角的基础上进行的整体性设计，分三个课时，每课时都根据总的素养目标确定了具体的课时目标及相应的评价。第一课时着重角的大小的认识，让学生从静态的角认知深化为动态的角的认知，突出了角的本质；第二课时着重角的度量，是基于测量大概念视角下展开的教学，将量长度及量面积的方法迁移到角的度量，突出了度量的本质及量图形的一般方法，即要把握量什么、用什么量、怎么量；第三课时着重角的分类，是基于度量的基础进

一步从分类的角度来认识角，突出了角与角之间的关系。

5. 学习效果评价(表 3-1-12)

表 3-1-12　学习效果评价

评价内容	核心素养	学习评价指标	学习效果评价
主题一： 创设情境， 提出问题	几何直观 量感 符号意识	能从角的组成要素进一步认识到角的大小与边旋转的大小有关； 能通过直观比较，进一步感受角的大小，初步体会角与角之间的关系； 能通过尺规比角，进一步感受角的大小与边旋转的“距离”有关，并感悟可以用“距离”量表示角的大小，为角的度量做好铺垫	
主题二： 寻找 1°的角	量感 几何直观 测量思想	能借助钟面上的小格(圆弧)为标准准确度量角，让学生对角的大小从定性描述走向定量刻画； 能掌握用量角器量角的一般方法； 能通过估一估、量一量、画一画等活动，进一步感受角的大小，培养学生的量感； 能通过角的度量，进一步掌握图形测量的一般方法，体会测量的本质	
主题三： 角的王国	量感 空间观念 几何直观	能通过分类，进一步掌握锐角、直角、钝角等角的特征； 能掌握平角、周角与直角之间的大小关系； 能正确建立各类角大小的表象； 能应用角的特征及角与角之间的关系等知识灵活解决实际问题	

Mitchelmore 进行了大量与真实情境相关的研究，最终将学生感知真实情境并将其转化为抽象角概念的过程总结为三个渐进的序列：直观的角概念、结合情境的角概念、抽象的角概念。① 涉及的知识较多，除了角的本体性知识外，各个年级的教材中都有部分内容和角相关联。角是“图形与几何”领域的重要组成元素。

3.2　学习内容与核心素养表现关联的教学设计案例

3.2.1　指向量感的教学设计(以“面积的认识”教学为例)

1. 教学内容分析

量感是贯穿整个小学数学，以图形与几何为主，以其他领域为辅的数学核心素养。从经验的角度来看，瓦格纳和戴维斯把量感分为两类：一类是基本量感，是多少、大小的感觉；

① Mitchelmore M, White P. Development of angle concepts: A framework for research [J]. Mathematics Education Research Journal, 1998, 10(3): 4-27.

另一类是基于计数的量感，这是以符号为基础的，完全是习得的，人类特有的。其他研究者表达了自己的量感观，将量感作为一种直接判断、关键能力、情感态度等。

以往，量感作为数感的下属概念。《课标（2022 年版）》对“量感”的内涵解释为“对事物的可测量属性及大小关系的直观感知”。这一方面独立地揭示了量感的具体内涵，另一方面也强调了量感与数感是相并行的概念。数感为量感提供理性支持，增加量感的科学性与严谨性；量感为数感提供可靠的抽象来源，为深入理解数及其关系提供良好的支撑点。①

在经验方面，量感强调对直接生活事物的感知，教学的主要任务是为学生提供体验的机会，内化为一种量的经验，如可以运用各种可视化技术、创设多元情境等；在推理方面，以形成的基础量感经验为基础，结合数量关系，建构出新的计量单位。围绕这两个方面，可以展开量感的学习。学生学习数学有两个本能，即对数量多少的感知和对距离远近的感知，这两个本能不用教。② 具体来看，小学数学的教学中包括不同类别的量，如长度、面积、体积、时间、质量和货币等。这些量具有不同的量感问题。数量感问题，如对个数的感知；知觉感问题，如对温度、时间、重量的感知；空间感问题，如一维的长度感知、二维的面积感知、三维的体积感知。③ 每一种量，又分为基本量和衍生量。基本量是与直接经验相关联的量，可以通过操作自主感知，产生真实体验的量感；衍生量则是由基础量衍生而出的推理量，这两种量与上述的经验与推理相对应。

基于对量的感知，可以进行不同的量感活动，包括量的经验、量的比较与量的估算等等。其中，测量是基本的量感活动方式。度量性概念的教学有其共性的一面，不同的度量知识在学习时是有规律可循的。当学生要测量一个物体的属性时，需要度量单位、度量工具，再到用数值进行表达，学习有相同的数学活动经历，在活动设计时应有不同侧重点。在现实情境中，学生根据度量对象选择度量单位，度量方法也因学生思维水平不同而呈现差异，但相同的是度量方法有共性，即度量单位个数的累积或减少。④ 此外，研究者还指出，量感的内涵包括量的感性体验、量的理性感知、量的测量判断、量的合理辨析、量的单位转换、量的计算应用六个部分。⑤ 这可以看成是量感的多元外延性活动。

2. 教学目标确定

(1) 不同学段量感教学的整体目标

在第一学段（1～2 年级），应让学生结合生活实际，体会建立统一度量单位的重要性，认识长度单位米、厘米。能估测一些物体的长度，并进行测量。在图形认识与测量的过程中，形成初步的空间观念和量感。

在第二学段（3～4 年级），应让学生认识长度单位千米，知道分米、毫米；认识面积单位平方厘米、平方分米、平方米；能进行简单的单位换算；能恰当地选择单位估测一些物体的长度和面积，会进行测量。

---

① 吴立宝，高博豪，郭衎. 对数感与量感的辨析[J]. 教育研究与评论，2022(8)：51-56.

② 史宁中. 为什么要强调量感[J]. 小学教学(数学版)，2021(10)：8-10.

③ 高博豪，吴立宝，郭衎. 量感的内涵与特征[J]. 天津师范大学学报(基础教育版)，2022，23(5)：7-12.

④ 于蓉，王菁. 基于整体教学 培育学生量感[J]. 教育科学论坛，2023(4)：44-46.

⑤ 高博豪，吴立宝，郭衎. 量感的内涵与特征[J]. 天津师范大学学报(基础教育版)，2022，23(5)：7-12.

在第三学段（5～6 年级），学生应通过实例了解体积（或容积）的意义，知道体积（或容积）的度量单位，能进行单位之间的换算；体验不规则物体体积的测量方法。[①]

（2）基于量感核心素养本身的目标

① 体验现实生活中的各种量，并感受各种量的特殊性。

② 体会到统一度量单位的重要性，认识各种量的基本度量单位，能将现实经验与度量单位相结合。

③ 能基于基本度量单位衍生出更多元的度量单位，知道不同度量单位之间的关系；会进行测量活动，并体会测量的关系本质。

④ 能基于经验和推理进行量的估测，在估测活动中，会采用不同的策略进行估测，并意识到估测的本质是关系推理。

（3）具体到面积单位的目标

① 体验现实生活中的面积对象，感受各种图形的面积属性。

② 体会到统一面积单位的重要性，认识面积的基本度量单位，能将现实体验到的面积与面积度量单位相结合。

③ 能基于基本面积度量单位衍生出更多元的面积度量单位，知道不同度量单位之间的关系；会进行面积测量活动，并体会测量单位与被测量对象之间的关系。

④ 能基于经验和推理进行复杂的面积估测活动，在估测活动中，会采用不同的策略进行面积估测，并意识到面积估测的本质是面积关系间的推理。

⑤ 能结合面积估测活动，进行面积量感，能建立面积对象和面积量之间的密切关联，对各种面积量进行批判性感知。

3. 教学流程安排

结合以上认识，量感学习的主要流程如图 3-2-1 所示。

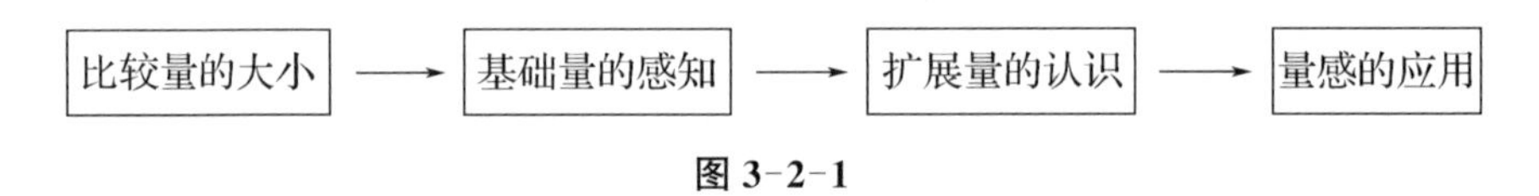

图 3-2-1

（1）比较量的大小

感受量在哪里，采用各种方式比较量的大小，体会统一单位的必要性。

（2）基础量的感知

感受单位 1，建立单位 1 与实际经验的联系。

（3）扩展量的认识

经验与推理相结合，在单位量的基础上，认识不同大小的量，建立测量意识。感受测量过程中的推理性。

（4）量感的应用

量的比较、量的估测、量的综合性活动。

---

① 中华人民共和国教育部. 义务教育数学课程标准[S]. 北京：北京师范大学出版社，2022：32.

以“面积的认识”为例，教学流程如图 3-2-2 所示。

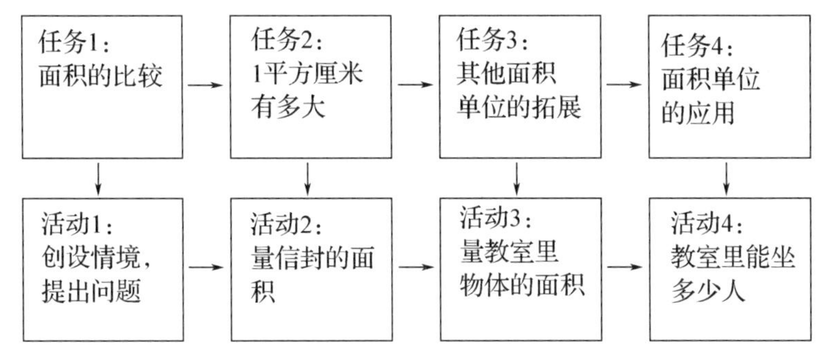

图 3-2-2

4. 教学活动设计

任务 1 ▶ 面积的比较

活动 1：创设情境，提出问题

图 3-2-3 是某小学学校的平面图，观察平面图思考以下问题。

① 办公楼的面积与图书馆的面积哪个大？

② 教学楼的面积与办公楼的面积那个大？

③ 综合楼的面积与办公楼的面积哪个大？

④ 水池的面积与竹林的面积哪个大？

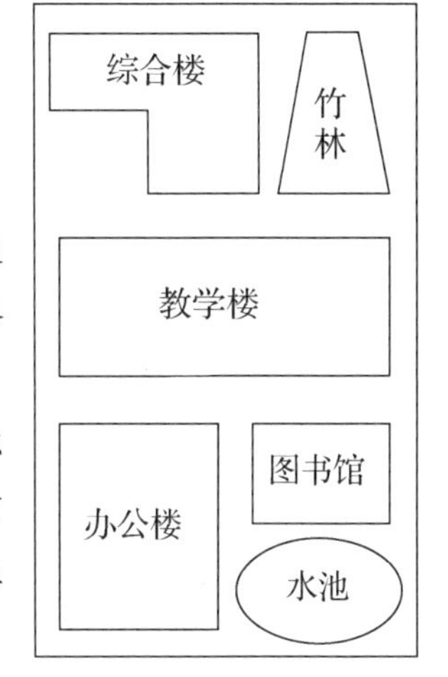

图 3-2-3

【分析：活动 1 中四个小问题是让学生感受面在哪里，会比较面积的大小。比较方法：目测；把两个图形叠在一起；剪拼；用方格子量面积。

问题①用目测和重叠进行估测就直接能够比较两个图形面积的大小。问题②和问题③可以用裁剪，比较两个图形之间的非重叠部分。问题④用方格子可以比较出两个图形面积的大小。要让学生体会上面的图形都可以通过方格图比较面积的大小。

由低到高经过直观感知面积、面积直接比较→间接比较、统一面积单位→建立面积单位表象→建构面积单位结构、面积单位间化聚→面积的测量（估测与实测），不断丰富、发展面积的量感素养。①

从度量本质看，长度、面积和体积分别是对一维、二维、三维空间的定量刻画，从线到面再到体的度量过程实际上就是从一维图形到二维图形再到三维图形的转变过程，其本质上有相通之处，都是从形象到抽象、从直觉到推理的过程，蕴含着相似的数学思想——度量单位的累加。②】

任务 2 ▶ 1 平方厘米有多大

活动 2：量信封的面积

① 量什么？让学生体会测量对象的属性。

---

① 徐国明. 小学生量感：内涵、价值及培养策略[J]. 中小学教师培训，2022(06)：49-52.

② 谭意雯. 基于度量本质 发展学生量感[J]. 小学教学参考，2023(08)：74-77.

② 用什么量？让学生感悟统一标准的必要性。

③ 怎么量？渗透用填满的方法测量面积。

【分析："量什么"是测量的前提。测量是对测量对象相关属性的表达。测量对象的属性决定了用什么量和怎么量。信封是长方形的，可测量的属性有周长、面积等。量周长用长度单位是学生已有的知识经验，这个经验迁移到量面积，即量面积要用面积单位。

"用什么量"是测量的核心。学生可采用橡皮面、长方形纸片、方格纸等非标准单位量，逐步体会统一度量单位的必要性。单位量的思想是度量中的重要思想，如果没有单位量的思想，数量就不会产生，量就无法用数来表示。①

"怎么量"是测量得以实现的保证。整个测量活动，应包括测量对象、测量工具、测量方法、测量结果等方面。② 具体来说，测量具有三大要素，即法则、客体（事件）和数字（或符号）。法则就是根据事物的属性来指派数字的规则或方法，即选择恰当的测量方法和单位。客体或事物（及其属性）就为测量的对象。单独的数字本身不具有量的意义，只有根据一定的法则使测量对象量化之后才能够获得意义。③

在测量活动中，渗透以下几个方面：

量的大小是可以测量的，具有可公度性；我们总可以找到"一个面积"，用它去度量几条不同图形的面积且都能量出来，这个面积就是这几个图形的"公度"。

度量需要标准，度量的本质是用标准做单位进行比较，用比较结果描述量的大小。

仅从对量的度量和大小描述而言，度量单位可以有多种，但为了便于交流和比较，需要有统一的度量单位。④】

任务3 ▶ 其他面积单位的拓展

活动 3：量教室里物体的面积

① 用 1 平方厘米适合量教室里哪些物体的面积？

② 量课桌面和黑板的面积适合用什么单位？

【分析：《课标（2022 年版）》指出，量感主要指对事物的可测量属性及大小关系的直观感悟。良好的量感需要对度量的意义有深刻的理解，并且能够理解统一度量单位的必要性。此外，还需要能够在真实情境中，根据不同的度量要求选择合适的度量单位进行度量，并能熟练地进行不同单位之间的换算。量感的培养，不仅要注重直观感悟，建构单位系统也十分重要。这里包含两层意思：一是测量同一个物体的属性，可以用不同的度量单位，如一个人的身高是 176 厘米，也可以用 1.76 米来表示，这是测量守恒性的体现。二是为了追求测量的精确性，也为了使测量更加方便，在实际情境中往往需要选择合适的度量单位，这是建构单位系统的目的。而在测量过程中，能正确、灵活地选择合适的度量单位是具有良好量感的具体体现。】

---

① 邵光华，姜梦凡，苗榕峰. 新课标视角下的量感及其培养[J]. 课程·教材·教法，2023，43(05)：95-101.

② 祝冬梅. 量感培养载体分析及教学策略[J]. 黑龙江教育(教育与教学)，2023(07)：64-67.

③ 顾明远. 教育大辞典[M]. 增订合编本. 上海：上海教育出版社，1998.

④ 平国强. "量感"及其培养[J]. 教学月刊(小学版)(数学)，2023(1)：27-31.

任务 4 ▶ 面积单位的应用

活动 4：教室里能坐多少人？

① 提出问题：我们的教室能坐下多少名同学？

② 小组讨论可以使用怎样的方法解决问题，全班讨论确定有哪些方法。

【分析：测量中估测对培养量感有十分重要的作用。估测有三个关键：知道测量对象的属性，是长度、面积，还是质量等；判断测量对象的数量级，根据对象的大小、长短、多少，选择合适的单位；善用常见的参照物进行比较估计。[①] 在估测活动中，渗透以下思维与方法：一是会选择合适的度量单位进行度量。二是利用头脑中的单位表象、度量经验和空间想象，合理判断或估计度量结果。三是能基于度量单位的变化，转化度量结果。四是初步理解度量误差及其产生的原因，并能将误差作为一个因素思考度量的结果。[②]

本次活动以小组为单位进行设计，包括方法、程序、实施过程等，活动结束后全班进行活动总结，分析方法经验，活动改进经验，以及在活动中对图形面积的丰富认识。重点是认识人均面积，体会教室总面积和人均面积之间的联系与区别。】

5. 学习效果评价（表 3-2-1）

表 3-2-1 学习效果评价

评价内容	核心素养	学习评价指标	学习效果评价
活动 1： 创设情境， 提出问题	空间观念 推理意识 量感	能了解测量对象的属性(图形的面积)； 能用目测、重叠、剪拼等方法进行面积大小的比较； 初步感受用方格纸量面积的一般性	
活动 2： 量信封的面积	创新意识 量感	能明确测量对象的属性(信封的面积)； 能用非标准单位测量物体的面积，并体会到统一度量单位的必要性； 能建立 1 平方厘米的表象，并能解决实际问题	
活动 3： 量教室里物体的面积	创新意识 推理意识 量感	能体会建构面积单位体系的必要性； 掌握面积单位之间的进率； 能根据实际情境正确、灵活地选择合适的面积单位	
活动 4： 教室里能坐多少人	应用意识 空间观念 量感	能根据面积及面积单位的相关知识设计解决问题的方案； 能理解人均占地面积与总面积之间的关系； 能正确估测面积并解决实际问题	

① 刘晓婷. 量感培养：困惑、根源及策略[J]. 小学数学教师，2021(7)：54-56.
② 平国强. “量感”及其培养[J]. 教学月刊(小学版)(数学)，2023(1)：27-31.

3.2.2 指向空间观念的教学设计(以“圆柱和圆锥的认识”教学为例)

空间观念主要是指对空间物体或图形的形状、大小及位置关系的认识。能够根据物体特征抽象出几何图形，根据几何图形想象出所描述的实际物体；想象并表达物体的空间方位和相互之间的位置关系；感知并描述图形的运动和变化规律。空间观念有助于理解现实生活中空间物体的形态与结构，是形成空间想象力的经验基础。

小学阶段是学生数学空间观念开始建构的关键期和启蒙期。因此，发展小学生的数学空间观念有利于发展学生演绎推理和逻辑推理思维能力，成为学生理解、描述和联系现实空间的工具，促进学生的实践创新能力。让学生真正会用数学的眼光观察现实世界，用数学的思维思考现实世界，用数学的语言表达现实世界。

“图形与几何”领域是学生形成空间观念的重要土壤。纵观国内外学界对空间观念的描述，大都关注以下几个方面：直观感知周围环境、探索图形的性质、理解图形间的关系及图形位置变换。《课标(2022 年版)》中“图形与几何”领域设置了“图形的认识与测量”和“图形的位置与运动”两个主题，也正好贴合了学生空间观念培养的需求(表 3-2-2)。

表 3-2-2 小学空间观念发展目标

小学空间观念	目标	具体目标
空间物体或图形的形状及大小	能抽象出物体或几何图形的特征，能确定图形的大小	掌握一维、二维及三维图形的特征及关系； 能正确测量二维及三维图形相关属性
	能根据几何图形特征想象并描述实际物体	能根据图形的特征想象立体图形的展开图； 能根据展开图想象立体图形
空间物体或图形的位置关系及运动	能确定物体或图形的位置关系	能确定点的位置； 能辨认并想象立体图形从不同方向看到的形状
	能感知物体或图形的运动变化规律	能感知图形的平移、旋转及轴对称； 能按给定比例画出图形放大或缩小后的图形

小学生空间观念的培养是一个循序渐进的过程。荷兰数学家范希尔夫妇在对学生的几何思维发展特点进行实践研究的基础上，提出了著名的范希尔几何思维水平理论。该理论认为学生几何思维水平发展是一个由简单视觉分析上升到复杂抽象的过程，这个过程可划分为五个水平。

我国学者刘晓枚教授将小学生空间观念的发展划分为三个水平。水平 1:(完全)直观想象阶段。此水平所要完成的任务的特点是以直观为主、基于经验、纯粹的想象，观察分析的是单一的对象。水平 2:直观想象与简单分析抽象阶段。完成此水平的任务时，仍以直观想象为主，但除此之外，还需要进行一些简单的分析、抽象，或进行基本的推理，观察分析的对象及想象的过程较水平 1 要复杂一些。水平 3:想象、推理分析阶段。在完成此水平的任务时,分析、抽象和推理是在想象基础上所必需的,或者观察分析的对象更为复杂(经历较为复杂的心理表象形成和心理操作过程),在大脑中要经历较为复杂的加工组织过程。①

1. 教学内容分析

空间观念是小学数学核心素养的主要表现之一,在数学课程中应当注重发展学生的空间观念。《课标(2022 年版)》指出:图形的认识主要是对图形的抽象。学生经历从实际物体抽象出几何图形的过程,认识图形的特征,感悟点、线、面、体的关系;积累观察和思考的经验,逐步形成空间观念。“圆柱和圆锥的认识”是六年级下册的内容,契合了这样的要求。

在一年级“图形的认识”中,学生已经结合生活中的圆柱形物品,通过看一看、摸一摸、分一分、搭一搭等方式初步感知了圆柱的特点。五年级时认识了圆,六年级上册又全面认识了立体图形长方体和正方体,此时学生的学习方法、知识储备、现实经验已经极大丰富。六年级下册教学“圆柱和圆锥的认识”,不仅扩大了学生认识形体的范围,增加了形体的知识,更进一步发展了空间观念,为应用几何知识解决问题打下基础。

教学“圆柱和圆锥的认识”时由“点动成线、线动成面、面动成体”导入,让学生在观察、想象的过程中,感悟一维图形至二维图形再到三维图形在维度上的突破。小组活动探究圆柱和圆锥面的特征时,让学生利用学具,通过看一看、摸一摸、画一画、量一量、比一比等方法,将圆柱、圆锥面的直观感受及抽象的展开图形象地呈现出来,并在动手操作、自主学习的过程中,加深对圆柱、圆锥特征的认识。教学围绕“图形和图形之间有什么联系”这一核心问题设计几个探究活动,引导学生通过观察、操作、想象等活动,沟通平面图形和立体图形之间的联系,发展学生的空间观念,增强空间想象能力。

2. 教学目标确定

(1) 教学目标

① 经历观察、操作、想象等活动,认识圆柱和圆锥。知道圆柱和圆锥底面、侧面、高的含义,知道圆柱和圆锥的展开图,掌握圆柱和圆锥的基本特征。

② 通过观察、猜想、操作、推理、交流、归纳、总结等活动,积累认识图形特征的学习经验,把握几何图形构成的要素,感悟图形维度上的突破,体会图形和图形之间的联系,发展数学思考,增强空间观念。

③ 在探究图形运动的过程中,体会图形之间的密切联系,感受立体图形的学习价值,提升数学学习的兴趣和学好数学的信心。

(2) 教学重点

掌握圆柱、圆锥的基本特征。

(3) 教学难点

通过观察、操作、想象图形的运动,体会图形和图形之间的联系。

① 刘晓枚. 构建促进学生空间观念发展的几何课程:基于小学生空间发展水平的研究[J]. 课程·教材·教法,2008,28(10):43-48.

3. 教学流程安排(图 3-2-4)

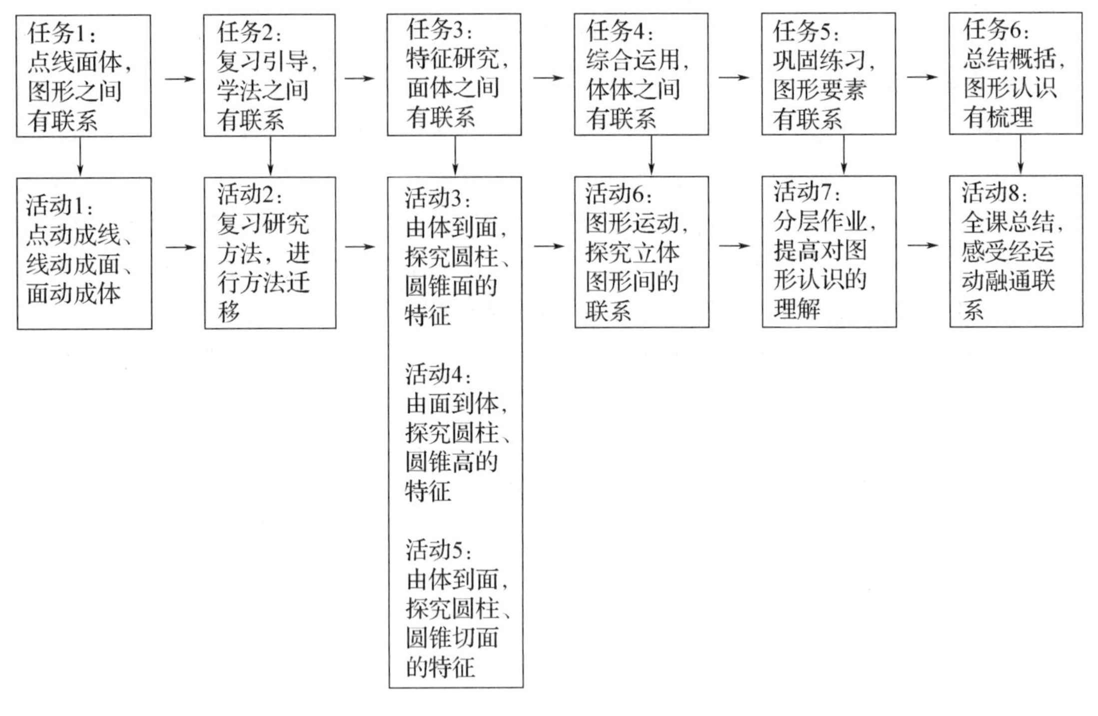

图 3-2-4

4. 教学活动设计

任务 1 ▶ 点线面体，图形之间有联系

活动 1：点动成线、线动成面、面动成体

图 3-2-5 中有一个点，它动起来了，成了线(点动成线)。线经过平移和旋转，成了面(线动成面)。面经过平移，成了体(面动成体)。这是我们熟悉的长方体和正方体，面还可以通过旋转形成什么呢？

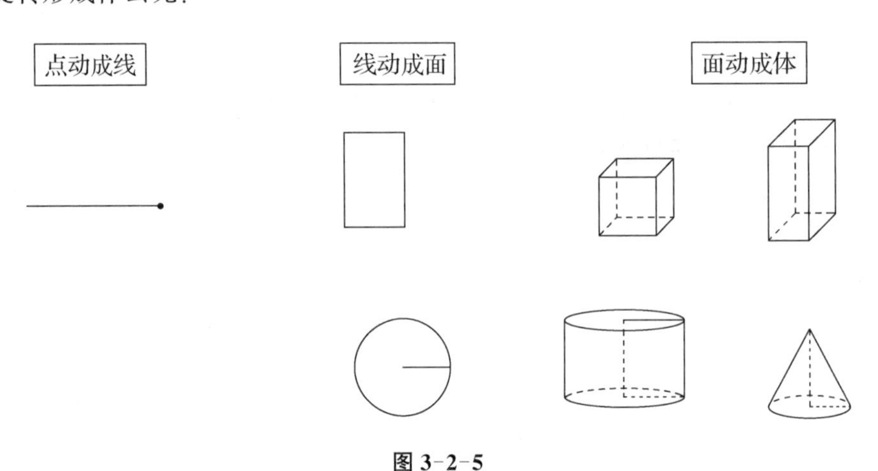

图 3-2-5

看来，大家对圆柱和圆锥有了初步的认识。今天这节课，我们从数学的角度进一步认识它们。

【分析：点、线、面、体是立体图形的关键要素，也是圆柱和圆锥形成的切入点。课堂导入时，依据学生已有学情，借助多媒体动态演示，让学生自主观察、发现和探究，从对点、线、面的认识到对体的形成感悟，体验图形的变化过程，形成对点、线、面、体之间关系的丰富表象。学生在观察、想象的过程中，不仅感悟知识的生成、变化和发展，增强对图形与图形之间勾连的认识，更在"点动成线、线动成面、面动成体"的变化过程中，感悟一维图形至二维图形再到三维图形在维度上的突破，增强学生的几何直观，充分发展学生的空间观念。】

任务2 ▶ 复习引导，学法之间有联系

活动2：复习研究方法，进行方法迁移

① 想一想，生活中哪些物体的形状是圆柱，哪些物体的形状是圆锥？

② 圆柱和圆锥都是什么图形？之前我们还研究过哪些立体图形？

③ 我们从哪些方面研究了长方体和正方体的特征？在研究它们特征的时候，我们用了哪些方法？

④ 我们尝试用同样的方法来研究圆柱和圆锥的特征，可以研究它们哪些方面的特征？

【分析：恰当地引入旧知复习，展示新旧知识的联系，有助于调动学生学习新知的积极性，激发学习兴趣。教学中回顾复习长方体、正方体特征的学习经验和探究方法，符合学生的认知规律。这样的学习方式，既有效激活学生已有的知识储备，将认识图形的学习方法迁移，为探究圆柱、圆锥的特征做准备，也进一步培养了学生运用旧知识学习新知识的能力，提高学生自主学习数学的兴趣。】

任务3 ▶ 特征研究，面体之间有联系

活动3：由体到面，探究圆柱、圆锥面的特征

（1）探究圆柱、圆锥面的特征

活动要求：

① 以小组为单位，看一看、摸一摸、量一量、画一画、比一比，思考圆柱和圆锥的面分别有哪些特征？

② 在小组内交流你们是怎么发现的。

（2）小组汇报交流

小结：圆柱有三个面，上、下两个底面和一个侧面。两个底面是大小相同的圆，侧面是曲面。圆锥有两个面，一个底面和一个侧面，底面是圆，侧面是曲面，圆锥还有一个顶点。

（3）探究圆柱、圆锥的展开图

圆柱和圆锥的侧面是曲面，打开是什么图形呢？（师生操作、观察、交流）

交流完善：圆柱侧面展开是长方形，圆锥侧面展开是扇形。

（4）认识圆柱、圆锥的直观图

【分析：知识不是被动接受的，而是由认知主体主动建构的。教师的任务是引导和帮助学生进行再创造的工作，而不是把现有的知识灌输给学生。小组探究圆柱、圆锥面的特征时，学生借助圆柱、圆锥的实物模型，通过看一看、摸一摸、量一量、比一比、画一画等具体活

动，主动发现圆柱、圆锥面的特征，既为学生提供了足够的探索空间，有利于培养学生观察、操作和比较的能力，又便于学生体会认识几何图形特征的基本方法。学生动手操作、观察圆柱和圆锥面的特征时，认识到圆柱中有两个完全相同的圆和一个弯曲的侧面，侧面打开是长方形；圆锥有一个底面和一个侧面，底面是圆，侧面也是曲面，侧面打开是扇形。这些小组探究活动，不仅让学生对圆柱、圆锥的立体图、平面展开图有清晰的认识，更有利于学生深刻感悟平面图形和立体图形之间的转变和联系，助力学生主动把已经积累的感性经验上升为理性认识，充分发展思维能力和空间观念。】

活动4：由面到体，探究圆柱、圆锥高的特征

① 图3-2-6(a)中有几个长方形（宽相等，长不相等），它们以长为轴旋转一周，会得到什么图形？仔细观察、比较（出示几个长方形以长为轴旋转一圈的动画），你们有什么发现？

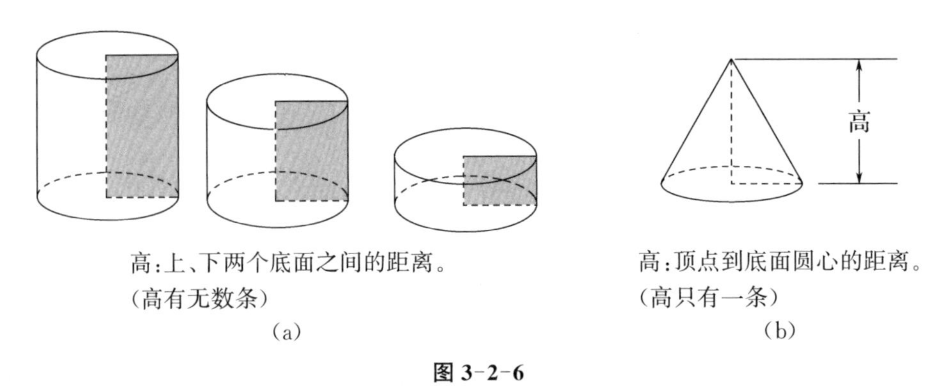

高：上、下两个底面之间的距离。
（高有无数条）
(a)

高：顶点到底面圆心的距离。
（高只有一条）
(b)

图3-2-6

② 哪条边是圆柱的高？谁来指一指？圆柱的高有多少条呢？你们是怎么想的？

③ 图3-2-6(b)中圆锥可以由平面图形旋转得到吗？（出示直角三角形沿直角边旋转一周动画）

④ 圆锥有高吗？哪条边是圆锥的高？圆锥的高有什么特征？

【分析：巧妙地设计图形运动，可以引导学生深度地思考。学生不但能发现新旧知识的联系，并且在对比分析的过程中，生发出新的数学知识，从而不断获得思维上的突破。教学中设计几个形象生动的图形运动演示，让学生在观察、比较的过程中，感悟长方形与圆柱、直角三角形与圆锥之间密切的联系：长方形以长为轴旋转一周形成圆柱，长是圆柱的高，宽是圆柱的底面半径；直角三角形以哪条直角边旋转一周形成圆锥，那么这条直角边就是圆锥的高，另一条直角边是圆锥的底面半径。长方形、直角三角形以一条边旋转一周形成圆柱、圆锥的过程，不仅让学生感悟构成圆柱、圆锥的要素高的来源和含义，更让学生深切感受“面动成体”的数学变化之妙，并在体会二维与三维的转化、联系中形成对圆柱、圆锥更深入、全面的认识，有效发展空间观念。】

活动5：由体到面，探究圆柱、圆锥切面的特征

观察想象圆柱、圆锥（图3-2-7）横切面、纵切面的形状。

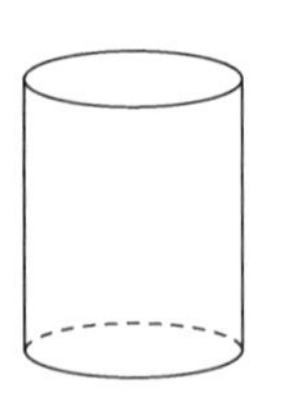
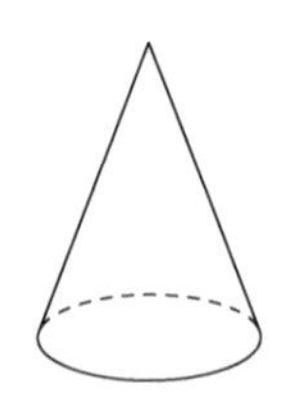

图3-2-7

想象一下：

① 水平横切圆柱、圆锥，它们的横截面是什么形状？

② 沿着底面直径纵向切开圆柱、圆锥，它们的纵截面又是

什么形状呢?

【分析:在探究活动中,学生经历问题情境,动手实践,用实体模型切一切、比一比等过程,感受圆柱、圆锥横、纵截面的形状是不同的;通过动手操作和观察动画展示,又验证了自己的猜想是否正确。这个探究活动不仅让学生体会动手操作是发现问题、研究猜想和验证解决的重要方法,锻炼了学生的思维,发展学生思考问题、解决问题的能力,更让学生在观察思考、猜想验证、实践操作的过程中,对平面图形和立体图形之间的转变和联系有更清晰的认识,进一步提升了空间观念和几何直观。】

任务 4 ▶ 综合运用,体体之间有联系

活动 6:图形运动,探究立体图形间的联系

① 这有两个一模一样的长方形(高都为 h),仔细观察,它们是怎么运动的?(出示两个一样的长方形,第一个长方形整体向右平移,形成长方体,另一个长方形,以长为轴,旋转一周形成圆柱)

② 都是由同一个长方形通过运动得到的立体图形(图 3-2-8),长方形相同,为什么立体图形不同?

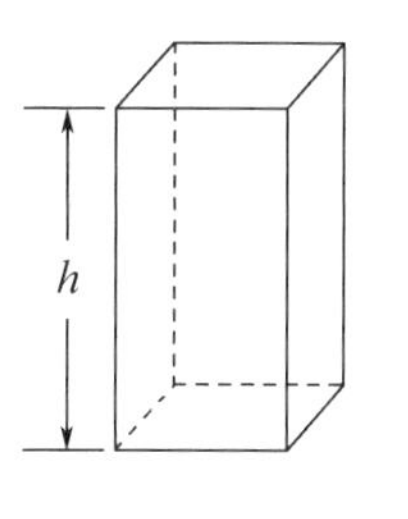

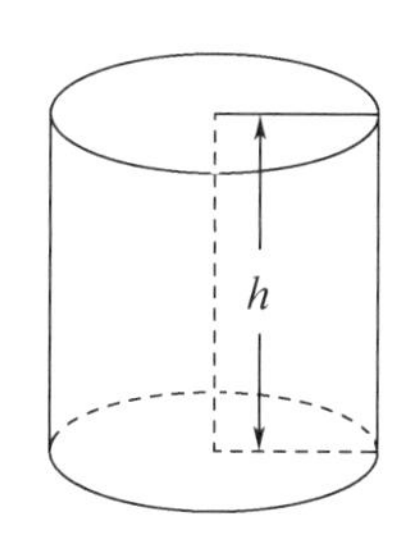

图 3-2-8

③ 这里形成的长方体和圆柱有没有相同的地方?

④ 长方体和圆柱有联系,圆柱和圆锥有没有联系?

【分析:教学过程中,教师不仅要注重引导学生参与探究活动,经历发现知识、建构知识、运用知识的过程,更要让学生所学的知识基于实践,并通过实践得到提升。以上活动探究中,学生已经有了长方形与圆柱之间联系的知识基础,又通过形象的动画演示,唤醒学生对长方形与长方体之间联系的记忆,并在观察、对比中思考形成的长方体、圆柱的相同点和不同点:图形都有相同的高,上下一组对面大小相等;形成两个图形的长方形的运动方式不同。生动的动画演示,让圆柱和圆锥的密切联系形象展示:当圆柱的一个底面慢慢变成一个点时,圆柱就变成了圆锥。圆柱转变成圆锥的过程,又导致图形的底面个数、侧面形状、高的条数随之发生改变。丰富的图形运动,让学生在观察、想象、对比、思考中对立体图形与立体图形之间的关联有新的认识,进一步增强了学生几何直观能力,发展了其空间观念,引导学生从多角度、多方面思考、分析所学内容,将知识掌握得更牢固。】

任务 5 ▶ 巩固练习,图形要素有联系

活动 7:分层作业,提高对图形认识的理解

① 图 3-2-9 中哪个图形更高,把它圈出来。

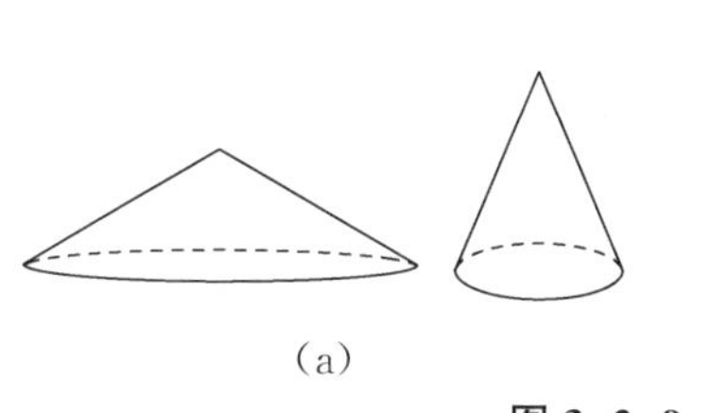

(a)

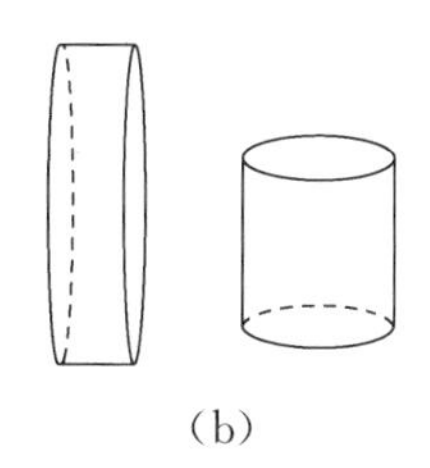

(b)

图 3-2-9

② 从前面、上面和右面观察圆柱,看到的是什么形状?从这三个面观察圆锥呢?先看一看,再连一连(图 3-2-10)。仔细观察,你们有什么发现?

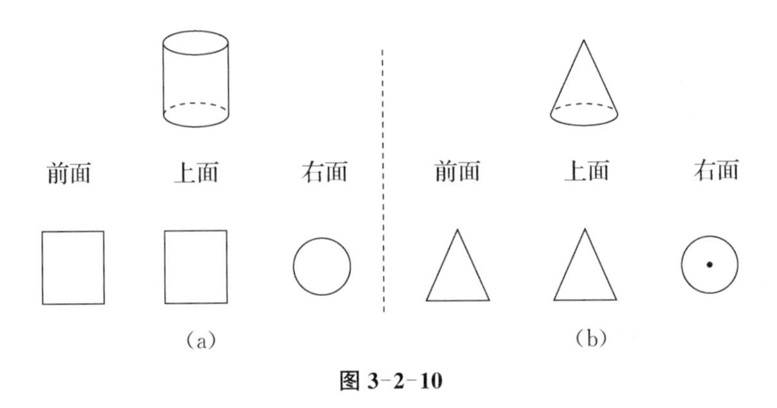

图 3-2-10

③ 同一个图形绕不同的轴旋转一周可以得到不同的立体图形。

如图 3-2-11 所示,以长方形的(　　)为轴旋转得到的圆柱,底面半径是(　　)cm,高是(　　)cm;以长方形的(　　)为轴旋转得到的圆柱,底面半径是(　　)cm,高是(　　)cm。

猜一猜:图 3-2-12 中的直角三角形绕(　　)旋转得到的圆锥更大。

图 3-2-11　　图 3-2-12

【分析:教学中作业实行素养进阶设计,旨在引导学生将空间观念的建立和发展程度外显化,从而真正了解学生的学习情况。习题①考查圆柱和圆锥高的特征,学生通过观察、分析,感悟圆柱的高是上、下两个底面之间的距离,圆锥的高是顶点到底面圆心之间的距离。习题②考查圆柱和圆锥的外观特征,学生通过观察、分析,想象从前面、上面、右面观察圆柱和圆锥,分别看到是什么图形,并思考:长方形的长和宽分别与圆柱的什么相等?三角形的底和高分别与圆锥的什么相等?习题③分析平面图形旋转得到圆柱、圆锥,在进一步沟通平面、立体图形之间联系的同时,巩固对图形要素位置关系的理解,进一步发展空间观念。】

任务 6 ▶ 总结概括,图形认识有梳理

活动 8:全课总结,感受融通联系

① 今天我们认识了圆柱和圆锥,你们有哪些收获?

② 点动成线,线动成面,面动成体,不同的平面图形通过运动会得到不同的立体图形,即使平面图形相同,运动方式不同,也会得到不同的立体图形。课后,同学们可以尝试用其他的平面图形,通过运动看能得到怎样的立体图形,并找一找它们之间有怎样的联系。

【分析:教师引导学生对圆柱和圆锥的认识内容进行归纳总结,一是建构点、线、面、体的知识体系,增强学生的空间想象能力;二是梳理认识图形的数学研究方法和思想方法,拓宽培养学生的空间观念路径;三是渗透图形的运动与图形之间的联系,进一步激活学生的

思维，帮助学生提升空间观念和几何直观。这一过程的教学具有针对性，对圆柱和圆锥的认识有整体性的认知；具有时效性，及时对所学内容进行升华提炼；具有结构性，运用图形的运动，将图形与图形的关系进行前后勾连，在整理思维的过程中形成对图形的整体认知。】

5. 学习效果评价

课始由点动成线、线动成面、面动成体导入，让学生在观察、想象的过程中，感悟一维图形至二维图形再到三维图形在维度上的突破。小组活动探究圆柱和圆锥面的特征时，让学生利用学具，通过看一看、摸一摸、画一画、量一量、比一比等方法，将圆柱、圆锥面的直观感受及抽象的展开图形象地呈现出来，并在动手操作、自主学习的过程中，加深对圆柱、圆锥特征的认识。教学围绕"图形和图形之间有什么联系"这一核心问题设计几个探究活动，引导学生通过观察、操作、想象等活动，沟通平面图形和立体图形之间的联系，发展学生的空间观念，增强空间想象能力。

教学中为了全面考量学生的学习效果，构建学习效果评价表(表3-2-3)。

表3-2-3　基于空间观念的教学设计(圆柱和圆锥的认识)学习效果评价

评价内容	核心素养	学习评价指标	学习效果评价
活动1：点动成线、线动成面、面动成体	空间观念 几何直观	观察"点动成线、线动成面、面动成体"的运动过程，感受图形的变化过程，感悟图形在维度上的突破，对点、线、面、体之间的关系形成丰富表象，发展空间观念	
活动2：复习研究方法，进行方法迁移	应用意识 抽象能力	能将探究长方体、正方体特征的学习经验和探究方法有效迁移至认识圆柱、圆锥的特征，能有效运用旧知识解决新问题	
活动3：由体到面，探究圆柱、圆锥面的特征	空间观念 几何直观	能掌握圆柱、圆锥的底面、侧面的基本特征，知道圆柱、圆锥展开图，感悟立体图形和平面图形之间的转变和联系，发展思维能力和空间观念	
活动4：由面到体，探究圆柱、圆锥高的特征	空间观念 抽象能力	知道圆柱、圆锥的高，理解圆柱、圆锥高的含义，感悟"面动成体"的过程，发展空间观念	
活动5：由体到面，探究圆柱、圆锥切面的特征	空间观念 几何直观	知道圆柱、圆锥横纵切面的形状，感悟立体图形和平面图形之间的转变和联系，发展空间观念和几何直观	
活动6：图形运动，探究立体图形间的联系	空间观念 几何直观	知道长方体与圆柱、圆柱与圆锥之间的联系和区别，感悟立体图形和立体图形之间的关联，发展空间观念和几何直观	
活动7：分层作业，提高对图形认识的理解	空间观念 应用意识	巩固对圆柱、圆锥特征的认识，提升分析问题、解决问题的能力	
活动8：全课总结，感受经运动融通联系	全局观念 空间观念	能自主总结，形成对图形的整体认识，感悟图形的运动融通图形之间的联系，发展空间观念	

3.2.3 指向推理意识的教学设计(以"轴对称图形"教学为例)

《课标(2022年版)》指出:数学是为人们提供了一种理解与解释现实世界的思考方式。通过数学的思维,可以揭示客观事物的本质属性,建立数学对象之间、数学与现实世界之间的逻辑联系。培养学生推理意识,知道可以从一些事实和命题出发,依据规则推出其他命题和结论;能够通过简单的归纳或类比,猜想或发现一些初步的结论,通过法则运用,体验数学从一般到特殊的论证过程;对自己及他人的问题解决过程给出合理解释。

推理是数学重要的思维方式,也是数学核心素养培育的重要目标。图形与几何领域是推理能力培养的重要土壤,美国数学学会协会基金组织于1997年6月通过研讨起草了一份报告,报告中强调了当时美国数学教育中亟待解决的两个重要问题,有关数学推理能力培养的问题就是其中之一,并得出下列结论:

数学推理能力的培养是一个逐步建构的过程;

数学推理能力的培养要重视命题的推导过程;

在几何教学中重视培养学生的数学推理能力。[①]

1. 教学内容分析

在"图形与几何"的教学中培养推理能力,主要培养学生视觉推理能力、归纳推理能力、类比推理能力及初步的演绎推理能力(表3-2-4)。培养的途径是让学生运用内容丰富的图形、符号,通过感知和实物操作进行推理活动。这不仅能充分发展学生反映现实生活的空间想象能力,也能使学生初步形成演绎和论证的能力。[②]

表3-2-4 图形变换中渗透的数学推理能力

学习对象	平移	旋转	轴对称	缩放
视觉推理	观察:识别平移运动 操作:演示平移运动	观察:识别旋转运动 操作:演示旋转运动	观察:识别轴对称图形 操作:构造轴对称图形	观察:识别缩放运动和缩放比 测量:测量得到边长比
归纳推理	概括平移运动的特征	概括旋转运动的特征	概括轴对称图形和对称轴的概念、特征	概括缩放运动的特征;理解缩放比的概念、特征
类比推理	—	—	—	内容类比
演绎推理	根据平移运动特征解决几何问题	根据旋转运动特征解决几何问题	根据轴对称运动特征解决几何问题	根据缩放运动特征,缩放比概念、特征解决几何问题

图形变换主要是从运动的视角来观察图形的变化。按照范希尔几何思维水平理论,小学生对图形变换的认知主要处于1～3级水平,即主要体现了视觉化、分析及非形式化演绎

① 王小宁.小学生数学推理能力发展的研究[D].江苏:南京师范大学,2013:8.
② 孔企平.从空间观念到视觉空间推理:小学数学课程改革新动向[J].小学教学(数学版),2019:9-10.

水平的层次。第一,视觉化水平对应体现在图形变换四个学习对象中的思维特征是整体的,通过直观地观察、操作、测量解决问题。第二,分析水平,对应体现在图形变换四个学习对象中的思维特点是考虑到不同变换的基本要素与性质并据此解决问题。这个阶段可以描述图形的不同的变换,可以借助方格纸按照要求画出变换后的图形。这一思维水平对应归纳推理、类比推理、演绎推理相关内容,且以归纳推理和演绎推理为主。第三,非形式化演绎水平,对应体现在图形变换四个学习对象中的思维特征是对图形运动要素的进一步了解及规律的初步发现。前面两个层次是从图形整体和基本要素方面去观察和发现图形变换的规律,这个层次教师可以进一步引导学生从变化前后图形之间的关系去探索对应点(边)之间的规律,从而抽象出图形变换的规律。这个层次的思维水平对应的更多是归纳推理和演绎推理。

对称是生活中非常普遍的现象,从物体的对称抽象出轴对称图形,再从变换的角度来认识这类图形的变化规律,是对学生几何认知水平的挑战。轴对称图形的认识安排在小学阶段的第二学段,分为初步认识和进一步认识,符合小学生的认知水平和几何思维发展的水平(图 3-2-13)。

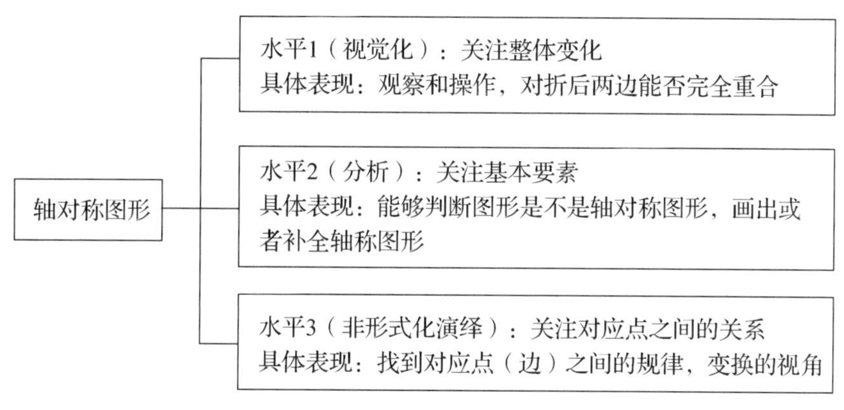

图 3-2-13

2. 教学目标确定

(1) 教学目标

① 经历猜想、自主探究、自主推理、总结归纳,理解图形轴对称的本质就是对应点到对称轴距离相等。

② 通过操作、观察、比较,能发现轴对称运动和平移、旋转之间的关系,增强观察能力、表达能力,发展空间观念。

③ 在自主探究的过程中,体会数学知识间的密切联系,产生对图形运动的兴趣,感受生活与数学的紧密联系。

(2) 教学难点

理解对应点到对称轴的距离是相等的。

(3) 教学重点

感受轴对称是图形运动的一种方式。

3. 教学流程安排(图 3-2-14)

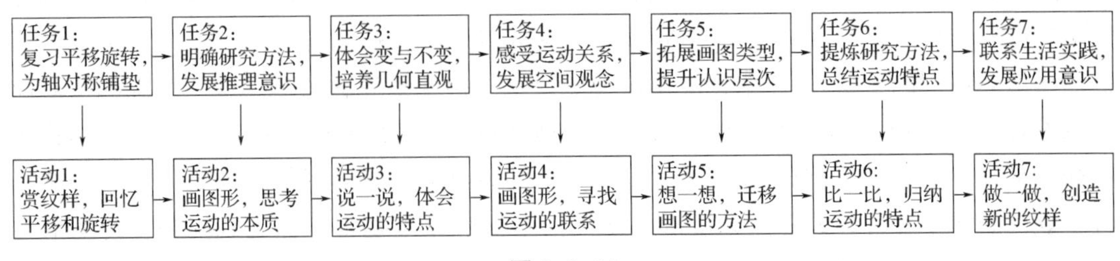

图 3-2-14

4. 教学活动设计

任务 1 ▶ 复习平移旋转,为轴对称铺垫

活动 1:赏纹样,回忆平移和旋转

思考以下问题:

① 北魏时期刻在石头上的莲花纹,莲花乃花中君子;隋唐时期的宝相花纹,丰满圆润;宋代的莲荷纹,凸显了荷花的风骨;清代的五福捧寿纹,边上的五只蝙蝠象征了福气。每一种纹样都有它独特的寓意,设计这些纹样先要构思一个基本图形。图 3-2-15 中有敦煌石壁上的花纹和青花瓷上的花纹,你们能找到基本图形吗?这个花纹是由这个基本图形怎样得到的?

② 同学们,想一想,上两节课我们是怎样研究平移和旋转的(图 3-2-16)?

③ 想一想,我们是怎样判断一个图形是轴对称图形的?

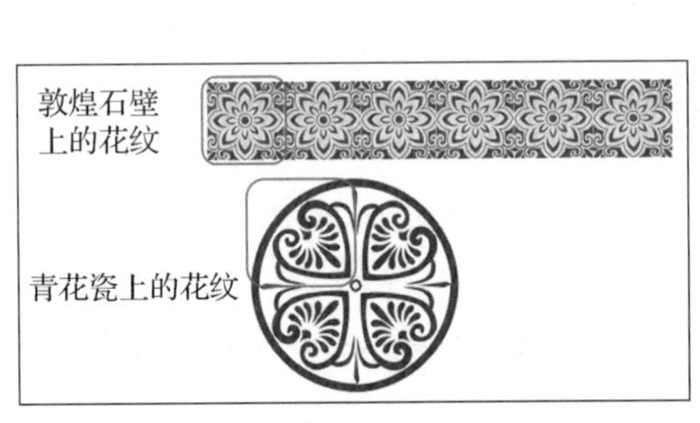

图 3-2-15

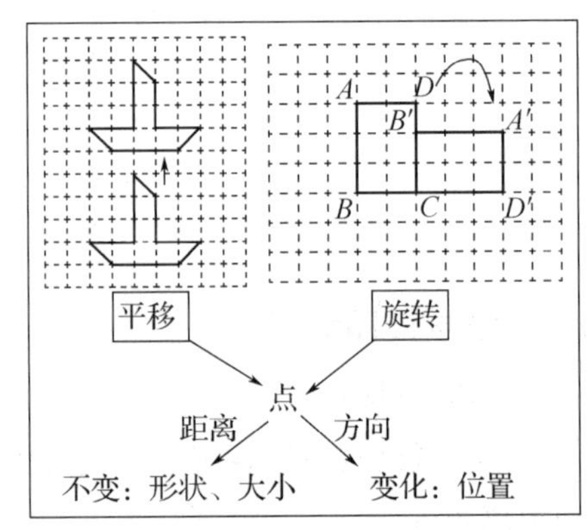

图 3-2-16

【分析:对称是数学中最基础的图形变换,为了让学生感受对称美,三年级学生已经接触过轴对称图形,他们欣赏了绿色食品标志、国家节水标志等,并判断这些标志是不是轴对称图形,然后折一折、剪一剪,创造轴对称图形。这节课,通过欣赏古代纹样,想象这些纹样的创作过程,使学生在欣赏纹样的对称美,受到美的熏陶,培养积极健康的审美情趣的同时,通过想象,感受这是由图形的运动产生的,进而激发研究图形运动的需求。在此基础上,回忆之前我们是怎样研究平移和旋转的,为本节课研究轴对称运动做好知识迁移的准备。】

任务 2 ▶ 明确研究方法,发展推理意识

活动 2:画图形,思考运动的本质

思考以下问题:

① 边做手势边想象,图 3-2-17 中的图形做轴对称运动后得到什么样的图形?

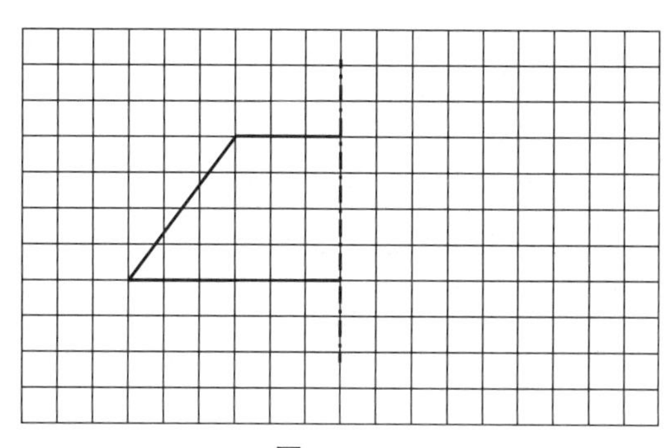

图 3-2-17

② 请同学们画出该图形做轴对称运动后的图形,并用手中的梯形验证。

③ 哪位同学来交流你是怎样画的?

④ 这位同学画该图形做轴对称运动后的图形时,关注到了图形上的什么?图形上的点有什么特点呢?

【分析:教学应致力于发展学生的核心素养,在画该图形做轴对称运动后的图形之前,引导学生借助手势帮助想象:这个图形做轴对称运动后得到什么样的图形?在学生心中种下“空间观念”这颗种子。然后学生画一画运动后的图形,画完后用手中的学具(梯形)进行验证,培养学生积极的学习观。

学生操作后,交流自己画的方法,有的学生是直接画出运动后的图形,还有的学生是通过确定一些特殊的点后再画出运动后的图形。这个探究的过程是开放的,探究的结果是多样的,但都指向研究图形的基本元素——点,指向《课标(2022 年版)》关于几何直观的阐述——分析图形的性质。那么研究的问题便会指向于图形做轴对称运动前后的点有什么特点。学生根据刚才的交流进行猜测,借助自己画的图进行验证,从解释正好在格子上的点,到解释不是正好在格子上的点,借助圆规测量图形运动前后对应点到对称轴的距离,验证了学生自己的猜想:图形做轴对称运动前的点和轴对称运动后的点到对称轴的距离是相等的。总结归纳得到了轴对称运动的本质:对应的点到对称轴的距离相等。验证这一过程,让“尺规作图”成为探究几何问题的工具。】

任务 3 ▶ 体会变与不变,培养几何直观

活动 3:说一说,体会运动的特点

思考以下问题:

① 观察图 3-2-18(a),根据轴对称运动的特点,想一想我们怎样既简单又准确地画图形做轴对称运动后的图形?

② 轴对称运动后，图形的什么发生变化了？什么没有发生变化？

③ 小明也画了一个轴对称运动后的图形[图 3-2-18(c)]，你们觉得对吗？怎样画才是轴对称运动后的图形？

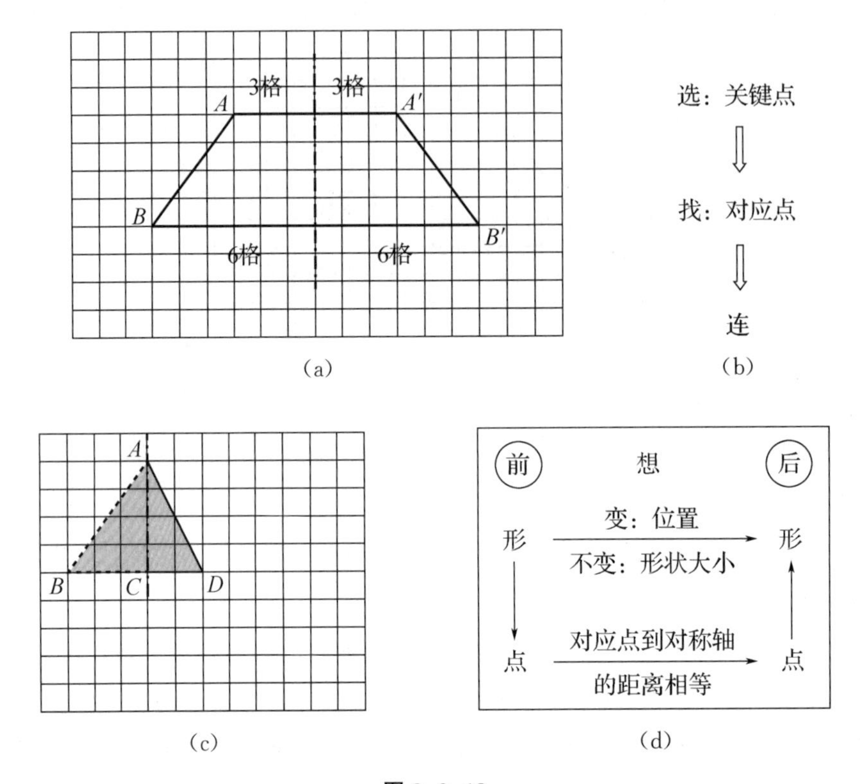

图 3-2-18

【分析：借助学生归纳出的轴对称运动的本质特征后，需要探索解决问题的思路，明晰学生的思维路径。引导学生优化画轴对称运动后的图形的方法：选关键点—找对应点—连线。这一方法和画平移、旋转后的图形的方法是一致的，有助于学生形成对学习单元整体内容的一致理解。基于《课标(2022 年版)》关于几何直观的阐述，体会运动前后的图形的变化与不变。因此，在学生明晰画法、课件动态演示图形对折后完全重合这一过程后，引导学生思考轴对称运动后，图形的什么发生了变化？什么没有发生变化？感受到不变的原因其实是图形上的点都按照一定的规则进行了变换，建构了如图 3-2-18(b)和(d)板书。在此基础上，用一个错例，体会找关键点画轴对称运动后的图形的重要性。】

任务 4 ▶ 感受运动关系，发展空间观念

活动 4：画图形，寻找运动的联系

活动要求：

◆ 画一画：根据选择的两条对称轴(图 3-2-19)，画出三角形②轴对称运动后的图形三角形③。

◆ 说一说：和同桌说说你的方法。

◆ 想一想：三角形③还可以看成三角形①怎样运动得到的？

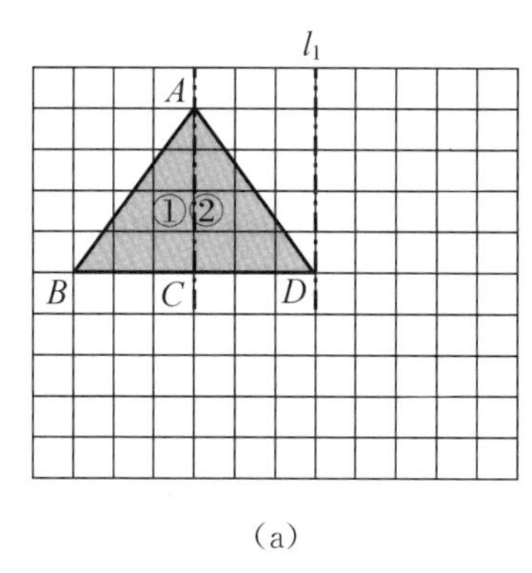

(a)

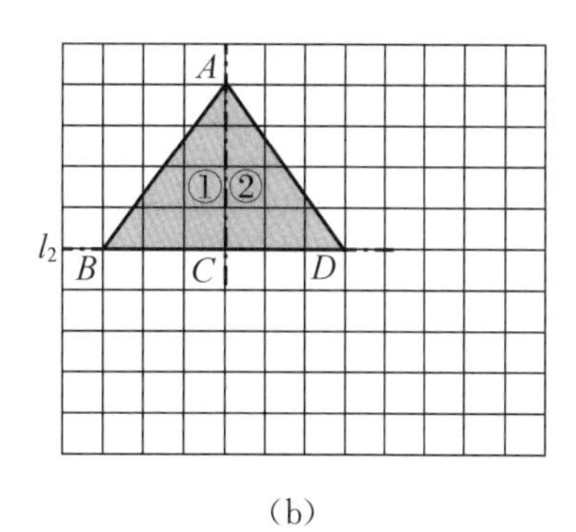

(b)

图 3-2-19

【分析:让学生将②号三角形做轴对称运动,感受图形轴对称运动后的位置是随对称轴的位置的变化而变化的。画之前,教师利用课件变换对称轴的位置,让学生想象:如果对称轴为图 3-2-19(a)中直线 l_1,三角形②运动到了哪? 学生经历有趣又有意义的想象活动后,选择两条特殊的对称轴,一条是与 AC 平行的直线 l_1,一条是与 AC 垂直的直线 l_2,尝试画出运动后的图形。画完后进行观察,想象两次轴对称运动后的图形③还可以由图形①怎样得到,发现图形的平移、旋转和轴对称运动之间是有联系的,从而感受数学知识之间是有联系的。在课堂实践中,学生感受到数学非常有趣,增加了学习数学的信心。在想象图形运动的位置、运动的方式的过程中,形成空间观念。】

任务 5 ▶ 拓展画图类型,提升认识层次

活动 5:想一想,迁移画图的方法

活动要求:

① 画出轴对称运动后的三角形,画之前边做手势边想象(图 3-2-20)。

② 完成后和同桌说说你的画法。

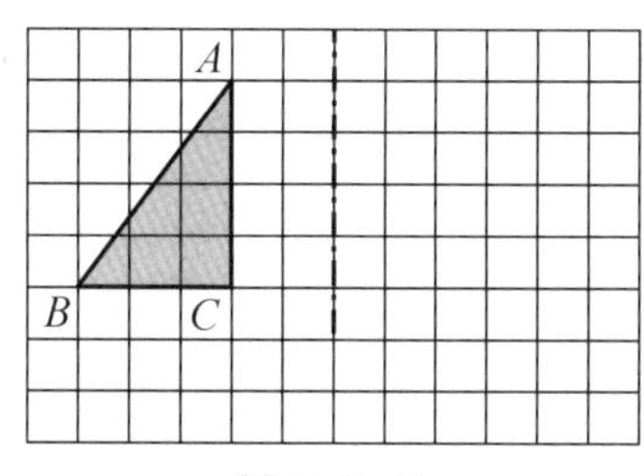

图 3-2-20

【分析:《课标(2022 年版)》中,对轴对称的教学的学业要求是“能在方格纸上补全轴对称图形”。轴对称图形一般是指一个图形,如果两个图形有轴对称关系时,这两个图形合起来看成一个整体,这个图形也是轴对称图形。所以在教学时,教师尝试让学生画对称轴不在图形上的轴对称图形,希望拓展学生对轴对称图形的认识。按照课上优化总结的画图方法:选关键点—找对应点—连线,学生可以轻松地画出图形。一方面,学生用学过的方法解决了新的问题;另一方面,拓展了学生对“轴对称是图形运动方式”的认知,希望以此有效衔接图形的运动这个板块的初中教学。】

任务6 ▶ 提炼研究方法，总结运动特点

活动6：比一比，归纳运动的特点

小组合作讨论：

① 平移、旋转、轴对称这三种运动（图3-2-21），我们是怎样研究它们的？

② 平移、旋转、轴对称这三种运动，它们有什么相同的地方，有什么不同的地方？

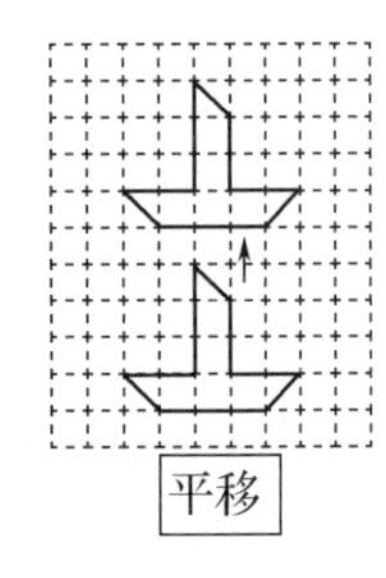

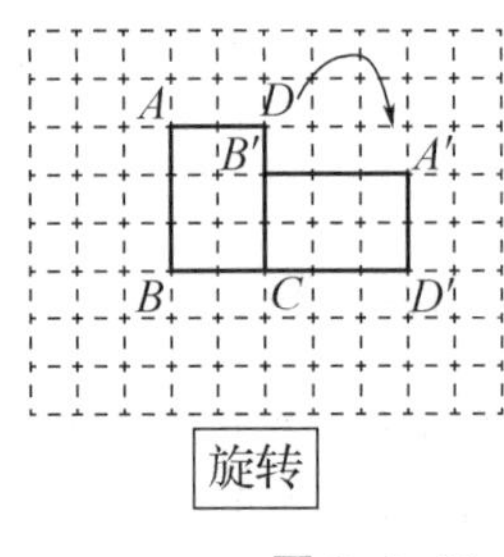

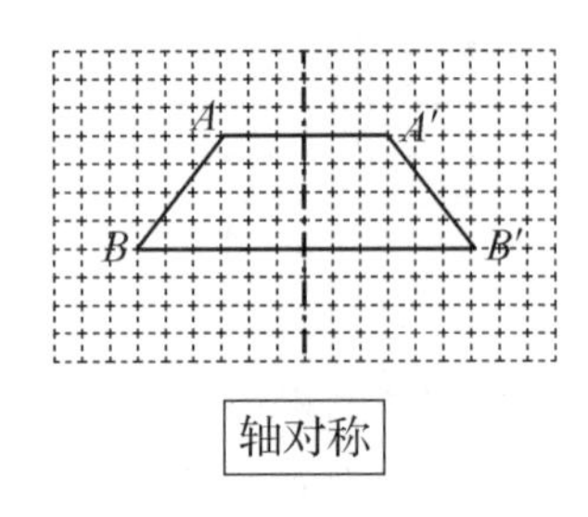

图3-2-21

【分析：这个环节，引导学生同桌之间说一说研究三种图形运动的方法。因为学生经历了“大概念”下的整体教学，所以他们能从联系的视角，以整体的观念看学过的图形运动——平移、旋转、轴对称，进行深度把握。因为有了“图形的变换——平移”“图形的变换——旋转”两节课打下的基础，学生非常有感受地总结到：“我们都是通过研究图形上的点的变换来研究图形的运动的”“图形的位置发生了变化”“图形的形状没有变化”“运动的方式不同”等。图形是点的集合，任意一个图形的变换本质上都是点的变换，它们都是图形上的点按照规则进行变换：平移是图形上所有的点都向同一方向平移相同的距离，旋转是图形上所有的点都绕着旋转中心旋转相同的角度，轴对称是图形上所有的点到对称轴的距离相等。规则不同，变换的形式就不同，但都是全等的变换，所以运动前后图形的形状、大小都不变。从单元整体设计，紧扣核心素养，分步实施，凸显单元内容的内在逻辑关系，在这样的学习过程中，学生能主动建构知识的整体性、一致性，能较好地发展推理意识、空间观念。】

任务7 ▶ 联系生活实践，发展应用意识

活动7：做一做，创造新的纹样

有了轴对称图形的加入，纹样的设计也有了创新。（出示我们生活中常见的长寿纹、团寿纹、喜上眉梢、双喜临门纹）它们是怎么得到的呢？你们选择一个课后试一试。

【分析：图形与几何这一板块的学习需要日益增强的空间观念，《课标（2022年版）》指出，能从轴对称的角度欣赏生活中的图案，能借助方格纸设计简单图案，感受数学美，形成空间观念。在课中，出示了日常生活中的长寿纹、团寿纹、双喜临门纹等纹样，以设计稿、视频引导学生思考这些纹样的创作过程，选择一个自己喜欢的纹样，通过折一折、画一画、剪一剪等方式，创作新的纹样。这个任务具有挑战性，充分发挥学生动手的能力，使其对作品设计思考研究后，体验成功的乐趣。这个作品里面包含了学生自己创造美的成就感，也包

含了对自身的肯定和自我价值实现的体验。】

5. 学习效果评价

本节课依据范希尔几何思维水平理论,设计了七个教学环节。第一环节是唤醒学生已有经验。前面学生已经初步认识过轴对称图形,能够通过操作和观察直观认识轴对称图形。在认识水平上已经处于视觉化水平和一定的分析水平。第二、第三和第四环节引导学生主动探索,在探索的过程中发现问题、提出问题,在解决问题的过程中反复借助观察、操作、猜想、想象、思考、交流等学习方式。在这个过程中,学生对轴对称图形从最初的"对折后能完全重合"的操作认知逐步到从图形变换的视角得到图形变换的本质,学生的认识水平已经从分析水平逐步走向非形式化演绎水平。尤其让学生回顾三种运动方式的异同点,自主建构新的知识体系,形成自己对图形变换本质的认识。为全面考量学生的学习效果,建构学习效果评价表3-2-5。

表3-2-5 基于推理意识的教学设计(轴对称)学习效果评价

评价内容	核心素养	学习评价指标	学习效果评价
活动1: 赏纹样,回忆平移和旋转	空间观念 应用意识	能根据之前学过的平移和旋转,回忆平移和旋转的研究方法	
活动2: 画图形,思考运动的本质	推理意识 空间观念 抽象能力	能根据要求画出轴对称运动后的图形; 能根据现象猜想验证归纳出轴对称运动的本质	
活动3: 说一说,体会运动的特点	推理意识 几何直观 空间观念	能掌握画轴对称运动后的图形的一般方法; 能感受轴对称运动前后图形的变与不变量	
活动4: 画图形,寻找运动的联系	空间观念 推理意识 应用意识	能根据两次画出的轴对称运动后的图形,想象图形运动之间的联系	
活动5: 想一想,迁移画图的方法	推理意识 应用意识 创新意识	能理解画轴对称运动后的图形的一般方法,对对称轴不在图形上的轴对称运动也是适用的	
活动6: 比一比,归纳运动的特点	推理意识 抽象能力	能用语言表达平移、旋转、轴对称三种运动的特点; 能分析三种运动的相同点与不同点	
活动7: 做一做,创造新的纹样	创新意识 应用意识	能根据纹样,想象纹样的设计方式,课后利用时间创作新的纹样	

3.3 思想方法教学设计案例

3.3.1 基于转化思想的教学设计(以“多边形面积”教学为例)

奥苏贝尔有意义学习理论指出有意义学习要满足三个条件,分别是学习材料本身具备逻辑意义,学习者具有有意义学习的心向,学习者的认知结构中有同化新知识的原有的适当观念。① 知识具备逻辑意义和原有的适当观念正是转化实现的基本条件。将新的知识转化成学生已有的认知,教师需要对已有知识基础准确把握。另一方面需要教师厘清知识间的逻辑关系,这样才能实现新旧知识间的转化。转化的方式有很多,如“图形与几何”领域将不规则图形转化为规则图形,“数与代数”领域将未知转化为已知,概括地说就是将新知转化为旧知。

1. 教学内容分析

与长度的度量一样,图形面积的计算本质上就是计算图形中包含了多少个面积单位。其核心概念是测量。在多边形面积度量中有两种基本方式,一是直接度量,二是间接度量。像长方形、正方形就可以用合适的面积单位直接铺满,数出面积单位个数。像平行四边形、三角形及梯形等图形不能直接度量的,就需要将它们转化成能够直接度量的图形。因此,多边形面积的计算核心目标就是渗透转化思想。当然转化思想的渗透是有层次的,如将平行四边形转化为长方形,这个相对比较容易看出来,这里就要唤起学生的转化意识。三角形和梯形的面积计算要复杂一些,因为三角形和梯形要转化为直接能度量面积的长方形,需要借助中间图形平行四边形,当然三角形、梯形也可以直接转化为长方形,但过程也比较复杂。这两个图形的面积计算就要充分动手尝试,要让学生进一步体会转化的方法。组合图形面积计算,就是要会将复杂的组合图形通过等积变化转化成基本图形,这里实际就是要让学生形成转化策略。多边形面积的计算要应用转化的思想解决问题,但教学过程中始终要把握度量这个大概念,即不管怎么转化,目的是能够得到面积单位的个数,其原理跟量长度、量图形的其他属性完全一致。

2. 教学目标确定

(1) 教学目标

① 初步理解量图形面积的基本方法,使学生明确量什么、用什么量、怎么量,进一步理解面积单位的含义,找到长度、面积、体积的一致性。

② 经历动手操作,量多边形面积的过程,习得学习图形的一般方法,掌握转化的数学思想方法,进一步发展学生的推理意识和抽象概括能力。

③ 引导学生积极参与数学活动,培养独立思考、主动交流的习惯,培养对数学的积极情感。

---

① 聂玉风.奥苏贝尔有意义接受学习理论对现代教育的启示[J].牡丹江教育学院学报,2016(5):60-61.

（2）教学重点

① 让学生明确量面积应该使用面积单位，理解面积单位的含义。

② 用测量的角度探究多边形面积的计算方法。

（3）教学难点

① 转化思想，将不规则图形转化为规则图形，理解其中的守恒。

② 理解多边形面积计算的原理，认识图形属性的测量来源于计量单位的累积。

3. 教学流程安排（图 3-3-1）

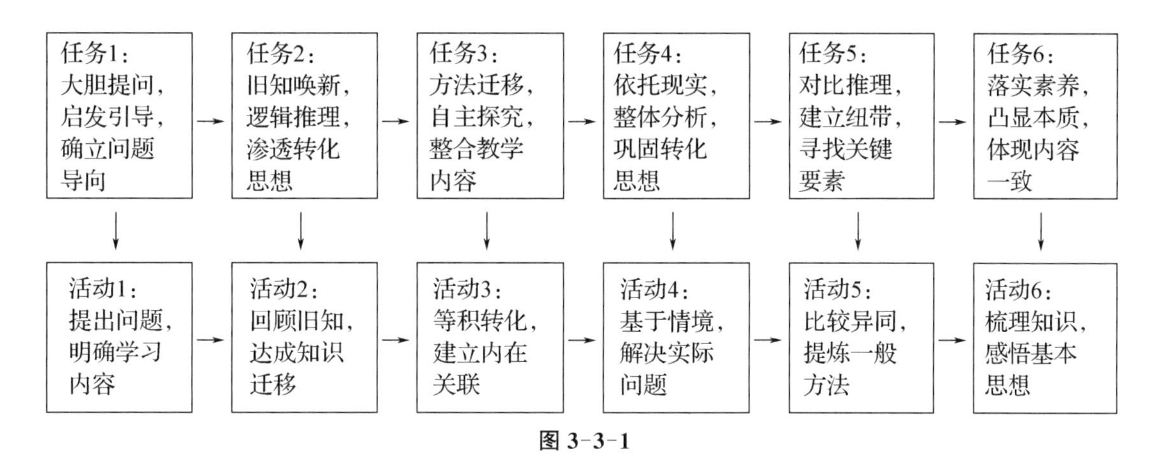

图 3-3-1

4. 教学活动设计

任务 1 ▶ 大胆提问，启发引导，确立问题导向

活动 1：提出问题，明确学习内容

思考以下问题：

① 看到今天的课题，你们想到了什么问题？

② 量什么？用什么量？怎么量？

③ 图 3-3-2 中长方形的面积是怎么量出来的？

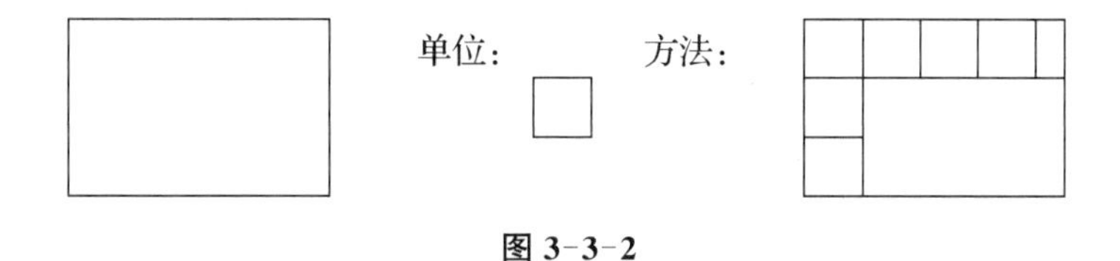

图 3-3-2

【分析：活动 1 用课前谈话的形式引导学生展开思考，培养学生的数学眼光，让学生学会用数学的思维思考，在谈话中明确学习的内容，提炼出本节课的三个大问题。这里的大问题是通过教师的启发，由学生提出，并不断追问，学生能够想到测量是需要根据实际问题选择合适的度量单位和度量工具的过程，最终提炼出“量什么、用什么量、怎么量”这三个大问题。通过回顾量线段长度所用到的单位叫作长度单位，由此想到如果要量图形的面积，应该用面积单位，知识迁移，让学生从具体的操作中感受到度量单位的产生源于实际需要，用面积单位量

出每排有几个，有这样的几排，量的过程实际上就是将面积单位进行累加。】

任务2 ▶ 旧知唤新，逻辑推理，渗透转化思想

活动2：回顾旧知，达成知识迁移

思考以下问题：

① 每排有几个，其实就是长方形的什么？有几排，就是长方形的什么？

② 我们得到了量长方形面积的简便方法是什么？

③ 平行四边形的面积也能这样直接铺满吗？

小组活动：

① 说一说：怎么变成可以铺满的图形？

② 做一做：动手操作，把它变成可以铺满的图形。

③ 量一量：量出这个图形的面积。

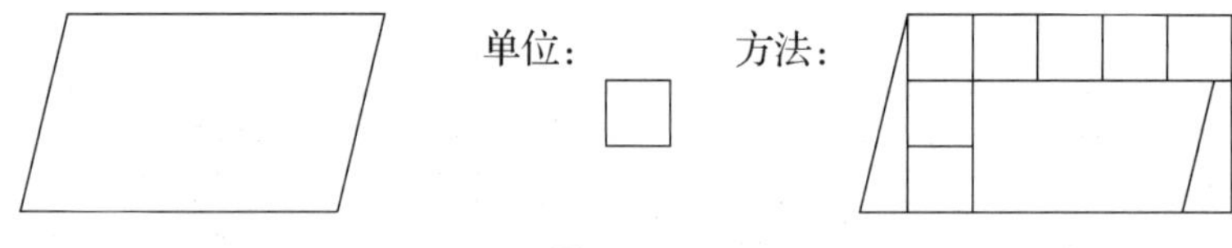

图 3-3-3

【分析：活动2中通过学生回顾如何直接测量得到长方形面积的过程，得到：测量多边形面积的过程是基于面积单位的累加，方法就是用面积单位将所要测量的图形铺满。并将所测量的结果，即每排有几个，有几排，与长方形的基本属性联系到一起，每排有几个就是长方形的长，有这样的几排就是长方形的宽，由此得到计算长方形面积的简便方法就是用长乘宽。

学生经历量长方形面积的具体操作过程，引申到量平行四边形的面积是不是也可以用这样的方法，发展学生的观察、想象能力和逻辑推理能力。通过演示，学生发现平行四边形不能被直接铺满之后，通过小组活动，学生动手操作，经历将未知转化为已知的过程，培养学生的应用意识和创新意识。

接着，追问测量结果与所测图形特征之间的联系，发现这里的每排有几个就是平行四边形的底，有几排就是平行四边形的高，得到计算平行四边形面积的简单方法就是用底乘高，学生逐步体会到"计量"的本质。】

任务3 ▶ 方法迁移，自主探究，整合教学内容

活动3：等积转化，建立内在关联

思考以下问题：

① 你们能用这样的方法量出三角形和梯形的面积吗？

② 这里的每排有几个，有几排，相当于图形的什么？

③ 计算三角形和梯形面积的方法是什么？

小组活动：

① 变一变：怎么把它变成我们会量的图形？

② 说一说：怎么量出这个图形的面积？

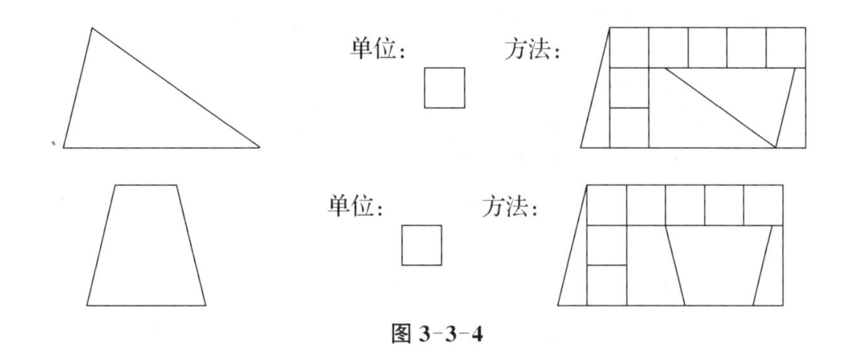

图 3-3-4

追问：这次测量，和刚才有什么不同？

【分析：活动3的教学大胆放手让学生以小组活动的形式展开探究。创设多样化的操作活动，丰富学生的活动经验，增强学生测量过程中的体验，形成量感和几何直观。学生已经有了测量平行四边形面积的经验，明确了量图形面积的一般方法就是用面积单位将图形铺满。

因此，在量三角形和梯形面积时，学生能够想到将其转化为已经学过的图形，只不过这里需要用倍拼法先将两个完全相同的三角形或梯形拼在一起，才能得到平行四边形，从而转化为长方形来测量。引导学生在观察、操作、比较中自主探索和体验，经历知识形成的全过程。通过追问，引发学生深度思考，测量平行四边形面积时仅用了剪拼的方法，而此时需要先用倍拼法将其转化为平行四边形，再用同样的方法测量出结果。课堂教学主要以学生操作和师生对话的方式展开，逐步深入，将整个单元的知识整合为一个课时，找到了知识之间的一致性，让学生明白面积测量的本质，加强学生对数学学习的感悟。】

任务4 ▶ 依托现实，整体分析，巩固转化思想

活动4：基于情境，解决实际问题

① 你们会量生活中的平行四边形的面积吗？（情境：停车位，如图 3-3-5 所示）

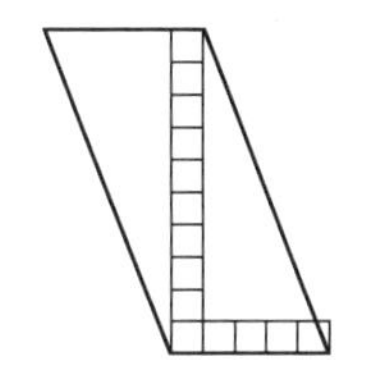

图 3-3-5

② 你们会量生活中的三角形的面积吗？（情境：三角形菜地，如图 3-3-6 所示）

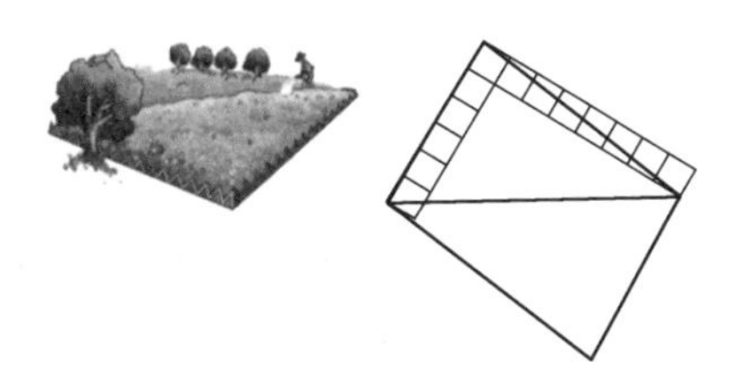

图 3-3-6

③ 你们会量生活中的梯形的面积吗?(情境:七巧板,如图 3-3-7 所示)

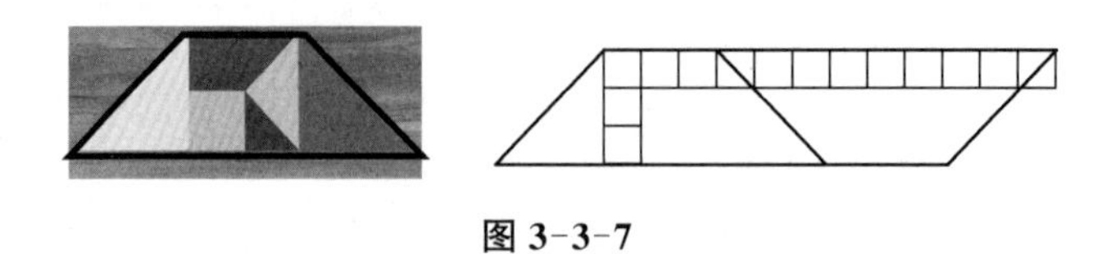

图 3-3-7

【分析:活动 4 中,教师提供现实素材,将新知的运用与实际生活紧密联系在一起,将数学学习融入社会学习,把培养和发展空间观念的目标落到实处,发展想象能力,让学生能够对真实情境有一定的感知。

问题①是简单地计算平行四边形的面积,在学生完成后进一步追问:只能量这一组底和高吗?还有其他的底和高吗?为了发散学生思维,拓宽解题思路,在问题②中,教师并没有以三角形下面的一条边为底,一方面为了复习和强调三角形有三条底,另一方面深化了学生对底所对应的高的理解。通过展示学生错误的回答,给予正向的反馈,让学生感受到一一对应的重要性。】

任务 5 ▶ 对比推理,建立纽带,寻找关键要素

活动 5:比较异同,提炼一般方法(图 3-3-8)

思考以下问题:

① 今天我们学习了什么内容?

② 我们是用什么方法来研究的?

③ 你们对多边形的面积有了什么新的认识?

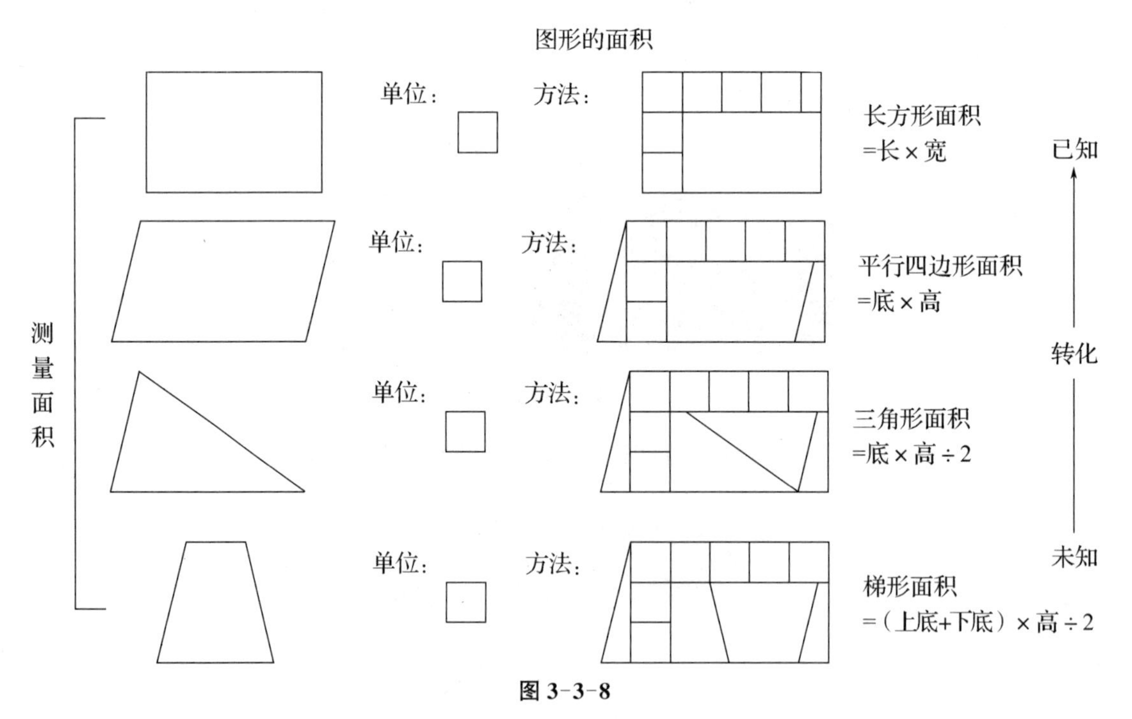

图 3-3-8

【分析:活动 5 中教师带领学生回顾本节课的学习历程,用测量的方法量出了多边形的

面积，从发现问题到解决问题，掌握了数学学习的一般方法。通过学生的自主探究解决了新课伊始提出的三个问题：量什么？用什么量？怎么量？让学生感受到图形的测量首先要根据需要确定合适的度量单位；多边形面积的测量就是源于面积单位的累加；当遇到不能直接测量的图形时，可以运用转化的策略将其转化为可以直接测量的图形。

课堂总结以师生谈话的形式展开，学生自然而然地生成知识框架，强调了将未知转化为已知的策略，深化了数学中对于转化方法的应用。在知识回顾的过程中，不断积累图形属性测量的学习经验，渗透数学思想方法。】

任务 6 ▶ 落实素养，凸显本质，体现内容一致

活动 6：梳理知识，感悟基本思想（图 3-3-9）

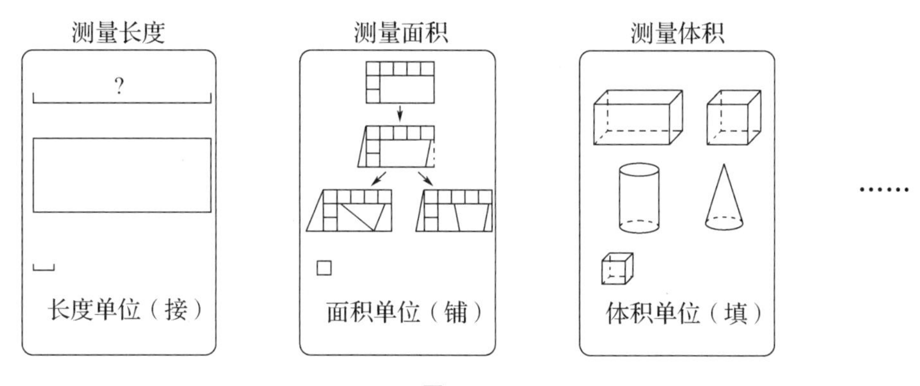

图 3-3-9

思考以下问题：

① 我们以前还测量过什么？

② 今后还可以用这样的方法测量什么？

③ 用什么量？怎么量？

【分析：活动 6 中教师将整个小学阶段关于图形测量的内容进行了结构化整合，让学生意识到测量的方法贯穿了整个小学阶段的学习。在以前的学习中，学生已经测量过图形的一些属性，如测量线段的长度，是将一个个同样的长度单位相连接，就能测量出这条线段中长度单位的个数，从而得到这条线段的长度。本节课，又学习了测量多边形的面积，根据需要，选择合适的度量单位，所以量面积是用一个个同样的面积单位去铺，就能测量出所测图形中面积单位的个数，从而得到所测图形的面积，并且联系测量得到的结果与所测图形的基本属性，得出该图形面积计算的简便方法。

最后，追问：沿用这种方法，我们还可以测量什么？又应该用什么量？怎么量？在对比中，明白“长度”“面积”“体积”的不同内涵，建构测量图形模型的一般方法，深刻理解测量的本质，有效地构建了测量的完整知识结构，发展学生整体思维能力、创新意识和思考问题的能力。】

5. 学习效果评价

本课在课前活动时引导学生主动提出问题，确定学习方向和学习目标，在课堂教学中激活已有经验，促进知识迁移，运用转化的方法推导面积计算公式，强调“量”的过程，感受

度量的意义，围绕“测量”相关的大观念，进行大单元整体建构，在具体的操作过程中渗透转化、归纳、想象等数学思想方法，发展合情推理能力，促进学生空间观念的进一步发展。

在知识应用阶段，将生活情境抽象成数学问题，并用数学方法予以解决，进而达成在生活中学习数学、运用数学的能力。接着，用谈话的形式展开全课总结，将本节课所测量的多边形进行归纳，找到共通之处。最后，将之前所学的图形度量在方法上的一致性进行总结，延伸至六年级将要学习的测量图形的体积，并围绕本节课的三个大问题，做出合理猜测，发展学生的创新意识和应用意识。

图形的测量是在确定了合适的度量单位之后，再量出所测图形有多少个这样的度量单位，虽然量长度是量线段的长短，量面积是量面的大小，量体积是量物体所占空间的大小，但无论是量什么，所经历的过程都是探索如何用简便的方法确定所测图形中包含多少个度量单位。虽然所用的测量单位不同，所运用的测量方式也略有差异，但整个的学科本质是一致的。

为全面考量学生的学习效果，构建了学习效果评价表 3-3-1。

表 3-3-1　基于转化思想的教学设计（多边形的面积）学习效果评价

评价内容	核心素养	学习评价指标	学习效果评价
活动 1：提出问题，明确学习内容	抽象能力 创新意识	能根据课题提出有价值的数学问题，确立问题导向，明确学习内容	
活动 2：回顾旧知，达成知识迁移	量感 几何直观 推理意识	能够理解统一度量单位的必要性；能直接测量出长方形面积，并将测量结果与图形的属性联系起来，得到面积计算方法	
活动 3：等积转化，建立内在关联	模型意识 推理意识	能运用转化的方法测量其他多边形的面积；能通过观察、操作，得到量多边形面积的一般方法	
活动 4：基于情境，解决实际问题	应用意识 空间观念	能基于生活经验解决实际问题，发展应用意识和空间想象能力	
活动 5：比较异同，提炼一般方法	几何直观 推理意识 空间观念	能在不同的学习素材中通过类比推理的方法，主动归纳整理，形成“测量”的基本思想	
活动 6：梳理知识，感悟基本思想	创新意识 应用意识	能整合小学阶段“测量”大观念下的内容，对下一阶段将要学习的内容做出合理推理和猜测；能体会知识之间的一致性，能将这样的思想方法融入数学学习中	

3.3.2　基于尺规作图的教学设计（以“画三角形”教学为例）

小学尺规作图是《课标（2022 年版）》新增的教学内容。尺规作图指用无刻度的直尺和圆规进行作图。无刻度的直尺(连接两点形成直线)与圆规(可寻找到定点等长的所有点)既是操作工具也是数学思维中的工具模型,被称为欧几里得工具。① 这两大作图工具功能各不相同,直尺的主要功能是画直线,圆规的主要功能是画圆或画弧,也可以截取等长的线段。②

从教学内容上看,尺规作图在小学阶段主要用于作一条线段等于已知线段,并进而探究周长,以及探究三角形三边关系(表 3-3-2)。此外,还可能有一些延伸活动,但不脱离前述的几个基本活动,否则会存在将中学知识纳入小学的误区(如探究角平分线等)。研究者指出,在尺规作图的教学中存在一些误区,如对尺规作图的教学目标把握不精准,对尺规作图的教学价值认识不够,对尺规作图教学展开方式模糊不清,往往急于让学生掌握作图的方法,而缺失对方法背后承载的育人价值的领悟和数学思想的渗透。③ 这急需厘清对尺规作图教学的深入认识。

表 3-3-2 《课标(2022 年版)》尺规作图内容分布及要求

学段	内容
第二学段	1. 会用尺规作一条线段等于已知线段; 2. 用尺规将三角形三条边画到一条直线上
第三学段	用尺规探索三角形三边关系
第四学段	1. 用尺规作一个角等于已知角;作角平分线; 2. 用尺规作一条线段的垂直平分线;过一点作已知直线的垂线; 3. 用尺规过直线外一点作这条直线的平行线; 4. 用尺规作已知三边、两边及其夹角、两角及其夹边三角形,已知底边及底边上的高作等腰三角形,已知一条直角边和斜边作直角三角形; 5. 用尺规过不在同一直线上的三点作圆,作三角形的外接圆、内切圆,作圆的内接正方形和正六边形; 6. 用尺规过圆外一点作圆的切线

一些研究者认为,引入尺规作图,可以极大地减小作图过程中产生的误差。④ 这触及了用尺规进行作图的一个外显性特征。然而,作为数学教学的一部分,需要更进一步关注这一作图方式与传统画图在思维上的区别,即明晰画图思维与作图思维的区别。如果说画图背后是一种以经验判断为主的思维方式,那么作图背后则是以一种逻辑推理为主的思维方式。以经验为主固然会存在误差,并且会强调直观判断,如在探究三角形三边长度的关系时,我们通过操作小棒并观察结果来得出结论,这种方法主要依赖于归纳推理。而采用尺规作图对该问题探究,则突出了逻辑推理性。尽管尺规作图也涉及操作环节,误差不能完

① 刘加霞,潘丽云. 尺规作图的历史溯源、育人价值及教学建议[J]. 小学教学(数学版),2022(7):20-24.
② 芮金芳. 刍议小学尺规作图教学的育人价值[J]. 小学数学教育,2022(20):14-15.
③ 芮金芳. 刍议小学尺规作图教学的育人价值[J]. 小学数学教育,2022(20):14-15.
④ 位惠女. 为什么要在小学增加“尺规作图”内容:马云鹏教授、吴正宪老师访谈录(八)[J]. 小学教学(数学版),2022(12):4-7.

全避免,但其结合了操作性和推理性,使学生能够通过尺规的固有特性来推导出操作结果的必然属性(虽然依然可能具有误差)。

由此可以认为,尺规作图是一种注重操作性与思考性相结合的活动,对于尺规作图的教学,要贯穿对操作背后的思考这一原则。这就要求学习者一方面具有阅读理解能力,一方面具有作图中的推理意识。① 并且,在解决尺规作图问题时,形成多种语言,即几何语言、作图语言、符号语言。同时,这种思考,既有推理性,还具有想象性。作图是一个从无到有的过程,如果告诉学生结果让其跟随着操作,这对于学生来说,经过一定的操作练习可以快速掌握,但让学生自己尝试着通过操作去发现一些规律,这是一个基于想象的尝试过程(图 3-3-10)。当然,尺规作图这一具有历史性的教学内容,兼具文化价值和审美价值,这同样应在教学中体现。以尺规作图为基础,历史上存在三大几何问题,即倍立方问题、三等分角问题、化圆为方问题。教学需引导学生通过这些历史文化的学习,感受尺规作图中数学思想方法的统一美、作图形式的结构美、严密推理的严谨美、作图痕迹的简洁美、细致操作的精准美、图形转换的和谐美、多样表达的创造美,彰显数学所独有的文化魅力。②

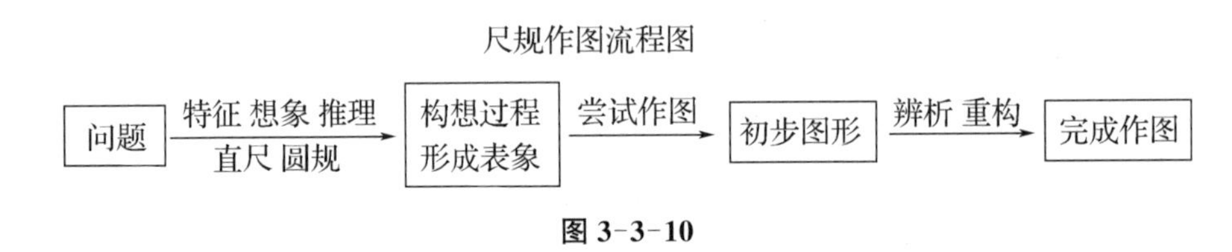

图 3-3-10

新课标在小学阶段增加尺规作图内容,并不是要求像初中阶段严格意义上的尺规作图,也不是把原来的直观几何变成严谨的几何证明。主要目的是通过使用没有刻度的尺子、圆规,让学生做中学、创中悟,玩一玩、画一画,在亲自动手的活动中有新的发现。③ 由此可见,小学尺规作图的教学主要是帮助学生加深对图形特征的认识,培养学生学习兴趣,积累活动经验,发展学生几何思维。下面就以用尺规"画三角形"为例进行教学设计。

1. 教学内容分析

根据《课标(2022 年版)》,小学尺规作图的内容主要编排在第二、三学段,第二学段主要是用尺规作与已知线段相等的线段以及将三角形的三条边画到一条直线上。第三学段主要是利用尺规探索三角形的三边关系。小学尺规作图的内容虽然不多,但也充分显示了尺规作图的精髓,即用尺画直线和用圆规找与定点等长的点,并利用这些特点来解决图形问题,加深对图形特征及性质认识和理解。除了以上所述,尺规作图在小学还有十分广泛的

---

① 宋煜阳,刘加霞. 基于 SOLO 分类的小学生"尺规作图"能力前测分析:以"作等边三角形"为例[J]. 小学数学教师,2022(06):82-86+35.

② 芮金芳. 刍议小学尺规作图教学的育人价值[J]. 小学数学教育,2022(20):14-15.

③ 位惠女. 为什么要在小学增加"尺规作图"内容:马云鹏教授、吴正宪老师访谈录(八)[J]. 小学教学(数学版),2022(12):4-7.

应用，如认识图形的周长，探索三角形的内角和，图形与位置中比较距离，图形变换中验证图形变换后对应点之间的距离及用尺规画放大(缩小)后的图形等。尺规画三角形指给定三条已知线段，用尺规画出三角形。这部分内容的教学需要学生先认识圆规，并了解圆规可以定长的作用，利用圆规解决一些简单作图问题，这部分内容的教学也能为用尺规探索三角形三边关系学习做铺垫。

2. 教学目标确定

(1) 教学目标

① 知道图形和作图工具之间的关系，包括直线与无刻度直尺之间的关系，直角与直角尺之间的关系等。

② 理解尺规作图的方法特性，能把握用圆规找与定点等长的点(弧线)的方法。

③ 掌握给定三条已知线段用尺规作三角形的方法。

④ 运用尺规作图初步感悟三角形三边关系，能基于操作进行简单的关系推理。

(2) 教学重点

掌握给定三条已知线段用尺规作三角形的方法。

(3) 教学难点

用圆规找与定点等长的点(弧线)。

3. 教学流程安排(图 3-3-11)

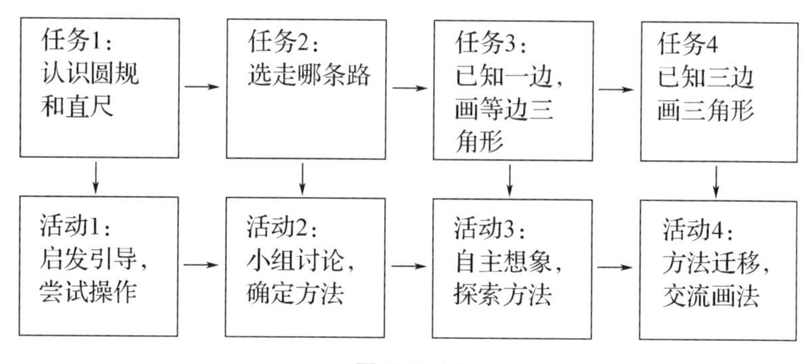

图 3-3-11

4. 教学活动设计

任务 1 ▶ 认识圆规和直尺

活动 1：启发引导，尝试操作

(1) 基于生活经验，引入圆规

让学生先观察圆规，并说说生活中哪里见到过圆规。接着介绍圆规的历史及组成，再让学生尝试用一用圆规。

(2) 初步操作，形成经验

把圆规两脚分开，感受圆规两脚之间的距离。量出圆规两脚之间 5 厘米、8 厘米和 12 厘米的距离。

用直尺画一条直线，再用直尺连接两点成一条线段。

(3) 熟练操作，发现规律

操作1：定点画圆弧。

操作2：定长画圆弧。

操作3：定点与圆弧上的点连线。

【分析：圆规和圆对学生来说不陌生，以学生生活经验为基础，引入圆规这一工具。通过与日常生活中的圆形事物相联系，学生能够更好地理解和感知圆规的作用和特点。在初步操作阶段，学生将亲身体验使用圆规的过程。这个阶段的操作目的是从少量的信息中挖掘更多的信息，培养学生对圆规和直尺的基本操作技能，了解直尺可以画一条直线或连接两点成线段，圆规可以以一个点为圆心，任意的长度为半径画圆(弧)，让他们形成初步的经验。熟练操作的阶段，让他们在活动中发现规律。通过让学生不断运用圆规进行创作，他们在亲自动手的活动中将不断有新的发现。学生将经历一系列的想象和验证活动，从中获得可贵的探究体验和更为深入的操作经验。这个阶段注重培养学生的创造性思维和实践能力。】

任务2 ▶ 选走哪条路

活动2：小组讨论，确定方法

从小红家去学校可以有 A 和 B 两条线路(图3-3-12)，走哪一条路距离更短一些？

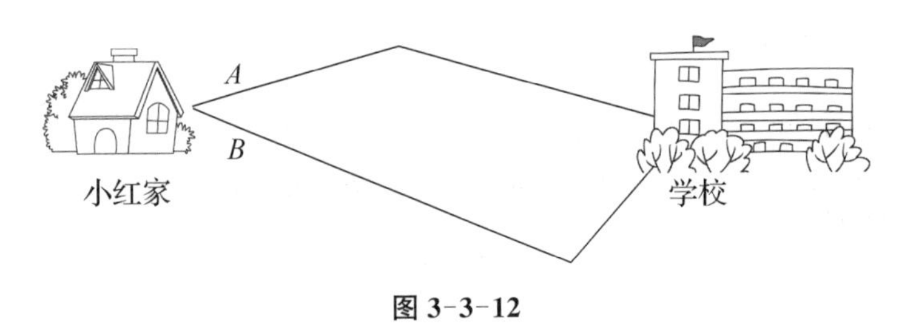

图3-3-12

小组讨论，不用尺量，还可以怎么测量？

小组交流，把你们的方法在小组里说一说。

【分析：在没有刻度尺的情况下，学生被鼓励想象并试图通过自己的方法画一条与已知线段等长的线段。个体尝试后，小组内展开交流，分享各自的方法，最后在全班范围内详细交流具体的尺规作图方法，引导学生在实践中体验使用尺规的过程。在使用圆规画弧时，可以让学生观察只有一个点是确定的，即圆心的点是确定的，但圆弧上的点是不确定的，只有当圆弧与直线相交时，另外一个点才能确定，让学生体会交点的确定性。同时通过这种方法，学生能够感知线段长度与两点间距离的关系，增强对几何的直观理解。

具体作图过程如下：第一步，在点 A' 处画一条以 A' 为端点的射线，使用无刻度直尺或不看直尺的刻度。第二步，通过调整圆规的两脚，使其距离等于 A 线路的第一段。第三步，以点 A' 为圆心，以已截取的 A 线路的第一段长为半径画弧，与射线相交于点 C'。这样就完成了一条与已知线段等长的线段 $A'C'$。第四步，圆规量出 A 线路的第二段。第五步：以 C' 为圆心，以已截取的线段为半径画弧，与射线相交于点 D'。$A'D'$ 就是 A 线路的长度。B 线路的作图方法同上(B 线路也是以 A' 为起点),这样就可以比较两条线路的长度了。

在这个活动最后,还可以引导学生分析不同方法的区别,加深对作图与画图的认识。同时,思考尺规作图为何误差更小,引导学生认识到尺规作图过程中的人工加工环节较少,从而减少误差可能性。】

任务3 ▶ 已知一边,画等边三角形

活动3:自主想象,探索方法

已知线段 AB(图3-3-13),请你们用尺规以线段 AB 的长为边画一个等边三角形。自主思考,先想象等边三角形的另一个顶点大概在哪里,应该怎么找出来。

A ———— B

图3-3-13

自己尝试,不断修正,画出等边三角形。

小组交流,把你的方法在小组里说一说。

提出问题:还可以怎么画等边三角形?

【分析:在这个活动中,学生将通过自主想象,构想找到等边三角形另一个顶点的过程,并不断尝试。在这个过程中,学生重点体会用圆规可以从定点画弧,弧上的任意一点到定点距离相等,并进一步体会交点的确定性。最后的提问,让学生探索方法的多样性。

具体作图过程如下(图3-3-14):第一步,使圆规两脚间的距离等于 AB 的长度。第二步,以 A 点为圆心,以已截取的线段 AB 的长为半径画弧,等边三角形的另一个顶点在弧上。第三步,以 B 点为圆心,以已截取的线段 AB 的长为半径画弧,等边三角形的另一个顶点在弧上。第四步,两条弧的交点就是等边三角形的另一个顶点 C,连接 AC 和 BC,三角形 ABC 就是以 AB 的长为边的等边三角形。】

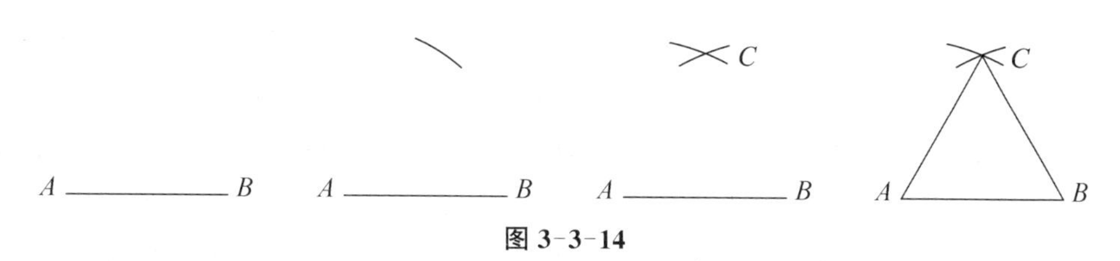

图3-3-14

任务4 ▶ 已知三边,画三角形

活动4:方法迁移,交流画法

根据已知的三条线段 a、b、c(图3-3-15),请你用尺规以线段 a、b、c 的长为边画出这个三角形。

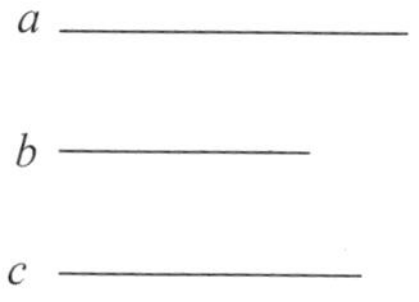

a ————

b ————

c ————

图3-3-15

自主思考,用尺规画这个三角形与画等边三角形的相同点与不同点。

自己尝试,构想过程,不断修正,画出这个三角形。

小组交流,把你们的方法在小组里说一说。

提出问题:是不是已知任意三条线段,都可以画三角形?

【分析：在这个片段，学生将通过比较，发现已知三边画三角形与已知一边画等边三角形的相同点与不同点，将画等边三角形的方法迁移过来，进一步体会尺规作图的规则和基本原理。最后提出问题，引发学生进一步思考"是不是任意三条线段都可以画出三角形"，为用尺规作图探索三角形三边关系做铺垫。】

具体作图过程如下：第一步，使圆规两脚间的距离等于线段 a 的长度，用尺画出与它相等的线段 AB。第二步，使圆规两脚间距离等于线段 b 的长度，A 点为圆心，以已截取的线段 b 的长为半径画弧，三角形的另一个顶点在弧上。第三步，使圆规两脚间的距离等于线段 c 的长度，以 B 点为圆心，以已截取的线段 c 的长为半径画弧，三角形的另一个顶点在弧上。第四步，两条弧的交点就是这个三角形的另一个顶点 C，连接 AC 和 BC，三角形 ABC 就画好了。

5. 学习效果评价

操作性和思维性构成了尺规作图的两个关键要素。在案例中可以发现这两种思维方式的区别又进一步衍生出其他差异。例如，在思维层面上，尺规作图与传统教学还存在有限与无限的差异，无论是摆小棒，还是直接用尺子复制一条线段的长度，都是通过有限次的画与比较来完成。而尺规作图，特别是圆规的使用，通过绘制画弧，使得某个结果成为无限弧上的一点，同时也存在着与该点相类似的无数个点，因为弧上的每个点到圆心的距离相等。因此，学生往往体验到尺规作图是在无限的背景中取有限个可能的选项。正是因为这种无限性，为逻辑推理提供了支撑。无限本身只是一种抽象的存在，不能被具象化，但圆规的作圆或作弧的过程可以看作是对无限的一种近似具象化。学生在脑海中有无限的意识，可以把画图结果想象成是无限的，并在此基础上达成作图的目的，这个思维的过程就为这种操作提供了逻辑基础。

又如，尺规作图与以往教学还存在简洁性与繁复性的区别。在古希腊，尺规作图被看成是一种工具的限制，数学家们认为直线和圆是基本图形，直尺和圆规是它们的具体化。[①]无论是尺子还是圆规，都不需要具体的数值，那么这种作图的过程中就不注重具体的量，而更注重操作中的逻辑性，正是如此，才体现出简洁性；而以往的教学，由于必须以具体数值为基础展开操作，所以操作中会出现误差，导致不断地调整。由此，操作的简洁性是以背后的推理性作为支撑的。

具体来看，在尺规作图的整体学习中，学生的发展是一个在操作性和思维性两个方面不断深入的过程。在初步学习阶段，学生需要兼顾对尺规的操作技能和几何思维的培养。在对圆规的基本操作有了初步认识的同时，学生也应该意识到所绘制的圆弧或圆弧与圆心之间的密切关系。这一关系的确立为后续学习提供了坚实的基础。

为全面考量学生的学习效果，构建了学习效果评价表 3-3-3。

---

① 刘瑶.史话尺规作图[J].中学生数学，2013(14)：21-22.

表 3-3-3 尺规作图的(以画三角形为例)学习效果评价

评价内容	核心素养	学习评价指标	学习效果评价
活动 1: 启发引导,尝试操作	应用意识 创新意识	能了解直尺和圆规的基本结构; 能了解直尺和圆规在尺规作图中的基本功能; 能掌握直尺和圆规的基本使用方法	
活动 2: 小组讨论,确定方法	几何直观 空间观念 应用意识	能用尺规作与已知线段相等的线段; 能初步感知相交点的确定性; 能用尺规作图解决基本的数学问题	
活动 3: 自主想象,探索方法	几何直观 空间观念 创新意识 应用意识	能利用尺规做边长与已知线段等长的等边三角形; 能在用尺规作图的过程中体会尺规作图的严谨和精确; 能通过尺规作图画等边三角形进一步理解等边三角形的特征	
活动 4: 方法迁移,交流画法	几何直观 空间观念 应用意识 创新意识	能应用尺规作图画等边三角形的方法画任意三角形; 能在用尺规作图的过程中进一步体会尺规作图的严谨和规范; 能在解决问题的过程中培养学生的空间观念,提升学生的几何直观水平	

(本章案例提供:张家港市合兴小学 张平)

第4章 “统计与概率”领域教学评一致性设计案例

《课标(2022年版)》将小学阶段“统计与概率”领域分为若干主题(图4-0-1),第一学段主要为数据分类;第二学段为数据的收集、整理与表达;第三学段为数据的收集、整理与表达,以及随机现象发生的可能性。每个学段都有明确的主题(有的主题贯穿于不同学段),整体编排由浅入深,相互联系,有效衔接,形成整体(表4-0-1)。

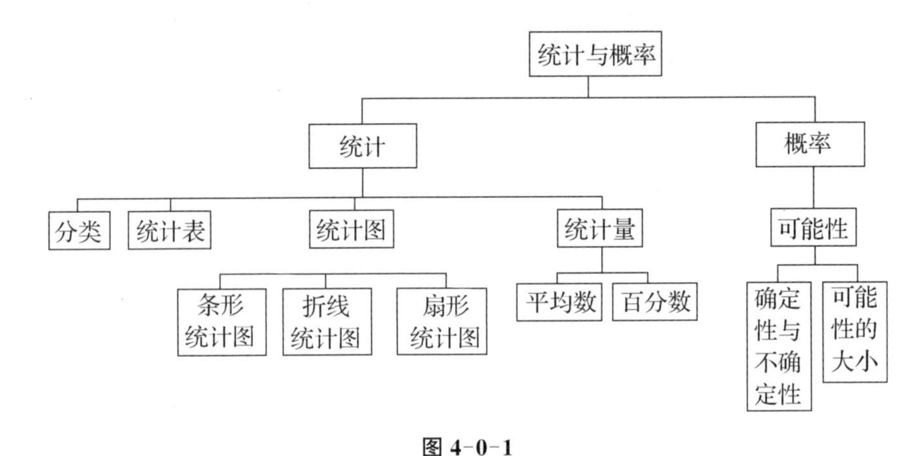

图4-0-1

这种“领域+学段”的设计思路,凸显了“统计与概率”领域的核心内容,加强了主题之间的联系,体现了内容统整的理念,在一定程度上避免了知识的碎片化,有助于教材编写与教学设计中明确核心内容,凸显核心内容与核心素养的关联,推动核心素养的落实。

表4-0-1 统计与概率内容的学段安排及要求

学段	主题	内容	要求	核心素养
第一学段(1～2年级)	数据分类	分类(对物体、图形或数据)	初步了解分类与分类标准的关系	初步的数据意识
第二学段(3～4年级)	数据的收集、整理与表达	经历简单的数据收集和整理、描述和分析的过程	了解收集数据的方法,会呈现数据整理的结果	初步的数据意识和应用意识
		进行简单数据分析	感受数据蕴含着信息,体会运用数据进行表达与交流的作用	
		认识条形统计图	会用条形统计图合理表示和分析数据	
		认识简单统计图表	能读懂报纸、电视、互联网等媒体中简单统计图表	
		探索平均数	能解决有关的简单实际问题	

续 表

学段	主题	内容	要求	核心素养
第三学段（5～6年级）	数据的收集、整理与表达	经历数据收集、整理和分析过程	能合理述说数据分析的结论	数据意识和发展应用意识
		认识折线统计图	会用折线统计图呈现相关数据，解释所表达的意义	
		认识扇形统计图	会用扇形统计图呈现相关数据，解释所表达的意义	
		从各种媒体中获得所需要的数据	能读懂其中的简单统计图表	
		探索百分数的意义	能解决与百分数有关的简单实际问题，感受百分数的统计意义	
	随机现象发生的可能性	通过实例感受简单的随机现象及其结果发生的可能性	能对一些简单随机现象发生可能性的大小做出定性描述	

《课标(2022年版)》中指出：注重实现“教-学-评”一致性，对课程内容的表述形式不仅有“内容要求”，而且增加了“学业要求”“教学提示”，还有教学与评价案例，即从“学什么”“学到什么程度”“怎样学”三个方面全面地表述课程内容，加强课程标准在教材编写、教学设计以及教学评价中的操作性与指导性，使教师不仅明确了“为什么教”“教什么”“教到什么程度”，而且强化了“怎么教”的具体指导，为教师的教学指明了方向。教学中，引导学生在统计活动中培养统计思维，在数据分析中发展批判性思维，在测量与评价中增强数据素养。①

4.1 学科内容内在逻辑关联的教学设计案例

《课标(2022年版)》在课程实施教学建议中指出：要整体把握教学内容，注重教学内容的结构化。② 教学内容是落实教学目标、发展学生核心素养的载体，在教学中要重视对教学内容的整体分析，帮助学生建立能体现数学学科本质、对未来学习有支撑意义的结构化的数学知识体系。一方面了解数学知识的产生与来源、结构与关联、价值与意义，了解课程内容和教学内容的安排意图；另一方面强化对数学本质的理解，关注数学概念的现实背景，引导学生从数学概念、原理及法则之间的联系出发，建立起有意义的知识结构。通过合适的主题整合教学内容，帮助学生学会用整体的、联系的、发展的眼光看问题，形成科学的思维习惯，发展核心素养。

① 中华人民共和国教育部. 义务教育数学课程标准(2022年版)[S]. 北京：北京师范大学出版社，2022：4.
② 中华人民共和国教育部. 义务教育数学课程标准(2022年版)[S]. 北京：北京师范大学出版社，2022：98.

4.1.1 基于跨学段的教学设计(以“统计图”教学为例)

数学是一个整体,不同的数学知识之间存在着重要的联系,学生在获得数学理解的同时,也应当能沟通知识之间的内在联系。教学时,教师应不拘泥于本课时的教学内容,树立大单元的教学意识,用联系的眼光、系统的思维,从整体建构的视角来开展教育教学研究,力求让学生在学完新知后有新的收获,并且能将小学六年相关领域知识关联起来,让学生形成一个整体的理解与思考。跨学段教学旨在打破传统教学的孤立性,通过不同学段之间的交流和融合,加强知识间知识层面、方法层面、思想层面的联系,感受数学知识之间严密的、严谨的逻辑体系,把数学思维发展和数学知识学习有机结合起来,培育和发展数学素养,促进学生全面发展。

1. 教学内容分析

新课标在“统计与概率”领域小学学段设置的统计图在内容编排上呈螺旋上升趋势,分别是安排在四年级上册的“条形统计图”、五年级下册的“折线统计图”、六年级上册的“扇形统计图”和六年级下册的“综合运用”,学生对统计图的感悟也从“清楚看出数量”到“感知变化趋势”,再到“明确分布情况”,以及“体会异同,合理选择”。这三种统计图均是直观描述数据的重要方法,且各有优势。条形统计图的主要功能是表达数量的多少,借助条形统计图可以直观比较不同类别实物的数量;折线统计图的教学要引导学生明确折线统计图不仅呈现了不同类别数据数量的多少,而且反映出其数量的增减变化情况;扇形统计图可以直观呈现不同类别数据数量在整体中的占比情况,因此,它的教学可以引导学生更好地表达和理解百分数,体会百分数中部分和整体的关系。

2. 教学目标确定

(1) 教学目标

① 认识条形统计图、折线统计图、扇形统计图的结构、特点及作用,知道制作条形统计图、折线统计图的一般步骤和方法,能根据数据绘制条形统计图和折线统计图,会读图,能提出并解答简单的问题,初步建立数据分析观念。

② 经历简单的数据统计过程,进一步学习收集、整理、描述数据的方法,并能对统计结果做出分析,培养数据分析观念,发展统计意识。

③ 积极参与统计的全过程,在数据分析交流中激发学习欲望,体会统计在现实生活中的意义和价值,感受数学与生活的联系。

(2) 教学重点

认识条形统计图、折线统计图、扇形统计图的结构、特点及作用。

(3) 教学难点

对统计结果进行分析并解决生活中的问题。

3. 教学流程安排(图 4-1-1)

图 4-1-1

4. 教学活动设计

四年级　条形统计图

任务 1 ▶ 情境导学，铺垫新知

谈话：（谈话导入，产生需求）老师调查了我们四年级（1）班学生最喜欢的课外活动，这些数据你们看懂了吗？其中，1 号同学喜欢什么？2 号呢？3 号呢？

出示图 4-1-2。

阅读；看电视；玩手机；兴趣班；运动。

图 4-1-2

（说明：图中的数字代表学生的学号）

提问：你们能直接看出喜欢阅读的有多少人吗？你们有什么整理数据的好方法吗？

明确：可以用画“正”字的方法记录。

学生合作整理数据并填表。

【分析：教学设计从学生的年龄和心理特征出发，以调查四年级（1）班学生最喜欢的课外活动作为素材，引导学生体会收集数据的方式，以及收集数据的过程的必要性。调查的原始数据没有整理，学生不能很快地看出喜欢哪项课外活动的人多，杂乱无章的数据使学生意识到整理数据和直观有效表示数据的重要性，体会到只有数据有序，才能观察和分析数据，发现其中蕴涵的数学信息。】

任务 2 ▶ 合作探学，多维交流

提问：怎样整理这些数据呢？

明确：可以用统计表和统计图进行整理。

出示表 4-1-1。

表 4-1-1　四年级（1）班学生最喜欢的课外活动统计表

最喜欢的活动	阅读	看电视	玩手机	兴趣班	运动
人数	8	6	9	6	2

提问：观察数据，每种选择各是多少人？用统计表来表示人数，怎么样？

明确：用统计表可以清楚地表示数量的多少，但不太容易看出谁多、谁少。

谈话：老师在观察大家整理数据的方法时，发现了这样两幅图（图 4-1-3）。

展示学生的图：

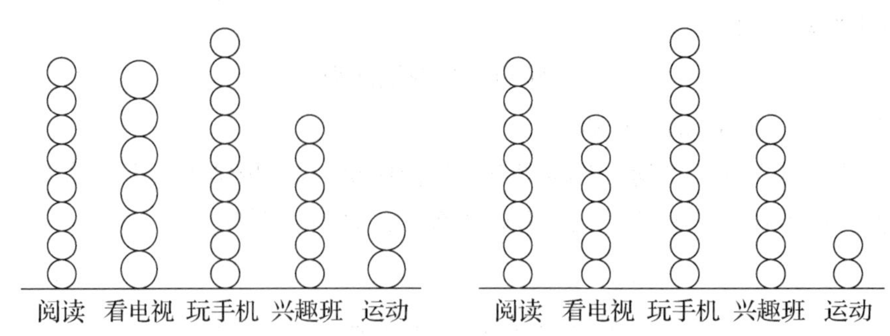

图 4-1-3

提问:有的同学是这样表示的,你们能一眼看出每种课余活动项目的人数多少吗?它有什么缺点呢?

小结:用统计表可以清楚地表示数量的多少,用图形虽然可以直接比较数量的多少,但是没有数据,需要去数。

提问:为了让大家既能方便地比较数据的差异,又能清楚地知道具体数据的大小,我们可以怎么改善?

讨论得出:给横行和竖列都画上线(图 4-1-4),这样一边看图,一边看对应的数字就更准确、更快速。

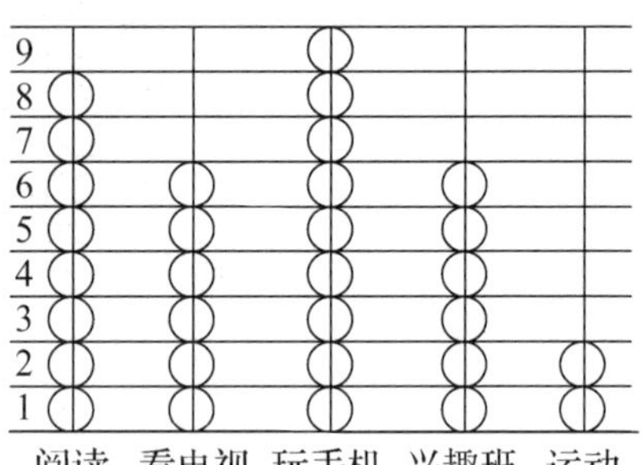

图 4-1-4

【分析:把统计表与象形统计图作为学习本节课的起点及联结点,唤醒学生的已有知识经验。教师给予学生充分的时间和空间,大胆放手让学生通过自主探索、合作交流寻找更合适的整理数据的方法,培养学生的创新意识,让学生亲身经历、体验知识的产生以及形成过程。】

任务 3 ▶ 对比交流,深化体会

(1) 演变图表,认识条形统计图

演示:将象形统计图演变成条形统计图。

提问:这是条形统计图,想一想,从大家刚才制作的统计图到条形统计图发生了哪些变化?

小结:在横着的线上写上类别,在竖着的线上标上数据,用直条表示数据的多少,这样更方便观察每个种类的多与少。

提问:条形统计图上,竖着的这条线叫作纵轴,表示什么?横着的这条线叫作横轴,又表示什么?

明确:纵轴表示最喜欢每项课外活动的人数;横轴表示课外活动的类别。

提问:看图,最喜欢上兴趣班的有几人?最喜欢哪项课外活动的有 8 人?你是怎么看出来的?

小结:直条的长短表示数据的大小,这样表示比较直观。

【分析:学生通过探究活动,经历由象形统计图到条形统计图的发展过程,感悟条形统计图的特点,最后进行回顾、梳理、总结,为今后的学习积累丰富的活动经验和方法。在关于读图方法的交流中,学会初步分析数据,并根据数据做出初步的判断,感受调查统计在生

活中的作用。】

(2) 合作交流,深化认识条形统计图

提问:如果遇到下面三个问题,你们喜欢看条形统计图还是统计表?

出示问题:① 喜欢上兴趣班的有几人? ② 喜欢哪种活动的人最多或最少? ③ 一共有多少人参与调查?

明确:统计表更清晰,一眼就能看出有几人;条形统计图可以直接看直条的高低;要知道一共有多少人,只要将统计表里的数据加起来就可以了。

小结:条形统计图不仅能看出数量的多少,还能看出哪种数量最多。

【分析:学生通过讨论、交流、比较明确条形统计图的特点和优势,学会借助数与形的结合更加清楚、直观地表示数据、比较数据。教师引导学生根据实际需要调整不同的选择策略,进一步体会条形统计图产生的必要性。】

任务 4 ▶ 拓展延学,提升认识

(1) 制作条形统计图,深化认识

谈话:想不想画一画条形统计图? 拿出记录单,根据要求把课前小组调查的结果整理成条形统计图。

出示表 4-1-2。

表 4-1-2 四年级(1)班学生出生月份统计表

月份	1	2	3	4	5	6	7	8	9	10	11	12
人数	3	5	4	2	3	3	6	0	2	4	8	9

学习要求:学生独立完成,小组交流并提出与数据有关的问题进行解答。

出示图 4-1-5。

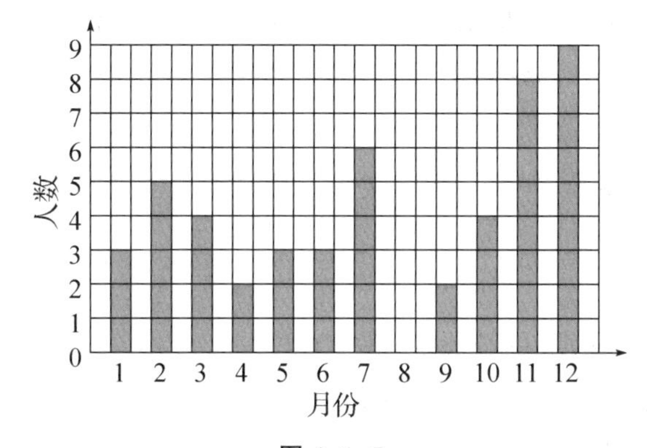

图 4-1-5

讨论:

① 为什么没有 8 月的?

② 提出一个直接就能看出答案的问题。

③ 再提一个需要计算才能得到答案的问题。

④ 如果要组织一个集体生日派对,选在几月合适?

⑤ 想象一下,统计一个年级学生的出生月份数据的直条有多高?一个学校呢?全国呢?你们能想到怎么画吗?

明确:班里没有人出生在 8 月,所以是 0;数据较大的时候,可以用 1 格表示 10 人,还可以用 1 格表示 100 人或 1 000 人。

出示图 4-1-6。

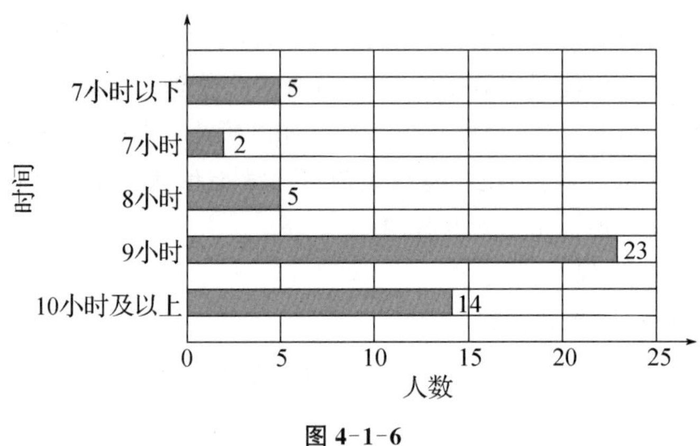

图 4-1-6

提问:这幅统计图你们看懂了吗?

明确:横轴表示人数,纵轴表示时间。

提问:教育部规定小学生睡眠时间不得少于 10 小时,结合这个统计图你们有什么想说的?

提问:如果要了解同学们睡眠时间够不够 10 小时,需要分几类?

小结:可以将 10 小时以下的归为一类,10 小时及以上的归为一类。做调查统计要根据不同需要进行适当的分类,还要根据调查获得的数据进行分析和判断。

【分析:教师引导学生读出统计图表中蕴含的信息,让学生能根据不同需要和目的调整统计调查的方案,且以问促思激发“以一当几”的需要,为后续学习做铺垫。同时,学生能够去感受统计在生活中的意义和价值,从关注数据本身逐渐过渡到基于数据进行一些有意义的推断预测。】

(2) 感受生活中的统计

课件播放体现“中国速度”的条形统计图的视频。

提问:看完这组数据,你们有什么感受和期待?

谈话:这就是“中国速度”。

【分析:《课标(2022 年版)》在关于数据分析观念的表述中提到,让学生通过分析做出判断,体会数据中蕴含的信息,也就是说学生要亲身经历对数据进行思考、分析的全过程,从而深度挖掘数据背后所蕴含的信息。在大数据时代,深度挖掘数据背后所蕴含的信息已经成为现代公民的基本素养之一。教师通过让学生欣赏“中国速度”的条形统计图视频,让学生通过数据思考、分析,透视数据背后的意义,从而培养和形成数据分析

观念。】

任务 5 ▶ 总结回顾，学以致用

(1) 小结

这节课我们经历了课前调查，并将收集到的数据进行整理，通过统计表或统计图对数据进行分析，然后想办法解决生活中的实际问题。为什么学了统计表还要学习统计图？这节课有没有解决你们课前的疑问呢？

(2) 课后作业

① 统计本班学生最喜欢的周末活动项目，完成表 4-1-3，制作成条形统计图，向家长提出周末活动的建议。

表 4-1-3　学生最喜欢的周末活动项目统计表

活动项目	户外野炊	参观博物馆	环保志愿者	劳动实践基地
人数				

② 借助网络收集本地过去十年的平均气温，并据此预测下一年的气温情况。

③ 统计我们学过的古诗有多少首，其中唐诗有多少首，我们班同学最喜欢的古诗是哪一首，统计结果用哪种统计方式表达更合适？

【分析：将数据收集活动从课内延伸到课外，从数学到其他学科，从书本到大数据，从被动接受数据到主动收集数据，让学生亲历更多的调查统计活动，使他们从内心认同数据分析的作用，并以全新的视角感悟数据的力量，感受数据分析在生活中的广泛应用。】

（案例提供：内蒙古鄂尔多斯市东胜区教育教学研究中心　刘勇）

五年级　折线统计图

任务 1 ▶ 创设情境，引入新课

谈话：近年来，每逢“双十一”，我国的网络销售一次次地刷新纪录，屡创佳绩。老师收集了 2009—2023 年某平台“双十一”购物节的销售额数据。

出示表 4-1-4。

表 4-1-4　2009—2023 年某平台“双十一”购物节销售额数据

年份	销售额/亿元	年份	销售额/亿元	年份	销售额/亿元
2009 年	0.52	2014 年	571	2019 年	2 684
2010 年	9.36	2015 年	912	2020 年	3 723
2011 年	33.6	2016 年	1 207	2021 年	5 403
2012 年	132	2017 年	1 682	2022 年	6 893
2013 年	352	2018 年	2 135	2023 年	8 079

提问：看到这些数据，你们有什么感受？

明确：每年的数据都在增长，用统计表或统计图表示数据，可以更清楚、简洁、直观地了解信息。除了可以用统计表表示这些数据，还可以用统计图。

提问：条形统计图有什么特点？

明确：条形统计图用直条表示数据，直条越高表示销售额越多；条形统计图能直观形象地看出数量的多少，也能看出数据的增长情况。

提问：根据直条高度的变化，我们能看出每年销售额都在增长，那么销售额增长较快的是哪一年到哪一年，能一眼看出来吗？

引导：从条形统计图能直接看出来吗？如果在每个直条的最高处描出一个点，再把这些点依次连接起来会怎样呢？

课件动态演示，形成 2009—2023 年某平台“双十一”购物节销售额的统计图（图 4-1-7），并让学生试着回答上面的问题。

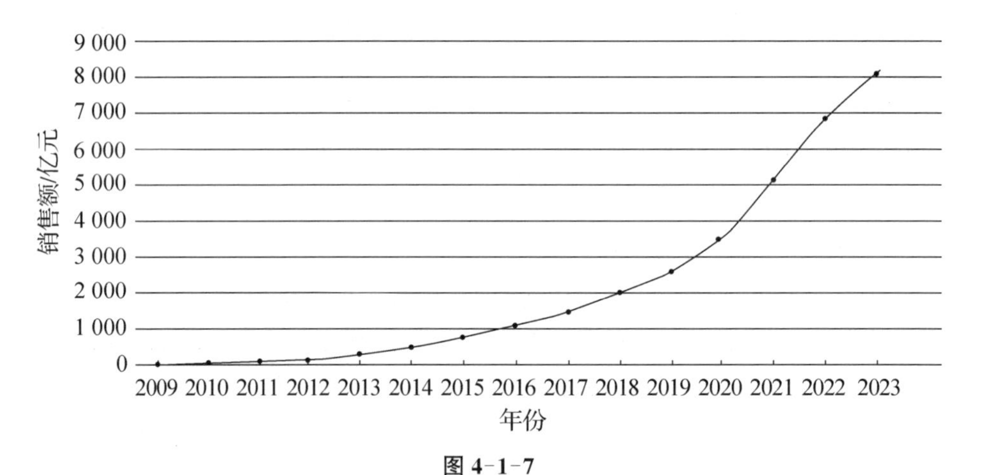

图 4-1-7

小结并揭示课题：像这样用一个个点表示数据，并用短线连接起来的统计图叫作折线统计图。

【分析：数学教学必须由书本走向生活，让学生感知统计与生活的紧密联系。因此，教学中选择与学生生活密切相关的情境和问题，从生活中熟知的购物现象出发，让学生明白统计就在我们身边。并在教师的提问“销售额增长较快的是哪一年到哪一年，能一眼看出来吗”中感知条形统计图在表现数据变化上的不足，进而引出折线统计图。】

任务 2 ▶ 比较异同，感知特点

比较：仔细观察，条形统计图和折线统计图有什么相同和不同的地方？

明确：都有横轴、纵轴；横轴表示年份，纵轴表示销售额；条形统计图用直条表示数量，折线统计图用点表示数量。

提问：哪个统计图更容易看出销售额的变化情况？说说你的理由。

小结：折线统计图更容易看出销售额的变化情况。从图中可以看到，开始几年折线比较平缓，销售额增加比较缓慢；近几年折线比较陡，销售额上升幅度大。折线平缓，说明数据的差距小；折线陡，说明数据的差距大。

引导：想一想，折线统计图有什么特点？把你们的想法和同桌说一说。

小结：从折线统计图既可以看出数量的多少，还能看出数量的变化情况。

【分析：由条形统计图引出折线统计图，通过对折线统计图与条形统计图的观察和对比，让学生明确折线统计图与条形统计图的异同，在比较中掌握折线统计图的结构及在数据整理中的优点。】

任务 3 ▶ 制图读图，深度体验

提问：你们会用折线统计图表示数据吗？绘制折线统计图要注意什么？

学生讨论，组织交流。

练习：把自己 6～12 岁的身高数据制成统计图。

学生自主尝试，再组织展示与交流。

呈现学生作品：如图 4-1-8 所示为某同学 6～12 岁每年生日身高情况的统计。

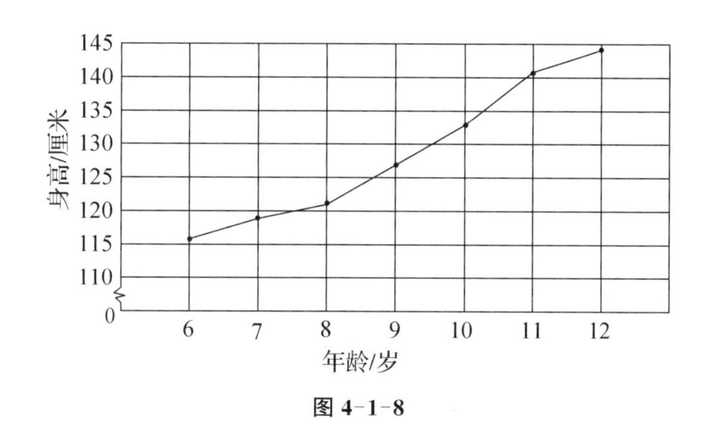

图 4-1-8

观察学生作品，集体交流。

明确：0 和 116 不能直接连起来，因为统计图表示的是 6～12 岁的身高情况，而我们每个人一出生就有身高，所以不能从 0 开始。

引导：观察这幅折线统计图，从中你们能知道哪些信息？

学生交流。

提问：（隐去图中数据）如果不看这些数据，你们还能看出来吗？

追问：根据身高的变化趋势，你们能预测一下这位同学 13 岁生日时的身高吗？

小结提问：你们对折线统计图有哪些新的认识？

【分析：数学是思维的体操，在统计与概率的学习中，同样要培养学生的思维能力。因此教学中，设计让学生尝试制作折线统计图，再组织交流，学生在自己独立思考、动手实践、阐述理由的过程中发展思维，并进一步加深对折线统计图的理解。同时对折线统计图纵轴的设计以及预测身高的变化趋势，培养学生用数学的眼光看待现实问题的能力，表达了大课堂的数学教学观。】

任务4 ▶ 运用新知，解决问题

（1）课件出示练习四第1题

一位病人某天7:00—23:00的体温变化情况如图4-1-9所示：

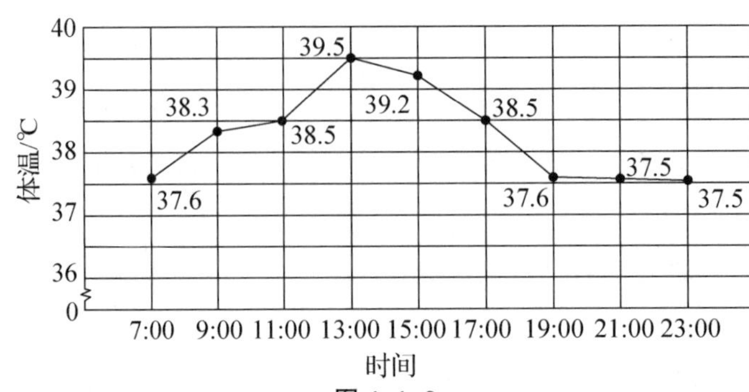

图4-1-9

① 病人的体温在哪个时间段不断上升？从几时到几时上升最快？

② 病人的体温从几时起开始下降？从几时起趋于平稳？

③ 从图中你还能知道什么？

师：这是一位病人某一天7:00—23:00的体温变化折线统计图。从图中你们能了解到哪些信息？

总结：在日常生活和生产中，有很多问题需要通过调查和收集数据来解决。同时数据又具有不确定性，需要我们在科学分析的基础上做出合理的判断与决策。

（2）出示下面的统计图

提问：观察下面的两幅折线统计图(图4-1-10)，它们数据的变化有什么区别？

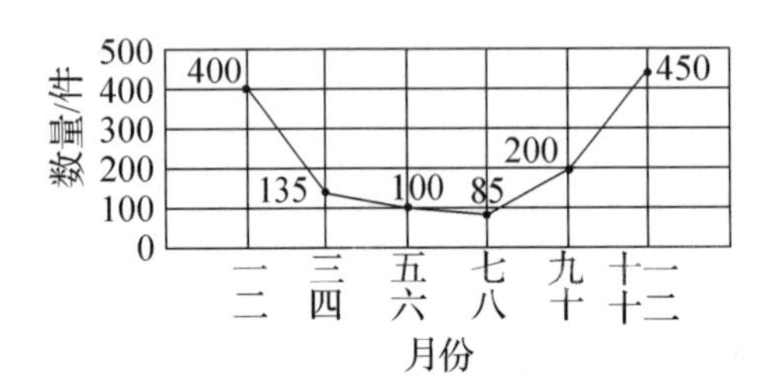

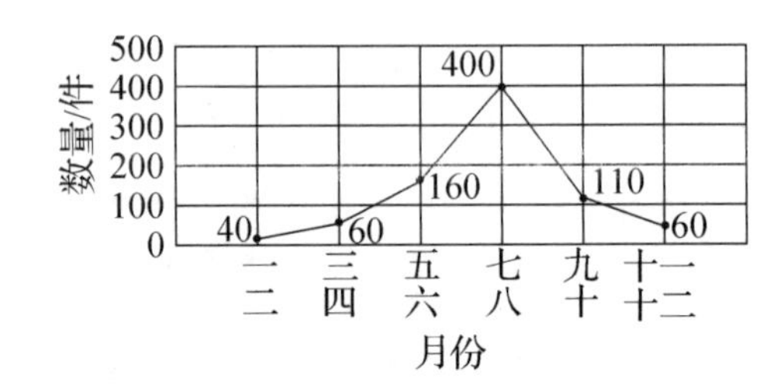

图4-1-10

明确：左图是先下降后上升，右图是先上升后下降。

提问：如果这两幅统计图分别表示某商场毛衣和衬衫的销售量情况，你们认为哪幅图表示的是毛衣的销售量，哪幅图表示的是衬衫的销售量？

提问：这两幅统计图还可能表示哪两件商品的销售情况？

（3）生活联系

提问：这是某商场1—11月取暖器的销售情况统计图(图4-1-11)。根据取暖器销售量的变化情况，你们能预测一下这家商场12月份取暖器的销售量吗？

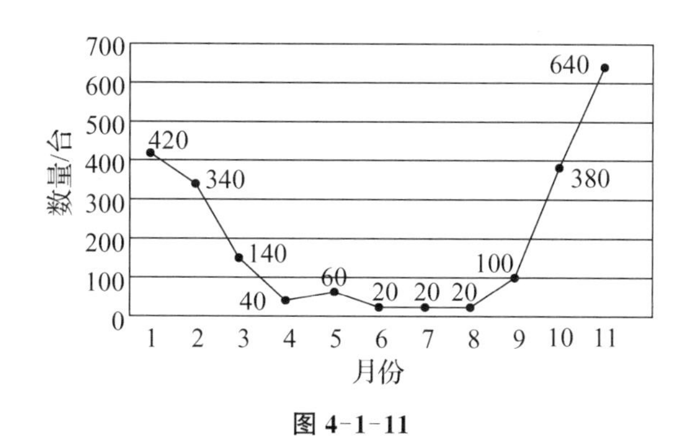

图 4-1-11

学生根据自我认知，对 12 月份的销量进行判断。教师总结虽然 12 月份的销售量具有不确定性，但同学们都能根据数据的变化趋势做出分析和判断，有理有据。

【分析：统计与人们的日常工作和社会生活息息相关，生活先于数学课程将统计推到学生的面前。《课标(2022 年版)》十分重视培养学生的统计观念，要让学生学习有价值的数学，就应让学生在学习中体会数学的价值。统计活动的过程不仅包括收集、整理和描述数据，而且包括分析数据以及根据分析的结果做出简单的判断和预测。因此在教学中，启发学生根据自身的生活经验，结合有关的折线统计图的信息谈体会、说感受、提建议，让学生在分析和交流中进一步加深对折线统计图的认识，逐步提高识图和用图的能力，进一步培养学生的统计意识。】

任务 5 ▶ 回顾总结、学以致用

总结：

① 今天学习了什么内容？

② 已经学习了条形统计图，为什么还要学习折线统计图？

③ 什么情况下使用条形统计图？什么情况下使用折线统计图？

拓展练习：

① 准备蒜头、菠菜种子、花卉种子、喜爱的小动物、手机、温度计等。

② 可以亲自种植蒜苗、菠菜、花卉，可以饲养小兔、小鸡，也可以测量一天之内不同时间段室外的温度、自己的体温，还可以自主设计活动项目。

③ 测量并记录相关数据。

④ 对数据进行整理，绘制成折线统计图。

（案例提供：江苏省盐城市盐城小学　郭寅秋）

六年级　扇形统计图

任务 1 ▶ 情境引入，复习旧知

谈话引入：为了丰富班级图书角，学校决定给每个班拨款 1 000 元购买一批图书，包括历史类、体育类、科技类和文学类。如果以我们班为例的话，你们想怎样向学校反映同学们对这四类图书的需求？

学生讨论：可以统计每个人想看哪类图书，还可以统计每类图书的需求人数。

提问：刚才同学们都提到了“统计”，你们还记得我们学习统计的基本流程吗？

明确：统计要先收集数据，再整理数据，最后绘制统计图。

（1）收集数据

出示同学们的投票情况（图 4-1-12）。

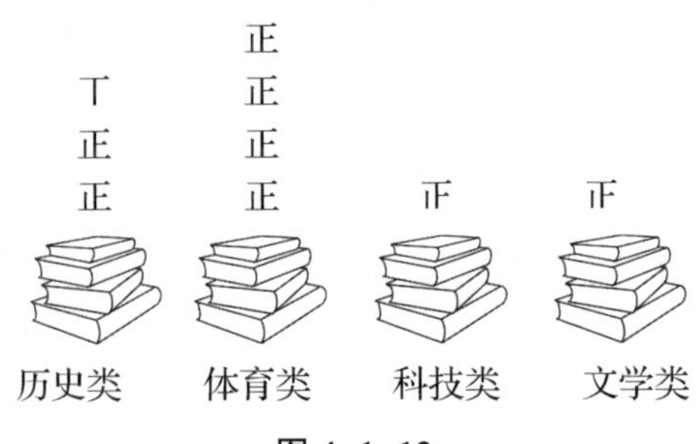

图 4-1-12

（2）整理数据

学生对统计的数据进行整理，教师出示整理后的统计表（表 4-1-5）。

表 4-1-5　图书需求统计表

图书种类	历史类	体育类	科技类	文学类
需求人数	12	20	4	4

提问：从统计表中你们知道了哪些信息？

（3）绘制统计图

谈话：如果想直观地看出各类图书的需求人数，我们可以把它制作成条形统计图。

提问：条形统计图有什么特点？

明确：从条形统计图能直观地看出各类图书的具体需求人数。

【分析：教学伊始，教师由购买不同种类图书的情境引入，让学生回顾统计的基本流程，唤醒学生的统计意识，再让学生经历收集数据、整理数据、绘制统计图的过程，回顾统计相关知识。】

任务 2 ▶ 激发冲突，探究新知

（1）激发冲突

提问：根据统计结果，你们能从条形统计图中看出哪类图书的需求量最大吗？

引导学生看购买清单，购买体育类图书共花了 980 元。

学生产生疑问：体育类图书花的钱是不是太多了？买其他图书的钱是不是太少了？

设疑：条形统计图中显示体育类图书的需求人数是最多的，不是就应该多花点钱吗？如果觉得剩下的钱少，那就少买点，买 100 元钱的体育类图书，合理吗？

讨论得出：应该根据每类图书的需求人数按比分配购买。

小结：解决这个问题，我们不能只看谁多谁少，还得看清各类图书的需求人数和总人数之间的关系，就是按照每类图书的需求人数与总人数之间的关系进行分配。

提问：看来条形统计图已经不能满足我们的需要了，那么什么样的图形能帮助我们既能看出哪部分数量多、哪部分数量少，又能看出各部分数量与总量之间的关系呢？

学生交流讨论。

【分析：教师通过预计购买体育类图书所花钱数的多少激发冲突，使学生认识到解决这个问题不能只看谁多谁少，还应该考虑到各类图书的需求人数与总人数之间的关系，只有这样购买才更合理。由于条形统计图已经不能满足需要，所以引发学生思考究竟什么样的图形更能帮助解决问题。学生在独立思考的基础上，小组内进一步交流讨论、动手操作、合作探究，为扇形统计图的出现做好铺垫。这个过程进一步培养了学生思考问题、探究问题和解决问题的能力，积累了学习经验。】

（2）交流汇报

讨论：① 这些作品（图 4-1-13）都选用了哪些图形表示各部分数量与总量之间的关系？

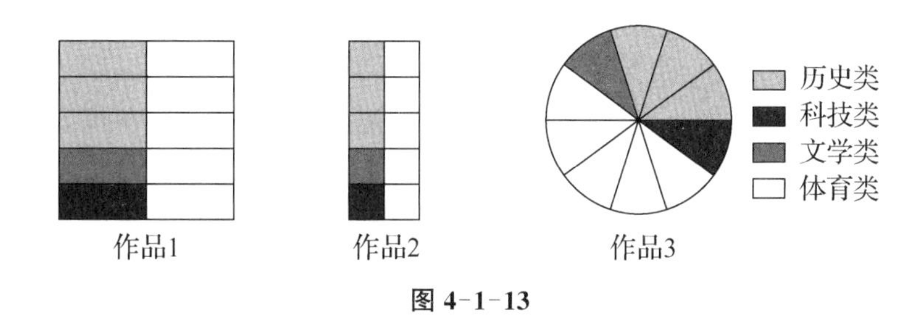

图 4-1-13

② 他们是怎么知道每类图书的需求人数分别占总人数的百分之几的？

③ 说一说是怎么计算的。

出示表 4-1-6。

表 4-1-6　各类图书的需求人数与总人数之间关系

图书种类	历史类	体育类	科技类	文学类
需求人数	12	20	4	4
占总人数的百分比	30%	50%	10%	10%

提问：表格中这些百分数表示的是什么意思？哪种图形能更清楚地表示这种关系？

明确：这些百分数表示各类图书的需求人数与总人数之间的关系。长方形和正方形虽然都能表示各部分数量与总量之间的关系，但只有圆表达得更清楚、明了、美观。

【分析：如何让学生更加清晰地明确圆能更好地表达各部分之间的关系？教师采用让学生自由选取图形、自主交流想法、展示所绘图形，在分析与比较中感受到用圆表示各部分数量与总量之间的关系更清楚、明了、美观。】

(3) 对比发现

① 圆和线段的联系。

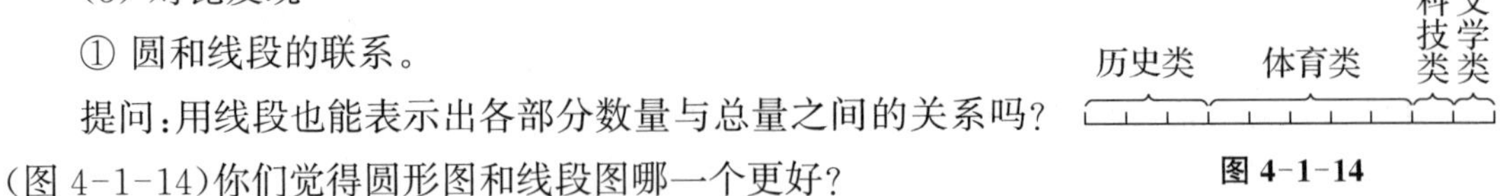

图 4-1-14

提问:用线段也能表示出各部分数量与总量之间的关系吗?(图 4-1-14)你们觉得圆形图和线段图哪一个更好?

引导:同学们有不同的想法,线段图和圆形图之间有没有什么联系呢?

教师引导学生观察,出示图 4-1-15。

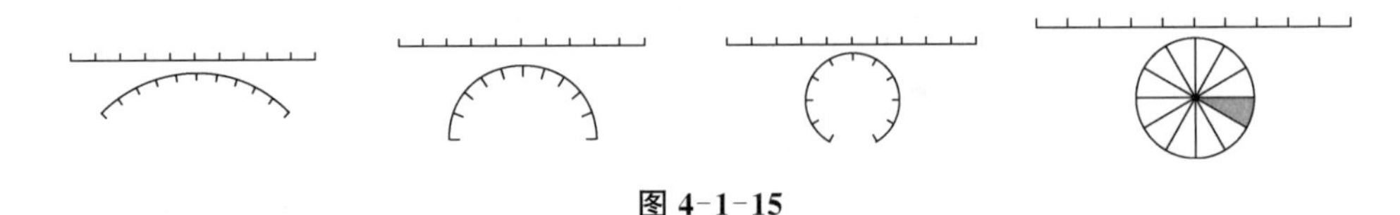

图 4-1-15

学生观察感知:把线段弯曲,就可以围成一个圆。

小结提问:我们发现将一条线段化直为曲,围起来就是一个圆。你们能找到这条线段的 10%,那么你能找到这个圆的 10%吗?

学生指图讲解:圆心与圆上相邻的两个点分别连接起来,所得到的扇形部分就是这个圆的 10%。

总结:按照这样的思路,我们还能继续找到圆的 30%、50%,也就是把圆平均分成 10 份,分别找其中的 3 份、5 份。两个图形表示份数的本质是一样的,这样我们就发现了线段图和圆形图背后的相同之处。

【分析:从线段图到圆形图,学生经历从一维到二维的思考过程,教师引领学生通过线段图和圆形图的对比,思考它们之间的联系,用化直为曲的数学思想方法发现了圆形图与线段图背后的相同之处,培养了学生在不同中发现相同的思维能力。】

② 圆和线段的对比。

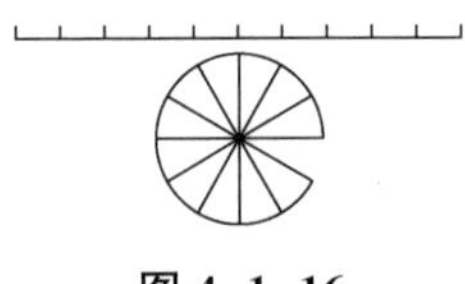

图 4-1-16

提问:既然线段和圆有着异曲同工之妙,且线段画起来更简单,那么为什么有的同学还选择用圆呢?现在把线段和圆都去掉一部分(图 4-1-16),你们有什么感觉?

小结提问:线段不容易看出少了一部分,而圆很容易就看出有缺口。这说明圆在表示部分与整体之间的关系时更直观、更清晰。

【分析:教师设计了将线段图和圆形图各去掉一部分的环节,目的是让学生直观地感受到圆在表示部分与整体之间的关系时会更直观、更清晰,从而引发学生的共鸣,让学生感受到用对比的方法思考问题的重要作用。】

③ 圆和长方形的对比。

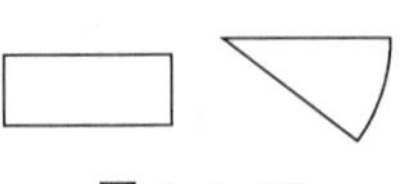

图 4-1-17

提问:从长方形、正方形中,我们也能看出各部分数量和总量之间的关系,它们和圆比较,你们会选择哪个呢?看这两个图形(图 4-1-17),如果把整体隐去之后,你们还能看出它们占原来整体的百分之几吗?

明确:图中长方形不可以,因为它虽然有固定的大小,但如果作为某个大长方形的一部分,不能看出它与整体之间的关系,因此不好判断。扇形可以,通过测量可知这个扇形的圆心角度数是 36°，圆的圆心角度数是 360°，所以能看出它占整个圆的 10%。

小结：圆无论大小，它的圆心角度数都是 360°。扇形圆心角的度数就决定了扇形占整个圆的百分比，而其他图形却没有这样的优势。

揭示课题：圆不但能表示各数量的大小关系，还能清楚地表示出部分与整体之间的关系。今天这节课我们又认识了一个新的统计图——扇形统计图。（板书课题：扇形统计图）

【分析：教师引导学生通过对圆和长方形进行比较，使学生更加直观地感受到圆在表示部分与整体之间关系时的优势，进一步强有力地说明选择圆而不选择其他图形的理由，使学生再次在对比思考中增强了发散思维的能力。】

(4) 生活中的扇形统计图

提问：生活中你们在哪里见过扇形统计图？

学生举例并说明表示的意义。

教师出示生活中的扇形统计图。

【分析：教师通过让学生举例，以及展示大量生活中的扇形统计图，让学生了解生活中常用的扇形统计图，感知扇形统计图在生活中的用途，培养学生的统计意识。】

任务 3 ▶ 读图计算，巩固新知

(1) 班级图书需求统计图

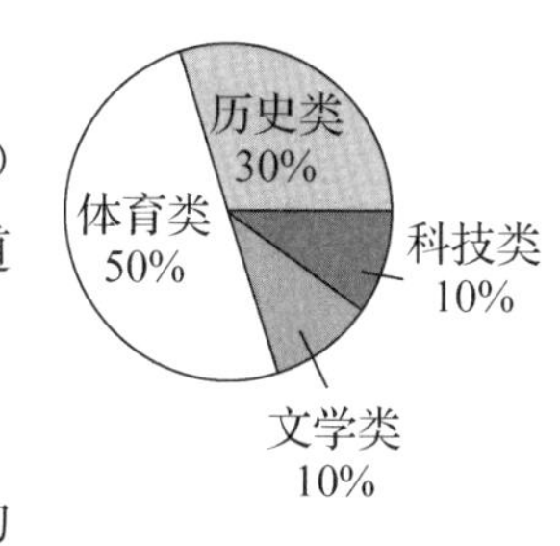

图 4-1-18

提问：你们能说说在班级图书需求的扇形统计图（图 4-1-18）中，每个数据表示的意义吗？根据扇形统计图上的数据，现在知道这 1 000 元钱应该怎么花了吗？

学生独立计算，集体交流汇报。

小结：我们解决问题的过程其实就是用数据和图表说话的过程。

【分析：教师引导学生深入读图，并根据统计图中的信息解决问题，让学生体会到解决问题的过程实质就是用数据和图表说话的过程。】

(2) 一天的时间安排统计图

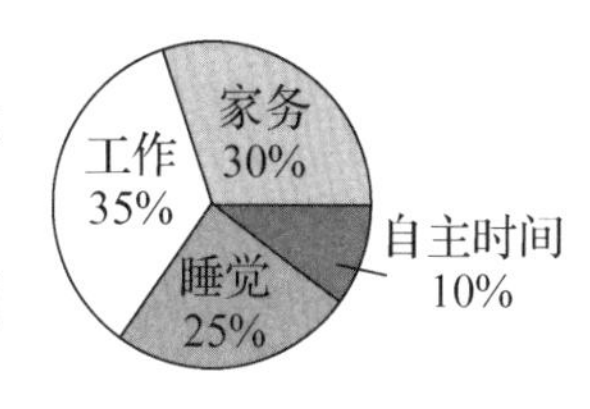

图 4-1-19

出示小明妈妈一天的时间安排统计图（图 4-1-19），指名学生读图。

提问：你能计算出小明妈妈一天的时间安排中各部分时间分别是多少吗？

学生汇报计算结果并说说体会。

小结：从统计图中我们能得到丰富的信息，既能看到各部分时间占一天总时间的百分比，又能通过计算得出每部分时间的具体数据，进而思考这些数据背后所传递的话外之意、弦外之音。

【分析：教师注重培养学生的读图能力，引导学生从统计图中获取信息，并根据这些信息解决问题，使学生感受扇形统计图在生活中的重要作用，提高学生应用知识解决实际问题的能力。】

(3) 地球水资源统计图

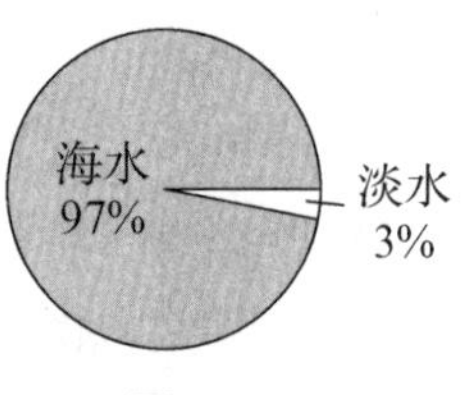

图 4-1-20

提问:看了这幅地球水资源统计图(图 4-1-20),你们有什么感觉?

明确:和地球水资源总量对比发现淡水资源太少了。

小结:通过扇形统计图了解部分与整体之间的关系,能更客观地分析生活中的实际问题。

【分析:本环节将扇形统计图在体现部分与整体之间的关系方面的优势展示得淋漓尽致,让学生更进一步感受到扇形统计图的魅力。】

任务 4 ▶ 回顾整理,加深认识

引入:让我们回顾一下刚才的学习过程(图 4-1-21)。

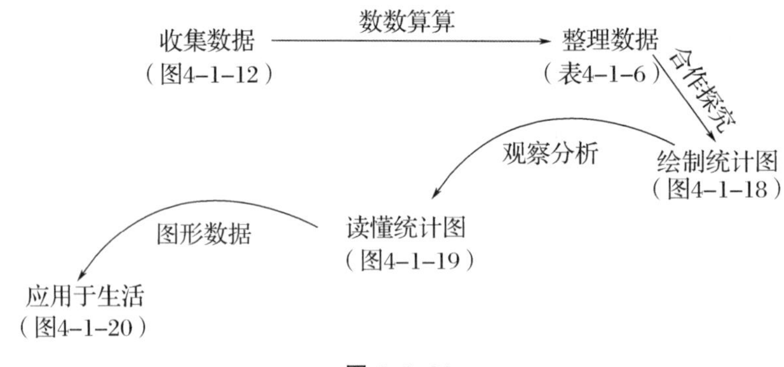

图 4-1-21

小结:首先我们收集数据,再通过数一数、算一算等方法整理数据,接着通过小组合作探究绘制出扇形统计图,并通过观察、分析等活动读懂了扇形统计图,最后从图形与数据中感受到了扇形统计图在生活中的重要作用。

布置作业:① 准备手机、彩笔等。② 通过查阅资料、上网收集等方式了解时间奥秘,学习科学的时间规划方法。③ 了解小学生一天时间分配基本情况,绘制成扇形统计图。④ 对统计图进行分析,制订合理的时间规划表。⑤ 分享项目活动感想,总结经验,提合理化建议。

【分析:帮助学生梳理本节课的学习过程,在头脑中建立知识形成的框架,培养学生整理归纳的学习习惯。实践作业让学生将扇形统计图运用于生活,并学会用扇形统计图的数据指导学习与生活。】

(案例提供:山东省烟台市蓬莱区第二实验小学　白莉梅)

作业设计

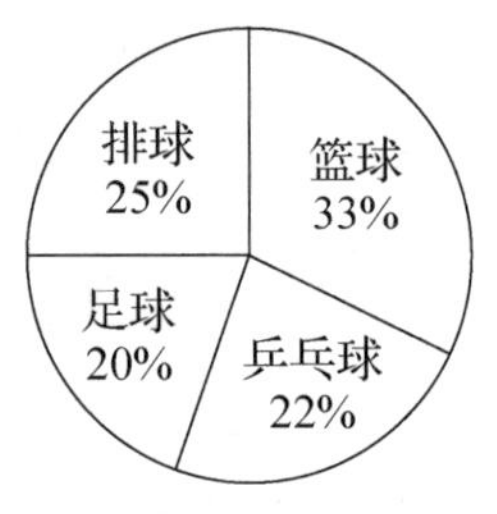

图 4-1-22

① 小明对六年级(1)班同学"你最喜欢的球类项目是什么?(只选一项)"的问题进行了调查,把所得数据绘制成如图 4-1-22 所示的扇形统计图。由图可知,该班同学最喜欢的球类项目是(　　)。

A. 足球　　　　B. 篮球

C. 排球　　　　D. 乒乓球

② 某商店一周中每天卖出的计算器个数分别是 15、13、17、18、21、26、31，为了反映这一周所售计算器的变化情况，应制作的统计图是(　　)。

A. 条形统计图　　　　B. 折线统计图

C. 扇形统计图　　　　D. 非以上统计图

③ 小敏为了了解本市的空气质量情况，从环境监测网随机抽取了若干天的空气质量情况作为样本进行统计，绘制了如图 4-1-23 所示的条形统计图和扇形统计图(部分信息未给出)。

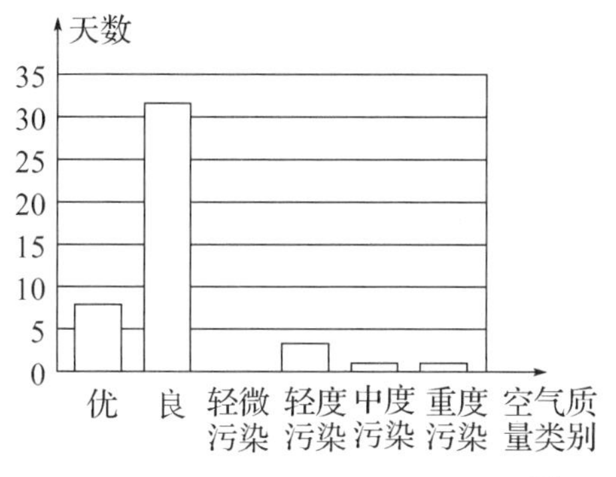

良 64%
优
重度污染
中度污染
轻度污染
轻微污染

图 4-1-23

根据以上信息，以下结论错误的是(　　)。

A. 被抽取的天数为 50

B. 空气轻微污染的所占比例为 10%

C. 扇形统计图中优大约占 20%

D. 估计这一年达到优和良的总天数不多于 290

④ 图 4-1-24 为甲、乙两校男、女生占比的统计图，女生人数多的学校是(　　)。

A. 甲校

B. 乙校

C. 甲、乙两校女生人数一样多

D. 无法确定

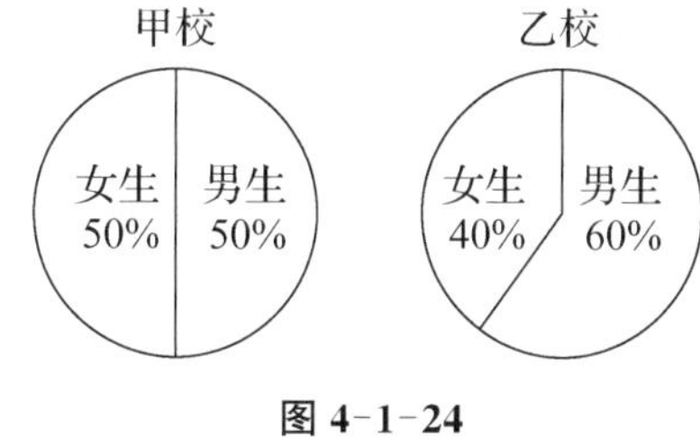

图 4-1-24

⑤ 图 4-1-25 为六年级(1)班同学阅读课外图书情况的统计图，请读图回答下列问题。

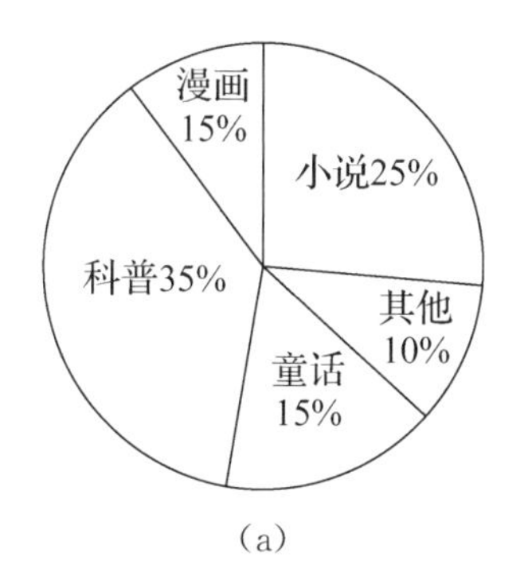

(a)

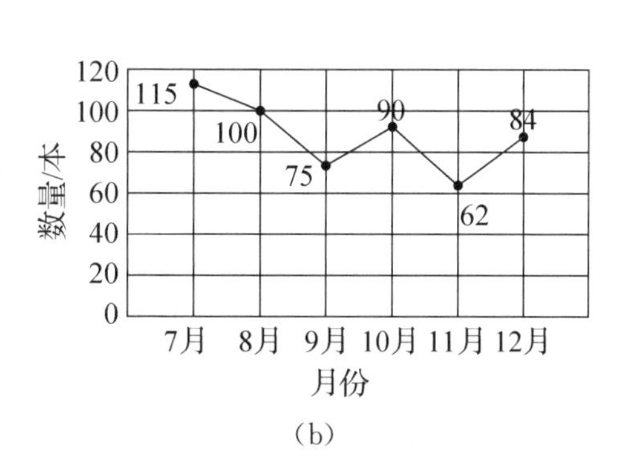

(b)

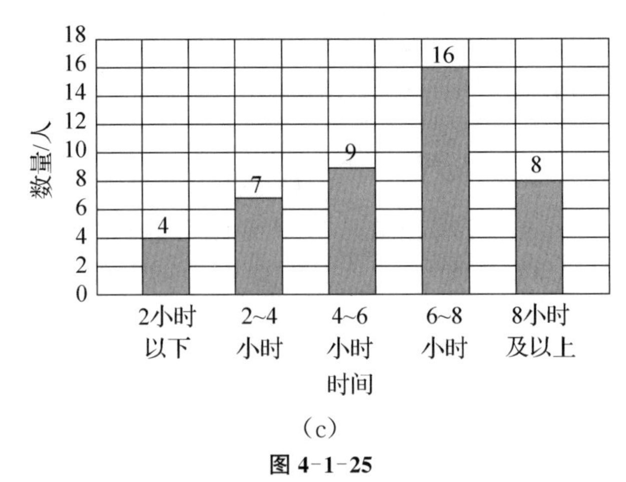

(c)

图 4-1-25

a. 六年级(1)班同学平均每周课外阅读人数最多的时间是多少？最少呢？

b. 六年级(1)班同学喜欢小说的占全班人数的百分之几？如果全班有 40 人，喜欢科普的有几人？

c. 在 7—12 月间，哪两个月份间读书量呈上升趋势？哪两个月份间读书量增长最多？

d. 9 月份读书量比 8 月份降低了百分之几？

5. 学习效果评价

评价不仅要关注学生数学学习结果，还要关注学生数学学习过程，激励学生学习，改进教师教学。通过学业质量标准的构建，融合“四基”“四能”和核心素养的主要表现，形成阶段性评价的主要依据(表 4-1-7)。

表 4-1-7　基于跨学段的(统计图)学习效果评价

教学主题	统计图			
教学内容	学习任务	课时	学生的学习活动	评价要点
条形统计图	认识、理解、制作、分析条形统计图，明确条形统计图的特点，在参与统计的全过程中发展统计意识	2	认识条形统计图，会制作条形统计图并看懂条形统计图所表达的信息； 能对条形统计图的结果进行分析，并解决简单的生活问题； 体会统计在现实生活中的意义和价值	能对数据进行收集和整理； 会制作条形统计图； 能对条形统计图的数据进行分析
折线统计图	认识、理解、制作、分析折线统计图，明确折线统计图的特点，体会折线统计图的价值，发展数据意识	2	认识折线统计图，知道折线统计图的特点，会用折线统计图描述和分析数据； 经历收集、整理、表示和分析数据的过程，初步体会数据的随机性，发展数据意识； 在参与数学活动中感受数学与生活的联系，体会折线统计图对于描述数据的价值，激发对统计活动的兴趣	制作折线统计图并对折线统计图的数据进行分析； 会用折线统计图解决生活问题； 体会折线统计图的价值，形成初步数据意识

续 表

教学主题	统计图			
教学内容	学习任务	课时	学生的学习活动	评价要点
扇形统计图	认识扇形统计图，看懂扇形统计图表示的数量关系，会用扇形统计图解决生活问题	2	了解扇形统计图的特点与作用，知道扇形统计图能直观地反映部分与整体之间的关系； 能读懂扇形统计图，从中获取必要的信息，进一步体会统计在现实生活中的作用	明确扇形统计图的特点； 看懂扇形图表达的数据之间的关系； 体会统计的意义

4.1.2 基于自然单元的教学设计（以“可能性”单元教学为例）

《课标（2022 年版）》中指出：改变过于注重以课时为单位的教学设计，推进单元整体教学设计，体现数学知识之间的内在逻辑关系，以及学习内容与核心素养表现的联系。① 单元整体教学设计要整体分析数学内容本质和学生认知规律，合理整合教学内容，分析“主题—单元—课时”的数学知识和核心素养主要表现，确定单元教学目标，并落实到教学活动各个环节，整体设计、分步实施，促进学生对数学教学内容的整体理解和把握，逐步培养学生的核心素养。数学教学要从学生认知结构、个人的发展特征以及数学知识结构的角度出发，系统整体结构化解析学材，引领学生感知和体验数学方法和数学知识结构，在体验知识合理有序生成的过程中使原有数学结构更科学有序。

1. 教学内容分析

“统计与概率”是义务教育阶段数学学习的重要领域之一，在小学阶段包括“数据分类”“数据的收集、整理与表达”“随机现象发生的可能性”三个主题。《课标（2022 年版）》中要求“随机现象发生的可能性”的教学要通过试验、游戏等活动，让学生了解简单的随机现象，感受并定性描述随机现象发生可能性的大小，感悟数据的随机性，形成数据意识。在教学提示中指出：“随机现象发生的可能性”的教学要引导学生在自然界和生活的情境中感受简单的随机现象，如下周三是否为晴天，从家到学校所需要的时间等，知道在现实世界中随机现象普遍存在；感知随机现象的基本特征，可能发生也可能不发生，可能以这样的程度也可能以那样的程度发生。让学生感知，许多随机现象发生可能性的大小是可以预测的。例如，一个袋子里装有若干不同颜色的球，学生通过有放回的摸球实验记录，感受数据的随机性，判断各种颜色球的多与少，发展数据意识。

四年级上学期，学生首次接触随机现象发生的可能性。在学习之前，学生有足够的生活经验，对可能性知识的理解没有太大的困难。该单元的教学主要是使学生初步了解简单随机现象的特点，感受简单随机事件发生的可能性的大小，发展随机意识，增强数据分析观念，同时也能拓展学生解决简单实际问题的范围，发展分析问题和解决问题的能力，为第三

① 中华人民共和国教育部. 义务教育数学课程标准（2022 年版）[S]. 北京：北京师范大学出版社，2022：86.

学段学习随机事件发生的概率奠定基础。如何在学生朴素的生活经验中渗透统计与概率思想,形成数据分析观念是本单元教学的重难点。以单元为整体进行教学设计,是挖掘数学本质、整体把握知识结构、渗透数学价值、发展学生数学学科核心素养最有效的途径。[①] 教学中统整"可能性"单元教学目标,将单元整体分析概括为以下四点:一是生活中的现象可以用数学语言来准确描述;二是在随机现象中感受对同样的事件每次收集到的数据可能不同,但有足够的数据就可能从中发现规律;三是数据分析观念是数学学科核心素养之一,通过收集和分析数据可以对数据中所蕴含的信息做出理性判断;四是了解"猜想—验证"是数学研究的常用方法。

2. 教学目标确定

(1) 教学目标

① 在具体情境中,通过现实生活中的有关实例,使学生感受简单的随机现象,初步体验有些事件的发生是确定的,有些是不确定的。

② 通过实际活动(如摸球),使学生能列出简单的随机现象中所有可能发生的结果。

③ 通过试验、游戏等活动,使学生感受随机现象结果发生的可能性是有大小的,能对一些简单的随机现象发生的可能性大小做出定性描述,并能和同伴进行交流。

(2) 教学重点

感受简单的随机现象,体验事件发生的可能性。

(3) 教学难点

判断真实情境中可能性的大小。

3. 教学流程安排(表 4-1-8)

表 4-1-8 教学安排

单元	课时	课型	学习内容	达成目标
可能性	第一课时	新知学习课	可能性的认识	结合具体情境,感受随机性现象
	第二课时	试验探究课	可能性的大小	揭示内在联系,沟通概率与统计
	第三课时	实践体验课	设计幸运转盘	结合理论分析,量化可能性大小

4. 教学活动设计

第一课时 可能性的认识

任务 1 ▶ 游戏导入,初步感知

出示 A、2、3 三张扑克牌。

说明:任意抽一张,抽到数字大的算赢("A"代表数字 1)。

提问:你们想抽到哪一张?

学生第一次抽取。

① 侯学萍,陈琳. 小学数学单元教学的整体设计[J]. 教学与管理,2018(29):43-45.

提问：你抽到 3 了吗？想抽到 3 就一定能抽到 3 吗？

学生第二次抽取。

提问：这一次抽到的数字和上次是一样的吗？

小结：可能会抽到 A，也可能会抽到 2，还可能会抽到 3。

提问：如果抽到 A，拿出来不放回，这时还会再抽到 A 吗？再抽出一张 2，拿出不放回，这时再抽，抽到的是几？

【分析：学生在学习这部分知识之前，对于可能性在生活中有初步的体会，但是体会不够深刻和系统。教学初始，教师通过两次摸牌活动，让学生体会到从三张牌中摸出一张牌时，任意一张牌都有可能摸到；而当只有一张牌可以摸时，摸到的一定是那张牌。】

任务 2 ▶ 实践操作，感悟现象

（1）认识“可能”

出示口袋（不透明），学生观察教师放进 1 个红球和 1 个黄球。

谈话：这里有一个口袋，里面有 1 个红球和 1 个黄球。如果从口袋里任意摸出 1 个球，要怎样摸？会摸出哪种颜色的球呢？（板书：任意摸出 1 个）

示范：先把口袋掂一掂、抖一抖，或者先用手把球搅拌一下，不看口袋里的球，伸手去摸 1 个出来，叫任意摸出 1 个。

出示活动要求：

① 组长负责，在你们小组的口袋里放进 1 个红球和 1 个黄球；

② 小组里依次轮流每人任意摸出 1 个，共摸 10 次，每次摸出后再放回口袋；

③ 各人按每次摸到的颜色，用水彩笔在课本上的表格里画出圆形，红球用红圆片、黄球用黄圆片，按序号整齐地贴在黑色卡纸上；

④ 在小组里观察记录的结果，你们有什么体会。

学生小组活动，教师巡视指导，把完成的黑卡纸按顺序对应呈现在黑板上。

提问：每次任意摸出 1 个，摸到的球是怎样的呢？

观察：如果竖着看表格中每组摸的球，第一次摸到的一定是红球吗？一定是黄球吗？第几次会摸到红球，第几次会摸到黄球，这在摸球前会知道吗？

提问：如果老师现在再摸一次（拿口袋做换球状），结果会是怎样的？（板书：可能是红球，也可能是黄球）

追问：在这个口袋里任意摸出 1 个，结果会怎样？（交流后再集体说一说）回顾我们摸球的过程，观察摸球的结果，你们有什么体会？为什么可能是红球，也可能是黄球？

小结：口袋里有 1 个红球、1 个黄球，每次任意摸出 1 个，结果可能是红球，也可能是黄球；也就是说，每个球都有可能被摸出。（板书：可能）

【分析：可能性的学习，要注意让学生经历活动，通过对结果的比较、分析，体验事件发生的随机性，逐步感悟随机思想。在出示装有 1 个红球、1 个黄球的口袋后，学生一般会以生活经验说出可能的结果，但并不一定关注事件的随机性，缺乏随机现象的感受，这就要安排学生摸球体验。这里的设计，重视让学生参与、观察摸球活动，注重比较、分析事件结果，特别是提出“再摸一次，结果会是怎样的”，让学生进一步感受可能性只是预测，是对结果的推断，不是实际摸球的唯一结果。在教学手段上，除了要求学生记录摸球结果，每组还用卡纸贴红图片或黄图片表示每次摸球的结果，这种方式可以方便学生观察比较，获得体悟。在观察时，又先看每组的摸球结果，体会任意摸出来的球是不确定的，有时是红球，有时是黄球；再竖着比较，了解每次摸到的是什么球也是不确定的，但摸球的结果是唯一的：可能是红球，也可能是黄球。然后要求学生交流活动的体会，思考为什么“可能是红球，也可能是黄球”，感悟不确定事件的条件，加深对不确定事件的认识。】

(2) 认识“一定”与“不可能”

① 观察分析，认识“一定”。

提问：如果口袋里只放2个红球，在这个口袋里任意摸出1个球，可能摸出哪个球？

交流：任意摸出1个球，摸出的可能是哪个球？你们能确定摸出的一定是红球吗？为什么？

指出：口袋里2个都是红球，任意摸出1个，每个球都有可能被摸到，不是这个红球，就是那个红球，无论是哪一个，摸出的一定是红球。

② 思考解释，认识“不可能”。

提问：如果口袋只放2个黄球，可能摸出红球吗？为什么？

追问：在不可能的背后，也蕴藏着什么可能吗？说说你们的想法。

指出：如果把口袋里2个黄球分别编成1号和2号，任意摸出1个，不是1号黄球，就是2号黄球，不可能摸到红球。

(3) 回顾小结

提问：回顾我们上面的三次活动，你们知道了些什么？

小结：从三次摸球活动中，我们知道了有些事情是可能发生的。例如，口袋里有红球和黄球，任意摸出1个，可能是红球，也可能是黄球。有些事情是一定发生的。比如，口袋里全是红球，任意摸出1个，一定是红球。有些事情是不可能发生的。比如，口袋里全是黄球，任意摸出1个，不可能是黄球。不同的球，摸到的结果不一样，但其中也蕴藏着可能，摸到的可能是其中任何一个球。

【分析：先提出任意摸出1个，“可能摸出哪个球”，再提出“一定是红球吗”，可见“一定”的背后蕴含着“可能”，因为每种“可能”的结果都是摸出红球。因此，摸出的一定是红球。对于其中仍然存在的随机现象，是学生理解上容易忽视的地方，或者有一定困难，因此教学设计上先互相“交流”，再提问“理解”，意图是强化认识，引导学生进一步具体地展开思考、说明，以期达到理解的程度。第三次活动则是让学生感悟“不可能”，在老师的提问与追问中，学生逐步感知随机现象的三种结果。】

任务3 ▶ 拓展延伸，解决问题

提问：你们能说说生活中哪些事件是可能出现的？哪些是一定出现的？哪些是不可能出现的？

举例：明天可能下雨，也可能不下雨；太阳一定从东方升起。

看图4-1-26思考：从下面的口袋里任意摸出1个球，一定摸出黄球吗？

○黄球 ●红球

图 4-1-26

交流：从每个口袋里任意摸出 1 个球，摸到黄球的情况可以怎样说？你们是怎样想的？

明确：从第一个口袋里摸到的可能是黄球，从第二个口袋里摸到的不可能是黄球，从第三个口袋里摸到的一定是黄球。

思考：每次口袋里放什么球，可以使

① 任意摸出 1 个，不可能是绿球；

② 任意摸出 1 个，可能是绿球；

③ 任意摸出 1 个，一定是绿球。

小组合作完成第 1 个问题。

交流：你们小组是怎样放的？为什么这样放？

小组合作完成第 2 个问题。

交流：你们小组是怎样放的？（让几个小组交流放法，弄清各放几个什么球）

哪几个小组的放法让摸到绿球要比摸到其他球的可能性大一些？

提问：要任意摸出 1 个球，一定是绿球，应怎样放球？为什么？

说明：口袋里全是绿球，任意摸出 1 个，就——（一定是绿球）。

引导反思。

交流：什么时候不可能摸到绿球？什么时候可能摸到绿球？什么时候一定摸到绿球？明白了吗？和同桌说一说。

【分析：学生感知随机现象的可能性后，教师安排了三个层次的练习。第一个练习是寻找生活中的随机事件，用“可能”“一定”“不可能”来表述现实世界中的现象，引导学生用数学的眼光观察现实世界，用数学的语言表达现实世界；第二个练习是摸球游戏，学生再次进行摸球，加深对具体情境中事件发生的可能性的描述；而第三个练习则是让学生根据出现的可能性放球，这是对学生逆向思维的培养，要根据不同的表述来选择放几个球，进一步增强学生的认知。】

任务 4 ▶ 回顾总结

提问：本节课的学习，你们有什么收获？

【分析：通过引导学生反思学习过程，帮助学生回顾和梳理对可能性的认识，利用板书进行思维导图的构建，使学生经历一个模型化的过程，勾连“可能”“一定”“不可能”之间的联系与区别，突出可能性的特点。】

第二课时　可能性的大小

任务 1 ▶ 实践活动，探究新知

判断可能的结果，出示 4 张扑克牌（红桃 A、红桃 2、红桃 3、红桃 4），呈现在黑板上。

引导：如果把这 4 张扑克牌打乱反扣在桌子上，任意摸出 1 张，可能是哪一张？摸之前能确定吗？

指出：任意摸出 1 张，每张牌都有可能摸到，摸出的可能是红桃 A，也可能是红桃 2、红桃 3 或红桃 4，有 4 种可能，所以在摸牌之前不能确定摸出的是哪一张。

【分析：承接上一节课学生对“可能性”的认知，教学时先让学生猜测这 4 张牌可能会摸

出哪一张，使学生明确：这样的4张牌，任意摸出1张，虽然每一张都有可能会被摸到，但无论摸到哪一张都是红桃。】

任务2 ▶ 实践体会，认识可能性大小与可能性相等

（1）认识可能性大小

提问：如果把4张牌中"红桃4"换成"黑桃4"，可能摸到哪一张，有几种可能？

想一想，摸出红桃的可能性大，还是黑桃的可能性大？说说你们的想法。

引导：任意摸一张，有4种可能的结果，其中红桃张数多，所以摸到红桃的可能性大，摸到黑桃的可能性小。如果实际摸一摸，结果会怎样？

出示活动要求：

① 组长负责，把这4张扑克牌打乱次序后反扣在桌上；

② 小组同学每次任意摸出1张，然后放回，再打乱后继续摸，一共摸40次；

③ 各人把每次摸到牌的花色，画"正"字记录在自己课本上的表里，并统计出结果；

④ 观察记录的数据，小组交流有什么体会。

提问：现在你们发现摸到红桃和黑桃的次数有什么不同？摸牌的结果能说明什么？说说你们的体会。

指出：实验结果是摸到红桃的次数多，说明如果任意摸一张，摸到红桃的可能性大，摸到黑桃的可能性小。因为红桃有3张，黑桃只有1张，任意摸一张，有4种可能，其中3种是摸到红桃，所以摸到红桃的可能性大。从这里可以看出，事件发生的可能性是有大小的。（板书：可能性有大小）

【分析：结论的获取不是教师直接告知，而是让学生在实践操作中逐步感知并明确。通过对各组数据的观察、分析，学生可以看到每个小组的数据有的相同，有的不同，更多的是红桃出现的次数更多，进而判断，摸到红桃的可能性更大，实践发生的可能性是有大小的。】

（2）体验可能性相等

提问：如果要让摸到红桃和黑桃的可能性一样大，可以怎样放牌？（学生自由发表意见，知道需要两种牌的张数相等）

提问：为什么两种花色的牌张数一样，摸牌的可能性相等？

指出：因为任意摸一张，每张牌都有可能被摸到，所以当两种牌张数相同时，摸牌的可能性是相等的，可见事件发生的可能性可能相等。（板书：可能性相等）

（3）阅读"你知道吗"

提问：如果让你们在这样张数相同的两种牌中任意摸许多次，实际摸到两种牌的次数一定相等吗？你们是怎样想的？

说明：摸牌的可能性相等，但实际摸牌时，并不能确定每次摸到的一定是哪种牌，所以实际摸到两种牌的次数并不会完全相同。但随着摸牌次数的增加，摸到两种牌的次数会越来越接近。比如抛硬币，就有许多科学家做过实验。现在请大家阅读课本中"你知道吗"。

提问：比较硬币正面和反面朝上的次数，你们有什么想法？（次数都比较接近）

【分析：在上一节课的学习中，学生已有根据事件发生的可能性来确定放球的数量的经验，因此本节课让学生猜测"怎样放，出现的可能性相等"时，学生的学习过程就变得简单，

再通过阅读“你知道吗”，让结论变得更加有科学依据，帮助学生在形成统计观念的同时，形成尊重事实、用数据说话的态度和科学的世界观和方法论。】

(4) 回顾小结

提问：回顾上面摸牌活动，能说说在摸牌活动中，你们又有了什么收获吗？

指出：摸牌时，可能摸出其中的任何一张，如果不同花色的牌张数不同，摸到不同花色的可能性就有大小，但如果张数相同，摸到不同花色的可能性就相等。

任务 3 ▶ 解决问题，提升认识

出示图 4-1-27。

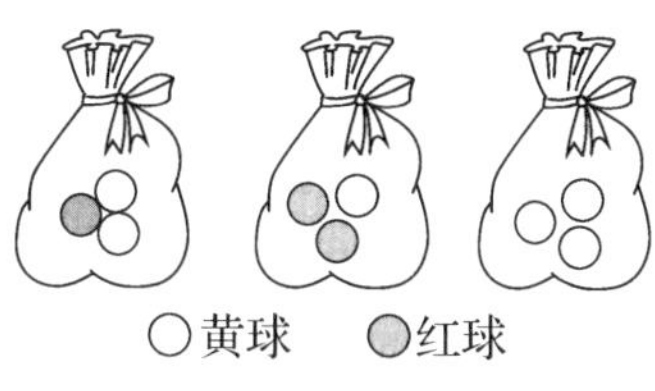

图 4-1-27

交流：按顺序说一说，从每个口袋里任意摸出 1 个球，可能是红球吗？你们是怎样想的？

提问：从哪个口袋里摸出红球的可能性最大？为什么？你们能用“可能”“一定”“不可能”说说从每个口袋里任意摸出 1 个球的结果吗？

指出：任意摸出 1 个球，前两个口袋里摸出的可能是红球，其中第二个口袋里摸出红球的可能性最大；第三个口袋里摸出的不可能是红球，一定是黄球。

转动右边的转盘图 4-1-28，指针可能会停在哪种颜色的区域？分别指一指。停在哪个区域的可能性最大，停在哪个区域的可能性最小？

图 4-1-28

学生在小组里交流。

全班交流，明确可能转到黄色、绿色、蓝色区域。停在黄色区域的可能性最大，停在绿色区域的可能性最小。

从图 4-1-29 的 4 张扑克牌中任意摸出 1 张，摸出的可能是哪张牌？摸到几的可能性大？摸到 8 和 10 的可能性相等吗？

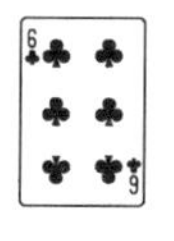

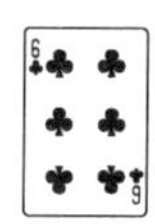
图 4-1-29

学生独立完成，集体交流。

明确：任意摸一张，摸出的可能是第一张 6，或 8，或 10，或第四张 6；摸出 6 的可能性最大，因为 6 有 2 张，8 和 10 各只有 1 张；摸到 8 和 10 的可能性相等，因为它们都是 1 张。

【分析：课堂检测同样安排了 3 道题，第一道题让学生在练习中进一步巩固“可能”“一定”“不可能”；第二道题是学生熟知的转盘，通过观察转盘上不同色块的多少确定每一种颜色出现的可能性的大小；第三道题的练习不仅明确可能性的大小，还巩固了可能性相等。这 3 道题不再安排学生去摸，而是直接通过观察、比较进行判断，让学生的思维完成从具象到抽象的过渡。】

任务 4 ▶ 课堂总结

提问：通过今天的学习，你们对可能性有哪些认识？对今天的学习活动还有什么体会？

第三课时　设计幸运转盘

任务 1 ▶ 复习旧知，激活引入

提问：在有 2 个黄球和 1 个红球的袋子里任意摸出 1 个球，结果会怎样？摸到哪种球的

可能性大？为什么？

提问：口袋里的球怎样变化，摸到的一定是黄球？（按学生的不同回答，选择一种方法变化口袋里的球）

提问：现在你们能说一说任意摸出 1 个球，结果怎样吗？这“一定”的背后有什么可能吗？

【分析：课前复习是前两节课学习的事件发生的可能性。这样的安排，尊重学生的原有基础，把握好学习起点，唤醒学生的旧识，为后面新知的学习与生成进行了衔接。在教师的提问中，进一步加深对一些简单事件发生结果的判断，为进一步认识简单事件发生的可能性和可能性的大小做铺垫。】

任务 2 ▶ 知识应用、拓展延伸

① 出示三个转盘（图 4-1-30）。

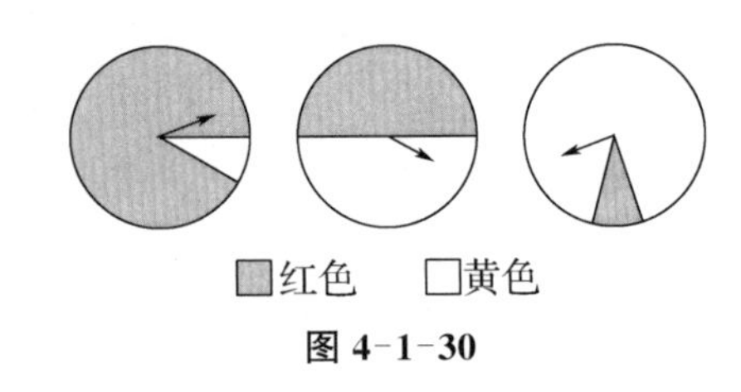

图 4-1-30

提问：转动转盘，每个转盘指针落在的区域有几种可能的结果？

说明：每个转盘上都有红、黄两个区域，转动转盘，指针不是落在红色区域，就是落在黄色区域，有两种可能的结果。

交流：转动转盘，哪个转盘的指针偶尔落在红色区域？哪个转盘的指针经常落在红色区域？这两个转盘为什么会这样？哪个转盘指针落在两个区域的可能性相等？为什么？

② 引导：如果在口袋里放红铅笔和蓝铅笔共 6 支，任意摸出 1 支，怎样放摸出红铅笔的可能性大？请每个小组拿出要放的 6 支铅笔。

交流：你们小组是怎样放的？可以有几种不同的放法？放进 6 支铅笔，任意摸出 1 支，可能摸到哪支铅笔？为什么放 4 支或 5 支红铅笔，摸到红铅笔的可能性大？

引导：如果摸出的红铅笔和蓝铅笔的可能性相等，要怎样放？每个小组拿出这样的 6 支铅笔。

交流：要怎样放铅笔？

指出：当红铅笔和蓝铅笔支数相同时，摸到两种铅笔的可能性相等，因为在 6 种可能的结果中，红铅笔和蓝铅笔各占 3 种，摸到的可能性相等。

③ 出示数字卡片 1、2、3、4、5、6、7、8、9，打乱次序，把它们反扣在桌上，从中任意摸 1 张。

提问：可能摸出的结果有多少种？

说明：一共有 9 张数字卡片，从中任意摸出 1 张，每张卡片都有可能摸到，因此摸出的结果就是 9 种。

提问：摸出单数的可能性大，还是双数的可能性大？为什么？

追问：如果要使摸出单数和双数的可能性相等，可以怎样变动数字卡片？

【分析：本环节的教学安排三次活动，分别利用转盘、铅笔、数字卡片引导学生进一步加深对可能性大小与可能性相等的认识。教学过程由多个提问和追问串联，学生积极参与随机事件发生可能性大小的探究，迸发出智慧的火花而生成各种可能的结论，教师创造性地利用生成性资源，建构互动、具有生成性的教学过程，探究活动中的实验让学生领悟到生活中的数学无处不在，学生的核心素养得到了发展。】

任务 3 ▶ 实践操作，深化认知

① 做一个小正方体，在一个面上写“1”，两个面上写“2”，三个面上写“3”。

提问：抛起这个正方体，落下后哪个数朝上的可能性最大，哪个数朝上的可能性最小？为什么？

引导：小正方体落下后，每个面都有可能朝上，一共有 6 种可能，这样“3”朝上的可能性最大，“1”朝上的可能性最小。

活动要求：实际抛一抛，一共抛 20 次，用涂方格的方法记录每次朝上的数字，统计结果。

提问：抛小正方体时，要注意些什么？

让学生实践统计，教师巡视了解，进行指导。

交流：你们实践统计的结果是怎样的？（可以呈现学生的条形图）

哪些同学的结果是“3”朝上的次数最多，“1”朝上的次数最少？这里朝上次数都是“3”最多，“1”最少，他们每人得到的各个数字朝上的次数完全一样吗？

提问：能说说你们对统计结果的看法吗？

② 在一个放有 2 个黄色、1 个红色小正方体的袋子里，任意摸出 1 个，摸后放回，一共摸 30 次。

估计：一共摸 30 次，请你估计摸到红色正方体和黄色正方体各多少次，并且说说你是怎样想的。

交流：和实际的结果比，你们觉得活动前估计得怎么样？

说明：活动前大家的估计是根据可能性的大小预测的，实际摸到的结果一般不会完全一样，但会和估计的差不多。

【分析：可能性的学习要使学生更多地亲身经历观察、猜想、试验、验证的学习过程，综合运用所学知识来探讨事件发生的可能性大小，培养学生解决问题的能力。这两个游戏活动，学生经历了“猜想→试验→结论→应用”的数学研究全过程，在随机的数据中发现统计规律，感悟可能性的大小与数量有关，体会到可能性既有偶然性又有规律性，体验随机观念，对概率问题有了进一步感受。】

任务 4 ▶ 拓展提升

① 小明和小刚同时各抛一枚硬币。这两枚硬币落下后如果朝上的面相同，算小明赢；如果朝上的面不同，算小刚赢。这个游戏规则公平吗？为什么？

启发：联系可能性想想，符合什么情况游戏规则是公平的？朝上的面相同有几种情况？朝上的面不同又有几种情况？列举出所有可能的结果，分析这个游戏规则的公平性。

交流：所有可能的结果有几种？你们是怎样列举的？游戏规则公平吗？为什么？

明确：小明和小刚各抛一枚硬币，落地情况可能有：正面、正面；正面、反面；反面、正面；反面、反面。在这 4 种可能中，朝上的面相同的有 2 种，朝上的面不同的也有 2 种，这说明两人赢的可能性相等，所以游戏规则是公平的。

② 一人放球，红、黄两种颜色球可任意放，总数为 6 个，另一人摸球，摸后放回，共摸 30 次，记录每次摸球的结果。根据记录的结果估计口袋里红球多还是黄球多？

追问：你们是怎样正确估计出口袋里红球多还是黄球多的？

【分析：新课程标准指出数学学习要联系生活实际，学有用的数学。可能性问题在儿童的生活中接触的还是比较多的。从抛硬币到转盘再到掷骰子等游戏规则设定，让学生联系生活实际，体验可能性，更让学生感受到数学知识就在自己的身边。这样的设计充分让学生自己做主，学生有了更宽广的思维空间，个性化思维将得到充分展现。】

任务5 ▶ 练习总结

提问：通过这节课的练习，你们对可能性有哪些更深、更新的认识？

【分析：通过学生说出本节课的收获，使学生自主回顾本课的主要内容，归纳本节课的知识点，学生在总结中获得知识学习的经验和方法，教师的总结则是进一步对所学知识点进行梳理，增强知识的系统性。】

5. 单元作业设计

必答题

(1) 填空题

① 如图 4-1-31 所示，每次从袋子中摸出 1 个球，摸完后再放回，摸 500 次，摸到(　　)(填“黑”、“白”或“灰”)球的次数的可能会最多，摸到(　　)(填“黑”、“白”或“灰”)球和(　　)(填“黑”、“白”或“灰”)球的次数很少，(　　)摸到黄球。

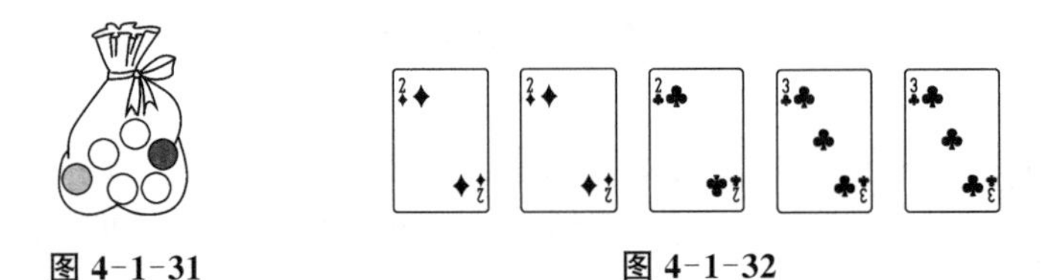

图 4-1-31　　　　图 4-1-32

② 把图 4-1-32 中的 5 张扑克牌打乱次序后反扣在桌上，任意摸一张，摸到数字(　　)的可能性比较大；任意摸一张，摸到(　　)(填“方片”或“梅花”)的可能性比较大。

③ 有 9 张数字卡片 1、2、3、4、5、6、7、8、9 打乱放在桌子上，带有数字的面朝下。

每次任意摸一张，拿到单数算甲赢，拿到双数算乙赢。这个游戏公平吗？(　　)

如果不公平，应将规则修改为________。

④ 图 4-1-33 是新年联欢会上摸球游戏情况的统计图。

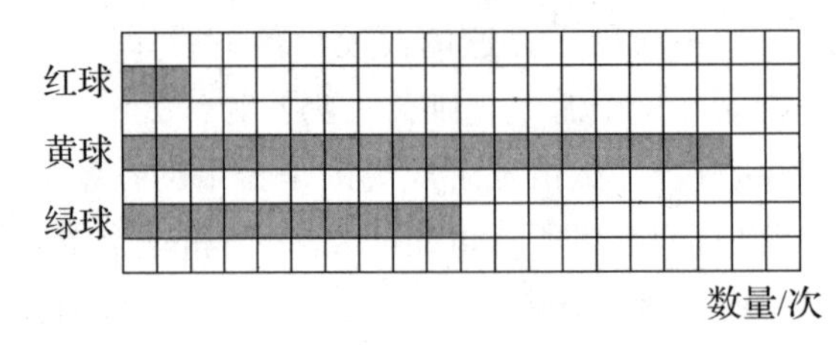

图 4-1-33

小明最有可能摸到的是(　　)球，摸到(　　)球的可能性最小。

如果老师在袋子里放了 6 个球，估计其中最有可能是(　　)个红球，(　　)个黄球，(　　)个绿球。

⑤ 抽奖箱里有 6 个红球和 4 个黄球，从中任意摸出 1 个球，摸出(　　)球的可能性较大。如果想使摸出两种颜色球的可能性相等，那么需要再往口袋里放入(　　)个(　　)

球；如果想使摸出黄球的可能性变大，那么至少要往口袋里放入（　　）个（　　）球或至少从口袋里取出（　　）个（　　）球。

⑥ 袋子里有 5 个白球和 2 个红球。摸完不放回，至少要摸出（　　）个球才能保证有 1 个红球，至少要摸出（　　）个球才能保证有 1 个白球。

（2）选择题

① 小明和小乐玩转盘游戏，指针停在红色区域算小明赢，停在蓝色区域算小乐赢，用（　　）转盘做游戏是公平的。

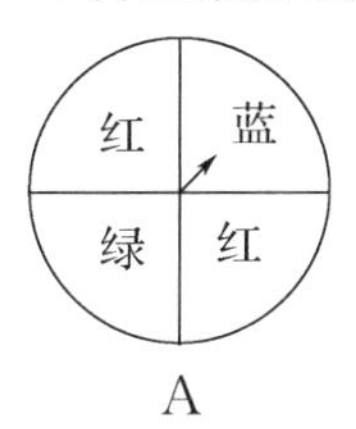

A

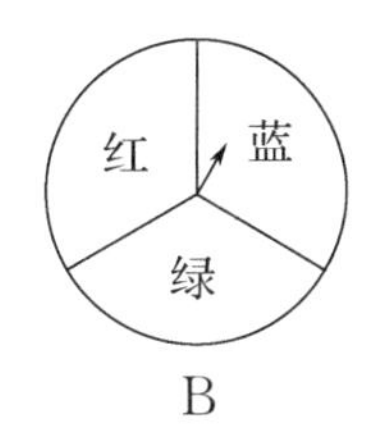

B

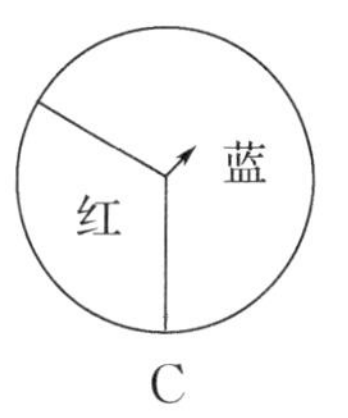

C

② 乐乐在校门口红绿灯处统计了半小时通过的车辆，见表 4-1-9：

表 4-1-9　校门口红绿灯处半小时通过的车辆统计

类型	自行车	小轿车	货车	摩托车
次数	36	20	5	8

下面判断正确的是（　　）。

A. 下一辆通过的一定是自行车

B. 下一辆通过的可能是摩托车

C. 下一辆通过的不可能是货车

③ 两人轮流掷小正方体，约定蓝色面朝上乐乐得 1 分，黄色面朝上多多得 1 分，用下面的正方体（　　）掷是不公平的。

A. 2 黄 2 蓝 2 白　　　　B. 3 黄 3 绿　　　　C. 2 蓝 1 绿 1 白 2 黄

④ 表 4-1-10 是小红和明明摸球游戏的结果。

表 4-1-10　摸球游戏结果统计

结果	黑球	白球	灰球
次数	8	33	19

他们可能摸的是下面（　　）袋子里的球。

A

B

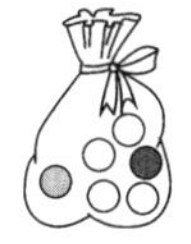
C

⑤ 甲、乙两人进行羽毛球比赛，裁判准备用下面的规则决定谁先发球，其中不公平的规则是（　　）。

A. 抛硬币,正面朝上甲先发球,反面朝上乙先发球

B. 用“石头、剪刀、布”的游戏决定谁先发球

C. 把 A~6 这六张扑克牌反扣在桌上,任意摸出 1 张,摸到比 4 大的甲先发球,否则乙先发球

(3) 操作题

① 从盒子里摸出一个球,结果会是什么? 连一连。

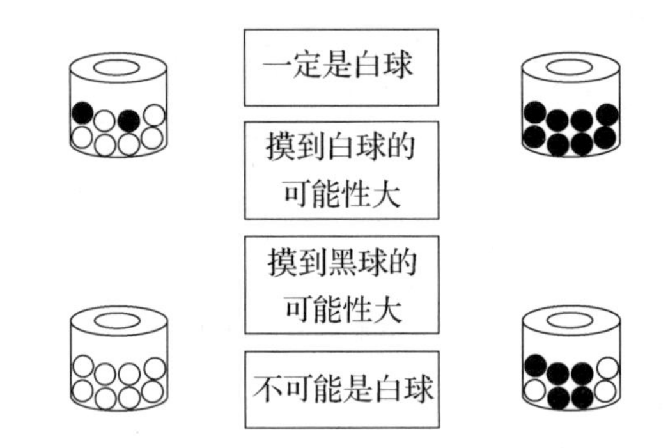

② 按要求在一个正方体的六个面上分别写上“1”“2”“3”,使:

A. 将正方体抛 200 次后,出现“2”的次数多于“1”而小于“3”。

B. 将正方体抛 200 次后,出现“1”的次数最多,“2”很少,“3”没有。

C. 将正方体抛 200 次后,出现“1”“2”“3”的次数差不多。

能力提升题

(4) 解决问题

① 菲菲和乐乐玩摸牌游戏,每次任意摸出 1 张,摸后放回,每人摸 30 次,摸到红桃菲菲得 1 分,摸到黑桃乐乐得 1 分,摸到梅花两人都不得分,最后谁得分高,谁获胜。表 4-1-11 的三堆牌,摸哪一堆牌,菲菲获胜的可能性大? 摸哪一堆牌,两人获胜的可能性相等?

表 4-1-11 扑克牌配比方案

A 堆	B 堆	C 堆
5 张红桃	10 张红桃	10 张黑桃
5 张黑桃	5 张黑桃	5 张红桃
10 张梅花	5 张梅花	5 张梅花

② 图 4-1-34 是一个寻宝游戏的示意图,宝物被随机地藏在某个房间(每个房间标有编号)的某一块地板砖的下面(所有地板砖完全一样)。

宝物被藏在(　　)房间的可能性最大。

宝物被藏在哪两个房间的可能性相等?

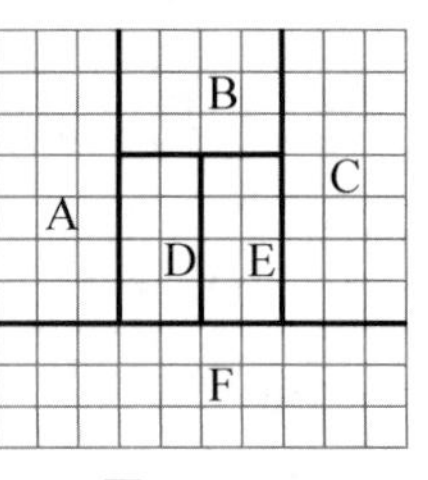

图 4-1-34

③ 乐乐、丁丁、轩轩三人在玩掷硬币游戏,每人掷两次。

丁丁说：“如果两个正面朝上，算乐乐赢；如果两个反面都朝上，算轩轩赢；如果是一正一反，算我赢。”

乐乐说：“我不同意，这不公平。”

为什么乐乐说游戏不公平呢？

④ 盒子里有 2 个红球和 2 个黑球，任意摸 2 个球，摸到颜色相同的球和颜色不同的球的可能性哪个大一些？为什么？

⑤ 李苏和张素玩摸牌游戏，将图 4-1-35 中四张扑克牌打乱次序后反扣在桌上，任意摸 2 张，积是单数算李苏赢，积是双数算张素赢。你觉得游戏公平吗？为什么？

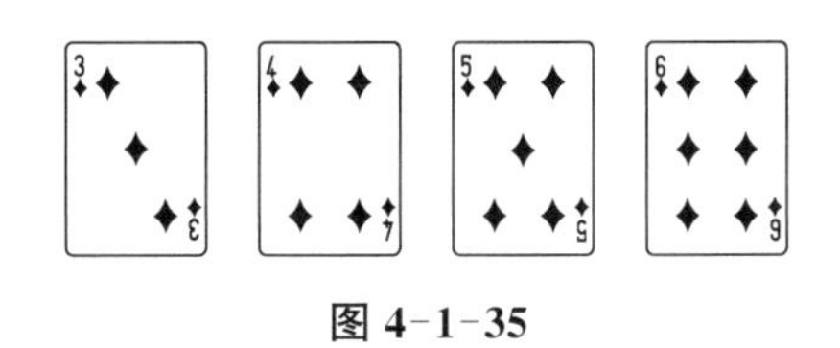

图 4-1-35

（案例提供：苏州高新区实验小学　黄海滢）

6. 学习效果评价

李庚南老师主张的单元教学法就是基于数学知识的内在联系，深入研究教材并整合教材，追求从“教教材”到“用教材教”。[①] 本单元的教学对教材进行有机整合，从认识“一定”“不可能”“可能”的确定事件和不确定事件到量化随机事件的可能性大小，从实验操作中感知游戏规则的设定，整个学习过程就是一个不断遇到问题和解决问题的过程。在这样的过程中，学生不断重整、建构自身知识体系。这样的单元整体教学，有助于学生从宏观上整体掌握本单元知识，让学生在学习的过程中充分锻炼思维能力并通过实践强化自我认知。

本单元学习效果评价如表 4-1-12 所示：

表 4-1-12　基于自然单元整体（以“可能性”教学为例）学习效果评价

单元主题	可能性			
子主题	学习任务	课时	学生的学习活动	评价要点
可能性的认识	认识并能用“一定”“可能”“不可能”描述事件发生的可能性	1	认识简单事件发生的可能性，能说出一个简单事件所有可能发生的结果，会用“一定”“可能”“不可能”等定性描述一些简单事件发生的可能性； 经历摸球、摸牌等活动及其分析过程，感受简单的随机现象，理解可能性和可能性大小的含义，体验随机事件，感悟随机思想； 主动参与操作试验，通过试验结果的分析，逐步形成研究问题的兴趣	能认识到事件发生的不确定性； 能用语言定性描述事件发生的可能性

① 李庚南. 自学·议论·引导教学论[M]. 北京：人民教育出版社，2013：14.

续 表

单元主题	可能性			
子主题	学习任务	课时	学生的学习活动	评价要点
可能性的大小	了解简单事件发生的可能性大小，并能联系条件说明可能性的大小	1	在实验、游戏等活动中，定性描述一些简单的随机现象发生的可能性大小，认识判断可能性大小需要的条件并能进一步做出解释和说明； 加深对可能性及其大小的认识，能联系可能性大小预测事件发生的结果；加深对随机事件的体验，进一步感悟随机思想； 主动参与实验、游戏等活动，在简单的随机事件中，体验数学学习的趣味	能根据具体情境明确事件发生可能性的大小； 能根据可能性大小解释并解决生活中的实际问题
设计幸运转盘	在解决生活情境问题中体会可能性的大小	1	根据要求设计可能性大小不同的转盘； 用概率的思想方法解析日常生活中的随机现象	能理解幸运大转盘的游戏规则； 能运用概率和统计的知识，分析游戏的胜率和风险

4.2 学习内容与核心素养表现关联的教学设计案例

《课标(2022年版)》中指出：数学课程要培养学生的核心素养，数学核心素养主要包括会用数学的眼光观察世界、会用数学的思维思考现实世界、会用数学的语言表达现实世界。[①] 在义务教育阶段，数学语言主要表现为：数据意识或数据观念、模型意识或模型观念、应用意识。其中的数据意识、应用意识、模型意识直接指向“统计与概率”单元的教学，要求通过该领域的教学学生能够感悟数据的意义和价值，有意识地使用真实数据表达、解释与分析现实世界中的不确定现象。

4.2.1 指向数据意识的教学设计(以“数据分类”教学为例)

《课标(2022年版)》明确指出：数据意识是小学数学核心素养的重要组成部分，是小学生必备的核心素养之一。数据意识主要是指对数据的意义和随机性的感悟。知道在现实生活中，有许多问题应当先做调查研究，收集数据，感悟数据蕴含的信息；知道同样的事情每次收集到的数据可能不同，而只要有足够的数据就可能从中发现规律；知道同一组数据可以用不同方式表达，需要根据问题的背景选择合适的方式。形成数据意识有助于理解生活中的随机现象，逐步养成用数据说话的习惯。

① 中华人民共和国教育部. 义务教育数学课程标准(2022年版)[S]. 北京：北京师范大学出版社，2022：5-6.

1. 教学内容分析

《课标(2022 年版)》指出:"数据分类"的本质是根据信息对事物进行分类。[①] 学生经历从"事物分类"到"数据分类"的过程,感悟如何根据事物的不同属性确定标准,依据标准区分事物,形成不同的类。《课标(2022 年版)》对数据意识在不同学段提出了不同的内容要求。第一学段主要学习"数据分类":会对物体、图形或数据进行分类,初步了解分类与分类标准的关系,形成初步的数据意识。《课标(2022 年版)》例 38"逐层分类"很好地体现了对学生数据意识的培养。对数据进行分类是统计活动的基本方法,主要包括两类:一是对生活中一般事物的分类,如生活中的物体分类、图形的分类等。这类对事物的分类可以看作初级的数据分类,即在一组事物中把具有相同属性的物体作为一类,如按照大小分类、按颜色分类、按形状分类、按摆放的位置分类等,可以对分类结果进行数字化处理,即把事物的不同属性用数据或符号赋值。二是通过调查对取得的数据进行分类,本质是根据信息对事物进行分类。制定分类标准有以下主要两种情况:按照单一标准进行分类和逐层进行分类。扣子的分类可以看作"初级"的数据分类,在一堆扣子中把具有相同属性的扣子作为一类,如按颜色分类、按形状分类等。特别是对分类结果进行数字化、符号化处理,也就是把扣子的不同属性用数据赋值。"数据分类"的本质是根据信息对事物进行分类,通过对数据进行分类整理,从中感悟对事物共性的抽象过程,不仅为统计学习,也为数学学习打下基础,更是培育学生数据意识的基本路径,引导学生形成初步的数据意识。

2. 教学目标确定

(1) 教学目标

① 使学生经历事物分类的过程,学会按不同标准对事物进行分类,能用符号化的语言自主记录、表达分类结果,并对结果进行简单分析。

② 使学生经历自主探索、合作交流的过程,体会分类标准不同,分类的结果也不同,在问题解决中学会逐层分类,初步体会相同标准下不同顺序的逐级分类结果之间的关联性。

③ 使学生在问题解决的过程中感受数据的意义,以及分析和整理数据的方法,感悟分类活动的价值,体会符号化语言的意义,发展初步的数据意识。

(2) 教学重点

学会逐层分类,并体会相同标准下不同顺序的逐级分类结果之间的关联性。

(3) 教学难点

解决实际情境中的数据分类。

① 中华人民共和国教育部. 义务教育数学课程标准(2022 年版)[S]. 北京:北京师范大学出版社,2022:36.

3. 教学流程安排(图 4-2-1)

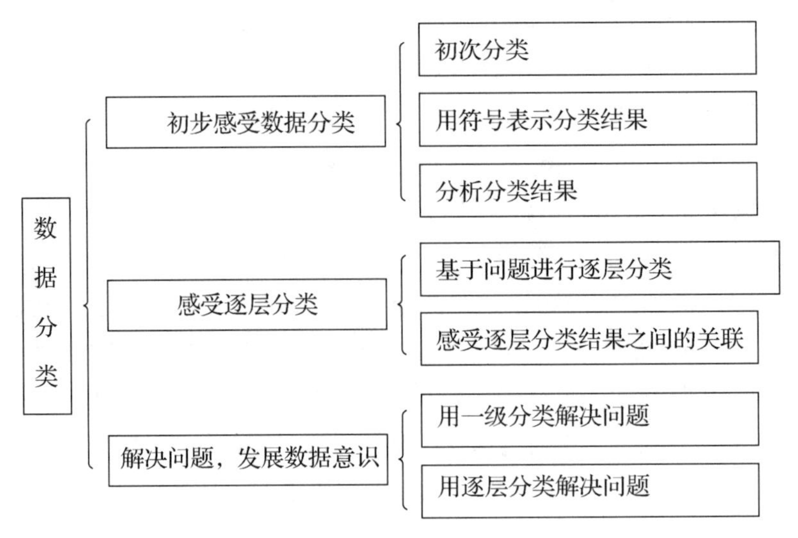

图 4-2-1

4. 教学活动设计

任务 1 ▶ 创设情境,学会事物分类

(1) 熟悉分类对象

问题:(出示纽扣图 4-2-2)你们看到了什么?

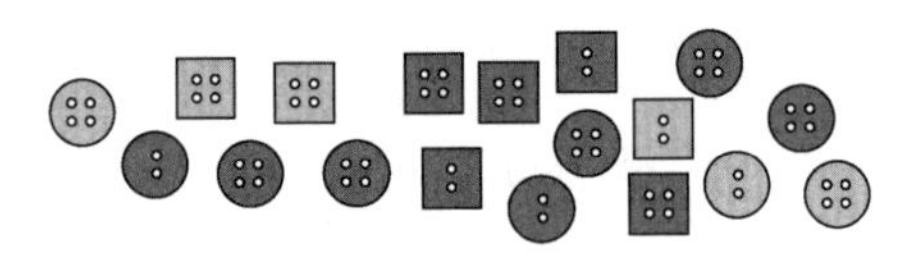

图 4-2-2

引导学生观察。

(2) 尝试自主分类

问题:观察这堆纽扣,你们能提出哪些数学问题?

回答:一共有多少个正方形纽扣?

回答:一共有多少个黑色纽扣?

回答:一共有多少个四眼纽扣?

引导:解决这样的问题就要把纽扣分一分类。先自己分一分,再说一说为什么这样分。

问题:这三种分法是按什么标准分的?

小结:分别是按照形状分类、按照颜色分类和按照扣眼数分类的。

【分析:学生在本节课学习之前,已有一定的生活经验,将物品按一定标准进行分类。教学时,教师从学生熟悉的纽扣入手,引导学生用数学的眼光观察纽扣,在关注纽扣的“形状”和“扣眼”的同时,揭示纽扣名称,为后续分类活动打下基础。接着,让学生主动提出数学问题,产生分类的需求,并尝试自主分类。三种不同分法的展示与交流,引导学生感受到

同一分类对象，可以按照不同的标准进行分类。】

(3) 理解符号，学会用符号表达数据

① 经历表征过程，理解符号。

呈现横向与竖向摆放的两种结果。

问题：对同一种分类结果，这两种摆法有什么相同和不同的地方？

小结：摆法不一样，可以竖着摆，也可以横着摆，都能表示同一分类结果。

问题：看第一行，这里扣眼数不一样，颜色也不一样，怎么都放在一起呢？

回答：因为是按照形状来分的。

小结：都是正方形纽扣，也就是说和扣眼数、颜色都没有关系。

师：第二行都是圆形纽扣，10个圆形纽扣，就用10个圆来表示。

问题：除了用图形来表示纽扣的个数，还可以用什么标记来表示？

引出一个纽扣画一个“√”。

出示：

正方形纽扣(8枚)	√ √ √ √ √ √ √ √
圆形纽扣(10枚)	√ √ √ √ √ √ √ √ √ √

问题：(指第一行的“√”)这里的1个“√”表示的是什么意思？(指着第二行的“√”)这里1个“√”表示的是什么意思？

问题：同样是一个“√”，表示的意思为什么不一样？

小结：写出分类标准，就能用同样的符号来记录结果了。

引导：如果竖着摆，怎样记录？

小结：把纽扣按照形状来分类，可以横着摆，也可以竖着摆；可以用“√”做记录，也可以用“×”做记录。

② 经历辨析过程，学会符号记录。

问题：除了按形状分，还可以按什么分类？

问题：两眼扣和四眼扣各有多少枚？你们能像这样写出分类标准，用同样的符号来记录吗？(板书：记录)

展示学生作品，并明确1个“△”表示什么。

小结：分类要有标准，我们才知道这里的符号表示什么意思。

【分析：这些纽扣可以按照形状分类，也可以按照扣眼数分类，无论哪种分类，所得结果的依据都和这一类的特征有关，而与其他因素无关。去掉这些无关因素之后，留下事物的本质特征，逐渐抽象出用符号表示一类物体，凸显分类的标准。接着，在“分别有多少枚呢？可以怎样数”等问题驱动下，利用学生已有的数数经验，引导他们理解并认同符号标记；通过“同样是一个‘√’，表示的意思为什么不一样”等问题的驱动，引导学生理解不同形状的纽扣为什么可以用相同的符号来表示。】

(4) 分析数据,感受不同分类标准下结果的关联性

问题:记录分类结果,可以用不同的方式、不同的符号。两眼扣和四眼扣分别有几枚呢?

问题:为什么有同学分得的结果是8枚和10枚呢?

小结:分类的标准不同,得到的结果就不同。

问题:还有什么发现吗?

小结:虽然分类的标准不同,得到的结果也不同,但是不管按照什么标准分类,总数不会变,都是18枚。这就是今天要学习的"数据分类"。(板书课题)

【分析:引导学生比较按不同分类标准分类的最后结果,感受同一对象在不同标准下分类结果之间的关联性,通过这样的分析,让学生感受用这一结论还可以验证分类结果的正确性,同时在对统计结果分析的过程中,培养数据分析的意识与习惯,发展数据意识。】

任务2 ▶ 问题解决,感受逐层分类

(1) 熟悉逐层分类对象

问题:说说看,你们磁板上的纽扣是按照什么标准分类的?

(2) 以问题驱动逐层分类

问题1:正方形纽扣中几眼扣最多?这个问题该怎样解决呢?

问题2:四眼扣中哪种形状的最多?

(3) 分析数据,感受相同标准下逐层分类结果之间的关联性

问题:先按形状分,再按扣眼分,分成了四类;先按扣眼分,再按形状分,也分成了四类(指磁板),它们有什么相同和不同的地方呢?

小结:先按形状分,再按扣眼分;先按扣眼分,再按形状分,得到的结果竟然是一样的。像这样一层一层往下分,也叫作逐层分类。

【分析:在进行一级分类的基础上,产生二次分类的意愿并进行分类对学生来说比较困难。而两个问题"正方形纽扣中几眼扣最多""四眼扣中哪种形状的最多"的提出,则很好地让学生产生再次分类的需求,在教师的引导下,学生进行二次分类并对相同分类标准下逐层分类的数据进行分析,通过对分类结果的比较,发现标准相同,即便是分类顺序不同,分类结果也相同。这样的过程,能让学生深刻感受逐层分类的意义与价值。】

任务3 ▶ 生活应用,发展数据意识

(1) 用一级分类解决问题

① 提出问题。

问题:学校体育节上,同学们进行体育活动。如果要为他们准备统一服装,女生穿红色运动服,男生穿蓝色运动服,两种颜色的运动服各要准备多少套?活动结束后要为他们准备不同的纪念徽章,跳绳徽章、拍球徽章、踢毽子徽章各需要多少枚?这两个问题该怎样解决呢?

② 分析问题。

回答 1：数一数男生有多少人，再数一数女生有多少人。

回答 2：按运动项目分类，看跳绳的、拍球的、踢毽子的各有多少人。

小结：是的。通过分类，就能解决这两个问题。

③ 解决问题。

小结：不管按性别分类，还是按活动项目分类，总人数应该是一样的。我们可以用总人数来检验分类的结果是否正确。

（2）用逐层分类解决问题

① 提出问题，分析问题。

出示表 4-2-1：

表 4-2-1　获奖情况

姓名	项目	奖项等级	姓名	项目	奖项等级
小强	跳绳	一等奖	晓明	拍球	二等奖
小燕	拍球	二等奖	明明	踢毽子	三等奖
小飞	踢毽子	三等奖	乐乐	踢毽子	一等奖
小青	踢毽子	二等奖	想想	拍球	二等奖
小云	跳绳	三等奖	宁宁	拍球	三等奖
茵茵	拍球	一等奖	小仑	踢毽子	一等奖
子然	踢毽子	三等奖	小海	跳绳	三等奖
小芸	跳绳	二等奖			

问题：要知道一、二、三等奖各有多少人，可以怎么办？

小结：按获奖情况分类，就能知道获得一、二、三等奖的各有多少人了。

问题：如果要知道一等奖里面哪种项目的人数最多，又该怎样做呢？

② 解决问题。

学生按要求分一分、涂一涂，组织展示与交流。

③ 改变次序，感受结果的关联性。

问题：刚才我们先按奖项分，再按项目分，知道了一等奖中踢毽子的人最多。想一想，如果先按项目分，再按奖项分，得到的结果还会一样吗？

【分析：数学知识的学习要回到生活进行检验，所以教学中设计运动会情境的题目，引导学生解决“两种颜色的运动服各要准备多少套”等问题，这就需要学生从现实情境中提取与男、女生人数等相关的数据信息。在提取数据信息的过程中，既能让学生感受到分类对象本身就是数据，也能让学生充分体会分类活动的价值与作用，感受分类能解决问题，不同的问题需要确定不同的分类标准，相同分类标准下的逐层分类，尽管分类次序不同，但得到

的结果却是相同的，在“同”与“不同”的辨析中感受数学学习的魅力。】

任务4 ▶ 总结回顾，感悟知识联结

问题：今天我们一起研究了数据分类，你们有哪些收获？

小结：按照不同的标准分类，得到的结果是不同的。不管按照什么标准分类，它们的总数是一样的。

（案例提供：江苏省常州市局前街小学　陈婧诚）

任务5 ▶ 作业练习，巩固数据分类

必做题

① 给图 4-2-3 中所示的汽车分类，可以怎样分？将结果填写在表 4-2-2 和表 4-2-3 中。

表 4-2-2　按颜色分

颜色	红色	蓝色
数量/辆		

表 4-2-3　按车型分

车型	中巴车	小汽车
数量/辆		

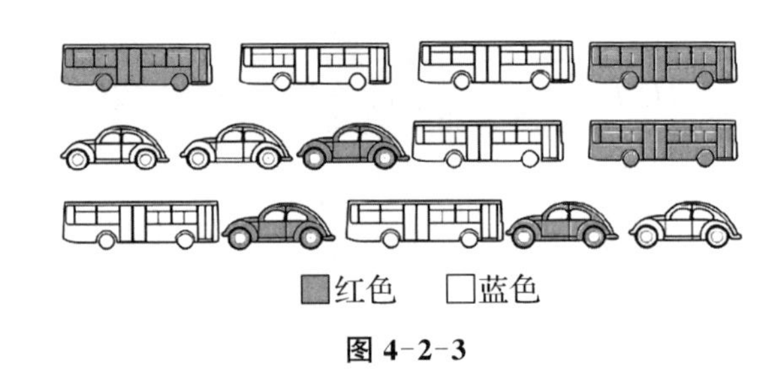

图 4-2-3

② 观察下列算式，按运算方法不同和算式得数不同进行分类，结果一样吗？将结果填写在表 4-2-4 和表 4-2-5 中。

$4\times2=8$	$3\times3=9$	$32\div4=8$	$54\div6=9$	$8\times1=8$
$72\div8=9$	$9\times1=9$	$16\div2=8$	$36\div4=9$	$27\div3=9$

表 4-2-4　按运算方法分

运算方法	乘法	除法
个数		

表 4-2-5　按得分数

得数	8	9
个数		

选做题

③ 将图 4-2-4 中图形按不同分类标准分出的结果，填写在表 4-2-6 和表 4-2-7 中。

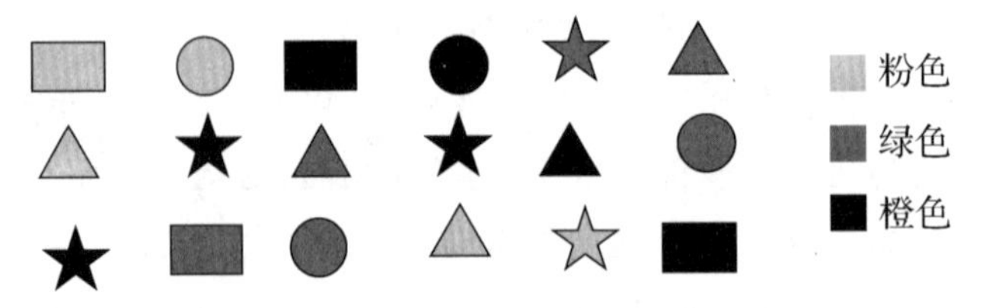

图 4-2-4

表4-2-6 按图形分

图形	○	▭	△	☆
个数				

表4-2-7 按颜色分

颜色	粉色	绿色	橙色
个数			

【分析：作业实行分层设计，通过三道题目的练习，加深学生对数据分类的认知，加强学生对分类方法的理解，以及学会通过比较验证不同分类结果的正确性，发展学生的数据意识。】

5. 学习效果评价

课始引导学生用数学的眼光观察形状、颜色各不相同的纽扣，引发学生自然产生数据分类的内在动力，并进行分类；接着引导学生用符号记录分类结果，并对一级分类结果进行比较；再通过问题让学生产生对一级分类结果进行二级分类的需求；最后通过生活中的应用，进一步加深学生对分类的认知。本节课的学习在教师的系列问题中开展，让学生在活动中思考并制订分类标准，依据标准进行分类、解决问题，感受分类活动的实际应用价值。全面考量学生的学习效果，构建学习效果评价表(表4-2-8)。

表4-2-8 指向数据意识的教学设计(数据分类)学习效果评价

评价内容	核心素养	学习评价指标	学习效果评价
任务1： 创设情境，学会事物分类	抽象能力	能在对事物进行分类的活动中初步感受数据； 学会用符号等表达数据，对分类结果进行分析	
任务2： 问题解决，感受逐层分类	数据意识 概括能力	能在问题解决的过程中学会逐层分类； 感受逐层分类结果之间的联系	
任务3： 生活应用，发展数据意识	数据意识 应用意识	会用不同的标准进行事物分类； 感受分类的应用价值； 在问题解决过程中发展数据意识	
任务4： 总结回顾，感悟知识联结	创新意识	在总结反思中回味数据分类； 感悟不同分类标准下分类结果的异同	

4.2.2 指向应用意识的教学设计(以"百分数"教学为例)

《课标(2022年版)》中指出：应用意识主要是指有意识地利用数学的概念、原理和方法解释现实世界中的现象与规律，解决现实世界中的问题。① 能够感悟现实生活中蕴含着大量的与数量和图形有关的问题，可以用数学的方法予以解决；初步了解数学作为一种通用的科学语言在其他学科中的应用，通过跨学科主题学习建立不同学科之间的联系。应用意识有助于用学过的知识和方法解决简单的实际问题，养成理论联系实际的习惯，发展实践能力。

1. 教学内容分析

“百分数”的教学在原教材中属于“数与代数”领域，新版课标将这部分内容调整到“统计与概率”领域，和“平均数”一样作为一个统计量引入，使得“统计与概率”领域的教学更加丰厚。《课标(2022 年版)》指出：百分数教学要引导学生知道百分数是两个数量倍数关系的表达，既可以表达确定数据，如饮料中果汁的含量，税率、利息和折扣等，也可以表达随机数据，如某篮球运动员罚球命中率、某城市雾霾天数所占比例等。建议利用现实问题中的随机数据引入百分数的学习，帮助学生了解百分数的统计意义，了解利用百分数可以认识现实世界中的随机现象，做出判断、制订标准。

以往的课程标准将“百分数”安排在“数与代数”领域，主要侧重百分数的数学意义，新课标将其调整到“统计与概率”领域，则是为了强化百分数的统计意义，修订前后意义的理解不是“替换”，而是“丰富”。② 百分数的本质是对两个数量倍数关系的表达，当百分数描述随机数据的倍数关系时才具有统计意义。百分数主要用于描述两种量之间的关系以便于进行比较，不仅可以表达确定数据，而且可以表达随机数据，其中，用百分数描述两个确定数据之间的倍数关系则为百分数的数学意义。新课标将百分数作为表达统计量的形式，更多地应用于随机数据的表达，如下雨的概率、经济增长率、投篮命中率等。这可以让学生初步感受数据的随机性，为决策提供依据。

2. 教学目标确定

(1) 教学目标

① 在真实情境中体会百分数产生的必要性，了解百分数与日常生活的联系，理解百分数的意义。

② 在经历分析数据并做出判断的过程中初步体会百分数的随机性，逐步形成数据意识，发展应用意识。

③ 在解决问题的过程中增强用数据分析的方法解决问题的意识，激发数学学习的兴趣。

(2) 教学重点

在真实的情境和具体的数据分析中理解百分数的意义。

(3) 教学难点

理解百分数既可以表达确定数据，也可以表达随机数据。

---

① 中华人民共和国教育部. 义务教育数学课程标准(2022 年版)[S]. 北京：北京师范大学出版社，2022：41.

② 唐彩斌. 研读新课标之五：“统计与概率”领域课程内容的变化[J]. 小学数学教师，2022(11)：6-7.

3. 教学流程安排

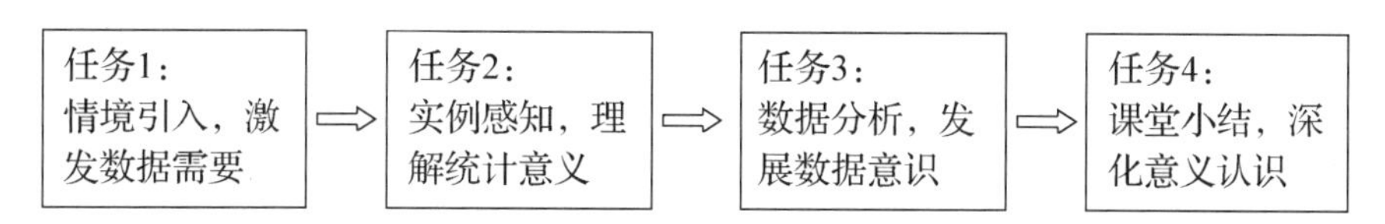

图 4-2-5

4. 教学活动设计

任务 1 ▶ 情境引入，激发数据需要

问题：要想比较六年级（1）班和六年级（2）班学生的视力情况，需要知道哪些信息？

出示表 4-2-9。

表 4-2-9　学生视力情况

班级	近视人数
六年级（1）班	23
六年级（2）班	19

明确：要比较两个班学生的视力情况，只知道近视人数的多少不能比较出近视情况，还需要知道全班人数。

出示表 4-2-10。

表 4-2-10　学生视力情况

班级	近视人数	全班人数
六年级（1）班	23	50
六年级（2）班	19	40

问题：怎么比较这两个班学生的视力情况呢？

回答：先算出每个班的近视人数占全班人数的几分之几，再比较。

问题：当分数的分母不同时，怎么比较它们的大小呢？

回答：通分变成同分母分数。

出示表 4-2-11。

表 4-2-11　学生视力情况

班级	近视人数	全班人数	近视人数占全班人数的几分之几
六年级（1）班	23	50	$\frac{23}{50}=\frac{92}{200}$
六年级（2）班	19	40	$\frac{19}{40}=\frac{95}{200}$

小结：因为$\frac{95}{200}>\frac{92}{200}$，所以六年级（1）班学生的视力情况更好一些。

问题：其他班级的情况，你们还能用分数来表示吗？

出示表 4-2-12。

表 4-2-12　学生视力情况

班级	近视人数	全班人数	近视人数占全班人数的几分之几
六年级(1)班	23	50	
六年级(2)班	19	40	
六年级(3)班	18	45	
六年级(4)班	22	48	
六年级(5)班	16	44	

通过计算明确：这几个分数依靠通分比较大小太麻烦，可以寻找一个相对统一的分数形式来表示。生活中的百分数，用它表示既相对简单又容易比较。

随机出示用百分数表示近视率的统计表(表 4-2-13)。

表 4-2-13　学生视力情况

班级	近视人数	全班人数	近视人数占全班的几分之几		百分数
六年级(1)班	23	50	$\frac{23}{50}$	$\frac{18\ 216}{39\ 600}$	46%
六年级(2)班	19	40	$\frac{19}{40}$	$\frac{18\ 810}{39\ 600}$	47.5%
六年级(3)班	18	45	$\frac{18}{45}$	$\frac{15\ 840}{39\ 600}$	40%
六年级(4)班	22	48	$\frac{22}{48}$	$\frac{18\ 150}{39\ 600}$	45.8%
六年级(5)班	16	44	$\frac{16}{44}$	$\frac{14\ 400}{39\ 600}$	36.4%

小结：我们一般用百分数表示近视人数和全班人数之间的关系，既相对简单又便于比较。(揭示课题：百分数的认识)

【分析：课始，教师通过引入与视力有关的内容，提出“怎么比较这两个班的视力情况”的问题。在具体的问题情境中，教师在学生对话中引发一个数据无法进行比较的认知冲突，从而让学生产生要用两个相关联的数据进行比较的需要，并在比较中体会要统一为百分数的必要性。这一过程既有效地激发了学生的数据意识，又为学生学习百分数的知识打下基础。】

任务 2 ▶ 实例感知，理解统计意义

活动 1：自主选择两个不一样的百分数读一读、写一写。

活动 2：说说在生活中什么地方还见过百分数。

活动 3：按照学习单上的内容独立思考探究这些百分数表示的意思，完成后小组合作交流。

出示学习单。

学 习 单

探究问题：百分数表示什么？

学习材料：

① 六年级(2)班的近视人数是全班人数的 47.5%。

② 某小学女教师的人数是男教师人数的 500%。

③ 儿子的身高是爸爸身高的 87%。

④ 在投篮比赛中，小琦第一场的命中率是 41%。

学生汇报交流每一个百分数表示的意义，初步感知百分数表示的是一个数是另一个数的百分之几，表示的是两个数之间的关系，是两种数量之间的倍数关系。

小结：百分数是表示一个数是另一个数的百分之几的数，同时也是表示两个数量之间倍数关系的数。

【分析：在探究百分数的意义的过程中，教师用“说说在生活中什么地方还见过百分数”的问题过渡，将学生的思考引导到四个具体的百分数的实例情境中，让学生在分析实例中百分数的具体含义的基础上，深入讨论、归纳、感悟不同百分数的共同内涵。】

活动 4：把学习单中的四个百分数进行分类。

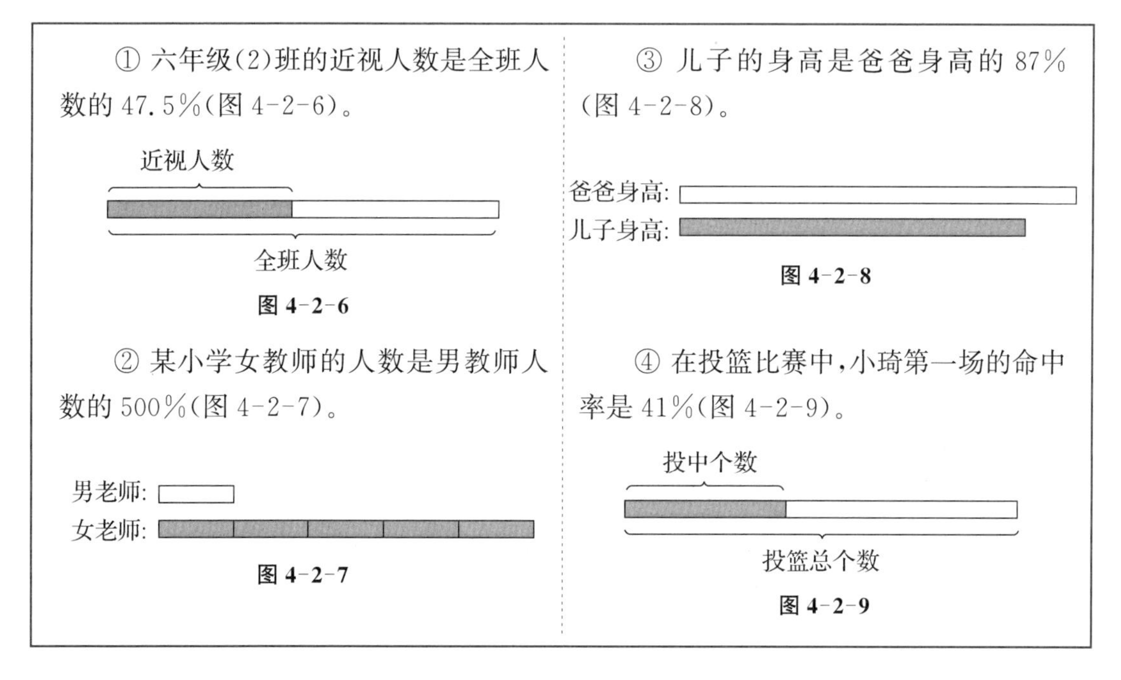

图 4-2-6

图 4-2-7

图 4-2-8

图 4-2-9

提问：观察四个百分数的直观图，如何进行分类？

小结：百分数既可以表示部分量和总量之间的关系，也可以表示两个不同量之间的关系。

【分析：教师引导学生通过对有代表性的四个百分数实例进行分类比较，特别是借助具体直观的几何图示感悟百分数既可以表示部分量和总量之间的关系，也可以表示两个不同量之间的关系，让学生对百分数的意义的理解走向深入。】

任务3 ▶ 数据分析,发展数据意识

(1) 表达确定数据与随机数据

出示学习单。

学　习　单

① 一盒果汁饮料,果汁含量为80%,倒出一杯,喝掉一半后还剩半杯(图4-2-10)。

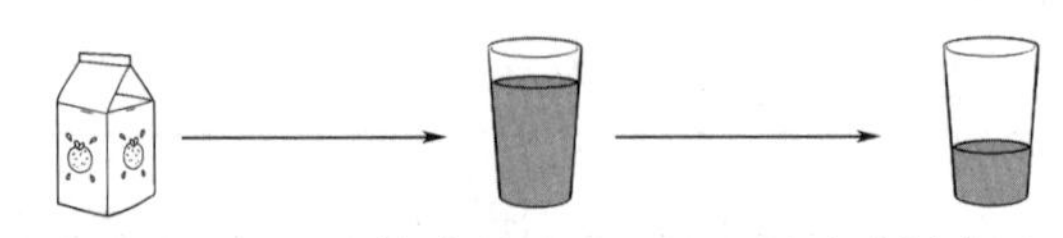

图4-2-10

② 小琦第一场投篮的命中率是41%,猜测他第二场、第三场、第四场的命中率(表4-2-14)。

表4-2-14　投篮命中率

场次	第一场	第二场	第三场	第四场
命中率	41%			

问题:通过刚才对果汁含量和小琦的投篮命中率的研究,你们对百分数又有什么新的认识?

小结:从“果汁含量”和“投篮命中率”这两个例子中的百分数可以看出,百分数既可以表示确定数据,也可以表示随机数据。

【分析:教师引导学生对熟悉的、具体的百分数通过“想一想,填一填”的活动进行分析比较,体会百分数既可以表示确定数据,也可以表示随机数据的统计内涵,体会数据背后蕴含的信息、趋势与规律。】

(2) 跨领域沟通

问题:百分数可以表示两个数的倍数关系,以前我们学过的哪些知识也能表示两个数的倍数关系?

引导学生理解比、倍、分数与百分数的联系与区别。

出示学习单。

学　习　单

把可以用百分数表示的数字圈起来

① 2021年全国地级市以上城市,空气质量优良天数与全年天数的比是87.5∶100。

② 截至2021年年底,我国高铁运营里程数约为4.1万公里,居全球首位。

小结：分数可以表示具体的数量，也可以表示两个数量之间的关系；而百分数只能表示两种量之间的关系，不能表示具体的数量，不能加单位名称。

【分析：教师以“以前我们学过的哪些知识也能表示两个数的倍数关系”这个问题为切入点，引导学生理解百分数、分数、倍、比的内在一致性，感悟百分数与分数的区别，实现数与代数领域和统计与概率领域的一致性，促进学生实现跨领域的整体建构。】

（3）会说话的百分数

出示学习单。

学　习　单

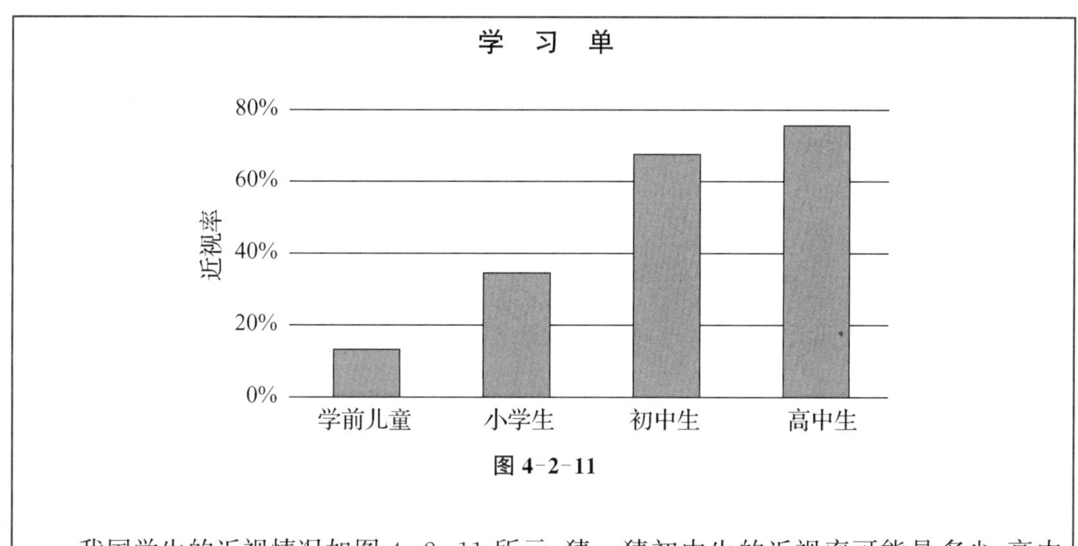

图 4-2-11

我国学生的近视情况如图 4-2-11 所示，猜一猜初中生的近视率可能是多少，高中生呢？

学生小组讨论，集体汇报交流。

【分析：教师引导学生体会一个数据只能体现某一方面的信息，而多个数据背后蕴含着事件发生的趋势和规律，由此可以提出解决问题的建议，体会百分数在解决现实问题中的作用和价值，进一步发展数据意识和应用意识。】

任务 4 ▶ 课堂小结，深化意义认识

师：回顾这节课的探究学习过程，谈一谈你们对百分数的认识和收获。

（案例提供：苏州高新区实验小学　赵海虹）

任务 5 ▶ 作业设计，巩固应用意识

必做题

① 图 4-2-12 中的百分数读作（　　），它表示（　　）。

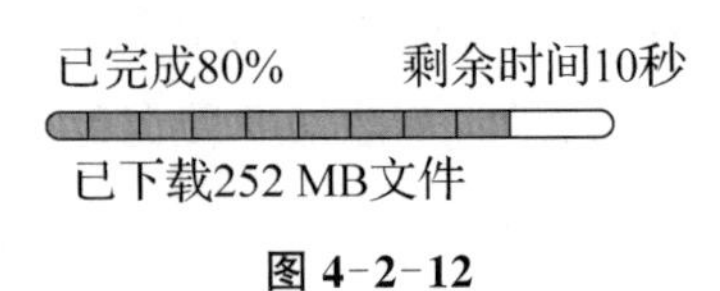

图 4-2-12

② 用百分数表示图 4-2-13 中的涂色部分。

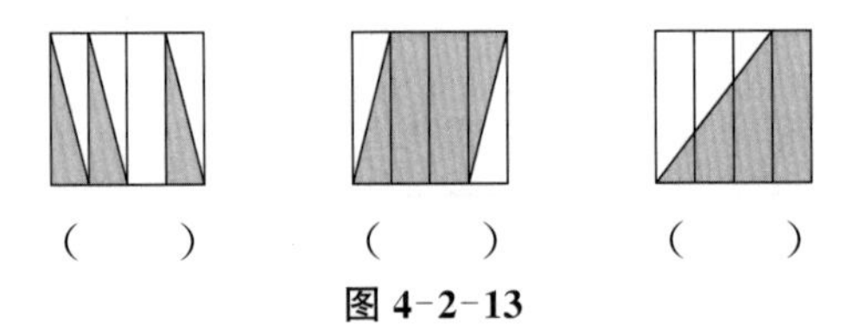

图 4-2-13

③ 用阴影表示图 4-2-14 中两个百分数。

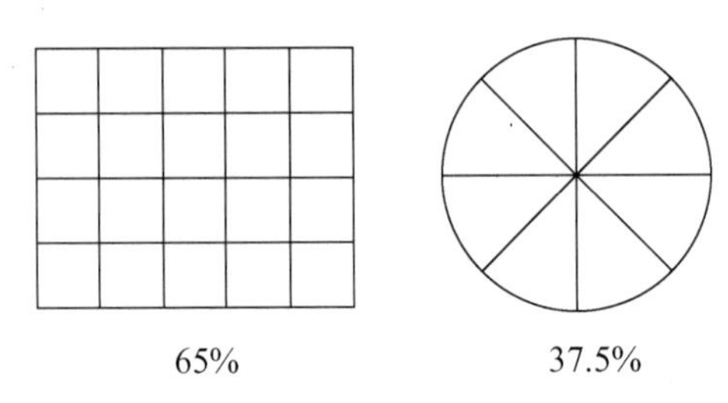

图 4-2-14

④ 判断。

一堆煤用去 70%,还剩 30%吨。　(　　)

分母是 100 的分数,一定是百分数。　(　　)

百分数的分子有时比 100 大。　(　　)

25%和$\frac{25}{100}$表示的意义相同。　(　　)

⑤ 先将 45%、150%、100%、0.000 01%、55%、80%、0.1%这些百分数按从大到小的顺序排一排,再选择合适的百分数填一填(每个数只用一次)。

a. 我国神舟飞船从“神舟一号”到“神舟十三号”全部发射成功,发射成功率是(　　)。

b. 一件毛衣,已经织了(　　),还剩(　　)没有织。

c. 土豆的脂肪含量低,土豆中大约含有(　　)的脂肪。

d. 小涵已经完成了今晚家庭作业的(　　),完成了一大半。

e. 新生产线投入使用后,某款丝绸衬衫的日生产量是原来的(　　)。

f. 你认为“大海捞针”所表示的可能性是(　　)。

⑥ 选择正确的答案。

a. 一条锦鲤重多少千克?下面(　　)不能用来表示锦鲤的质量。

A. 2千克　　B. $\frac{1}{5}$千克

C. 200克　　D. 20%千克

b. 六年级一班人数的$\frac{2}{5}$与六年级二班人数的40%相比，(　　)。

A. 一样多　　B. 六年级二班的40%多

C. 六年级一班人数的$\frac{2}{5}$多　　D. 无法确定哪个班人数多

c. 小寒用一条彩带编织彩带花，第一朵用去彩带全长的40%，第二朵多用去$\frac{2}{5}$米，两朵彩带花正好用完这条彩带。两朵彩带花用去的彩带相比，(　　)。

A. 第一朵的长　　B. 第二朵的长

C. 两朵彩带花用去的一样长　　D. 无法确定

选做题

⑦ 主题作业设计要求：

a. 目前小学生中普遍存在手机过度使用、视力下降、阅读量不足、运动量减少、饮食不均衡等现象，从中选择自己感兴趣的一项进行调查研究。

b. 试制订项目方案，搜集相关数据。

c. 对数据进行整理、分析，提出合理化建议，撰写宣传标语或倡议书。

d. 以数学小报的形式记录项目过程，展示项目成果。

【分析：作业实行分层设计，通过填空、选择、判断的练习，加深学生对百分数意义的理解，并通过练习，学会正确运用百分数，用百分数解释生活中的现象，解决生活中的问题。选做题引导学生关注生活现象，并对收集的数据进行分析，提出合理建议，加强应用意识的培养。】

5. 学习效果评价

“百分数”的教学由原来的“数与代数”领域调整到“统计与概率”领域，意在凸显百分数的统计意义的学习和理解。教师在领会课标意图及对教材进行合理创生的基础上，从现实的问题情境出发，创设认知冲突，使学生真切地感受到百分数好似一把标尺，使不好比较的两个量变得可以比较，使不容易比较的两个量变得容易比较，进而感受到百分数可以帮助人们做出判断和预测，体会到百分数的价值。结合大量的生活中的具体事例，引导学生理解百分数，知道百分数表示的是两种数量之间的关系，通过对现实情境中数据的分析，增强学生的应用意识。课堂学习效果评价见表4-2-15。

表 4-2-15　指向应用意识的教学设计(百分数)学习效果评价

评价内容	核心素养	学习评价指标	学习效果评价
任务 1： 情境引入，激发数据需要	抽象能力	能基于问题情境感知百分数的必要性	
任务 2： 实例感知，理解统计意义	数学表达 数据意识	能通过实际事例，理解百分数的意义； 能明确百分数意义与其他数的不同	
任务 3： 数据分析，发展数据意识	模型意识 应用意识 数据意识	能在具体情境中应用百分数； 能区分百分数、分数、比之间的关系； 能依据情境对百分数进行分析，发展数据意识	
任务 4： 课堂总结，深化意义认识	创新意识 大局观念	能对知识形成过程进行回顾，初步理解产生知识的思考方法和思想	

4.3　思想方法教学设计案例

《课标(2022 年版)》中指出：数学承载着思想和文化，数学在形成人的理性思维、科学精神和促进个人智力发展中发挥着不可替代的作用。[①] 数学通过对研究对象的符号运算、形式推理、模型建构等，形成数学的结论和方法，帮助人们认识、理解和表达现实世界的本质、关系和规律。在总目标中也指出：学生能获得适应未来生活和进一步发展所必需的数学基础知识、基本技能、基本思想、基本活动经验。

以下是基于模型意识的教学设计，以“平均数”教学为例进行探讨。

《课标(2022 年版)》指出：模型意识主要是指对数学模型普适性的初步感悟。[②] 模型意识是“会用数学的语言表达现实世界”核心素养的主要表现之一。模型意识有助于开展跨学科主题学习，增强对数学的应用意识，是形成模型观念的经验基础。它是把生活中实际问题转化为数学问题模型的一种思想方法。培养学生用数学的眼光认识和处理周围事物或数学问题乃数学的最高境界，也是学生提高数学素养所追求的目标。模型意识主要体现在以下三个方面：一是知道数学模型可以用来解决一类问题，是数学应用的基本途径；二是能够认识到现实生活中大量的问题都与数学有关；三是能够有意识地用数学的概念与方法解释生活问题。

① 中华人民共和国教育部. 义务教育数学课程标准(2022 年版)[S]. 北京：北京师范大学出版社，2022：1.
② 中华人民共和国教育部. 义务教育数学课程标准(2022 年版)[S]. 北京：北京师范大学出版社，2022：10.

1. 教学内容分析

《课标(2022 年版)》在内容要求中指出:探索平均数的意义,能解决有关的简单实际问题。[①] 能在简单的实际情境中,合理应用统计图表和平均数,形成初步的数据意识和应用意识。在学业要求中指出:知道用平均数可以刻画一组数据的集中趋势,知道平均数的统计意义;知道平均数是介于最大数与最小数之间的数,能描述平均数的含义;能用平均数解决有关的简单实际问题,形成初步的数据意识和应用意识。教学提示中指出:平均数教学要引导学生在熟悉的情境中理解平均数所具有的代表性,通过刻画一组数据的集中程度表达总体的集中状况,如某篮球运动员平均每场得分、某地区玉米或水稻的平均亩产、某班级学生的平均身高,理解平均数的意义;也可以让学生经历收集体现社会发展或科技进步数据的过程,初步体会平均数的统计意义,形成初步的数据意识。

平均数内容的教学安排在第二学段的四年级,这是在学生已有数据分类的经验基础以及学习了“统计表”的基础上学习的。从学生整个的数学学习来看,平均数是一个持续的学习内容,到五、六年级,学生还要学习稍复杂的平均数问题,第四学段还要学习众数、中位数、加权平均数并进行比较。因此,小学的平均数教学的目的不仅仅是让学生学会求简单的平均数,更要引导学生从数据处理分析的角度把握求平均数的方法,体会平均数的含义和意义,用平均数进行比较,描述、分析一组数据的状况和特征,感受平均数的应用价值。

在传统的教材中,平均数是作为一种典型的应用题加以教学的,其侧重点在于从算法的角度理解平均数,把平均数的学习演变为一种简单的技能学习,甚至是解题技巧的训练,忽略了平均数的统计学意义。而把平均数安排在统计与概率领域中,明显加重了对平均数意义理解的分量,突出了平均数的统计学意义,即平均数表示统计对象的一般水平。它是描述数据集中程度的一个统计量,不仅可以反映一组数据的一般情况,也可以用它进行不同组数据的比较,以看出组与组之间的差别,所以平均数是统计中的一个重要概念。本节课是把已学的统计知识和认识平均数结合起来,学会求平均数的基本方法——移多补少,引导学生进一步体会到求平均数是解决问题的有效方法之一,以帮助学生灵活运用平均数的知识解决生活中的实际问题,并通过多种练习让学生加深对平均数意义的多角度理解和“先求和再平均分”的求平均数一般方法的掌握。

2. 教学目标确定

(1) 教学目标

① 结合实例,理解平均数的意义,探索求平均数的一般方法,初步学会运用平均数分析和解决实际问题,并结合统计结果做出简单的判断和预测,培养模型意识。

② 在具体情境中发展整理数据、分析数据的意识和能力,体会统计的作用及价值,发展数据分析观念。

③ 在统计和解决问题的过程中,提高自主探索与合作交流的意识和能力,培养言必有

① 中华人民共和国教育部. 义务教育数学课程标准(2022 年版)[S]. 北京:北京师范大学出版社,2022:38.

据的科学态度和全面思考、敢于质疑的理性精神。

④ 在学习和运用数学知识的过程中，感受数学与生活的密切联系，体会学数学、用数学的乐趣。

(2) 教学重点

理解平均数的意义，掌握求平均数的一般方法。

(3) 教学难点

理解平均数的意义。

3. 教学流程安排(图 4-3-1)

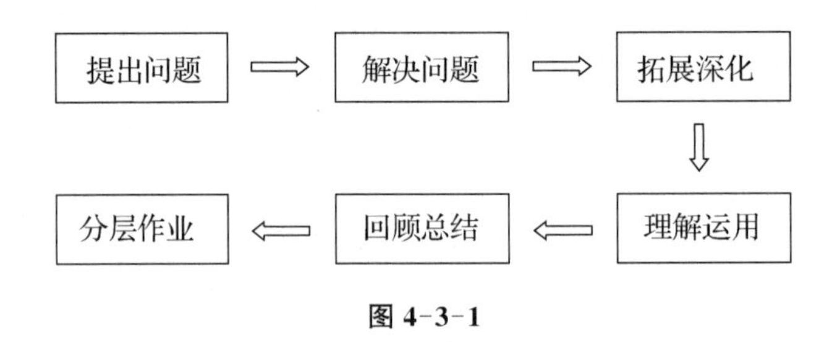

图 4-3-1

4. 教学活动设计

任务 1 ▶ 提出问题，感知平均数的必要

问题：教练想让一名投篮水平高的队员上场，他该依据什么判断 7 号和 8 号队员谁更合适呢？

【分析：通过创设真实情境，在“谁的投篮水平更高”的问题思考中，引发学生对收集数据的需要，培养学生的数据收集意识。】

任务 2 ▶ 解决问题，建构平均数的模型

(1) 针对问题，整理数据

出示表格 4-3-1，引导学生观察。

表 4-3-1 小组赛得分

队员编号	第一场	第二场	第三场	第四场	第五场
7 号	9	—	11	13	—
8 号	7	15	—	12	6

提问：依据这些小组赛的得分数据，如果你们是教练，你们打算选谁？

引导学生依据队员平均每场得分，判断谁的平均分高，谁的投篮水平就更高。

揭示：平均每场得分能代表他们的投篮水平吗？今天我们就一起来研究。

【分析：学生会出现根据单场得分、总分、分差等几种情况来判断谁的水平高，但显然只比较单场得分、总分、场次数就判定谁的水平高存在诸多不合理，这时有学生提出要比平均每场得分，进而引发认知冲突，激发探究的兴趣。】

(2) 描述数据,理解意义

① 用“移多补少”的方法理解平均数。

问题:(出示条形统计图 4-3-2)为了更加直观,在整理分析数据时可以借助条形统计图。你们能在这幅图中找一找、画一画,让人一眼就能看出 7 号队员平均每场得分是多少吗?

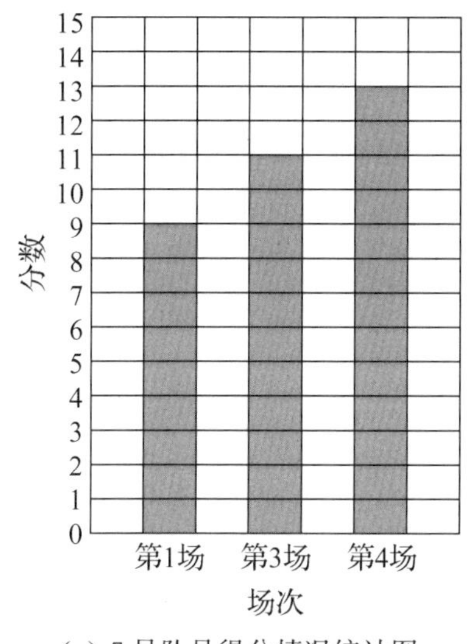

(a) 7 号队员得分情况统计图

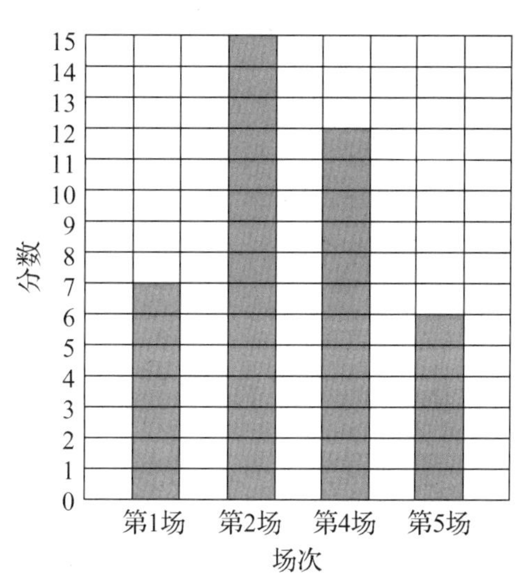

(b)8 号队员得分情况统计图

图 4-3-2

教师展示“移多补少”的方法。

学生汇报:我把第 4 场的 2 分移到第 1 场上[图 4-3-3(a)],这样每场得分就一样多了,是 11 分。

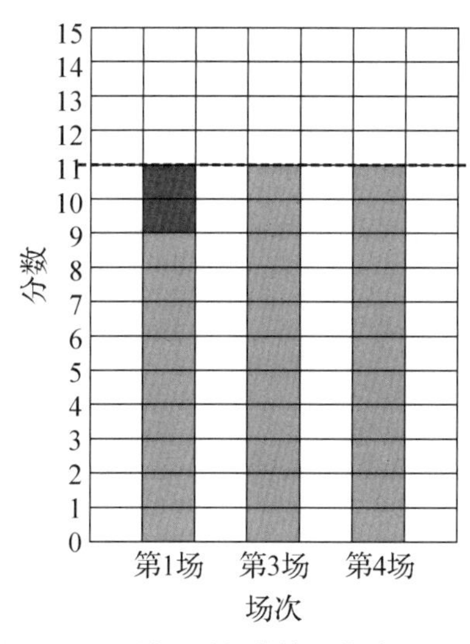

(a) 7 号队员得分情况统计图

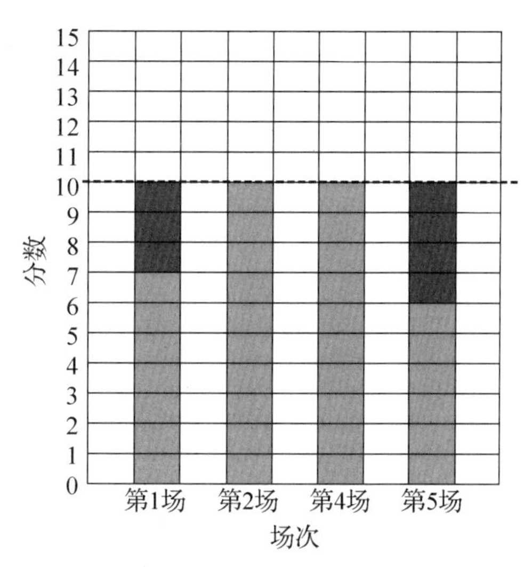

(b) 8 号队员得分情况统计图

图 4-3-3

小结:这种方法在数学上称为“移多补少”。通过“移多补少”,我们知道了 7 号队员平均每场得 11 分。

提问:8 号队员平均每场得分是多少呢?你们能继续用“移多补少”的方法找一找吗?

② 讨论交流,理解平均数的含义。

问题:7 号队员平均每场得 11 分,第 3 场比赛中也得了 11 分,两个 11 分表示的意思一样吗?

问题:10 分是 8 号队员哪一场比赛的得分?

结论:平均每场得分是通过“移多补少”得到的,和实际得分不一样。

问题:想一想,为什么依据平均每场得分就能判断谁的投篮水平更高?

小组讨论,全班交流。

小结:平均得分在最高分和最低分之间,是平均后所得出的分数,能够代表队员这几场比赛的整体水平。数学上将这样的数称为平均数,平均数能够较好地反映一组数据的整体水平。

③ 用“先总后分”的方法找平均数。

问题:我们通过“移多补少”得到了平均每场得分,认识了平均数,还有什么方法也能得到平均每场得分呢?

引导学生总结“先总后分”的计算方法,明确两名队员上场次数不同,因而两个算式中的除数也不同。

小结:我们通过求出平均每场得分,判断出了 7 号队员投篮水平更高。

【分析:这是本节课的核心推进环节。首先,借助条形统计图让学生移一移、说一说,得到平均每场得分。从探究 7 号队员平均每场得分的“教”结构到探究 8 号队员平均每场得分的“用”结构,迁移运用“移多补少”的方法,帮助学生初步感悟平均数及其取值范围。其次,充分利用“两个 11 分表示的意思一样吗”“10 分是 8 号队员哪一场比赛的得分”这两个问题引发讨论,使学生感悟平均数是一个虚拟的数,从而揭示概念,加深对平均数统计意义的理解。最后,鼓励学生结合已有经验,自主探索“先总后分”的计算方法,进一步领悟平均数的意义。在此过程中,学生理解了平均数的统计意义,初步培养了条理分明、严谨细致的个性品质和敢于质疑的理性精神。】

任务 3 ▶ 拓展深化,强化平均数的认知

(1) 探究平均数的特点

问题:7 号队员本场比赛得 15 分(表 4-3-2)。现在他的平均每场得分是变高还是变低了?为什么?

表 4-3-2　7 号队员比赛得分

队员编号	第一场	第二场	第三场	第四场	第五场	本场
7 号	9	—	11	13	—	15

小结：平均数对数据整体比较敏感，加上、减去或者改变一个数据，都可能使平均数发生变化。加上高于平均数的数，会拉高平均数；加上低于平均数的数，会降低平均数。

(2) 寻找生活中的平均数

问题：生活中你们在哪些地方见过平均数？

课件出示平均降雨量、假期日均出警人数、年度平均工资、不同型号列车平均时速等现实中的例子。

【分析：本环节引入新的得分数据，引导学生分析平均数的变化，体会平均数的敏感性；再联系生活举例，感受平均数的广泛应用。在此过程中，学生不仅理解了平均数的意义，还感悟到反映社会发展、科技进步的现实数据中蕴含着丰富的信息，平均数可以有效刻画这些信息，从而形成初步的数据意识。】

任务4 ▶ 理解运用，完成平均数的建模

(1) 调查小组平均体重

问题：为了祖国的发展，不仅需要我们好好学习，还要求我们强健体魄。某学校刚刚组织了体检，一位班主任想知道班上每个小组同学的平均体重，该怎么办呢？

出示第一小组同学的体重数据(表4-3-3)。

表4-3-3 第一小组体重数据

第一小组	1号	2号	3号	4号	平均体重
体重/千克	35	31	34	32	

问题：第一小组的平均体重是多少？“平均体重33千克”是什么意思？

引导学生感知平均数在该组数据的最大值和最小值之间，代表整体水平。

(2) 比较两个小组的平均体重

出示第二小组同学的体重数据(表4-3-4)。

表4-3-4 第二小组体重数据

第二小组	1号	2号	3号	4号	平均体重
体重/千克					38.25

问题：观察数据，你们有什么发现？

提问：第二小组的平均体重比第一小组重，是不是第二小组1号同学体重一定比第一小组1号同学重呢？

揭秘：第二小组1号同学的体重为25千克。

提问：第二小组1号同学这么轻，第二小组平均体重却比第一小组高，这是为什么呢？

明确：一定是其他同学比较重。

课件逐一呈现第二小组同学体重(表4-3-5)。

表4-3-5 第二小组体重数据

第二小组	1号	2号	3号	4号	平均体重
体重/千克	25	49	48	31	38.25

(3) 感受极端数据对平均数的影响

出示第三小组部分同学体重数据(表4-3-6)。

表4-3-6 第三小组体重数据

第三小组	1号	2号	3号	4号	平均体重
体重/千克	34	29	31		

问题:猜一猜,第三小组的平均体重可能是多少呢?

明确:还少一个数据,不能看出整个小组的平均情况。

呈现平均体重41千克和4号同学体重70千克(表4-3-7)。

表4-3-7 第三小组体重数据

第三小组	1号	2号	3号	4号	平均体重
体重/千克	34	29	31	70	41

分析数据,发现4号同学体重大大拉高了小组平均值,再次感受极端数据对平均数的影响。

课件出示条形统计图,学生直观感受平均数代表一组数据的整体水平。

【分析:本环节创设关于平均体重的情境,已知小组成员体重,求平均体重;已知平均体重,猜测小组成员体重;已知部分小组成员体重和平均体重,感受极端数据对平均体重的影响。这样三个层层递进的情境串联,让学生经历平均数的运用过程,再次内化平均数的统计意义。】

任务5 ▶ 回顾总结,升华模型思想

提问:这节课我们认识平均数经历了怎样的过程?你们有什么收获?

总结:我们在解决问题的过程中认识了平均数,学会了用“移多补少”“先总后分”的方法求平均数,知道了平均数能较好地反映一组数据的整体水平。我们的生活中有很多地方会用到平均数,平均数能帮助我们做出正确的决定。今后,我们可以带着数据分析的眼光观察生活,解决更多的问题。

【分析:课末引领学生回顾平均数的学习过程,再次关注知识与方法,加深了学生的学习感受,同时培养了他们知识梳理的意识、习惯以及自我反思的能力。】

(案例提供:山东省青岛市崂山区实验学校 王俊)

任务 6 ▶ 分层作业，强化模型意识

必做题

（1）判断

① 阳光小学阅读兴趣班第一小组的 5 个小朋友本月平均每人读了 4 本书，那么这个小组中一定有一个小朋友本月读了 4 本书。（　　）

② 四年级一班男生的平均体重是 32 千克，女生的平均体重是 29 千克，班内男生小北一定比女生朵朵重。（　　）

③ 6 名同学平均每人折了 20 颗幸运星，如果每人折的幸运星数量不同，那么一定有人折的幸运星数量少于 20 颗。（　　）

④ 上学期 9 次数学单元测试，丫丫前 4 次的平均成绩是 86 分，后 5 次的平均成绩是 94 分，她这 9 次测试的平均成绩是 90 分。（　　）

（2）选择题

① 5 名同学测量身高，其中最高的是 159 厘米，最矮的是 141 厘米，他们的平均身高可能是（　　）厘米。

A. 154　　B. 140　　C. 159

② 水果店第一天卖出水果 47 箱，第二天上午卖出 25 箱，下午卖出 20 箱，第三天卖出 52 箱。这三天平均每天卖出水果（　　）箱。

A. 72　　B. 48　　C. 36

③ 三人的平均年龄是 12 岁，其中有一人是 15 岁，另外两人中不可能有人是（　　）岁。

A. 1　　B. 22　　C. 18

④ 彤彤 3 天看完一本故事书，平均每天看 35 页，前两天看的都是比 35 页多，那么第三天看的（　　）。

A. 比 35 页多　　B. 比 35 页少　　C. 正好 35 页

（3）解决问题

① 小丽参加“小歌星”歌唱比赛，6 位评委分别给出 90 分、94 分、81 分、88 分、84 分、97 分。根据比赛规则，应该去掉一个最高分和一个最低分后，再计算平均分，那么小丽的得分是多少？

② 同学们在美术课上做纸花，第一组有 5 人，每人做了 24 朵；第二组有 6 人，共做了 144 朵。平均每人做了多少朵？平均每个组呢？

③ 一辆汽车上山时平均每小时行驶 36 千米，5 小时到达山顶，沿原路返回时 3 小时到达山底。这辆汽车上、下山平均每小时行驶多少千米？

提升题（选做题）

④ 有四个数，前两个数的平均数是 95，后三个数的平均数是 98，这四个数的平均数是 96。第二个数是多少？

⑤ 苗苗前几次数学测验的平均成绩是 88 分，这次如果能考 100 分，就能把平均成绩提

高到 90 分。这次是第几次测验?

【分析:针对教学目标、教学重难点设计了含判断、选择、解决实际问题的必做题以及 2 道能力提升题,意在巩固学生对平均数意义的理解及灵活运用求平均数的方法解决生活中的实际问题。能力提升题则进一步发展学生的数学思维能力,强化学生的模型意识。】

5. 学习效果评价(表 4-3-8)

课始教师结合具体情境提出两个问题,引发学生产生平均数的意识,通过师生互动、生生互动,经历选取一个数作为一组数据代表的过程,体会平均数作为一组数据代表的必要性。经过思维碰撞,学生产生用“移多补少”的方法寻找平均数,并明确平均数的取值范围。在学习过程的不断推进中,学生经历用“移多补少”“先总后分”等方法计算平均数,初步形成模型意识。在实际问题的解决中,学生了解平均数特点,强化对平均数含义的理解,熟练运用平均数解决问题,进一步强化模型意识。在不断知识生成、方法生成、思想生成的过程中培养学生的核心素养,让学生养成用数学的眼光看生活中的问题的习惯,课堂教学取得了良好的效果。

表 4-3-8 基于模型意识的教学设计(平均数)学习效果评价

评价内容	核心素养	学习评价指标	学习效果评价
任务 1: 提出问题,感知平均数的必要	问题意识	知道在现实生活中有许多问题应当先做调查研究,收集数据,感悟数据蕴含的信息	
任务 2: 解决问题,建构平均数的模型	抽象能力 模型意识 类比思想	理解平均数的含义,会用“移多补少”的方法找出一组数据的平均数,会用“先总后分”的方法求平均数	
任务 3: 拓展深化,强化平均数的认知	推理能力 模型意识 概括能力	知道平均数代表一组数据的整体水平,平均数会随着一组数据中的任何一个原始数据的变化而变化,平均数的取值范围在一组数据的最大值和最小值之间	
任务 4: 理解运用,完成平均数的建模	应用意识 模型意识	知道平均数的大小会受到一组数据中极值的影响	
任务 5: 回顾总结,升华模型思想	全局观念 模型意识	在回顾新知学习的过程中,再次加深对平均数意义的理解	
任务 6: 分层作业,强化模型意识	应用意识 创新意识	能运用平均数的知识解决生活中的实际问题; 能初步理解平均数的一般思考方法和思想	

第5章 “综合与实践”领域教学评一致性设计案例

综合与实践是小学数学课程的主要内容之一，在从知识学习走向数学学科素养提升的当下，该领域在学生的能力培养、素养提升，尤其是问题解决能力、创新意识等方面的育人作用愈发明显。本章结合《课标(2022年版)》中有关综合与实践的指导内容，简要分析其内涵、价值、内容要求、学业要求以及教学建议等，根据课标提供的相关主题，在凸显不同研究重点的教学实践研究基础上提供了多个教学设计案例。

5.1 “综合与实践”领域教学简析

“综合与实践”是近几十年小学数学课程改革出现的崭新领域，而且随着课程改革的逐步深入，该领域的地位和育人作用愈发明显，特别是《课标(2022年版)》在《课标(2011年版)》的基础上不仅继续保留该领域，还做出了一些非常明显的调整，这些调整的幅度明显大于其他三个领域，并且进一步明确该领域的育人目标和教学建议等。

5.1.1 “综合与实践”的内涵、特点和价值

《课标(2022年版)》在课程性质中明确指出：“综合与实践”以培养学生综合运用所学知识和方法解决实际问题的能力为目标，根据不同学生特点，以跨学科主题学习为主，适当采用主题式学习和项目式学习的方式，设计情境真实、较为复杂的问题，引导学生综合运用数学学科和跨学科的知识与方法解决问题。①

1. “综合与实践”领域的特点

“综合与实践”领域具有三个方面明显的特点：一是综合性，要求学生综合应用学过的知识去解决问题，这种综合性不仅是数学学科知识，同时还包含其他学科知识。二是实践性，实践是指人们有意识地从事改造自然和改造社会的活动，所谓实践出真知、实践是检验真理的唯一标准，无不体现出实践对于人类发展的重要性。“综合与实践”活动的实践性指完成活动过程中，需要学生亲身经历的思维过程或行为表现。数学教科书“综合与实践”活动的实践性的体现，需要学生把认知与行动、理论与实践、数学知识与其他学科知识有机融合，为落实数学课程总目标提供了保障。② 三是灵活性。“综合与实践”的灵活性体现在该学习领域的活动时间、活动空间、活动内容和活动过程。内容实施的频次至少保证每学期一次，既可以是短期的也可以是长期的，且实施地点不局限于教室内，主要以主题活动或项

---

① 中华人民共和国教育部. 义务教育数学课程标准：2022年版[S]. 北京：北京师范大学出版社，2022：16.

② 李海东，李健. 新课标理念下的数学教科书“综合与实践”活动：“关键特征”“基本类型”与“呈现要点”[J]. 数学教育学报，2022，31(5)：14-18.

目式活动的方式进行。[1] 灵活性一方面体现在内容的灵活性上，如《课标（2022 年版）》列举了一些主题活动以及项目学习的名称和具体活动内容，但是在教学设计时，以上内容仅仅作为参考内容，教师可以根据学校所处的环境、学生的实际情况，可以灵活选用不同的主题名称，设计不同的活动内容[2]，但是要注意内容的选择与学生的接受能力，达到课程标准中有关于此内容的内容要求和学业要求即可。灵活性还体现在学习方式的灵活性上，对于采取的项目式学习方式的内容，可以采取“课内＋课外、校内＋校外、集中＋分散”等灵活方式进行。[3]

2. “综合与实践”领域课程内容的育人价值

《课标（2011 年版）》在“应用意识”这一关键词的解释中特别指出“综合实践活动是培养学生应用意识很好的载体”。《课标（2022 年版）》在“综合与实践”的课程目标定位突出了对学生应用意识、实践能力、创新意识以及解决问题能力的培养。在核心素养的主要表现与内涵中就应用意识也做了具体的解释，强调应用意识有助于学生养成理论联系实际的习惯，发展实践能力，并在课程总目标中提出了“在探索真实情境所蕴含的关系中，发现问题和提出问题，运用数学和其他学科的知识与方法分析问题和解决问题”的“四能”具体要求，并通过进一步解释如何通过“四能”落实“三会”的总目标，如“会用数学的眼光观察现实世界”中明确指出“能够在实际情境中发现和提出有意义的数学问题，进行数学探究”，“会用数学的语言表达现实世界”中明确指出“能够在现实生活与其他学科中构建普适的数学模型，表达和解决问题”。

5.1.2 “综合与实践”领域的课程内容、学习方式

“综合与实践”领域的培养目标是培养学生应用所习得的数学知识、方法、经验等解决简单的实际问题，根据不同学生的年龄特点和学段特征，以跨学科主题学习为主[4]，学习的方式主要采取主题式学习和项目式学习，重点在于在真实的情境中解决实际问题。小学阶段的“综合与实践”的课程内容以及学习方式具体见表 5-1-1。

表 5-1-1 “综合与实践”领域前三个学段的课程内容及学习方式

第一学段（1～2 年级）		第二学段（3～4 年级）		第三学段（5～6 年级）	
内容	学习方式	内容	学习方式	内容	学习方式
数学游戏分享 欢乐购物街 时间在哪里 我的教室 身体上的尺子 数学连环画	主题式学习	年、月、日的秘密 曹冲称象的故事 寻找“宝藏” 度量衡的故事	主题式学习	如何表达具有相反意义的量 校园平面图 体育中的数学 营养午餐 水是生命之源	主题式学习 项目式学习

① 李星云. 小学数学“综合与实践”领域教学改进策略[J]. 广西教育，2022，(22)：16-19.

② 中华人民共和国教育部. 义务教育数学课程标准：2022 年版[S]. 北京：北京师范大学出版社，2022：42.

③ 中华人民共和国教育部. 义务教育数学课程标准：2022 年版[S]. 北京：北京师范大学出版社，2022：53.

④ 中华人民共和国教育部. 义务教育数学课程标准：2022 年版[S]. 北京：北京师范大学出版社，2022：16.

表 5-1-1 中一共安排了 15 个“综合与实践”的学习内容，其中 13 个学习内容的学习方式主要采取主题式学习方式，其中只有 2 个内容的学习采取的是项目式学习方式。

《课标(2022 年版)》在其课程总目标中明确指出，通过义务教育阶段的数学学习，学生在探索真实情境所蕴含的关系中发现问题和提出问题，运用数学和其他学科的知识与方法分析问题和解决问题。[①] “综合与实践”领域通过主题活动和项目式学习来培养学生的问题解决能力。所谓主题式学习，是指在单个或系列主题下，学生通过操作、探究、交流等具体活动，进行知识的学习或应用；项目式学习则是以问题为驱动，学生在真实、多样、具有一定挑战性的情境中，综合应用多学科知识，使用适切的策略、方法解决情境中的问题。[②] 主题式学习和项目式学习的相同点和不同点见表 5-1-2。

表 5-1-2 “综合与实践”领域主题式学习与项目式学习的异同点

	主题式学习	项目式学习
相同点	强调知识的综合应用，尤其是突出跨学科知识与方法的综合应用	
不同点	强调发现问题、提出问题、分析问题、解决问题	强调解决问题

主题活动内容的学习，学生将面对现实的背景，从数学的角度发现提出问题，综合运用数学和其他学科知识与方法、分析并解决问题。项目式学习的设计以解决现实问题为重点，综合应用数学和其他学科知识解决问题，突出数学与其他学科的关联[③]。

5.1.3 “综合与实践”领域的教学评一致性要求

1. “综合与实践”领域三个学段内容要求

整理“综合与实践”领域三个学段的内容要求，从知识、技能、情感态度以及数学核心素养的角度来进一步明晰每个内容的目标要求(表 5-1-3 至表 5-1-5)。

表 5-1-3 “综合与实践”领域第一学段(1～2 年级)内容要求

主题内容	知识、技能、方法、经验	情感、态度、价值观	数学核心素养
数学游戏分享	感性认识和学习经验的初步唤醒； 尝试使用数学相关词语	激发兴趣，养成好习惯	
欢乐购物街	认识人民币； 简单的单位换算； 了解货币的意义	勤俭节约意识； 初步的金融素养	
时间在哪里	认识时、分、秒； 能述说时间长短； 了解时间的意义	懂得遵守时间； 懂得珍惜时间	

① 中华人民共和国教育部. 义务教育数学课程标准：2022 年版[S]. 北京：北京师范大学出版社，2022：11.
② 史宁中，曹一鸣. 义务教育数学课程标准(2022 年版)解读[M]. 北京：北京师范大学出版社，2022：334.
③ 中华人民共和国教育部. 义务教育数学课程标准：2022 年版[S]. 北京：北京师范大学出版社，2022：42.

续　表

主题内容	知识、技能、方法、经验	情感、态度、价值观	数学核心素养
我的教室	能够用上、下、左、右、前、后描述物体的相对位置； 认识东、南、西、北四个方向	感受数学的价值	发展初步的空间观念
身体上的尺子	已有测量知识； 度量的经验	激发学习数学的兴趣	培养应用意识； 发展量感
数学连环画	已有的数学知识； 表达数量关系	感受数学知识与现实生活的联系	

表 5-1-4　“综合与实践”领域第二学段(3～4 年级)内容要求

主题内容	知识、技能、方法、经验	情感、态度、价值观	数学核心素养
年、月、日的秘密	知道 24 时计时法； 认识年、月、日，知道它们之间的关系，能应用相关知识解释生活中的问题； 了解古人认识一年四季的方法，了解中华优秀传统文化	增强民族自豪感	提高初步的应用意识
曹冲称象的故事	感受并认识克、千克、吨以及它们之间的关系； 感受等量的等量相等； 积累数学活动经验	培养勇于探索的科学精神	发展量感和推理意识
寻找“宝藏”	认识东北、西北、东南、西南四个方向； 了解几点钟方向； 会描绘物体所在的方向	感受数学的价值	发展空间观念
度量衡的故事	知道中国在秦朝统一了度量衡； 查阅资料，理解度量衡的意义； 知道度量的最初方法； 加深对量和计量单位的理解	增强民族自豪感 感受数学的价值	丰富和发展量感

表 5-1-5　“综合与实践”领域第三学段(5～6 年级)内容要求

主题内容	知识、技能、方法、经验	情感、态度、价值观	数学核心素养
如何表达具有相反意义的量	了解具有相反意义的数量； 知道负数在情境中表达的具体意义； 感悟负数可以表达与正数相反意义的量	感受数学的价值，培养学生的创新意识和探索精神	发展数感
校园平面图	综合应用比例尺、方向、位置、测量等知识，绘制校园平面简图，标明重要场所	感受数学的价值	形成初步的应用意识； 形成初步的创新意识

续 表

主题内容	知识、技能、方法、经验	情感、态度、价值观	数学核心素养
体育中的数学	收集重大体育赛事信息、某项体育比赛规则、某运动员的技术数据等素材，提出数学问题，设计解决问题的方案； 培养问题解决能力	形成质疑问难、勇于探索的科学精神	形成初步的应用意识； 模型观念
营养午餐	调查了解人体每日营养需求、几类主要食物的营养成分，感受膳食的合理性； 调查了解学校餐厅、家庭一周午餐食谱的营养情况，提出建议	形成重视调查研究、形成设计规划的科学态度	形成初步的数据意识
水是生命之源	调查了解生活中人们使用淡水的习惯及用量，结合淡水资源分布、中国人均淡水占有量等信息，发现、提出并解决问题； 制作校园或家庭节水方案	感受数学的价值	形成初步的应用意识； 形成初步的创新意识

2. “综合与实践”领域三个学段学业要求

《课标（2022年版）》相比《课标（2011年版）》最大的变化之一就是明确了学生学习的具体学业要求，尤其是“综合与实践”领域，以前只是给出具体的内容，至于达到怎样的要求，不同的教师的理解可能是不一样的，但是现在有了明确的学业要求，让一线小学数学教师有章可循，也能确切知道该领域学习后应该达到的确切程度，能够很好地根据学业要求设计教学。“综合与实践”领域三个学段的具体学业要求见表5-1-6至表5-1-8。

表5-1-6 “综合与实践”领域第一学段（1～2年级）学业要求①

主题内容	过程目标	结果目标
数学游戏分享	在教师协助下带领同伴一起玩游戏	能够比较清晰地描述幼儿园和学前生活中的数学活动内容； 比较准确地表达自己对数、数量、图形、方位等数学知识的理解； 能说明或演示自己玩过的数学游戏内容和规则
欢乐购物街	积极投入模拟购物活动中	认识元、角、分，知道它们之间的关系； 会在真实或模拟情境中合理使用人民币； 在教师指导下能够反思并述说购物的过程，积累使用货物的经验； 形成对货币的量感和初步的金融素养
时间在哪里	参与相关活动体验时间的长短	认识时、分、秒，能说出钟表上的时间； 了解时、分、秒之间的关系，体会时间的长短； 能将生活中的事件与时间建立联系，感受时间与过程之间的关系； 形成对时间长短的量感，懂得遵守时间的重要性，珍惜时间

① 中华人民共和国教育部.义务教育数学课程标准：2022年版[S].北京：北京师范大学出版社，2022：44-45.

续 表

主题内容	过程目标	结果目标
我的教室	经历、参与教室的方向认识活动，根据方位去找对应的方向	会用上、下、左、右、前、后描述现实生活中物体的相对位置； 会用东、南、西、北描述物体所在的方向； 给定东、南、西、北四个方向中的一个方向，能辨别其余三个方向； 了解物体间位置、方向的相对性，形成初步的空间观念
身体上的尺子	经历用身体上的尺测量一些物体的长的活动	运用测量知识，了解身体上的“长度”； 能用身体上的“长度”去测量教室以及身边物体的长度； 能记录测量结果，能与他人分享测量的过程和结果，发展量感
数学连环画	参与运用数学知识绘画的过程	能简单整理学过的数学知识； 能够结合经验和查阅资料，编写含有数学知识的小故事； 能用自己的语言表达数学连环画中数学知识、意义以及蕴含的数量关系； 能够理解他人数学连环画中的数学信息，学会数学化的表达与交流

表 5-1-7 “综合与实践”领域第二学段(3～4 年级)学业要求①

主题内容	过程目标	结果目标
年、月、日的秘密	参与、经历寻找年、月、日的秘密的过程，体验时间与生活的关系	知道 24 时计时法与钟表上刻度的关系，能用 24 时计时法表示时间； 知道年、月、日之间的关系，以及相关的简单历法知识； 知道一年四季的重要性，了解中国古代是如何通过土圭之法确定一年四季的，培养家国情怀
曹冲称象的故事	经历称物体质量的过程，探索称物体质量的方法和策略	知道“曹冲称象”的故事，形成问题意识； 能结合现实素材，感受并认识克、千克、吨，能进行简单的单位换算； 理解等量的等量相等； 结合实践方案，学会反思，丰富度量活动经验
寻找“宝藏”	经历寻找“宝藏”的过程，探索相应的方位	能在平面图上认识东北、西北、东南、西南四个方向； 能描绘图上物体所在的方向，辨别不同物体所在的方向，以及这些方向之间的关联； 能够在简单实际情境中正确判断方位； 进一步理解物体的空间方位及物体之间的位置关系，发展空间观念
度量衡的故事	经历查找相关资料的过程	理解度量衡的意义，提升学习的意识与能力； 理解度量的本质，知道计量单位的人为规定性； 了解计量单位的发展历史，知道科学发展与度量精确的关系； 能对不同的量进行分类、整理、比较，发展量感

① 中华人民共和国教育部. 义务教育数学课程标准：2022 年版[S]. 北京：北京师范大学出版社，2022：47-48.

表 5-1-8 “综合与实践”领域第三学段(5～6 年级)学业要求①

主题内容	过程目标	结果目标
如何表达具有相反意义的量	经历探究表达具有相反意义的量的过程	在具体的事例中体会相反意义的量； 能表达具体情境中负数的实际意义； 能通过多个事例归纳、比较，感悟负数可以表达与正数相反意义的量
校园平面图	经历绘制校园平面图的过程	结合校园实际情况，制订较为合理的测量方案和绘图比例； 能理解所需要的数学和其他学科的知识，能积极有序开展测量； 根据校园实际，依据绘图比例绘制简单的校园平面图； 能解释绘图原则，提升规划能力，积累实践经验
体育中的数学	经历收集资料、分析资料的过程	结合自己的兴趣，确定要研究的关于体育的内容与范围； 会查找资料，提出有价值的数学问题； 与他人交流合作，运用数学知识解决相关实际问题； 感悟数学在体育中的作用，提高学习数学的兴趣
营养午餐	经历收集、调查数据相关过程，经历一周食谱的设计过程	理解百分数的意义； 会用扇形统计图整理调查结果，分析如何实现营养均衡； 感悟在实际情境中方案的形成过程； 形成重视调查研究、合理设计规划的科学态度
水是生命之源	经历调查、查找资料、确定方案的过程	优化调查方案； 从资料和实地走访中筛选需要的信息，提出问题，解决问题； 制订节水方案，培养创新意识； 在问题解决过程中加深对水资源保护等社会问题的关注与理解

3. “综合与实践”领域三个学段评价建议

《课标(2022 年版)》关于评价的总体建议是要充分发挥评价的育人导向功能，坚持实现教学评的一致性，即以评促教和以评促学。在教学评价中坚持以下几点：一是评价方式的丰富多样，评价方式包含口头测验和书面测验、课堂观察和课后观察、活动报告或课内外作业以及成长记录等，还可以采用线上线下相结合的方式。二是评价的维度多元多样，在评价过程中，既要关注学生的知识、技能、数学思想、数学经验表现，又要多多关注学生的数学核心素养以及关键能力的表现情况。围绕教学目标，还要关注学生的问题解决能力，主要包含学生在实际情境中发现问题、提出问题、分析问题、解决问题的能力。三是评价主体的多元多样，在评价过程中评价的主体可以是学生、教师，还可以是家长，在评价的过程中可以采用学生自评、学生互评、家长评价与教师评价相结合的形式进行全方位的评价考察。四是评价结果的呈现与运用多元多样，在评价过程中根据学生的年龄特征和学段情况，评价的结果采用定性评价和定量评价相结合的方式，既要关注学生学习的结果，也要关注学

① 中华人民共和国教育部. 义务教育数学课程标准：2022 年版[S]. 北京：北京师范大学出版社，2022：51-52.

生的学习过程。在第一学段的评价方面主要采用定性的描述性评价方式，第二和第三阶段采用描述性评价和等级评价相结合的方式，特别是第三学段的等级评价比定性评价要稍微突出一些，为第四学段的评价做好衔接准备工作。无论采用怎样的评价方式，评价的结果应更多地关注学生的进步，关注学生已有的学业水平与提升空间，为后续教学提供教学参考依据。评价结果应有利于增强学生的数学学习信心，提高学生学习数学的兴趣，促使学生养成良好的学习习惯，以促进学生的核心素养发展。①

5.1.4 “综合与实践”领域的教学建议

《课标（2022 年版）》在课程实施的教学建议部分，明确指出 5 个具体的教学建议，其中第 4 条就是关于“综合与实践”领域的，此内容已在前文陈述，在此不再赘述，仅仅重点围绕其他相关内容进行剖析。关于“教学建议”部分“整体把握教学内容”，提出在教学中要注重教学内容之间的关联以突出内容的结构化，这一教学内容在数与代数、图形与几何、统计与概率三个领域比较好理解，也容易得到足够的重视，在“综合与实践”领域，同样应该突出这一教学要求。首先，“综合与实践”领域的内容之间是有关联的，如第一学段的“我的教室”、第二学段的“寻找‘宝藏’”和第三学段的“校园平面图”，从知识的结构性层面来看是方向和方位的连续性学习和应用；从学生数学核心素养的整体性和阶段性来看，这三部分内容的学习对学生空间观念的发展是三个不断提升的阶段。因此，也提醒我们注意学习内容与核心素养发展之间的关联性。其次，当我们已经能够从整体上把握综合与实践的教学内容，在教学设计上，也尽可能重视整体教学设计。这里提整体设计，就是要纵向考虑相关主题内容之间的联系，不提单元整体，主要是因为“综合与实践”领域的每个主题是相对独立的微型单元，重点不是进行单元内的结构重组，而是这些主题内容之间的整体设计，促进学生对相关主题活动以及项目式学习内容的高度理解和整体把握。最后，特别强调情境设计与问题提出。“综合与实践”领域的学习本身以解决问题为主，重在培养学生的问题解决能力，而问题解决的重要一部分就是提出问题。这里的提出问题的主体当然是指学生，而问题又多是蕴含在一定的情境中，因此这两个方面是相互关联的，好的问题情境蕴含问题，激发学生的问题意识，引发学生的数学思考，激发解决问题的欲望。

5.2 跨学科融合教学设计案例

5.2.1 基于主题式学习的教学设计

☞ 主题一 欢乐购物街

1. 教学内容分析

《课标（2022 年版）》将以往一年级下册认“认识人民币”这一课，从“数与代数”领域中的

① 中华人民共和国教育部. 义务教育数学课程标准：2022 年版[S]. 北京：北京师范大学出版社，2022：89-90.

“常见的量”移至“综合与实践”领域。学生在此之前已经学过简单的加减法，能够帮助学生体会货币单位的换算，加深对加减运算的理解，形成初步的量感。本活动主要是基于生活经验，让学生回顾看到过的和经历过的购物过程，教师设计购物活动，帮助学生在这样的活动中认识并会使用人民币，体会买者和卖者操作过程和思考方式的不同，进一步理解加减法的应用，感悟货币与商品的关系，体会货币交流的过程，形成初步的金融素养。

2. 教学目标确定

（1）教学目标

① 在实际情境中了解认识人民币，能进行简单的单位换算，感受兑换的等值原则，了解货币的意义与发展史。

② 能积极投入模拟购物活动，清晰表达和交流信息；会在真实或者模拟的情境中合理使用人民币；能够反思并述说购物的过程。

③ 积累使用货币的经验，形成对货币多少的量感和初步的金融素养，培养勤俭节约的意识。

④ 培养应用意识、创新意识、量感。

（2）教学重点

在买东西的过程中，感受付钱策略的多样性，培养学生的应用意识。

（3）教学难点

在自助找钱的过程中，训练学生的数学运算能力，能进行元、角、分之间的合理单位换算。

3. 学具准备

人民币。

4. 教学活动设计

任务 1 ▶ 创设情境，发现问题

提问：关于人民币，你们已经知道了哪些知识呢？

追问：你们用过人民币吗？什么时候用到的？

谈话：人民币与我们的生活息息相关。

出示秋游通知书(图 5-2-1)。

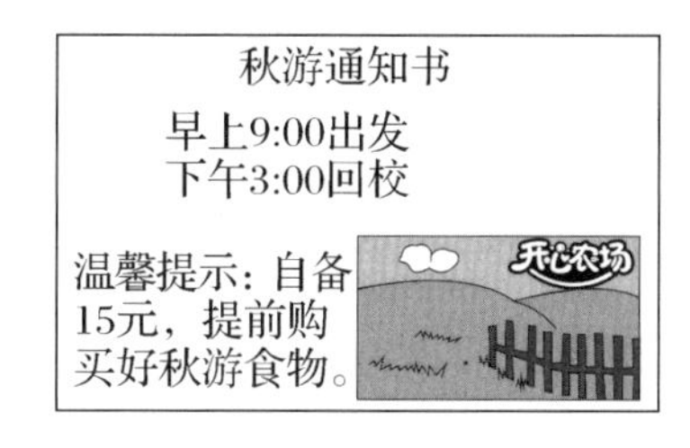

图 5-2-1

提问：从这份秋游通知书里你们能获取哪些信息？

学生收集信息：早上 9:00 出发，下午 3:00 回校，地点是开心农场。

启发：在开心农场待整整 6 小时，为了解决我们的饮食问题，需要准备什么？

引导学生思考回答需要准备人民币。

根据温馨提示指出自备 15 元。

追问：有了钱，那么去哪里购物呢？就是我们的欢乐购物街。（板书课题）

任务 2 ▶ 提出问题

提问：在购物之前，你们还想知道什么？

根据学生回答板书：15 元能买多少食物？

【设计意图："欢乐购物街"主题活动紧扣学生准备秋游的活动情境，让学生根据秋游的实际情境思考并主动发现问题，创设了秋游需要购买食物这一实际任务，联想到购买食物需要准备人民币，从而提出问题"15 元能买多少食物"。与生活经验相结合，培养学生在真实情境中发现问题的能力，自发生成相关数学问题，运用数学和其他学科的知识与方法，经历发现问题、提出问题的过程。】

任务 3 ▶ 分析问题，制定合理的购物清单

（1）根据喜好，自选食物

活动 1：选择合适的秋游食物，完成购物清单并计算出总价（图 5-2-2）

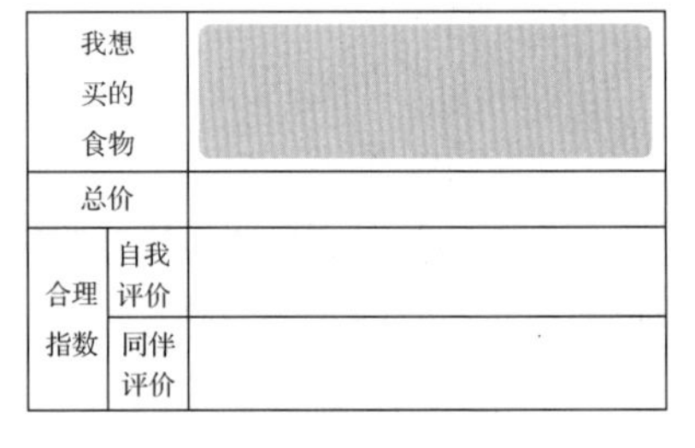

我想买的食物		
总价		
合理指数	自我评价	
	同伴评价	

图 5-2-2

教师巡视，了解情况。

学生自主设计购物清单。

（2）反思任务，达成共识

汇报：教师选取三份作品进行展示，组织全班交流。

讨论：

① 第一位同学买得太多了，总价超过了 15 元。

② 第二位同学只买了 2 根棒棒糖，吃不饱。

③ 第三位同学没有买可以解渴的食物。

根据学生回答依次板书：总价不超过 15 元，能吃饱，能解渴。

总结：只有这三个要求都符合了，这才是一份比较合理的购物清单。（板书：合理）

【设计意图：在设计购物清单这一环节，由于购买秋游食物需要综合考虑游玩的真实需求，所以对学生来说是一个相对复杂的任务。经过小组讨论和全班交流，学生慢慢达成共识，适合秋游的食物需符合"总价不超过 15 元，能吃饱，能解渴"三项要求，学生在这一环节经历了完整分析合理性的过程，完成了学习的进阶。】

（3）调整方案，符合标准

提问：应该怎样调整这三份作品？

展示：选取前两份购物清单，投影展示学生的调整过程。

预设 1：将第一位同学购物清单中的食物拿下来一个贵的，使总价在 15 元以内。

预设 2：给第二位同学加了一些吃的和喝的，满足三个要求。

谈话:我们一起调整了两个方案,现在你们知道怎么调整了吗?

要求:按照这样的标准重新调整自己的方案。如果三个要求都符合,请给自己涂上三颗星,自评后小组同伴交换购物清单互相评价。

【设计意图:在设计与修正购物方案的过程中,学生能感受到问题解决是一个不断发现、改进和优化的过程,评价的设计视野不再局限于教材内容,而是从遵循学生的内心体验出发,从自评到互评,通过具体且有效的评价标准,学生对自己设计的购物方案进行再判断,衡量合理性,打开学生的认知视野,拓宽学生的知识边界。】

追问:光有购物清单能购买食物了吗? 还需要什么?

要求:接下来请你打开自己的小钱包,看看里面的 15 元是怎么组成的。

汇报:组织学生交流每位同学的 15 元的组成。

【设计意图:通过交流 15 元的组成,学生发现大家拿到的 15 元是不一样的组成,这也为接下来购物出现的多种付钱方式留下铺垫。在交流过程中,每位同学对手中的 15 元有了大致的了解并进行了核对,为接下来付钱提供了准备。】

谈话:接下来我们就要拿着自己的购物清单去欢乐购物街购物了。

观看购物要求视频。

活动 2:真实购物,逛一逛欢乐购物街(图 5-2-3)

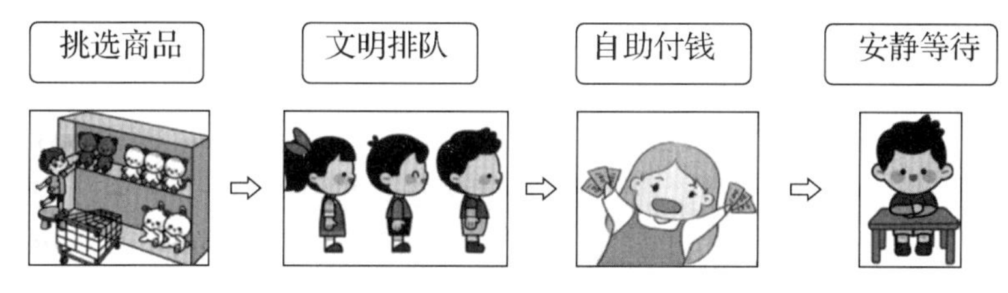

图 5-2-3

学生开始购物,教师巡视指导并记录。

要求:购物完的学生回到座位对自己的整个购物过程进行评价并写一写自己的购物感受。

【设计意图:通过视频让学生直观感受购物要求,对于低年级小朋友来说更容易理解和接受。这一环节要求学生按照自己的购物清单选择相应的食物并自助付款,学生体验了在真实情境中购物的过程,多感官参与以实践、体验为主的学习活动,自助付款的设计让每位同学都经历了付钱和找钱的过程,感受数学与社会生活之间的联系,积累了在真实情境中使用人民币购物的经验。同时设计了 4 个评价标准,引导学生多角度回顾学习进程,反思活动得失,评价、欣赏同伴的学习进程,提升核心素养。】

任务 4 ▶ 真实购物,解决问题

谈话:刚刚在购物的过程中,老师发现许多小朋友在自助付钱这一环节都遇到了困难。我们一起来帮帮他们好不好?

汇报:根据 15 元的组成讨论付钱方法。

(1) 展示作品 1(图 5-2-4)

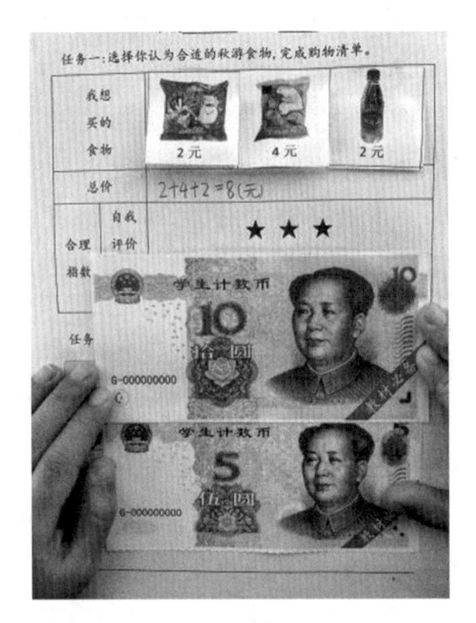

图 5-2-4

讨论:

① 如果有一张 10 元和一张 5 元,怎么付 8 元?

预设:付 1 张 10 元,找 2 元(图 5-2-5)。

板书:

图 5-2-5

② 如果有两张 5 元和 5 个 1 元(图 5-2-6),怎么付 8 元?

图 5-2-6

预设:付 1 张 5 元和 3 个 1 元(图 5-2-7)。

板书:

图 5-2-7

③ 如果有一张 10 元和 5 个 1 元(图 5-2-8),怎么付 8 元?

图 5-2-8

预设:付 1 张 10 元和 3 个 1 元,找 5 元(图 5-2-9)。

板书:

图 5-2-9

(2) 展示作品 2(图 5-2-10)

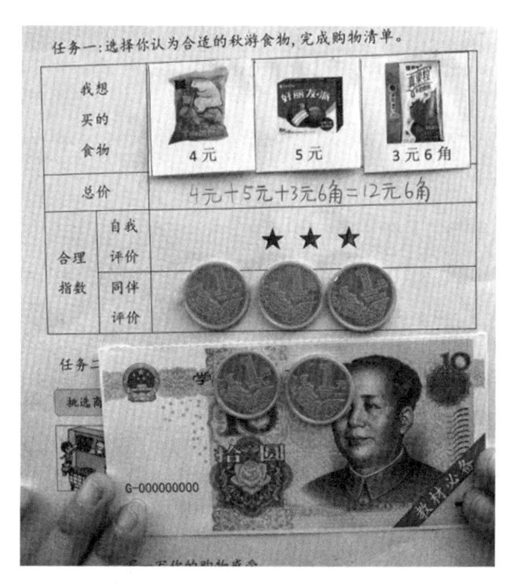

图 5-2-10

讨论:

① 如果有一张 10 元和 5 个 1 元,付了 12 元,剩下 3 个 1 元(图 5-2-11),怎么付 6 角?

图 5-2-11

预设:1 元=10 角,所以付 1 元,找 4 角(图 5-2-12)。

板书:

图 5-2-12

② 如果有 2 个 1 元和 10 个 1 角(图 5-2-13),怎么付 6 角?

图 5-2-13

预设:直接从 10 角里付 6 角(图 5-2-14),剩下 4 角。

板书:

图 5-2-14

③ 如果有 2 个 1 元、1 个 5 角和 5 个 1(图 5-2-15)角,怎么付 6 角?

图 5-2-15

预设:付 1 个 5 角和 1 个 1 角(图 5-2-16),正好是 6 角。

板书:

图 5-2-16

总结:在购买食物时可以用加法、减法来解决问题。

【设计意图:选择两种常见问题反馈交流,引导学生通过真实经历,学习人民币基本知识,感悟货币意义,提升能力素养。学生经历人民币的认识和使用,体会货币单位的换算,加深对加减运算的理解,通过讨论交流得出多种付钱方式。形成对货币多少的量感和初步的金融素养,积累使用货币的经验。】

任务 5 ▶ 回顾反思

师:今天我们上了一节特殊的数学课,题目就叫作欢乐购物街,同学们一起经历了整个购物的过程,经过今天的学习,你们有什么收获呢?

师:同学们,通过这次购物街活动,我们不仅学会了花钱,更学会了有意义地花钱,钱虽是身外之物,但我们日常生活中每天都在消费,金钱是非常重要的! 但同时,老师希望大家能树立正确的金钱观,能感受到父母赚钱的不容易,珍惜父母给你们花的每一笔钱,体谅父母工作的艰辛!

5. 板书设计(图 5-2-17)

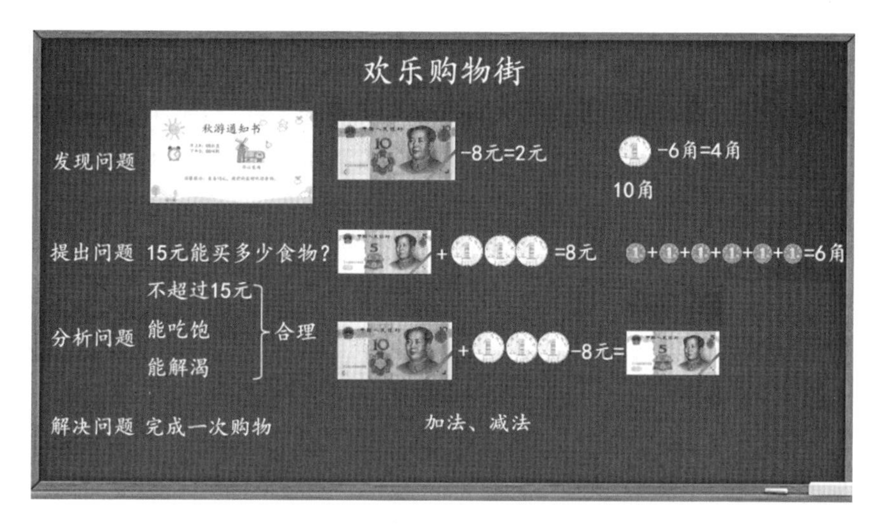

图 5-2-17

6. 教学效果评价(表 5-2-1)

表 5-2-1 学习效果评价表

评价内容	具体评价指标	评价结果
知识与技能	认识人民币,能进行简单的单位换算	
过程与方法	能主动地参与主题活动的全过程,清晰表达和交流信息,互相帮助,乐于分享	
情感、态度与价值观	能根据自己的需求合理购物,形成对货币多少的量感和初步的金融素养,养成勤俭节约的习惯	
数学核心素养	会在真实情境中运用人民币,感受付款方式的多样性,培养应用意识	

(案例提供:苏州工业园区娄葑学校 彭国庆名师工作坊 李晓、柏雅蝶)

☞ 主题二 时间在哪里

1. 教学内容分析

“时间在哪里”这一内容原属于“常见的量”学习板块,《课标(2022 年版)》将其迁移到了

"综合与实践"领域，这表明"常见的量"的学习不仅仅是为了获得具体的数学知识，还要着力培养学生的应用意识和探究精神，发展核心素养。

"时间在哪里"是基于学生已有生活认知基础上教学的，重在帮助学生认识钟面的基本结构，掌握整时和几时几分的读法，建立起"时"和"分"之间的关系。本节课的学习为后续进一步探索"分"和"秒"之间的关系、24 时计时法及年月日的秘密做好了铺垫。

2. 教学目标确定

（1）教学目标

① 在拨一拨、画一画等过程中认识钟面，能够认、读、写钟表上的整时和非整时，理解时、分之间的关系。

② 经历看一看、认一认、画一画、拨一拨等数学活动，培养观察与比较、归纳与概括的能力。

③ 初步感受时间蕴藏在运动变化之中，形成珍惜时间的意识，养成合理安排时间的良好习惯。

④ 经历运用所学知识解决时间表达的现实问题这一过程，初步培养应用意识；经历课后体验 1 分、1 小时的过程，初步形成对时间长短的量感。

（2）教学重点

准确认、读、写钟表上的整时和非整时，理解时、分之间的关系。

（3）教学难点

准确认、读、写接近整时的时间。

3. 学具准备

钟表模型、学习单。

4. 教学活动设计

任务 1 ▶ 联系生活，引入新课

谈话：课前我们每位同学都记录了自己的一天，谁上来和大家分享下你的一天？

引导：大家都用文字记录了自己一天中主要的时间点，那么这些时间能不能用数学化的方式表达出来呢？今天这节课我们就一起走进我们的一天，找找时间在哪里。

【设计意图：对于时间，学生是不陌生的。通过前置性作业引导学生将一天中重要的 5 个时间点表达出来，学生的表达方式往往是生活化的语言及文字。此时，教师适时提出本节课的大任务"这些时间能不能用数学化的方式表达出来"，既链接学生已有认知经验，又为本节课的学习确定了目标。】

任务 2 ▶ 自主发现，探究新知

（1）认识钟面及其结构

提问：要研究时间在哪里，你们觉得要借助什么工具？瞧！在钟面上，你们看到了什么？

学生交流：12 个数、时针、分针、刻度线。

指出：像这样标有数的两个刻度线间的距离我们称为大格。大格中相邻两个刻度线间的距离我们称为小格。

启发:大格、小格间有着什么秘密呢?

展示学生作业,指名上台数一数。

小结:钟面有 12 个大格,每个大格里有 5 个小格,一共有 60 个小格。

【设计意图:钟面上的数、指针、刻度线是学生较易发现的,而大格、小格的数量是需要进一步探究的。为此,充分发挥学生的主体作用,放手让学生自主探究大格、小格间的关系,既培养了学生的观察能力,又为后续时间的认读打好基础。】

(2) 认读整时

谈话:课前我采访了一位同学,他说周末在这个时间起床,你们能看钟面说出起床时间吗?

启发:分针指着 12,时针指着 8,就是 8 时,也可以写作 8:00。

提问:8 时起床后,开始洗脸、刷牙、吃早饭,然后准备写作业,现在是什么时间呢?(学生一起说)

指出:像这样分针指着 12,这样的时间我们把它叫作整时!

提问:你们能总结下该怎么看整时吗?

小结:像这样分针指着 12,时针指着几就是几时。

追问:这位同学从起床到整理就绪,用了多少时间?你是怎么看出来的?

指出:时针从 8 走到 9,时针走 1 大格就是 1 小时。5 大格呢?走 1 圈呢?

【设计意图:充分运用学生已有的生活经验,放手让学生在观察、交流中认读整时,并适时总结与概括整时的认读方法。通过观察 8 时到 9 时时针的走动,顺势总结时针走 1 大格是 1 小时,帮助学生初步建立 1 小时的概念。】

(3) 认读非整时

谈话:刚准备写作业,可是这时电话手表响了,这时过了多久?

指出:分针走 1 小格就是 1 分钟。

提问:分针又动了,现在过了几分钟?你们怎么知道?

谈话:接完电话,开始写作业。从 9 时到现在,一共过了几分钟?怎么看出来的?

指出:1 大格里有 5 小格,所以分针走 1 大格是 5 分钟。

追问:现在这个时间你会读吗?你们是怎么想的?

指出:时针走过 9,分针走了 1 大格,就是 5 分钟,合起来是 9 时 5 分。因为不满 10 分,我们要添 0,所以这个时间就是 9 时 05 分!

启发:再走 1 大格,是什么时间?继续走 1 大格呢?

学生汇报并交流怎样看时间。

引导:谁来总结该怎么看几时几分?

小结:时针走过几,分针从 12 开始走了多少小格。

谈话:下面我们一起在钟面上拨一拨这些时间。请将钟面分别拨到 9 时、9 时 15 分、9 时 30 分。

提问:再拨 4 大格,是什么时间?再拨 1 大格呢?

谈话：我们一起再拨 5 分钟，现在时间才是 10 时。

【设计意图：基于学生已有的生活认知，自然揭示分针走 1 小格是 1 分钟，进而启发学生认读 9 时 05 分。紧接着以探究活动的形式，引导学生写一写、说一说、比一比，自主发现与总结非整时的认读方法。最后，拨一拨的活动既巩固了认读方法，又为后续进一步探究时与分的进率做好铺垫。】

(4) 认识时与分之间的进率

谈话：刚刚我们从 9 时拨到 10 时，你们有没有发现分针和时针有什么变化？老师把刚才的过程再用电脑展示一下，仔细看分针和时针的变化哦！

指出：分针走了 1 圈，时针走了 1 大格。

启发：这个规律对不对呢？我觉得还要打个问号。因为刚刚我们仅仅从 9 时到 10 时发现了这样的规律，你们觉得可以怎样来验证它对不对？

谈话：请你们快速拨出一个整时，坐正！采访一下，你们现在拨了几时？如果规律正确，分针转 1 圈后时针应该指着几？开始验证！如果验证成功，击掌坐正！

小结：我们发现的规律正确吗？分针走 1 圈，时针走 1 大格。分针走 1 圈是 60 分钟，时针走 1 大格是 1 小时，那也就是说 1 时＝60 分。

【设计意图：基于 9 时拨到 10 时的动作感知，学生已对分针与时针的运动有了初步的了解。此时，引导学生仔细观察分针与时针的变化，学生随即便能总结出分针与时针的变化规律。然而这样的规律仅仅是 9 时拨到 10 时发现的，引导学生质疑其正确性并尝试其他整时进行验证，既巩固了时与分的进率关系，又在操作验证中培养了学生的理性精神。】

任务 3 ▶ 巩固应用，强化新知

谈话：回到我们课前提出的问题，你们能应用今天所学的知识将时间用数学化的方式表达出来吗？

展示两份作品，指名另外的学生来解释。

谈话：其实钟表就是计量时间的一种时间尺，将它一圈的刻度拉直就变得和尺子一样。如果时针在上面走，这 1 大格就是 1 小时。

提问：请看这位同学的一天，你们能在时间尺上找到对应的时间吗？你们有没有什么想说的？

小结：也就是说钟表走完一圈又走了一圈，一天就由这样的两圈组成。

谈话：能在时间尺上找到你们的一天吗？课后在学习单上试一试！

【设计意图：数学学习的作用在于应用知识解决实际问题。引导学生采用画一画、写一写的方式表达课前的时间，既扎实巩固了时间的认读，又有效发展了学生的应用意识，提升了应用数学知识解决实际问题的能力。此外，通过启发学生用两把时间尺表达时间，既丰富了时间的数学化表达，又为后续 24 时计时法的学习做好了铺垫。】

任务 4 ▶ 回顾总结，拓展延伸

谈话：同学们，今天我们紧紧围绕“用数学化的方式表达时间”这一问题，经历了文字表达时间、钟面表达时间、数字表达时间、时间尺表达时间的过程，最终解决问题了吗？

谈话：想不想知道 1 分钟有多长，1 小时又有多长呢？老师留给你们一个课后实践性作业，按照要求去试一试吧！

【设计意图：引导学生回顾整节课的学习历程，凸显问题驱动下解决现实问题的学习思路。课后实践性作业的布置，有助于学生应用本节课知识体会时间的长短，完善1分钟及1小时的概念，发展时长量感。】

5. 板书设计(图5-2-18)

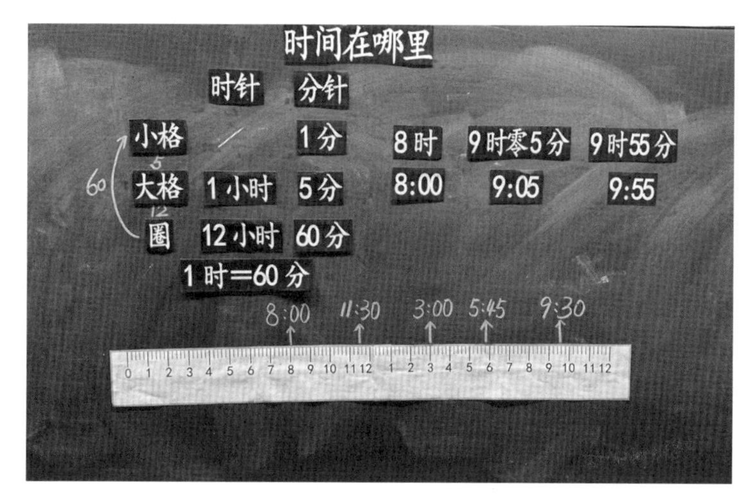

图5-2-18

6. 学习效果评价(表5-2-2)

表5-2-2 学习效果评价

评价内容	具体评价指标	学习效果评价
知识与技能	会读、写整时及几时几分； 会画上分针、时针表达时间； 知道1时=60分	
过程与方法	能够在观察比较中总结整时、非整时的认读方法； 能够归纳与概括1时=60分	
情感、态度与价值观	能够在时间尺上找到时间，知道时间在不停变化； 感受时间的重要性	
数学核心素养	能应用知识多样化表达时间； 能体会到1分钟与1小时的长短	

(案例提供：苏州工业园区景城学校 彭国庆名师工作坊 冯刚)

☞ 主题三 古人智慧之土圭之法

1. 教学内容分析

“古人智慧之土圭之法”是《课标(2022年版)》第二学段“综合与实践”新增“年、月、日的秘密”主题活动的内容。中国在步入农业文明后，需要知道什么时候是春天，什么时候开始耕种。通过对历史资料的查找、讲述及探究活动，引导学生进一步感悟时间、历法与太阳运动周期的联系，感悟中国悠久的历史和农耕文明。

《课标(2022年版)》相关的要求是：知道中国古代如何认识一年四季，了解中华优秀传统文化。知道一年四季的重要性，了解中国古代是如何通过土圭之法确定一年四季的，培养家国情怀。

2. 教学目标确定

(1) 教学目标

① 知道一年四季的重要性，了解中国古代是如何通过土圭之法确定一年四季和二十四节气的，培养家国情怀，感悟中国悠久的历史和农耕文明。

② 了解土圭之法的原理、历史渊源以及在古代社会中的应用，通过实践，掌握土圭之法的实际操作技能，从而加深对古代文化和科技的认识。

③ 能够积极参与活动、独立思考、解决问题，加深对数学知识以及数学与其他学科关联的理解，积累数学活动经验，感悟数学的应用价值。

④ 会主动从现实情境中发现并提出与数学有关的问题，初步具有质疑的意识，能运用学过的数学知识和方法解决发现的问题。

(2) 教学重点

怎么用土圭之法判别四季。

(3) 教学难点

巩固一年、四季、二十四节气、月、日之间的关系，发展时间量感。

3. 学具准备

2025年的日历、共学单、简易土圭、手电筒等。

4. 教学活动设计

任务1 ▶"数"说二十四节气，发现数学规律

引入：2016年，二十四节气被列入联合国教科文组织人类非物质文化遗产名录，它也被誉为中国气象界第五大发明。冬奥会开幕式二十四节气在世人面前亮相，让全世界见证了中国古人的聪明才智和中国传统文化的博大精深。我们欣赏一下视频。

播放二十四节气视频。

出示二十四节气歌，学生齐读节气歌。

交流：你们能在二十四节气歌中找到与春、夏、秋、冬四个季节有关的节气吗？

设疑：你们知道每个季节中有哪几个节气吗？每个季节分别从哪个月开始？四个季节分别对应哪几个月？

分组观察2025年的日历，讨论交流。

提问：你们还有什么发现？

预设：每个季节里有6个节气。

预设：春季的节气有立春、雨水、惊蛰、春分、清明、谷雨；夏季的节气有立夏、小满、芒

种、夏至、小暑、大暑;秋季的节气有立秋、处暑、白露、秋分、寒露、霜降;冬季的节气有立冬、小雪、大雪、冬至、小寒、大寒。

交流:每个季节对应 3 个月,每个月有 2 个节气。2～4 月是春季,5～7 月是夏季,8～10 月是秋季,11～1 月是冬季。

小结:每年的 2 月是春季,到了第二年的 2 月,春季又开始了。像这样四季交替,年年循环,这就是数学规律中的周期现象。

【设计意图:以学生熟知的二十四节气歌导入,“数”说二十四节气,引导学生发现隐藏在二十四节气中的周期现象,激起学生强烈的好奇心和探究欲望,初步感受数学和语文学科融合的魅力。】

任务 2 ▶ 品味经典古文,探究土圭之法

过渡:其实早在 3 000 年前,古人就发现了这样的周期现象。

出示经典古文,《尚书·尧典》中有这样的记载:“期三百有六旬有六日,以闰月定四时成岁。”

提问:你们知道这句经典古文的意思吗?

揭示:这说明至少在商周时代,人们就知道阳历中一年有 366 天,并将其分为春、夏、秋、冬四季。

追问:你们知道中国古代是怎么判别四季的吗?

谈话:所用的方法是土圭之法,也就是立竿测影。今天我们一起来探究古人智慧土圭之法。

引导:关于土圭之法,你们想探究什么呢?

根据学生回答,整理出提出的问题:

问题 1:土圭之法是什么?

问题 2:怎么用土圭之法判别四季?

问题 3:为什么要划分出四季和二十四节气呢?

课前指导学生查找资料,课上展示学生预学成果。

分享 1:土圭之法就是垂直于地面立一根杆子,通过观察杆子在正午时日影的长短来确定季节的方法。中国古代使用名叫“圭表”的天文仪器观测日影长度,圭表由圭和表组成,圭是有刻度的平面,表是立在圭上面的一根柱子。正午时,表会在圭上投影出暗影。影子长度在四季呈现规律变化。

分享 2:经过长期的观察,古代的人们发现,夏至时日影达到最短,冬至的时候日影达到最长,这样就通过日影得到了夏至和冬至;计算冬至和夏至这两日的日影长度的平均数,就得到了春分和秋分的日影长度。

设疑:土圭测日影只是表面现象,我们不妨想想,影子的长度为什么一直在变呢?我们通过一段科学小视频来了解一下。

分享 3:我国是世界上最早进入农耕文明的国家之一。发展农耕,栽种植物不能违反季节,需要掌握一定的天文历法知识。中国古代劳动人民依据太阳运动周期划分四季与节气

指导农事生产,非常有智慧。

【设计意图:通过提出问题—阅读资料—分享收获—教师讲解—合作交流的学习过程。让学生了解古人如何利用土圭之法确定四季、划分二十四节气,并通过视频呈现了土圭测日影与地球公转的关系,理解土圭之法背后的科学道理。学生能更好地对古人的观察工具圭表有具体地了解,感受到中国古代劳动人民的智慧。】

任务3 ▶ 制作简易圭表,感受土圭奥妙

过渡:为了更好地感受土圭之法的奥妙,今天我们也来学习古人,制作一个简易圭表,体验古人的计时方法。

教师提供材料,出示活动要求。

① 6 人一组合作模拟实验,分工如表 5-2-3 所示。

表 5-2-3　人员分工表

分工	拼搭圭表	扶板	拿手电筒	记录做表	汇报
人数	1	2	1	1	1

② 活动时间 8 分钟,每组选 1 名代表汇报。

【设计意图:鼓励学生勇于用新的方法和新的材料有创意地完成圭表的制作,培养学生的创新精神。要求每组同学都动手参与制作圭表,便于在课后利用自制圭表进行进一步观察。】

微课展示模拟的方法:用手电筒模拟太阳,记录当手电筒处在不同的高度时,表投射在圭上的影子长度(表 5-2-4)。

表 5-2-4　影子长度

节气	夏至	春分	秋分	冬至
影子长度/cm				

学生分组实验,教师巡视指导。

分享每组数据,分析比较数据,说说你们的发现。

【设计意图:利用微课展示制作过程,一方面可以节省教师讲解时间,另一方面可以让学生更加直观地看到制作注意点。展示影子的数据,学生通过观察自己组的数据,再比较其他组的数据,从而找出影子长度的四季变化规律。】

任务4 ▶ 活动反思,课后拓展延伸

分享活动收获,完成自我评价

提问:关于土圭之法和二十四节气,你们还想研究什么呢?

预设 1:二十四节气还有什么样的传说和故事?

预设 2:土圭除了计量时间,还能定方位,它是如何定方位的?

谈话:你们可以写在我们今天的项目化表格里(表 5-2-5),课后可以把自制圭表放在正午时分太阳可以照射到的窗边，记录一年四季影子的实际长度。

表 5-2-5 土圭之法活动记录表

每日测量时间：

日期											
影长/cm											

延伸：希望大家课后继续去探究中国的传统文化，感受中国古人的数学智慧。在这里可以推荐一本古代著名的数学书《周髀算经》，感兴趣的同学可以自己去研究。

【设计意图：学生带着问题走出教室，将持续探究的触角延伸到课下，感受传统文化的博大精深，培养学生的学习兴趣、问题意识和探究能力。】

5. 板书设计（图 5-2-19）

图 5-2-19

6. 学习效果评价（表 5-2-6）

表 5-2-6 学习效果评价

评价内容	具体评价指标	学习效果评价
知识与技能	能够积极主动组织和参与活动，有探索新知的热情	
过程与方法	小组合作中小组成员有好的配合，互相帮助，有一定的组织能力	
情感、态度与价值观	活动中思维活跃，有创意，遇到问题能够想办法解决问题，比较出色地完成任务	
数学核心素养	能从现实情境中发现并提出与数学有关的问题，初步具有质疑的意识，能运用学过的数学知识和方法解决发现的问题	

（案例提供：苏州工业园区金鸡湖学校　彭国庆名师工作坊　李华）

☞ 主题四　度量衡的故事

1. 教学内容分析

“度量衡的故事”是“综合与实践”领域的主题式学习活动，学生将在实际情境和真实问题中，运用数学和其他学科的知识与方法，经历发现问题、提出问题、分析问题、解决问题的过程，感悟数学知识之间、数学与其他学科知识之间、数学与科学技术和社会生活之间的联系，积累活动经验，感悟思想方法，形成和发展模型意识、创新意识，提高解决实际问题的能力，形成和发展核心素养。

本节课的内容要求是：知道中国在秦朝统一度量衡，指导学生查阅资料，理解度量衡的意义，知道最初的度量方法都是借助日常用品或身体，加深对量和计量单位的理解，丰富并发展量感。

2. 教学目标确定

(1) 教学目标

① 会查找资料，理解度量衡的意义；了解最初的度量方法都是借助日常用品，理解度量的本质是量的多少，知道计量单位是人为规定的；了解计量单位的发展历史，知道科学发展与度量精确的关系，运用所学知识解决现实情境中的问题。

② 通过自主探究、小组合作、分享交流、汇报展示等数学活动，让学生经历发现问题、提出问题、分析问题、解决问题的过程，培养学生的问题解决能力。

③ 通过对本节课的学习，对数学有好奇心和求知欲，提高学习数学的兴趣，形成质疑问难、自我反思和勇于探索的科学精神。

④ 通过积累活动经验，感悟思想方法，丰富并发展量感，形成和发展模型意识、创新意识，提高解决实际问题的能力，培养核心素养。

(2) 教学重难点

在主题活动中，面对现实情境，让学生从教学的角度发现并提出问题，综合运用数学和其他学科的知识与方法，分析并解决问题。

3. 教学活动设计

任务 1 ▶ 引出度量衡，发现问题

(1) 猜一猜，激趣导入

提问：同学们猜过数学谜语吗？9 寸+1 寸=1 尺，打一成语。(得寸进尺)

追问：难不倒你们！这里的“寸”和“尺”是计量什么的呢？

小结：计量长度的单位，在古代叫作“度”。今天我们就一起来探究度量衡的故事。(板书课题)

(2) 看一看，引发思考

引导：我们先来看一段有关度量衡的视频，从视频中你们发现了什么问题？(播放视频：《芈月传》中芈月抓药情节)

得出：秦、楚两国的计量方法不统一，大夫不敢给芈月抓药，剂量不对会害人。

小结：说得真好！计量标准是人为规定的，倘若标准多元，必定给人们的生产生活带来

诸多麻烦。(板书:多元)

评价:看来度量衡的知识值得我们深入探索。(板书:发现问题)

【设计意图:数字谜语导入,激发学生学习热情,引出度量衡。《芈月传》电视剧情节的加入,引发学生关注度量标准多元所带来的问题,问题的发现让学生有了探索的热情和内驱。】

任务2 ▶ 认识度量衡,提出问题

(1) 问题驱动,明确研究方向

引导:关于度量衡,你们有什么问题想问?

预设1:什么是度量衡?度量衡的历史发展。

预设2:度量衡中有哪些计量单位?计量单位的古今对比。

预设3:计量的现实应用。

小结:大家的问题聚焦在两个方面:度量衡和计量单位。

指出:问题的提出是开展研究的前提。(板书:提出问题)

(2) 指导方法,形成资料文库

过渡:课前我们已经围绕这两个关键词展开了前学研究。谁能分享一下是如何开展前学的?

小结:方法很多,你们会借助图书、网络等资源找到自己想要的资料,了不起。

引导:众人拾柴火焰高,看!老师将大家收集来的资料全都整理在了一起,形成我们班自己的资料共享库。后面的学习我们就可以借助资料库来分析问题。(板书:分析问题)

【设计意图:问题的提出是开展研究的前提,有了明确的研究方向,教师有意识地指导学生研究方法,查找资料、整理资料、分析资料是重要的学习经验,经验的积累能够使学生在潜移默化中形成学科素养,这种素养高于知识本身的价值。】

(3) 史料分享,统一度量衡

过渡:我们先来了解度量衡的历史发展,通过大家的前学成果,老师从中挑选了3个小组,想听听他们的分享吗?掌声欢迎3个小组的代表。

评价:看来,大家不仅会自己收集资料,整理资料,还能准确清晰地汇报交流。

追问:通过他们的汇报,你们觉得该怎么解决视频中芈月抓药遇到的困难?

得出:秦始皇统一度量衡。

追问:统一度量衡究竟有什么好处呢?小组交流讨论。(板书:统一)

小结:看来,计量标准的统一的确重要。秦始皇不仅统一了度量衡,还统一了货币、文字等,这一举措为人类社会发展做出了巨大的贡献。

【设计意图:信息技术的灵活应用是当代学生学习知识的一大突破,很多知识学生能够借助网络资源找到答案,课堂上更多的是引导学生如何将碎片化的知识进行整理、分类,并有效表达分享。第二部分与第一部分对应,解决了度量标准从多元到统一的现实问题,引发学生对历史文化、民族智慧的崇拜之情,是一次跨越古今的对话。】

任务3 ▶ 研究度量衡，分析、解决问题

(1) 古今对比，研究度、量、衡。

过渡：刚才大家还关心什么是度量衡，谁来总结一下。

小结：正如大家所说，度量衡是计长短、定容积、测轻重标准的统称。（板书：度　计长短；量　定容积；衡　测轻重）

① 教师引导，聚焦“度”。

过渡：接着往下研究，先来看“度”。在今天，我们学习过的长度单位有什么？（板书：今）

得出：千米、米、分米、厘米、毫米。

补充：当然，现在使用的长度单位还有很多。

追问：在古代有哪些表示长度的单位呢？小组讨论一下。（板书：古）

教师引导，学生汇报，互相补充，上台展示。

评价：感谢大家的分享，表示“度”的单位同样不止这些。

② 自主探究，讨论“量”“衡”。

过渡：你们的知识真丰富，现在你们能通过平板内的资料库，小组合作，像刚才研究度一样，研究一下关于量和衡的古今单位吗？

教师指导，组内讨论，学生汇报。

(2) 品味古文，研究度量衡

① 成语分析，聚焦“度”。

过渡：看！古往今来，有关度量衡的计量单位如此之多，古今计量单位之间有什么联系呢？让我们一探究竟。

追问：老师送给同学们一句古文“不积跬步，无以至千里”。谁知道这句话是什么意思？

评价：知识渊博的孩子！听了他的介绍，让我们有感情地朗读一遍！

追问：从这句话中，你们能找到关于度的计量单位吗？

预设：千里、里、跬、步。

说明：“里”是计量单位，1 里相当于 500 米，1 千里便是 500 千米。

引导：还有“跬”和“步”，来听关于“跬”和“步”的介绍。

体验：听明白了吗？一起来体验一下。全体起立！跟着老师，举足一次为跬，举足两次为步。理解了吗？请坐。

追问：不积跬步，无以至千里。如果以我们四年级同学为例，大约要走多少步，才能到达千里呢？这个问题怎么研究？小组讨论一下。

提示：他的思路对吗？好的，如果以小学生一步长约 50 厘米为例，请你们通过计算，找到答案？（学生汇报）

追问：这些具体的数字让你们有什么感觉？

介绍：是啊，尽管一步只有 50 厘米，只要坚持走 100 万步，就能到达千里之外，也就是 500 千米的地方。500 千米，我们还习惯说成 500 公里。

引导：500 公里究竟有多远？以我们学校为出发点，估计一下，哪个城市离我们大约 500

公里？小组讨论一下。

投屏出示手机导航，根据学生的猜想，实时查找。

追问：大家看 500 公里，如果开车要多久？走路呢？远不远？

升华：这句话告诉我们，学习更是如此，只有坚持不懈，才能实现远大目标。此刻，让我们带着这份体会，再来读一读。

【设计意图：500 公里对于二年级的学生来说是陌生的，较大的量大多需要学生从侧面去体验、推理、感悟。采用信息技术手段，使用手机导航功能与学生分享那些他们曾经去过的城市，从驾车时间上去感受距离的长短显得更为直观】

② 课后研学，探究“量”和“衡”。

过渡：刚才，我们通过把古代的长度单位换算成现在的长度单位，对古文的意思理解更深刻了。其实关于“度”“量”“衡”的成语还有很多，你能介绍几个吗？

补充：课后，请同学像刚才一样，小组合作，展开研究，细心计算，形成成果，同学互评，在活动中体会文学中的数学之美。

【设计意图：此环节中的两次研究“古今对比”“品味古文”，分别由“扶”到“放”地展现了“问题解决”的过程。第一次，教师引导，聚焦“度”到自主探究，讨论“量”“衡”。第二次，从成语分析，聚焦“度”到课后研学，探究“量”和“衡”。让学生逐步体会到，学习并非一味接受知识，更多的是掌握学习方法，形成数学思想，通过主动探究来获取知识，在潜移默化中培养学科素养】

(3) 总结回顾，感悟度量本质

过渡：古代这么多的计量单位，现在却很少使用了，这是为什么呢？

预设：标准不一样，有误差。

说明：是的，从前人们用自己的身体或日常用品来规定度量标准。比如，“布手知尺”“累黍定尺”“手捧成升”等。

追问：你们觉得这些计量方法怎么样？

小结：就像我们二年级提到的身体尺，存在不少误差，是一种粗略的计量。（板书：粗略）

过渡：随着时代的发展，科技的进步，我们对计量有了全新的认识，大家看。（播放视频《度量衡的前世今生》）

小结：是啊！现代计量正在向着科学化、精细化发展，正如聂荣臻元帅所说“科技要发展，计量需先行”。（板书：精细）

【设计意图：全课由一条历史时间线引导学生感悟传统文化，理解度量本质，培养科学精神。课始的《芈月传》，引发学生思考，发现度量衡标准从多元到统一的必要性；课末《度量衡的前世今生》，明确计量标准从粗略到精细的时代进步，建立学生对科技发展，计量先行的认知肯定】

任务 4 ▶ 计量的实践应用，延学作业

过渡：同学们，这节课上我们提出了自己想要了解的问题，然后借助资料库小组合作，分析问题，最终一一解决，相信你们一定收获满满。（板书：解决问题）

拓展：计量在我们的日常生活中究竟有什么用途呢？课后我们将以小组为单位，开展

相关的延学实践活动，学校大队委发来邀请，请大家帮助设计菜园。

菜园设计要求如下：

① “慧”设计（实地测量，绘制菜园平面图，制作菜园立牌）。

② “慧”种植（选择蔬果品种，配合土壤质量，制定浇水、施肥量的计划表）。

③ “慧”经营（校园内开展爱心直播售卖会，规定单价、质量、容量等）。

【设计意图：对全课的小结再次提炼“四能”，围绕问题解决的核心思想。同时本节课在数学本位的基础上，融合历史、语文、地理、科学、信息等多学科知识，而在课外的研学作业中又融入劳动、美术等学科素养，体现课程的综合性与实践性】

任务 5 ▶ 全课小结

过渡：期待同学们在星洲菜园的设计中都有出色表现。一节课的时间过得真快！度量衡的故事给了你们什么启发？

总结：的确如此，计量单位从多元到统一、由粗略到精细是人类进步、科技发展的关键所在，希望同学们做生活中的有心人，用知识改变生活，创造美好。

4. 板书设计（图 5-2-20）

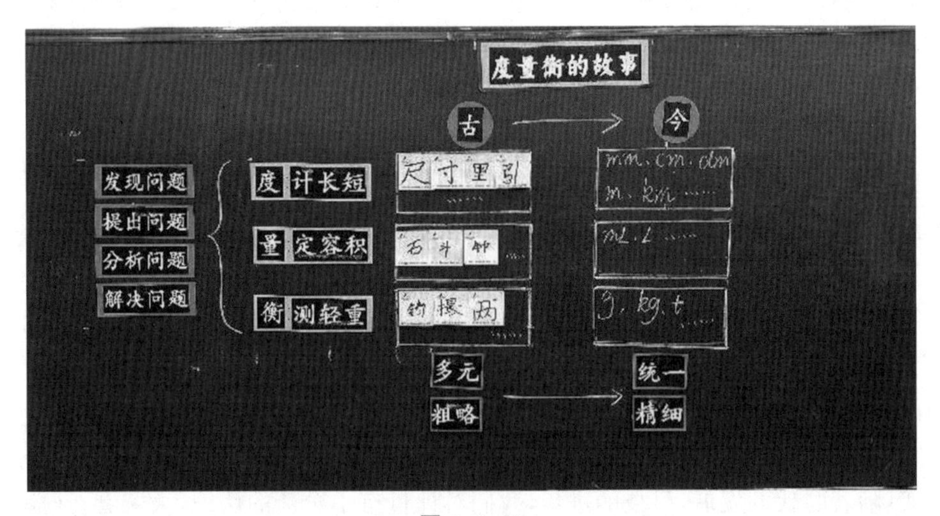

图 5-2-20

5. 学习效果评价（表 5-2-7）

表 5-2-7　学习效果评价

评价内容	具体评价指标	学习效果评价
知识与技能	会查找资料，理解度量衡的意义；了解最初的度量方法都是借助日常用品，理解度量的本质是量的多少，知道计量单位是人为规定的；了解计量单位的发展历史，知道科学发展与度量精确的关系，运用所学知识解决现实情境中的问题	
过程与方法	学生通过自主探究、小组合作、分享交流、汇报展示等数学活动，建立发现问题、提出问题、分析问题、解决问题的过程，培养学生的问题解决能力	

续　表

评价内容	具体评价指标	学习效果评价
情感、态度与价值观	通过对本节课的学习，对数学有好奇心和求知欲，提高学习数学的兴趣，形成质疑问难、自我反思和勇于探索的科学精神	
数学核心素养	通过积累活动经验，感悟思想方法，丰富并发展量感，形成和发展模型意识、创新意识，提高解决实际问题的能力，培养核心素养	

（案例提供：苏州工业园区星洲小学　彭国庆名师工作坊　倪静）

5.2.2　基于项目式学习的教学设计

项目一　营养午餐

1. 教学内容分析

“营养午餐”与“水是生命之源”属于《课标（2022 年版）》“综合与实践”领域第三学段的项目学习内容。《课标（2022 年版）》指出：综合与实践是小学数学学习的重要领域。学生将在实际情景和真实问题中，运用数学和其他学科的知识与方法，经历发现问题、提出问题、分析问题、解决问题的过程，感悟数学知识之间、数学与其他学科之间、数学与科学技术、数学与社会生活之间的联系，积累活动经验，感悟思想方法，形成和发展模型意识、创新意识，提升解决实际问题的能力，形成和发展核心素养。这两节课都应以问题为载体，以数据为依据，强调学生的合作探究。通过数据分析对比，层次递进，以合作学习的方式让每一位学生都参与到学习过程之中。增强了学生应用数学的意识，也培养了学生用数据说话的习惯，提高了学生解决实际问题的能力。

2. 教学目标确定

（1）教学目标

① 在对人体营养需求和食物营养物质的调查研究中，进一步理解百分数的意义，会用扇形统计图整理调查结果，分析如何实现营养均衡。

② 经历一周营养午餐食谱的设计过程，感悟在实际情境中方案的形成过程。

③ 形成重视调查研究、合理设计规划的科学态度。

④ 培养数据意识、创新意识、应用意识。

（2）教学重难点

在“营养午餐”一课的项目式学习中，应当遵循项目式学习的要求，对问题进行完整的设计和规划。学生需要分工协作完成调查分析，所要调查分析的内容很多，为了保证活动的实效性，教师需要组织学生分组活动，分工负责，以长程活动的方式进行，最后归纳总结。

3. 学具准备

平板电脑（用于上网查询各营养成分占比）；

Excel 表格（用于快速计算出各种食物中营养成分占比）。

4. 教学活动设计

任务1 ▶ 引发思考，明确任务

谈话：同学们，中国有句古话叫“民以食为天”，这句话是什么意思呢？

提问：吃饭很重要，你们会吃饭吗？

视频：观看《合理膳食我行动》宣传片。

提问：短片中于医生不光从营养学的角度告诉了我们吃饭的重要性，他还提到一个数据，还记得是多少吗？

预设：人一生大约要吃60吨食物。

谈话：60吨食物多不多？我们是一下子吃完这些食物的吗？

引导：食物给我们的身体提供了丰富的营养，所以我们要吃好每一顿饭。

谈话：为此，医生在视频里给了我们两条建议，第一，自己选择食物；第二，自己烹调食物。

谈话：今天我们就一起先来完成第一件事，老师已经和学校食堂负责人说好了，他答应只要我们能制订出一份合理的一周营养午餐食谱，那么中午我们就能吃到我们自己选择的食物，你们觉得怎么样？

明确任务：制订校园一周营养午餐。

【设计意图：从真实问题引出合理膳食的重要性，让学生产生需要制订营养午餐的合理需求。】

任务2 ▶ 设计方案，调查分享

提问：你们觉得一份营养午餐需要满足哪些条件呢？

预设：好吃，有营养，搭配合理，提供能量。（吃好，吃饱）

引出：丰富的营养午餐要具备搭配合理、营养均衡、补充能量这几个特点。

提问：谁先来说说午餐怎么搭配比较合理？

预设：2荤2素，1汤，1水果。

提问：关于食物中的营养和能量，课前已经布置了调查任务，谁来分享一下自己的调查结果？

“营养午餐”调查报告

班级：________　调查员：________

1. 我选择调查的问题是：

□我们一天需要多少营养？

□我们一天需要多少能量？

2. 我的调查方式是：

□书本________________

□网络________________

□访问________________

3. 我的调查结果是：________________

分享:学生分享调查结果。

引出:三大营养物质——蛋白质、脂肪、糖类。平衡膳食宝塔,六大类食物——谷类、薯类、蛋类、禽畜类、水产类、蔬菜类。

引出:11～13 周岁的儿童一天所需能量为 1 800～2 000 kcal。

提问:这是我们一天需要的能量,午餐大约能提供其中 40%的能量,你们能算一算吗?

交流:1 800×40%=720(kcal),2 000×40%=800(kcal),能量在 720～800 kcal 之间。

谈话:感谢这些同学的分享,现在我们知道了食物中主要含有三大营养物质,这些营养主要从六大类食物中获取。

建议:在接下来我们制订食谱的时候,最好能包含这几类。

谈话:我们知道 1 g 蛋白质可以提供 4 kcal 能量,1 g 脂肪可以提供 9 kcal 能量,1 g 糖类可以提供 4 kcal 能量。

谈话:这里有一份食堂菜谱,里面的菜都可以选择,现在可以制订我们的菜单了吗?

预设:还不行,红烧大排提供的能量还算不出来。

提问:还缺少什么条件?

预设:各类食材的营养成分分析。

提问:那怎么办?(调查)

谈话:确实,现在网络这么发达,我们可以通过网络来查询我们需要的信息。

【设计意图:学生在解决复杂问题时,势必会有一些知识盲点,本环节就是要暴露知识盲点,让学生感受到利用网络调查我们所需信息的重要性。】

示范:教师操作演示。

引导:这些数据看上去不太清楚,有没有办法?

预设:用扇形统计图表达数据。

提问:扇形统计图除了能使数据看得更清楚以外,还有一个好处——方便计算。

活动:调查各类食物营养成分占比。

谈话:有了这些数据,我们就能算出一道菜能提供给我们多少能量了。

提问:待会儿我们要制订一周的食谱,每天都有好几道菜,如果每道菜都这么算,是不是有点太耗时了?

引出:我们可以借助信息技术(Excel 表格),只要输入公式,就能直接计算。

【设计意图:引出借助信息技术解决复杂的数学公式计算,让学生在解决问题的时候发展多学科思维。】

任务 3 ▶ 制订食谱,评价反馈

活动:请根据我们刚才讨论出来的结果,制订一周营养午餐。

展示:学生作品展示,同伴评价,投票是否将食谱推荐给食堂。

评价:现场连线食堂负责人,请食堂的专业人员评价搭配的食谱。

【设计意图:本节课综合性比较强,食物搭配的合理性需要专业的人士来给予学生更为

专业的评价，从而能让学生根据专家的建议对自己制订的食谱再进行调整。】

作业：根据专家的建议调整食谱，分析自己家周末爸爸妈妈做的午餐是否满足营养午餐的要求。

5. 板书设计（图 5-2-21）

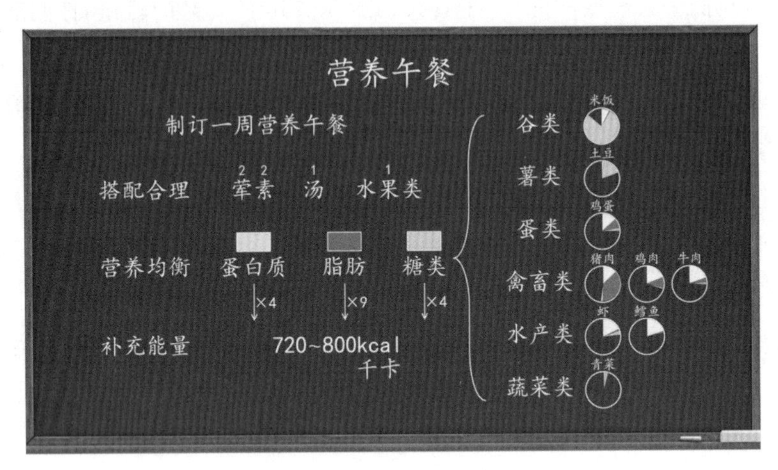

图 5-2-21

6. 学习效果评价（表 5-2-8）

表 5-2-8　学习效果评价

评价内容	具体评价指标	学习效果评价
知识与技能	在对人体营养需求和食物营养物质的调查研究中，进一步理解百分数的意义；会用扇形统计图整理调查结果，分析如何实现营养均衡	
过程与方法	经历一周营养午餐食谱的设计过程，感悟在实际情境中方案的形成过程	
情感、态度与价值观	形成重视调查研究、合理设计规划的科学态度	
数学核心素养	数据意识，创新意识，应用意识	

（案例提供：苏州工业园区娄葑学校　彭国庆名师工作坊　李晓）

项目二　水是生命之源

1. 教学内容分析

“水是生命之源”是小学数学“综合与实践”领域第三学段的内容，在小学数学“综合与实践”领域中，有两个项目式学习的内容，本课就是其中之一，对学生经历项目式学习，提升综合能力有着重要作用。在教学过程中，以如何解决水资源匮乏的现实问题为重点，综合应用数学和其他学科，如科学、地理、语文、美术、道德与法治等学科的知识解决问题，体会数学知识的价值，以及数学与其他学科的关联。设计调查、分析、实验等活动，让学生从数据和实践中感受到地球上的水资源总量并不多，水资源分布不均、水资源污染、水资源浪费等现象又进一步加剧了水资源匮乏。引导学生制订节水方案，尝试设计节水工具或方法，培养创新意识，加深对水资源保护等社会问题的关注与理解，同时提升数学核心素养。

2. 教学目标确定

（1）教学目标

① 了解我国水资源分布情况、可用水量、人均淡水占有量、人们的用水习惯、用水来源、和水相关的工程等信息，感受水资源的匮乏。

② 通过自主收集资料，小组合作设计，经历从资料中发现、提出问题的过程，参与小组研究，培养实践能力；经历发现问题、提出问题、分析问题、解决问题的过程，培养问题解决能力。

③ 通过对本节课的学习，提高节水爱水意识，加深对水资源保护等社会问题的关注与理解，提高学习数学的兴趣，形成质疑问难、自我反思和勇于探索的科学精神，以及初步的应用意识和创新意识。

④ 通过将收集到的资料进行整理，用图表呈现信息，培养运用图表描述和分析问题的意识与习惯，培养利用图表分析实际情境与数学问题，探索解决问题的思路。几何直观有助于把握问题的本质，明晰思维的路径。让学生知道在现实生活中，有许多问题应当先做调查研究，收集数据，感悟数据蕴含的信息。用数据说话，通过分析数据，发现问题、提出问题，培养学生的数据意识。通过实验获得信息，培养学生实践能力。通过计算部分量的数据，推理出更大范围的数据值，知道可以从一些已有的数据出发推出其他数据，得出结论，培养推理意识。通过项目式学习，制订家庭和校园节水方案，并将节水方案落实到行动中，提高应用意识和创新意识。

（2）教学重点

学生自主从收集的信息中发现、提出问题，以小组为单位开展研究，尝试解决问题。

（3）教学难点

学生收集信息，从中提炼出重要信息，能用数学的语言展示、分析。

3. 学具准备

量杯、水桶、计时器、彩纸、彩笔。

4. 教学活动设计

任务 1 ▶ 谈话导入，揭开面纱

谈话：同学们好，今天我们一起走进水的世界。水重要吗？

追问：有多重要呀？

指名回答，预设：动物、植物、人类都离不开水。

指名交流。

小结:是呀,动物、植物、人类的生存都离不开水,地球上最早的生命就出现在水中,水是生命之源。

谈话:课前同学们以小组为单位通过各种方法收集了和水相关的信息,并记录和整理了下来,谁来分享你们小组收集到的信息。

【设计意图:“动物、植物、人类的生存都离不开水”是高年级学生都一致认可的,所以直接以谈话的形式导入本课,直截了当。课前学生以小组为单位,通过各种方法收集了和水相关的信息,引导学生进行展示】

任务2 ▶ 交流分享,问题初现

预设交流 1:水资源量调查结果交流分享。

小组 1:我们小组调查了地球上的水资源量,把收集到的信息做成了饼图(图 5-2-22),请看屏幕。

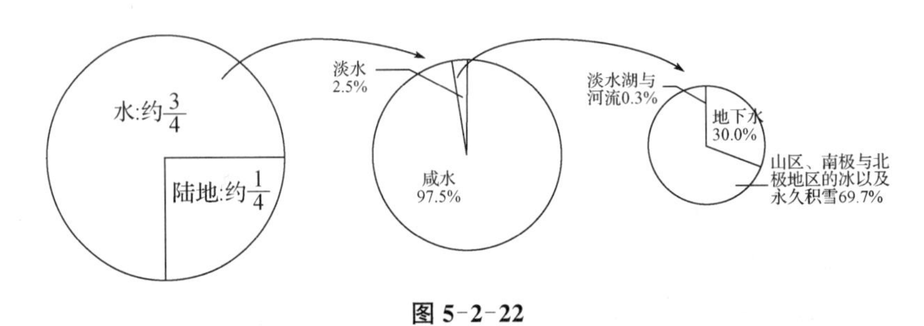

图 5-2-22

交流:地球的表面有约$\frac{3}{4}$的面积被水覆盖。看似水量丰富,但其中 97.5%是咸水,2.5%是淡水。咸水不能用,这些淡水中 69.7%是山区、南极与北极地区的冰以及永久积雪,30%是地下水,0.3%是淡水湖与河流。只有 0.3%的淡水湖与河流以及少部分浅层地下水能供我们使用。

我们发现:地球上的水资源还是比较紧缺的。

引导评价:谁来评价下他们分享的信息。

生评:他们将地球上各种水资源量做成饼图的方式呈现,可以清楚地看出不同类型的水的占比,直观感受到地球上虽然水的总量很大,但是能供人们使用的淡水少之又少。

预设交流 2:水资源分布情况调查结果交流分享。

(1) 全球水资源分布情况分享

小组 2:我们小组调查了世界部分国家淡水资源总量和人均水资源量,发现我国淡水资源总量约有 2.8 万亿立方米,名列世界第 6 位。水资源总量上位于全球前列,但是人均水资源量匮乏。为了便于比较,将部分国家的人均水资源量的数据做成了条形统计图,大家请看:我国的人均水资源量是 2 063 立方米,世界平均水平为 7 833 立方米/人,我国人均水资源量仅是世界平均水平的$\frac{1}{4}$左右。

我们发现：全球水资源分布不均衡。

（2）我国部分省份水资源分布情况分享

小组 3：我们小组调查了我国 31 个省（自治区、直辖市）的水资源总量和人均水资源量，数据很多。根据水资源总量排序，最多的是西藏，有 4 408.9 亿立方米，最少的是宁夏，只有 9.3 亿立方米；人均水资源量最多的也是西藏，人均 120 461.7 立方米，最少的也是宁夏，人均 128.6 立方米。不同省份之间差异特别大。

我们发现：我国水资源分布也很不均衡。

引导发现：不论是全球水资源分布，还是我国水资源分布，都不均衡。（板贴）

提问：在江苏省，你们感受到的水资源量怎么样？

预设：感觉很充裕。

追问：实际真的如此吗？看，请对比数据，判断江苏省是否缺水？——缺水。江苏省人口众多，人均水资源很匮乏。

提问：能一下找到各省（自治区、直辖市）的缺水等级吗？

预设：有点难。

追问：有什么想法吗？一个一个找、写、排吗？

预设：可以借助信息技术手段，瞧！把这些数据整理到电子表格中，就形成了一张统计表，经过筛选、排序，怎么样？为了更直观地比较，还能做什么？

回答：还能绘制条形统计图，根据条形统计图能快速判断出：广西、湖北——轻度缺水；吉林、甘肃——中度缺水；广东、河北——重度缺水；天津、宁夏——极度缺水。

爱国主义教育：这里一共 31 个省（自治区、直辖市），还有哪些地区不在里面？

出示地图：台湾地区、香港特别行政区、澳门特别行政区，关于这 3 个地区的水资源情况如何？引导学生课后可以再研究。

预设交流 3：水资源污染情况调查结果交流分享。

小组 4：我们小组通过走访调查，看到了很多河流被污染，通过询问、网上搜索资料，发现这些水污染情况严峻。调查污染原因，主要分为工业污染、农业污染、生活污染。大家请看相关视频。（板贴）

提问：同学们看到了有什么感觉？

回答：被污染的水很多很多，人们不良的生活习惯、工业排污、农业灌溉都可能存在污染水的情况，大量的河流、地表水被污染后就不能被使用了，非常可惜，还会加剧水资源的匮乏。

预设交流 4：水资源浪费情况调查结果交流分享。

小组 5：我们小组主要调查了家庭用水习惯和用水情况，并记录了下来，大家请看：

刷牙、洗手洗脸时不关水龙头；

洗澡涂肥皂时不关水龙头；

自来水管漏水或爆管没有及时修理；

用过量的水洗车，洗车水未循环利用；

淋浴时间过长；

瓶装水，没有喝完就直接扔掉了；

洗衣机不间断地边注水边冲洗、排水的洗衣方式；

盆浴时放水过多，以致溢出，或盆浴时一边打开水阀一边放水；

水龙头没有拧紧任由其滴水。

水龙头滴水实验：经过测量1分钟滴水120滴，每20滴水大约是1毫升，请问1分钟大约滴水多少毫升？

计算：120÷20=6(毫升)。

提问：1小时滴水多少毫升？1天呢？1个月呢？1年呢？平均每家有6个水龙头，按照这样的滴水速度，估一估每家1年大约滴水多少立方米水？咱们班48位同学，1年一共大约会滴水多少立方米水？滴下的这么多水能让你们用多长时间了呀？[用滴水量除以(人均月水资源量×12月)]

引导：有什么感想？

回答：看似滴下的水滴很小，汇聚起来就成很多的水，这些水如果流失了就太浪费了。我们要及时拧紧水龙头，避免水资源浪费。

水龙头放水实验：通过实验，我们测量出一个标准的水龙头全开1分钟的流水量通常在9.4升左右。如果全开水龙头刷牙、洗脸3分钟浪费多少水呢？半开水龙头1分钟的流水量通常在6.2升左右，如果半开水龙头刷牙、洗脸3分钟浪费多少水呢？半开水龙头3分钟比全开水龙头3分钟节约多少水呢？

学生计算，交流结果。

引导：这是洗脸、刷牙一次3分钟的水资源浪费量，一天两次刷牙、洗脸，会浪费多少呢？1个月呢？1年呢？

提问：有什么建议吗？

提问：小组5交流的这些家庭用水习惯怎么样？

预设：这些用水习惯都在浪费水资源，水资源在不经意间流失浪费，浪费的情况还挺严重的，我们要改变这些用水习惯。

【设计意图：通过让各小组分享调查的信息，培养学生查找资料的能力、调查分析的能力、表达分享的能力。学生将数据有的画成了饼图，有的画成了条形统计图，利用图表来描述，分析数据，建立形与数的联系，构建数学问题的直观模型。借助信息技术的手段来便于快速分析和查找数据，让学生感受信息化与数学教学的有机融合，提升学生信息技术能力。两个实验让学生在实验的过程中获得真实数据，对水资源浪费的认识更加直观，更加深刻。】

任务 3 ▶ 小组探究，问题解决

引导：大家发现的水资源分布不均、水资源污染、水资源浪费这些问题如何解决呢？

小组合作探究：可以从全班同学搜集形成的资源库中搜索信息。

交流分享。

交流 1：水资源分布不均问题主要受时间和空间方面的影响，时间分布对策有兴建水库等，空间分布对策有跨流域调水等，以此更好地解决我国水资源分布不均的情况。现在国与国之间正在努力建设跨国调水工程，实现全球更好、更快发展。

交流 2：可以从不同的生产生活方式中去预防水资源污染问题，已经被污染的水资源努力去治理好。废水处理，去除废水中的污染物后再排放；绿色农业，避免使用含有有害物质的农药；垃圾分类，不让垃圾进入水源中；污水治理，建立污水处理系统，进行污水治理。

交流 3：对于水资源浪费问题，可以制订节水方案，从以下几个方面着手。

① 制作节水标语，提高节水意识。

② 使用节水型器具。

③ 循环用水。

④ 制作节水工具。

【设计意图：学生经历自主探究，尝试解决问题的过程，使得学生对水资源分布不均、水资源污染、水资源浪费这三个主要问题的认识更加深刻，对水资源匮乏的问题的感受更加深刻。激发学生珍惜水资源、节约用水的意识。引导学生制作节水方案，培养学生全面思考的能力以及动手能力。】

任务 4 ▶ 拓展实践，行动落实

① 与学校总务处的教师联系，询问同学们设计的节水标语能否制作成宣传牌张贴在学校中，能否更换节水型水龙头、节水型马桶，校园中能否循环用水。

② 与星澄节水研究院的“小小研究员”连线，请“小小研究员”点评同学们的研究过程、解决问题的措施、节水方案。

③ 星澄节水研究院招募令：星澄节水研究院开始招募啦！邀请爱水节水的你加入，一起研究星澄学校节水方案，争做校园爱水护水节水小卫士！

【设计意图：与学校总务处的教师联系，询问同学们的节水行动能否落到实处，可以给学生取得研究成果的喜悦感。请星澄节水研究院的小小研究员给予评价，可以调动学生的自主性。本课只是学生项目式学习的一个开端，是一个启蒙。希望能激发学生项目式学习的兴趣。同时，希望学生今后能积极思考，乐于探究、勇于表达，主动参与有目的、有设计、有步骤、有合作、有反思的实践活动，培养解决实际问题的兴趣和能力，发展模型意识。】

5. 板书设计（图 5-2-23）

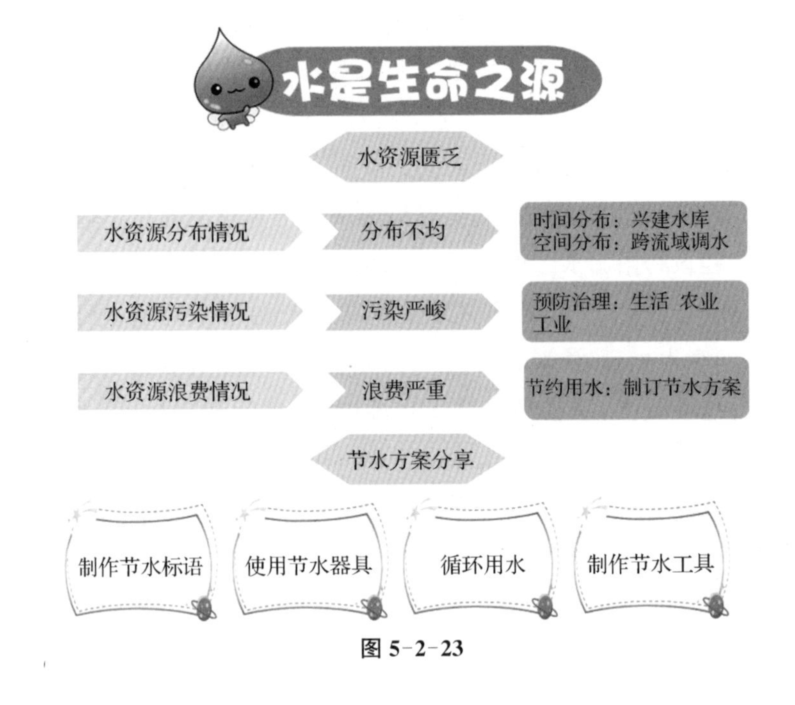

图 5-2-23

6. 学习效果评价（表 5-2-9）

表 5-2-9 学习效果评价

评价内容	具体评价指标	学习效果评价
知识与技能	了解我国水资源分布情况、可用水量、人均淡水占有量、人们的用水习惯、用水来源等； 理解社会中、生活中的很多现象会加剧水资源匮乏； 掌握查找资料的能力、调查分析的能力、表达分享的能力； 运用小组探究发现的解决问题的措施，能够解决现实水资源的相关问题	
过程与方法	学生经历小组合作设计，感受从资料中发现、提出问题的过程； 学生参与小组探究，获得了如何解决水资源相关的具体经验； 学生经历调查、分析、发现、研究的过程，经历了发现问题、提出问题、分析问题、解决问题的过程，培养学生的问题解决能力	
情感、态度与价值观	通过对本节课的学习，学生增强了节水爱水意识，加深对水资源保护等社会问题的关注与理解，提高了学习数学的兴趣，形成质疑问难、自我反思和勇于探索的科学精神，以及初步的应用意识和创新意识	
数学核心素养	几何直观、推理意识、数据意识、实践能力、应用意识、创新意识	

（案例提供：苏州工业园区星澄学校　彭国庆名师工作坊　高雅婷）

5.3 学习内容与核心素养表现关联的教学设计

5.3.1 指向应用意识的教学设计(以“校园平面图”教学为例)

1. 教学内容分析

“校园平面图”是新课标“综合与实践”领域第三学段的主题活动,这部分内容涉及的知识点比较多,综合性强,具有一定的挑战性,比较适合六年级孩子合作学习、动手操作,同时也是各种技能、方法和思维的综合应用,对提升学生的核心素养有促进作用。新课标明确了其内容要求和学业要求。内容要求:在实际情境中,综合应用比例尺、方向、位置、测量等知识,绘制校园平面简图,标明重要场所;交流绘制成果,反思绘制过程,形成初步的应用意识和创新意识。学业要求:结合本校校园的实际情况,能制订比较合理的测量方案和绘图比例;能理解所需要的数学和其他学科的知识,在教师指导下,积极有序展开测量;能按校园的方位和场所的位置,依据绘图比例绘制简单的校园平面图;能解释绘图的原则,在交流中评价与反思;提升规划能力,积累实践经验。这些学业要求包括了规划方案、有序测量、按比例绘图、交流评价反思,这也是本课主要任务设计的基本参照。六年级学生虽然已有一定的综合与实践活动经验,但是动脑、动口的经验多于动手的经验。在本课例中,学生缺乏的是长距离实地测量、结合实际确定合适的比例尺、按照比例尺画成平面图的经验。为此,教师应重点关注测量和绘制,加强对学生方案制订、实地测量、绘图这些实践操作的指导及自我反思。这样不仅能提升学生的规划能力,还能帮助学生提升规划的执行意识,发展空间观念、量感等数学素养,将书本学到的知识转化成实践能力。

2. 教学目标确定

① 通过创设情境,了解什么是平面图、平面图在生活中的应用及价值,结合本校校园的实际情况,能制订比较合理的测量方案和绘制比例,提升方案设计的能力。

② 使学生经历探究测量与绘制方案的学习过程,在合作学习中能初步确定问题解决的思路,感悟绘制平面图的基本思想方法,发展综合素养。

③ 激发学生参与活动的兴趣,通过成员间的积极合作、沟通,提高合作能力;在交流分享中提升反思能力。

④ 在活动中沟通数学与生活的联系,感受数学知识的价值,培养应用意识与综合应用能力。

(2) 教学重难点

在活动中经历解决问题的过程,积累问题解决的经验,形成初步的应用意识。

3. 学具准备

计算器、学习单、相关文具。

4. 教学活动设计

任务 1 ▶ 创设情境，问题驱动

播放学校宣传视频。

提问：看了这段视频，你们对学校有了哪些更深入的了解？

指名学生回答。

提问：我们学校有着百年历程，经过这两年的改扩建，百年老校展新姿，怎样让大家熟悉学校总体布局呢？

引导得出：绘制一张校园平面图。

追问：如何准确地绘制校园平面图呢？今天我们一起来上一节数学综合实践课，通过本节课的学习看看能否绘制出一幅满意的校园平面图。（板书课题：校园平面图）

过渡：关于这个课题，我们首先要了解什么？

引导得出：什么是平面图？平面图是怎样形成的？重点要学会什么？如何绘制平面图？

【设计意图：通过观看学校宣传视频，进一步了解自己学习生活的校园环境，基于真实情境，引发学习任务，围绕驱动型问题展开学习，这是绘制校园平面图的良好基础。】

任务 2 ▶ 明确任务，活动设计

活动 1：认识平面图

生活中这些形态各异的物体是怎样变成平面图上的样子的呢？先看一段视频，一定能给你们一些启发。（播放 3D 视频）

提问：你们觉得平面图是怎样形成的？

小结：平面图就是要画出从空中俯视看到的样子，它是由简单的几何图形组成的。

平面图反映了学校建筑的总体布局，我们也可以利用所学的知识绘制简单一些的平面图。

想一想：课前老师收集了两张平面图，仔细观察，它们有什么共同的地方？

提问：你们有什么发现？

引导得出：方向标——通常用“上北、下南、左西、右东”来描述方向。（板贴）

提问：比例尺在这张平面图上表示什么意思？说说你们的理解。

小结：标注主要建筑的名称、比例尺、方向标。

说一说：生活中，你们在哪些地方见过平面图？（公园、商场……）平面图在日常生活中比较常见，为什么要把这些平面图放在醒目的位置？

引导得出：平面图能帮助人们快速找到要去的地方，很直观。

【设计意图：借助 3D 动画模拟展示，丰富学生的认知，了解平面图是怎样形成的及其应用价值，通过观察生活中的平面图，了解构成平面图的基本要素，厘清绘制平面图需要考虑的问题，激发学生探究平面图的内驱力。】

活动 2:制订方案

过渡:看来同学们对平面图已经有了比较深入的认识。

古人云“凡事预则立,不预则废”,这句话告诉我们:做事要有准备,有规划,否则很难成功。

想一想:你们准备怎样绘制校园平面图呢?

我们也来规划一下吧!小组合作制订一份活动方案。

写一写:小组合作设计一份活动方案。(板贴:制订方案)

校园平面图活动方案

活动任务:____________________

活动工具:____________________

主要步骤:____________________

____

____

____

____

学生活动,教师巡视指导。

活动 3:细化方案

提问:同学们,你们的活动方案都制订好了吗?请这一小组先来汇报,看看他们是怎么做的?

引导得出绘制校园平面图的主要步骤:

画草图,确定平面图内容;

测量每个建筑物的长、宽,并及时记录数据;

确定合适的比例尺;

根据比例尺算出图上距离;

绘制平面图。

我们怎样一步步实施方案呢?

师生共同讨论,明确实践的具体步骤,完善操作细节。

提问:课前,老师布置了“走一走”的实践作业,请同学们在校园里走一圈,看一看校园的主要建筑。现在你们的脑海中有校园的全景图了吗?校园里有哪些主要建筑物呢?说一说每个建筑在校园的哪个方向。

同学们描述的和鸟瞰效果图是一样的,为了方便后续测量、收集数据,我们可以先画一张简易草图。

提问:那么怎样测量相关数据,通常使用什么测量工具比较合适呢?

引导得出:测量工具的选择——卷尺。(出示测量工具图片)

下面一起看一看同学们用卷尺怎样测量的。(播放学生实地测量视频)

提问:测量时要注意哪些细节呢?

明确:为了减少误差,用卷尺量的时候要贴地面,不要弯曲。测得的数据可以记录在草图相应的地方。

提问:测量收集数据是一个复杂而耗时的学习活动,我们可以怎样优化测量过程?

引导得出:这么多的数据,在测量时可以考虑分工合作,有的量教学楼,有的量操场,最后进行数据汇总,这样就轻松多了。

提问:数据有了,画多大的校园平面图合适呢?假如要画在A4纸上,该如何确定一个比较合适的比例尺呢?你们打算怎样算比例尺?(小组内交流)

引导得出:根据整个校园的长和宽以及纸张的长和宽确定合适的比例尺。(举例测算)有了比例尺,我们就可以将测得的所有数据按比例尺缩小,换算成图上距离。

以唯知楼为例,先测量它的长和宽吧。(播放学生实地测量视频)

根据测量结果,请各小组按比例尺计算图上距离。(交流算法,可利用计算器)

最后在绘制平面图时,要记得写上平面图的名称,画方向标,写比例尺。(适时板贴:绘制平面图、苏州工业园区唯亭实验小学校园平面图)

活动4:完善方案

我们在具体实施方案时还可能遇到一些预想不到的情况,需要我们随时针对遇到的问题想办法、找策略,不断完善方案和思路。针对以上活动方案,大家还有没有疑问或困难,请在小组内交流,小组长做好记录,我们一起想对策。

小组活动并反馈。

【设计意图:让学生亲身实践测量、确定合适比例尺、绘制平面图的过程是教学主线,掌握技能远远比记住操作步骤和方法重要。通过测量能促进学生量感的发展,通过数据分享让学生意识到合作的真正价值。通过小组合作,讨论交流,激发学生参与活动的热情,引导学生经历方案的细化过程,积累了考虑细节、细化方案的活动经验,培养了学生的规划意识。】

任务3 ▶ 拓展延伸,实践深化

这节课我们学习了绘制校园平面图,我们是怎么做的呢?首先我们做事要有规划,制订方案,做到胸有成竹。接着就开始收集数据。为了方便数据收集,我们可以先画个草图,然后测量实际距离(板贴:量),认真记录每一个测量的数据(板贴:记),确定合适的比例尺(板贴:定),仔细计算图上距离(板贴:算)。当图上距离都计算出来了,我们就可以绘制平面图了。

小结:大家可别小瞧平面图,要想画好它,除了要有细致严谨的态度,还要综合运用方向和位置、测量、比例尺等相关知识,是一项很有挑战性的实践活动。

有兴趣的同学可以绘制家庭平面图。

【设计意图:让课堂向课外延伸,将学科知识转化为实践能力进而发展为素养,将知识运用的范围再次拓展,彰显所学知识的意义,让活动的价值体现到位。】

5. 板书设计(图 5-3-1)

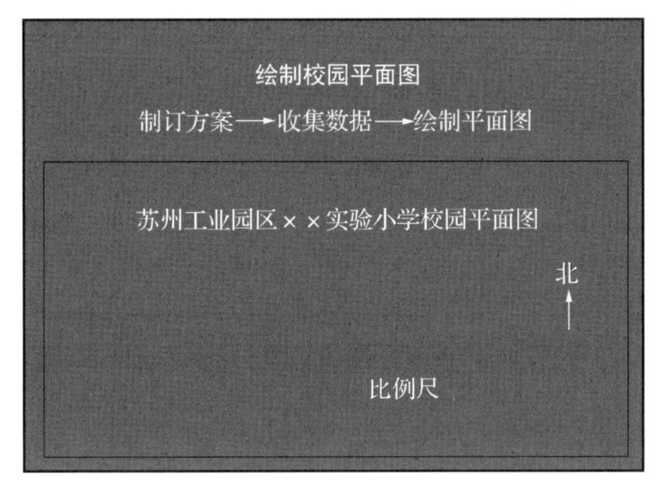

图 5-3-1

6. 学习效果评价(表 5-3-1)

表 5-3-1 学习效果评价

评价内容	具体评价指标	学习效果评价
知识与技能	了解平面图在生活中的应用及作用,掌握了绘制校园平面图的步骤,提升方案设计的能力	
过程与方法	学生经历了探究绘制方案的学习过程,通过小组合作获得了解决问题的思路,发展了学生的综合素养	
情感、态度与价值观	通过本课学习,提高学生参与活动的积极性,能倾听他人的学习经验,形成勇于探究、自我反思的学习品质	
数学核心素养	通过活动发展应用意识、创新意识,提升规划能力,积累实践经验	

(案例提供:苏州工业园区唯亭实验小学 彭国庆名师工作坊 顾艳萍)

5.3.2 指向创新意识的教学设计(以“如何表达具有相反意义的量”教学为例)

1. 教学内容分析

学生已经认识了整数,初步认识了分数和小数,认数的经验为学生认识负数提供了基础。学生已经认识了四个正方向和四个偏方向,为认识具有相反意义的量提供了基础。图形的运动方式尤其是平移是这节课的基础。

2. 教学目标确定

(1) 教学目标

① 知道具有相反意义的量的含义和特征,会用正负数表达具有相反意义的量,知道标准的含义,能结合情境理解某个正、负数的含义。

② 让学生经历发现问题、提出问题、分析问题和解决问题的过程;会搜集、描述资料,会用画一画等方式表达具有相反意义的量;会交流分享,会自主学习,会提取关键信息。

③ 培养学生的数学学习兴趣,增强学生的文化自信心。

④ 在多元表征的过程中,发展学生的数感和符号意识;会在生活中用正、负数表达具有相反意义的量,发展学生的应用意识和创新意识。

(2) 教学重点

知道具有相反意义的量的含义和特征,会用正负数表达具有相反意义的量。

(3) 教学难点

知道标准的含义。

3. 学具准备

前思单、两种颜色的水彩笔等文具、导学单。

4. 教学活动设计

任务1 ▶ 创设情境,自主发现

(1) 创设情境

播放“南辕北辙”的故事视频。

教师结合视频揭示表达清楚具有相反意义的量能帮助我们解决很多问题。

(2) 揭示课题,明确主题

启发提问:今天,我们就一起来研究如何表达具有相反意义的量,看到这个课题你们想研究什么? 让我们一起来看看大家课前提的问题。(板贴:提出问题)

小结:同学们提出的问题很多。老师帮你们进行了梳理,选择这三个问题进行研究,什么是相反意义的量? 如何表达相反意义的量? 如何应用?

【设计意图:通过观看和评议改编的“南辕北辙”成语故事,让学生自主发现问题,即生活中不但有相反意义的量,而且需要合理的表达。通过让学生自主提出要研究的问题,明确研究方向。】

任务2 ▶ 问题引领,自主探究

(1) 解决问题1:什么是相反意义的量

谈话:先解决第一个问题,什么是相反意义的量? 你们在生活中见过吗? 课前同学们搜集了很多资料,请这些同学进行介绍。

课件逐个呈现学生搜集的素材,学生逐个介绍。

课件呈现:

零上 3 摄氏度	零下 2 摄氏度
上升 2 层	下降 2 层
地上 1 层	地下 1 层
收入 2 000 元	支出 300 元
盈利 900 元	亏损 300 元
……	……

谈话:像这样的素材是说不完的,看来生活中确实有很多相反意义的量。

提问:每组相反意义的量有什么共同的特点?

引导得出具有相反意义的量的特征,包含两部分:具有相反意义,成对出现,类型相同;具有数量。

引导:像这样,零上3摄氏度和零下2摄氏度,上升2层和下降2层,表示成对出现、意义相反的两个同类量,就是一组具有相反意义的量。

【设计意图:呈现学生自己搜集的素材,既有助于学生迅速融入课堂,自主进行深入思考和学习,还有助于激发学生借鉴他人搜集资料的经验。在引导学生认识具有相反意义的量的特征的活动中,培养学生观察比较、抽象概括的能力。】

谈话:接下来解决第二个问题,如何表达相反意义的量?

提问:根据一组相反意义的量的特征,你们觉得表达清楚什么就可以了?

小结:既要表达相反意义,又要表达数量。

(2) 解决问题2:如何表达具有相反意义的量

学生多元表征。

启发:选择一组具有相反意义的量,用画一画、涂一涂、写一写的方式表达出来。

出示活动要求,学生自主活动。

预设:画图、文字、颜色……

反馈交流。

提问:数学上是怎么表示具有相反意义的量的呢?看一位同学搜集的资料。

负数的由来

中国是最早认识和使用负数的国家。据古代数学名著《九章算术》记载,早在2 000多年前我国古人就有了“粮食入仓为正,出仓为负;收入的钱为正,支出的钱为负”的思想。

1 700多年前,我国数学家刘徽首次明确地提出了正数和负数的概念。他还规定筹算时“正算赤,负算黑”。就是用红色算筹表示正数,黑色算筹表示负数。这个记载,比国外早了七八百年。

400多年前,法国数学家吉拉尔首次用“+”表示正数,用“-”表示负数,“+”通常省略不写。这种表示方法被广泛接受,并沿用至今。

负数的概念也被应用于物理学和其他科学领域。例如,在物理学中,负数被用来表示负电荷或负能量。在统计学中,负数被用来表示负增长或负变化。

追问:从他的介绍中,你们知道了什么?

预设如下:

a. 中国是最早认识和使用负数的国家。

b. 法国数学家吉拉尔首次用“+”表示正数,用“-”表示负数,“+”通常省略不写。简洁的符号,让我们表达起来更方便。

c. 负数的概念也被应用于物理学和其他科学领域。

小结:通过学习,大家知道了可以用简洁的正数、负数来表达具有相反意义的量。(板

贴:负数、正数)

提问:你们能用正数和负数来表达这些具有相反意义的量吗?

师生合作进行表达。

【设计意图:在学生尝试表达具有相反意义的量之前,引导学生关注其特征,从方向和数量两个维度进行表达,有助于提高活动的针对性。在多元表征活动中,丰富学生的活动经验,感受表达的意义和途径。在听取"负数由来"的活动中,既让学生自主学习简洁的表达方式,又让学生感受中华文明,增强文化自信。及时让学生学以致用,切实感受用正、负数进行表达的便利性。】

① 理解正、负数的含义。

出示:在标准大气压下,水沸腾时的温度是100摄氏度;南极的最低气温可达－89.2摄氏度。

提问:你能解释这两个数的含义吗?

引导学生表达:100摄氏度表示比0摄氏度高100摄氏度,－89.2摄氏度表示比0摄氏度低89.2摄氏度。

引导学生关注0摄氏度,知道它不是没有温度,是在一个标准大气压下冰水混合物的温度。

【设计意图:既让学生尝试理解具体情境中正、负数的含义,又顺势引出0摄氏度这个标准。】

指出:这个特殊的温度是用正、负数表达温度的标准。

问:用正、负数表达具有相反意义的量的时候,需要找到什么?(标准)

② 认识标准。

出示:艾丁湖为吐鲁番盆地的"盆底儿",湖面的海拔约为－154.4米,是我国陆地海拔的最低点。珠穆朗玛峰的海拔约为8 848.86米,是我国最高峰,也是世界最高峰。

提问:这两个数的标准是什么?

引导得出:海平面。

追问:它们的标准真的是海平面吗?

提问:以珠穆朗玛峰为例,珠穆朗玛峰从山脚下到山顶的高度是不一样的,北坡为6 200米,南坡为6 100米。为什么它的海拔却是8 848.86米呢?

讨论得出:人们确实是以海平面为标准来表示海拔的。

提问:珠穆朗玛峰有从山脚到山顶的高度,为什么还要有海拔呢?

引导得出:为了方便表达和交流,所以统一以海平面为标准。

想象一下,吐鲁番盆地的位置。

提问:比一比,用正负数表示温度、海拔时有什么共同的地方?(都有标准)

提问:标准还能用正数和负数来表示吗?用哪个数?(板贴:0)

提问:0是正数,还是负数?(0既不是正数,也不是负数)

③ 标准的应用。

出示素材:五(1)班学生的平均身高是140厘米,小明的身高是136厘米。如果以140

厘米为标准，小明的身高可以怎么表达？

预设：−4 厘米。

提问：为什么这么表达？小军的身高被记作 2 厘米，他的实际身高是多少？小丁的身高是 142 厘米，他的身高可以怎么表达？

小结：找到标准，就能表达具有相反意义的量。

【设计意图：让学生经历验证珠穆朗玛峰海拔的现实表达过程，感受用正负数表达具有相反意义的量时标准的价值，在想象吐鲁番盆地位置的过程中发展学生的数感。在猜测小明身高记录合理性的活动中，感受确定标准的方法和途径。在比较不同“标准”的活动中，让学生感受用“0”表示标准的合理性。】

提问：我们知道学习数学是有用的，今天我们认识的具有相反意义的量有什么用呢？这句话又可以理解为“哪些情况下的相反意义需要进行表达？”

（3）解决问题 3：如何应用

① 在情境中自主发现表达的环境。

教师出示材料：

2008 年 12 月 23 日拍摄的长江宜昌段江滩如图 5-3-2 所示。当日，长江湖北宜昌段水位连续第 4 天位于航行基准面以下，为负 0.13 米。海事部门提醒过往船舶须谨慎行驶，确保航行安全。

图 5-3-2

提问：这里为什么要表达“负 0.13 米”？

预设：方便人们判断航行是否安全。

追问：什么时候是安全的？什么时候不安全？

得出：水位在航行基准面及以上的时候航行安全，水位在航行基准面以下的时候航行不安全。

启发：这时候表达相反意义的量就很重要。为了方便表达，人们创造了水位仪。有了这个工具，海事部门可以及时表达水路险情，提醒过往船舶谨慎行驶。

提问：生活中还有哪些情况需要表达相反意义的量？有工具帮助表达吗？

② 感受生活中的应用。

提问：人们想要知道自己有没有发烧，怎么办？

得出：以 37 ℃为标准制造体温计。

追问：商家想要知道某个月是盈利还是亏损呢？

得出：以 0 元为标准，记录每天的收支情况。

追问：电梯里的人想要知道在地面以上还是地面以下，怎么办？

得出：以地面为标准，制造楼层显示仪。

③ 同屏比较。

提问：你们觉得什么时候需要表达具有相反意义的量？

引导得出：出现和标准不一致的情况的时候。

提问：一般以什么为标准？

引导得出：以人类的安全、健康、舒适等为标准。

引导：你们最想表达生活中哪些具有相反意义的量？

④ 课后实践活动。

当一名检验员：制作一个检测工具，检测矿泉水是否合格。

【设计意图：让学生从长江湖北宜昌段低水位的事实，感受表达具有相反意义的量的价值，并在交流其他领域的表达需求中，自主发现需要表达相反意义的量的场域。既能激发学生的好奇心，又能培养其应用意识和创新意识。】

任务3 ▶ 回顾反思，自主建构

回顾一下，今天我们经历了一个怎样的过程？有哪些收获？

小结：我们在成语故事“南辕北辙”中发现了问题，自己提出了三个问题，并在不断分析中解决了问题。（板贴：分析问题、解决问题）

5. 板书设计（图5-3-3）

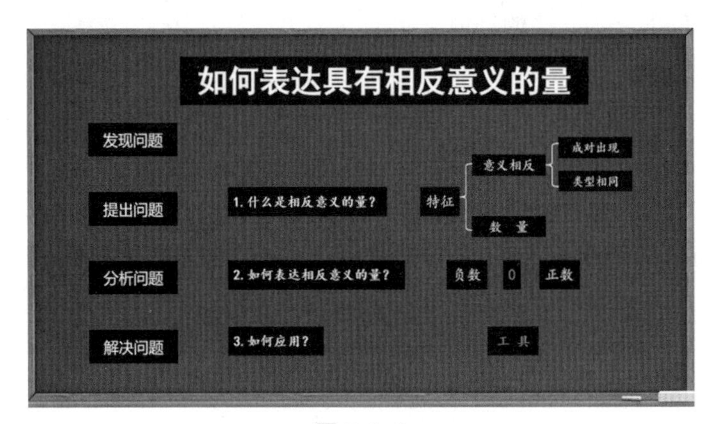

图5-3-3

6. 学习效果评价（表5-3-2）

表5-3-2　学习效果评价

评价内容	具体评价指标	学习效果评价
知识与技能	知道具有相反意义的量的含义和特征； 会用正负数表达具有相反意义的量； 知道标准的含义； 能结合情境理解正、负数的含义	
过程与方法	亲身经历发现问题、提出问题、分析问题和解决问题的过程； 会搜集、描述资料，会用画一画等方式表达具有相反意义的量； 会交流分享，会自主学习，会提取关键信息	
情感、态度与价值观	数学学习兴趣提高，热爱中国文化，增强文化自信	
数学核心素养	在多元表征的过程中，数感和符号意识提高； 会在生活中用正、负数表达具有相反意义的量，应用意识和创新意识得以提高	

5.4 基于大单元整体教学的设计案例

5.4.1 基于自然单元的整体教学设计案例

单元一 曹冲称象的故事之认识千克

1. 教学内容分析

曹冲称象的故事属于小学数学“综合与实践”领域第二学段主题活动。在这个主题活动中，学生需要认识常用的质量单位克、千克、吨，理解这些质量单位间的关系；借助生活中常见的物体建立 1 克、1 千克的表象；在实际的测量活动中积累测量物体重量的经验，感受测量的误差；了解非公制的测量单位及一些不同的称重工具，进一步感受质量单位、称重工具与物体质量的适用关系。另外，在测量活动中，让学生感受“等量的等量相等”及“总量等于各分量之和”这两个重要的数学基本事实。

“曹冲称象的故事之认识千克”是在学生一年级认识轻重、初步感知物体轻重的基础上教学的。学生在生活中常常听到质量单位，也都接触过质量问题，但质量单位不像长度单位那样直观、具体，不能靠眼睛观察得到。抽象的概念要在学生的头脑中建立起来还比较困难。

让学生在实践中抽象数学计量单位的概念，在应用中感悟统一计量单位的必要，发展量感，是“曹冲称象的故事”主题活动的主要目标。这节课通过实际操作、体验、感受，让学生建立“千克”这个质量单位的概念。为了让学生了解 1 千克有多重，并能够在实际中应用，在教学过程中，通过多让学生估一估、掂一掂、猜一猜、称一称等实践活动，以增加学生对“千克”的感性认识，帮助学生形成质量观念。通过再现曹冲称象的过程，培养学生数学思想方法。学生在体会古人的智慧的过程中，增强学习兴趣，增强用数学的方式看待现实世界的意识。

2. 教学目标确定

(1) 教学目标

① 在具体的生活情境中，感受并认识质量单位“千克”，初步建立“千克”的质量观念。

② 通过实践活动，了解用秤称物体质量的方法；会进行估测，逐步提高估测能力。

③ 在实践活动中，感受等量的等量相等，体会数学与生活的密切联系，增强学习数学的兴趣；学会与他人合作交流，获得积极的数学学习情感。

④ 积累数学活动经验，培养学生的量感和推理意识。在“曹冲称象”及其相关文化内容的体验与实践中，感受数学与生活、数学与社会的关联，理解数学的文化意义，形成应用意识。

(2) 教学重点

初步建立千克的质量观念。

（3）教学难点

合理估计物体的轻重。

3. 教学过程

任务1 ▶ 回归故事，感受等量代换

播放曹冲称象的视频。

谈话：这个故事你们熟悉吗？我们二年级的语文课上就学习过这篇《曹冲称象》的课文。

提问：从数学的角度，你们想提出什么问题？（板贴：课题＋问号）

引导交流：曹冲称象，他是想知道大象的什么？

明确：我们口头说重量，在数学上叫作质量。（板贴：质量）

提问：故事里，曹冲是用什么工具，怎样称出大象质量的？

讨论：船装象时水位和装石头时的一样，说明什么？

明确：大象和石头一样重。

小结：水位一致，就说明大象和石头质量相等。像这样（图5-4-1），把每一块石头的质量累加求和，就是这堆石头的质量，也就是大象的质量。

图5-4-1

【设计意图：《课标（2022年版）》对该主题活动的学业要求是：知道“曹冲称象”的故事，形成问题意识。依托“大象有多重”等问题，引导学生深入思考、充分交流，初步经历过程分析、问题解决的过程。】

任务2 ▶ 走进生活，认识单位——千克

（1）认一认——认识秤

交流：同学们，你们用过哪种工具（图5-4-2），称过什么的质量？

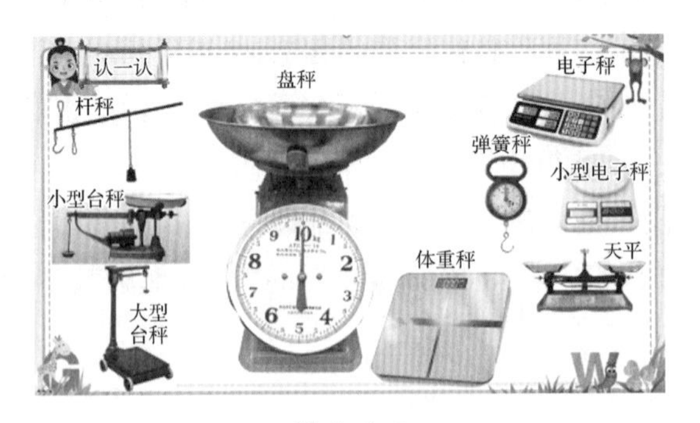

图5-4-2

说一说：我用（　　）称出了（　　）的质量。

小结：秤的种类真多呀！人们可以根据需要，选择合适的秤。这节课我们重点认识盘秤。

介绍：托盘，刻度盘。

交流：我们把目光聚集在刻度盘上，都有些什么？

介绍 kg：字母“kg”表示什么？它就是我们今天认识的质量单位——千克。（板贴：单位千克）国际上通用的质量单位是千克，可以用字母“kg”表示，也称公斤。称一般物体有多重时，通常用千克作单位。

（2）读一读——读秤

提问：你们是怎么一眼看出来物体质量是几千克的（图 5-4-3）？

小结：是的，指针指到几，就是几千克。

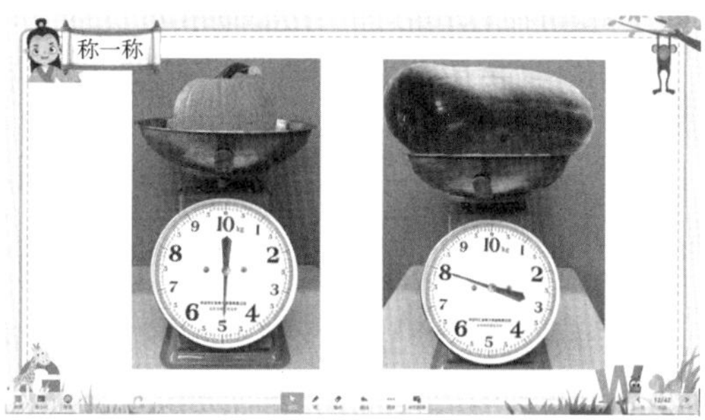

图 5-4-3

（3）称一称

要求：请组长拿出筐中的大米，轻轻放到秤上。组员坐正看这包大米有多重。要求听清了吗？组长开始！轻轻放。

提问：谁观察到了，这袋大米重几千克？

明确：这袋大米重 1 千克！（板书：质量 1 千克）

任务 3 ▶ 感受 1 千克

（1）掂一掂——初步感受 1 千克

谈话：这包大米放在手里是什么感觉，有多重呢？

活动：掂一掂，小组成员轮流体验。

明确要求：组内同学轮流掂一掂。

提问：1 千克在手里什么感觉？

（2）找一找——加深体验 1 千克

谈话：老师给大家还准备了一些物品（图 5-4-4），还有哪些物品也重 1 千克呢？

明确要求：

① 不用秤，掂一掂，估一估哪些物品重 1 千克，是的画“√”。

② 组长负责称，组员判断是否重 1 千克，是的画“√”。

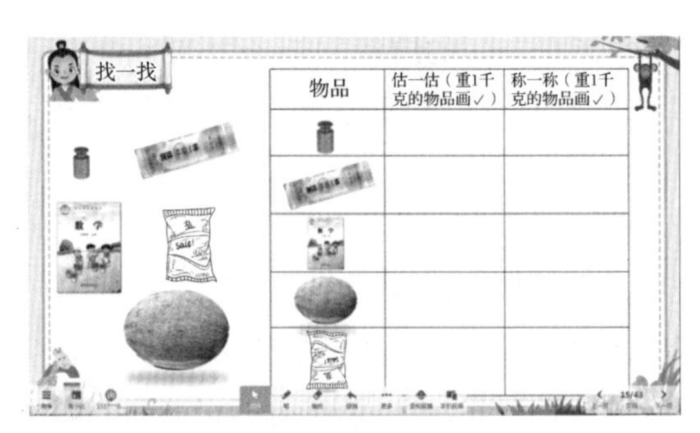

图 5-4-4

汇报：重 1 千克的物品有哪些？

这里的一捆面条，一瓶牛奶，一包大米各重 1 千克。（板贴：实物图片）

出示：老师这里还有一样东西，看！你们猜猜棉花有 1 千克吗？

对比：看看这四种 1 千克的物品，你们有什么想说的？

小结：只要是 1 千克的物品，它们的质量就是一样的，跟形状、大小、材质都没有关系。

提问：为什么不选 1 包盐？

交流：2 包盐才是 1 千克。

【设计意图：让学生经历先称再掂的过程，初步建立 1 千克的感觉。再让学生先掂一掂，再称一称，让学生通过各种形式的活动，具体感知 1 千克的实际重量，逐步形成 1 千克的质量观念。进一步明确，只要是 1 千克的物品，它们的质量就是一样的。】

任务 4 ▶ 认识大约 1 千克

谈话：为什么不选数学书(轻)。

提问：估几本数学书的质量最接近 1 千克？

交流：4 本数学书的质量最接近 1 千克(图 5-4-5)。

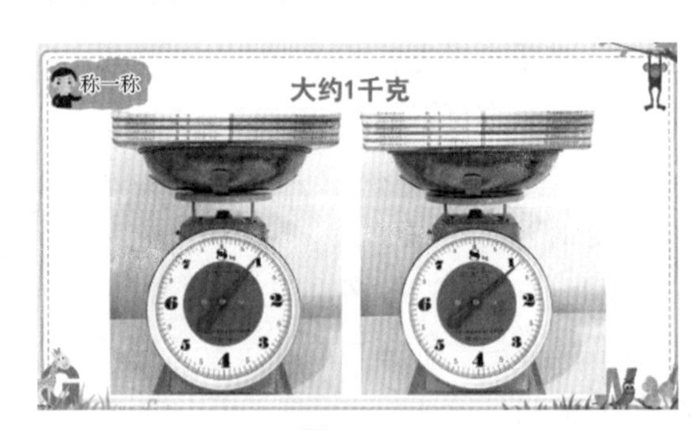

图 5-4-5

小结：像这样很接近 1 千克，可以说成大约 1 千克。（跟读：大约 1 千克）

【设计意图：生活中称许多物品的轻重往往不能得到整千克的结果，此时就可以用大约几千克来表达，既深化了“1 千克”的认识，又培养了学生应用数学的意识。】

任务 5 ▶ 感受几千克

(1) 认识 2 千克

谈话：哈密瓜的质量比 1 千克(重)。

讨论:那它可能有几千克呢?(出示提示图 5-4-6)现在呢?

谈话:一袋大米 1 千克,2 个 1 千克就是 2 千克。

2 个 1 千克是 2 千克,那 3 个 1 千克呢? 4 千克里有(4 个 1 千克)……

小结:几个 1 千克合起来就是几千克,几千克里就有几个 1 千克。

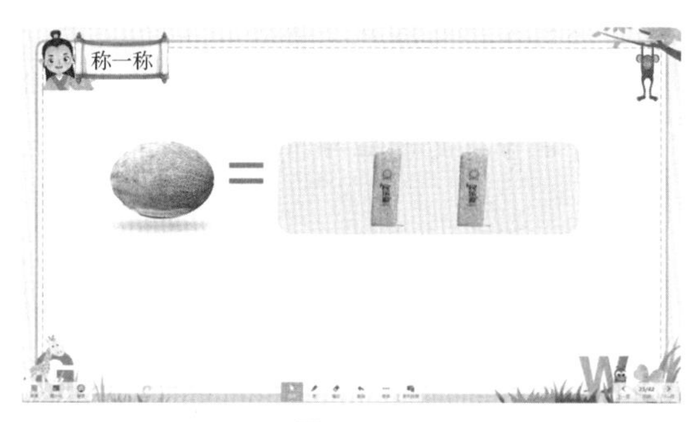

图 5-4-6

(2) 一起来称象

提问:通过 2 个 1 千克,我们知道了哈密瓜的质量是 2 千克。那么需要知道什么,你们就能得出大象的质量了?(需要知道里面有几个 1 千克就行了)

谈话:接下来,我们就来称出大象模型的质量是多少,探究曹冲称象的方法究竟准不准(图 5-4-7)。

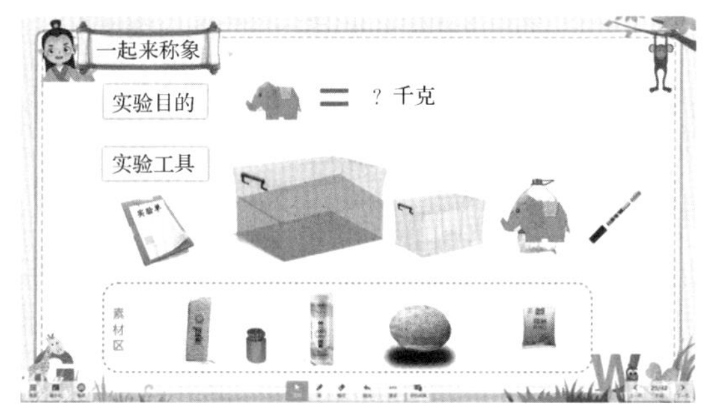

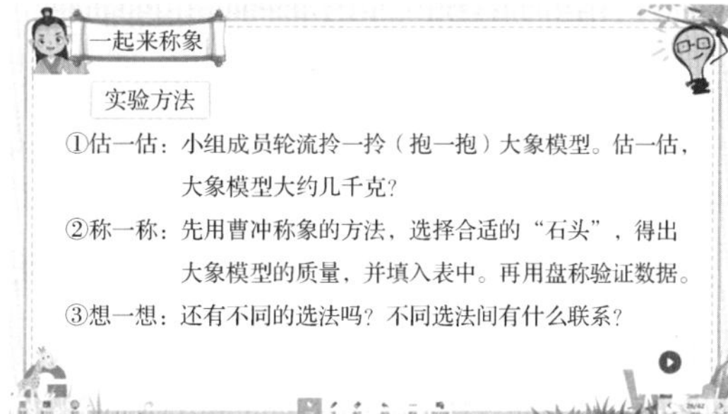

图 5-4-7

提醒:观察水位时视线要和水面保持水平(图 5-4-8)。

图 5-4-8

图 5-4-9

汇报实验过程(图 5-4-9)。

讨论:大家选用的材料不同,结果却一样,你们有什么想说的?

小结:我们用曹冲称象的方法知道到了大象模型的质量等于 5 个 1 千克物品的质量之和,也就是 5 千克。

通过盘秤验证,我们发现这种方法还是挺准确的。

【设计意图:在“认识几千克”时,不管是“称一称”还是“拎一拎”,教师都十分注重引导学生思考,使学生认识到常见量的量化需要有一个标准,从而渗透“单位”思想,凸显量的计量价值。】

(3) 专家来称象

① 推算 100 千克。

提问:真实的大象到底有多重呢?

材料阅读:亚洲象是亚洲最大的陆生动物。刚出生的亚洲小象体重约 100 千克。

我们借助以下物体(图 5-4-10)来解释。

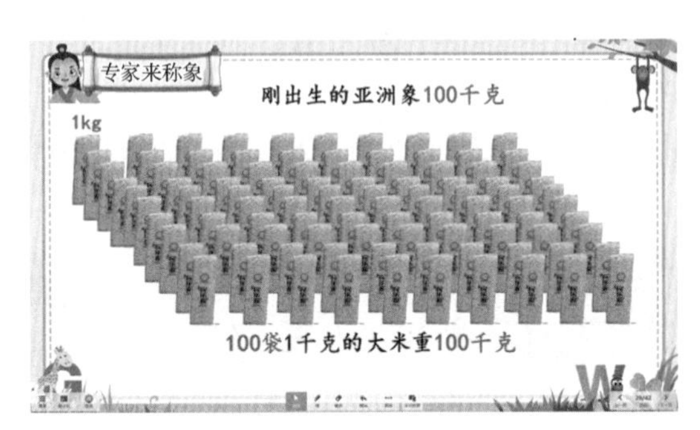

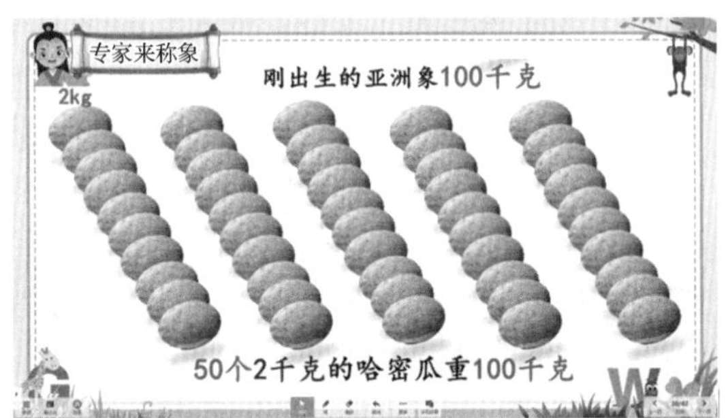

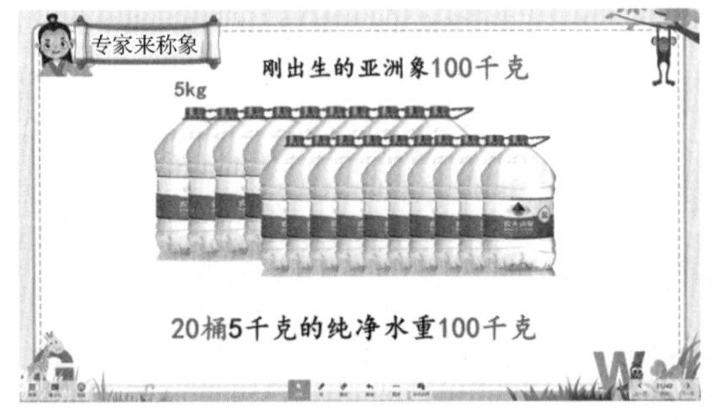

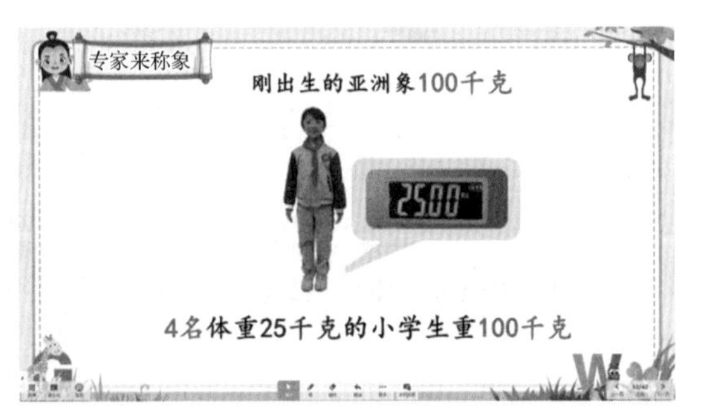

图 5-4-10

【设计意图:选取之前体验过的物品,建立多种标准,通过推算、想象感知 100 千克的质量,再结合课件动态演示,让学生体会单位质量的累加过程,同时帮助学生不同维度感知 100 千克。学生通过体验、对比、概括、推理等活动,发展了归纳概括能力、推理能力,建立了相应的量感。】

② 大象究竟有多重?

谈话:成年的亚洲象的体重大约是多少?国外的一个科学家团队也用曹冲称象的方法

进行了实验，我们去看看吧！(观看视频)

任务6 ▶ 生活中的载质量

提问：这头亚洲象最近要搬家去新的动物园了，请问用哪种卡车(图5-4-11)运送这头亚洲象合适呢？

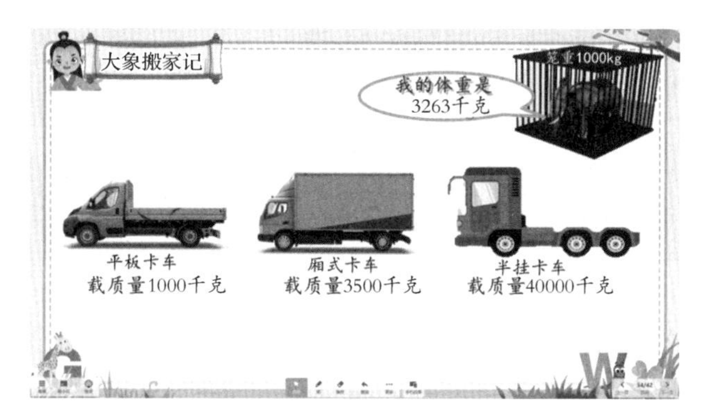

图 5-4-11

介绍：载质量3 500千克指的是最多能承载3 500千克。

谈话：他说得对吗？我们跟着视频一起去看看吧！(播放视频)

小结：只要你们留心观察就会发现，“千克”就在我们生活的角角落落。

【设计意图：把课堂中学到的数学知识延伸到课外现实生活中，体现了数学的生活性和社会性，也让学生体会到生活中处处有数学，数学就在自己身边，更加激发学生学习数学的兴趣，增强学生学习数学的自信心。】

任务7 ▶ 全课总结

① 总结：今天玩得开心吗？在今天的活动中你们学习到了什么？我们每个人都当了一回曹冲，通过质量单位的叠加解决了大象有多重的问题。

② 走进生活(图5-4-12)。

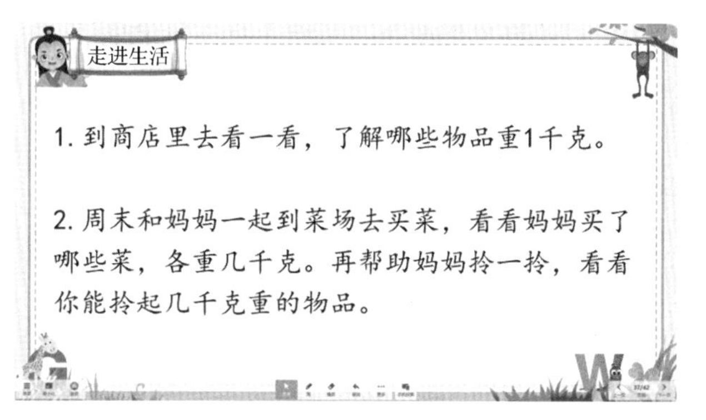

图 5-4-12

4. 板书设计(图 5-4-13)

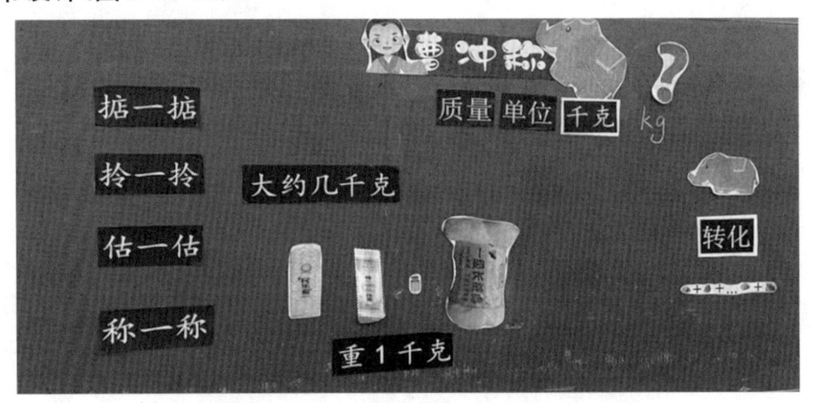

图 5-4-13

5. 学习效果评价(表 5-4-1)

表 5-4-1　学习效果评价

评价内容	具体评价指标	学习效果评价
知识与技能	在具体的生活情境中,感受并认识质量单位“千克”,初步建立“千克”的质量观念	
过程与方法	通过实践活动,了解用秤称物体质量的方法;会进行估测,逐步提高估测能力	
情感、态度与价值观	在实践活动中,感受等量的等量相等,体会数学与生活的密切联系,增强学习数学的兴趣;学会与他人合作交流,获得积极的数学学习情感	
数学核心素养	积累数学活动经验,培养学生的量感和推理意识。在“曹冲称象”及其相关文化内容的体验与实践中,感受数学与生活、数学与社会的关联,理解数学的文化意义,形成应用意识	

6. 附件

曹冲称象的故事之认识千克　研学单

班级________　　姓名________

学前有思

① 在古代为什么大象的质量称不出来?

____

____

② 简要说一下视频中是怎么把大象的质量称出来的。

____

____

③ 你用过哪种工具,称过什么的质量?

____

____

曹冲称象的故事之认识千克　实验单

班级________　　姓名________

实验记录

物品	估一估(重 1 千克的物品画√)	称一称(重 1 千克的物品画√)
盐		

(案例提供:苏州工业园区方洲小学　彭国庆名师工作坊　黄哲)

单元二　曹冲称象的故事之吨的认识

1. 教学内容分析

在认识吨之前,学生已经学习了“千克”和“克”这两个质量单位,有了对于计量单位的系统认识,积累了一定的学习经验。同时,学好本节课能够帮助学生建立大计量单位的学法模型,为后续学习“公顷”“平方千米”等其他大计量单位打下基础。

2. 教学目标确定

(1) 教学目标

① 知道“曹冲称象”的故事,引出在生活中称比较重的或大宗的物品用吨作单位的需求,初步建立 1 吨的观念;掌握吨和千克的关系,并能进行简单的单位换算。

② 理解“曹冲称象”的基本原理是等量的等量相等,感悟总量等于各分量之和,经历“吨”的量感体验、推算、想象过程,形成大计量单位的学习经验。

③ 体验学习的乐趣,激发学习数学的兴趣,体会“吨”在日常生活中的应用,感受质量与日常生活的联系。

④ 经历质量单位“吨”的量感体验、推算过程,培养推理意识;运用“吨”的有关知识估计一些物品的质量,培养应用意识。

（2）教学重点

建立1吨的观念，掌握吨和千克的关系。

（3）教学难点

建立“吨”的量感，推算和想象1吨有多重。

3. 学具准备

1袋10千克的大米、1袋25千克的大米、1桶5千克的花生油、1桶20千克的纯净水、1袋50千克的沙子、学习单。

4. 教学活动设计

任务1 ▶ 链接旧知，唤醒经验，初步感知吨

谈话：同学们，我们之前语文课中学习过曹冲称象的故事，谁还记得曹冲是怎么称出大象的质量的？聪明的曹冲把一头大象的质量转换成一堆石头的质量。

提问：千克和克是我们已经学过的质量单位，回忆一下，你们是怎么来认识它们的？

明确：掂一掂、称一称这些都是我们的亲身体验。（板书：掂一掂　称一称）

追问：称什么样的物品会用到千克和克？

继续引导：称比较重的大象时，用千克或克作单位，你们感觉怎么样？

揭题：为了计量时更简洁，今天我们就来认识一个新的质量单位——吨。（板书：吨的认识）

明确：称比较重的或大宗的物品，通常用“吨”作单位，这里的大宗是指特别多的物品。

【设计意图：借助学生对已经学过的质量单位“千克”和“克”的认知，激活学生的认知基础，引发学生思考，生活中很重的物体的质量需要用新的单位来描述，从而产生学习“吨”的认知需求，感受新单位产生的必要性。】

任务2 ▶ 充分感知，积累经验，建立吨的观念

（1）初步感知1吨

提问：根据以前的学习经验，你们准备怎么来认识1吨？

出示一袋10千克和一袋25千克的大米，提问：老师这里有两袋不同质量的大米，谁想上来抱一抱？

追问：25千克的已经抱不动了，1吨比25千克要重得多，该怎么去认识呢？

明确：可以借助10千克来认识1吨。

提出要求：下面我们分小组进行活动，小组成员有序抱一次大米，感受10千克有多重。

学生活动后，提问：你们在抱10千克大米时有什么感受？

追问：10袋10千克的大米重多少千克？

师生交流：20袋大米重200千克，30袋大米重300千克，40袋大米重400千克，50袋大米重500千克，60袋大米重600千克，70袋大米重700千克，80袋大米重800千克，90袋大米重900千克，100袋大米重1 000千克，也就是1吨。

明确：1吨＝1 000千克，“千克”我们之前学过，可以用字母“kg”表示，“吨”也可以用一

个字母“t”表示，所以我们可以写成 1 t=1 000 kg。

提出要求：把 1 吨大米摆放在一起，要占这么大的空间。请闭上眼睛，想象一下 1 吨大米堆放在我们教室里的场景。

谈话：请睁开眼睛，你们感受到了 1 吨有多重了吗？1 吨比 10 千克、100 千克都要重得多。

【设计意图：借助抱大米的活动，让学生经历从千克到吨的感知过程，从抱得动 1 袋 10 千克的大米到抱不动 10 袋 10 千克的大米的比较，再推算、想象，逐步发展学生对 1 吨的实际轻重的感受。通过具身体验明确“吨”是一个比“千克”大得多的质量单位，以获取丰富的认知经验，发展量感。】

(2) 强化对 1 吨的认识

提问：同学们，刚才你们是怎么来认识 1 吨的？

小结：我们先体验了 1 袋 10 千克的大米有多重，再通过推算、想象，感受了 100 袋 10 千克的大米重 1 吨。(板书：体验　推算　想象)

提问：你们还想用这样的方法感受生活中 1 吨的物品吗？

提出要求：老师给每个小队提供了不同的物品(5 千克的油、20 千克的纯净水、50 千克的大米)。

体验：小队成员有序抱一抱物品，感受这个物品有多重。

推算：多少个这样的物品重 1 吨，小队长填写在记录卡上。

想象：1 吨这样的物品摆放在一起是什么样子。

学生活动后，汇报：200 桶 5 千克的花生油重 1 吨，50 桶 20 千克的纯净水重 1 吨，20 袋 50 千克的沙子重 1 吨。

提问：想象一下，200 桶这样的油摆放在一起是什么场景？50 桶这样的水摆放在我们这个教室，需要占多大的地方？1 吨沙子堆在一起是什么样子的？

指出：超市的理货员为了节约空间，会这样来摆放花生油。

追问：这里的一桶水重 20 千克，我们教室里还能找到 20 千克的物品吗？看一下 50 套桌椅摆放在我们教室的场景是什么样的？

提问：刚才同学们用不同的物品，推算出了 1 吨，为什么都是 1 吨，有的物品数量多？有的物品数量少？

小结：每种物品的质量都是不同的，物品的质量越轻，所需要的数量就越多。

【设计意图：物体不同，其 1 吨的形态也不相同，选取生活中常见的不同物品，多标准建立 1 吨模型。活动中让每位学生都亲身体验小计量单位千克的“量”，再推算多少个这样的物品是 1 吨，形成对大计量单位的“感”，让量感在推理计算、多维感知中得到发展。】

任务 3 ▶ 结合生活，运用经验，明晰吨的作用

谈话：刚才我们研究的都是比 1 吨少的，通过累加得到 1 吨，生活中也有比 1 吨重的物品。

提问：4 000 千克是多少吨呢？你们是怎么想的？

追问:你们还能想到哪些动物比1吨重吗?

提问:除了大型动物,你们还能想到生活中哪些比1吨重的物品?

引导:一辆小汽车自重2吨,自重是什么意思?又开来了一辆卡车,载重是5吨。不同大小的卡车,载重也不一样。

介绍:一架飞机自重260吨,一列货车每节车厢载重60吨,一艘货轮载重5 000吨。

谈话:这些交通工具的自重和载重都是怎么称出来的?也是用古代曹冲称象的办法吗?我们一起来认识一种新的称重设备——地磅。

指出:用地磅称出这辆运载着货物的卡车是18 020千克,大约是18吨。我们之前认识的秤只能称出比较轻或一般物品的质量,今天新认识的这个地磅常用于称比较重的或大宗物品的质量。

播放视频,介绍中国制造的大国重器已走向世界最前端。

谈话:同学们,今天我们通过不同的物品感受了吨是比克和千克更大的质量单位,你们能根据这节课和之前的学习经验,为生活中不同物品选择合适的质量单位吗?在学习单上连一连,并按照从轻到重排一排,说说你们是怎么排的?

【设计意图:借助生活中几吨、几百吨、几千吨等物品,使数学知识与生活对接,让学生在生活的背景下再次感知“吨”,完成对“吨”的定量刻画让学生建立相应的量感,形成新的认知经验。再将“中国制造”融入教学,让学生感受生活中的“吨”,再一次发展了学生的量感,培养学生的爱国情怀,发挥学科育人的功能。】

任务4 ▶ 总结经验,形成方法,积累大计量单位学习经验

回顾:同学们,今天我们这节课认识了新的质量单位——吨,和之前认识千克和克有什么不一样的地方?

全课小结:我们在认识千克和克的时候用的是掂一掂、称一称的方法,今天这节课我们又通过体验、推算、想象认识了吨,这种方法在今后学习更大的长度单位、面积单位的时候也会用到。

5. 板书设计(图5-4-14)

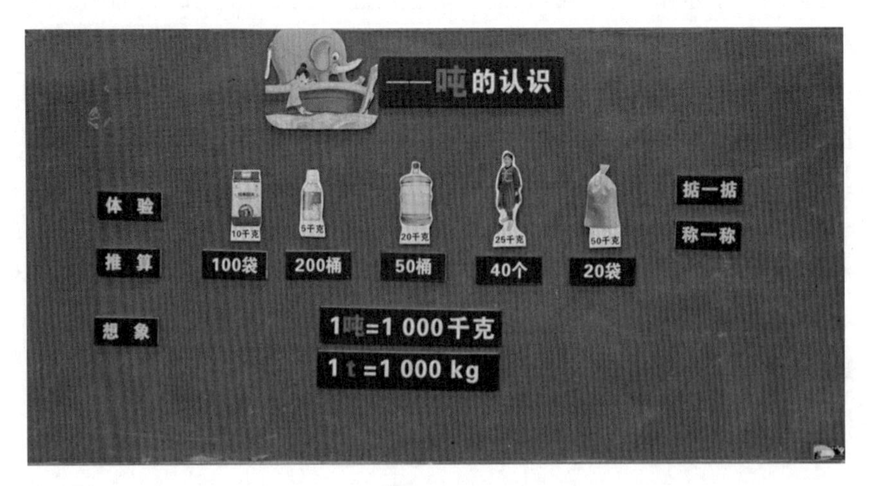

图5-4-14

6. 学习效果评价(表 5-4-2)

表 5-4-2 学习效果评价

评价内容	具体评价指标	学习效果评价
知识与技能	知道 1 吨有多重,掌握吨和千克的关系,能进行正确的单位换算	
过程与方法	能积极参与 1 吨有多重的研究过程,认真实践,主动思考	
情感、态度与价值观	能够联系生活实际,正确使用吨的知识分析和解决问题	
数学核心素养	能推算多少个物品重 1 吨,估计生活中物品的质量,量感、应用意识等得到发展	

(案例提供:苏州工业园区青剑湖小学 彭国庆名师工作坊 蒋芝芳)

单元三 曹冲称象的故事之物体的测量——在生活中称重

1. 教学内容分析

学生已经初步认识了常见的质量单位,能在具体生活情境中感受到克、千克、吨的意义。在此基础上学生尝试称重活动,了解秤的历史由来,对秤进行简单操作,测量或估测出常见物品的质量,体会因度量工具和方法不同引起的误差,发展量感和推理意识。

2. 教学目标确定

(1) 教学目标

① 知识与技能:了解曹冲称象故事的原理,认识常见的称量工具,理解不同工具的测量方法和适用范围是不同的,会使用电子秤称量并表示常见物品的质量,尝试对熟悉物体的质量进行估测。

② 过程与方法:能够掌握在日常生活中哪些情况可以直接称重,哪些情况需要间接称重;同时感受测量误差以及估测方法的多样。

③ 情感态度与价值观:通过对本节课的学习,学生在称量的活动中,进一步体会数学基本事实,积累称重和估测经验,促进数学思考,提升学习数学的乐趣。

④ 数学核心素养:针对真实情境进行称重和估测,会进行方法的优化和误差分析,发展量感和推理意识。

(2) 教学重点

选择合适的单位进行度量,深化对量的理解。

3. 学具准备

电子秤、称重材料。

4. 教学活动设计

任务 1 ▶ 直接引入

谈话:同学们,大家还记得“曹冲称象”这个故事吗?

追问:“称象”用数学语言来表达就是做什么?

指出:称量工具——秤。

提问:中国古时候谁制造了第一杆秤呢?

播放视频《范蠡制秤》。

交流:看了视频,你们有什么收获呢?

小结:秤的出现是为了准确测量物品的质量,为了适应时代的发展,秤也在逐渐发展和进步。

活动1:寻找生活中的秤——我会介绍

学生展示交流,教师板书质量单位。

追问:以上几位同学的分享中,这些称量工具都用到了哪些质量单位?它们之间又有什么联系呢?

小结:弄清楚了质量单位之间的关系,我们继续来观察生活中还有哪些常见的称量工具。

提出要求:谁来用自己的话说一说曹冲称象的过程呢?

提问:为什么不直接称象?

追问:称的大象的体重就是称什么的质量?

小结:你们有没有思考过,在生活中哪些情况可以直接称重?哪些情况需要间接称重呢?

【设计意图:让学生寻找日常生活中的秤,了解秤的用途、使用方法以及秤的质量单位,同时通过几位同学的分享,让学生在回顾学过的质量单位的同时,逐渐熟悉对电子秤的使用方法,为后续活动做准备,让学生在介绍中感受直接称重的便捷性。通过回顾曹冲称象的故事,感受当直接称重遇到困难时,可以通过转化的方法进行间接称重,为后续学习埋下伏笔。】

任务2 ▶ 生活中的称量

活动2:称量生活中的物品——我会称量

谈话:教师给每个小组都准备了一些物品,有饮料、水彩笔、回形针等,都在你们的学具筐里,请你们实际称一称它们的质量分别是多少,组内合作完成。

学生分组操作,教师随机展示学生测量结果。

提问:测量时遇到什么问题?

追问:可以怎么办?

小结:对于太轻的物品,如果称不出单个数量的质量,我们可以多放几个一起称,间接称出一定数量的该物品的总质量,总质量除以个数就能得到单个的质量。

提问:为什么实际称得的结果和商品上的标注会有不同?

小结:测量是有误差存在的,选择合适精度的仪器测量会合理减小测量误差。

提问:如何称出一瓶矿泉水中水的质量?

启发：1 毫升水大约有多重呢？

提问：知道一支水彩笔 5 克，一筒水彩笔 100 克，可以求出什么？

小结：生活中我们常见的大部分物品都是可以直接称重得出的，而对于单个太轻的物体，我们可以通过增加数量间接称重，计算得到单个微小物体的质量。

【设计意图：通过小组合作的形式，让学生对日常生活中常见的物体进行称重记录，准备的素材有水彩笔、直尺、小零食、面包、牛奶、食用盐、矿泉水、数学书、回形针，素材质量从 5 克到 600 克。选取有代表性的回形针和食用盐，让学生感受有些物品可以直接称重，而较轻的回形针却不能直接称重，产生认知冲突，为后续的间接称重做铺垫，学生在活动中体会累加或等量代换的数学思想。学生在称重活动中能够感受测量误差的存在，同时可以通过多测几次取平均值来减小误差存在。而准备一只水彩笔和一筒水彩笔，是为了让学生感受和应用“总量等于各分量之和”，为后续估测活动做铺垫。】

活动 3：称量生活中的物品——我会估测

提问：有了以上的称重经验，我们能否对生活中的一些常用物品进行质量估测呢？

追问：什么情况下需要我们进行估重呢？

启发：如何进行估重？

课件出示“无秤的称量”活动要求。

学生进行估测活动，教师实时展示学生估测结果。

小结：大家用自己的聪明才智，选取合适的参照物，估测出这些物品的质量，能够在实践中得以应用。

【设计意图：课前选择了一些学生常用常见的物品进行估测，由于质量的感觉是复杂的，不同的人对不同的质量感受是不太一样的，选择学生经常拿在手里的铅笔和数学书，是为了便于学生进行估测感受。】

任务 3 ▶ 多样化认识称量

小结：古代想要称量大象这样的庞然大物受到很多现实条件的限制。而在科技高度发展的现代，我们有了更多的工具和办法，能够更便捷、更精准地进行称量。

【设计意图：称量现象在日常生活中随处可见，通过生活上快速、便捷称重需求和发展，让学生明确称重也在革新换代，让我们的日常生活变得更加美好和便捷。】

任务 4 ▶ 课后实践作业

称重在我国有着悠久的历史传统文化，找一些含有质量单位的成语，解释其含义并且了解相关历史典故。（例如：半斤八两）

【设计意图：称量活动在我国有着悠久的历史传统文化，学生可以对一些含质量单位的成语进行多学科的学习，拓展学生的知识面，同时让学生感受传统文化的博大精深，提升爱国情怀。】

5. 板书设计(图 5-4-15)

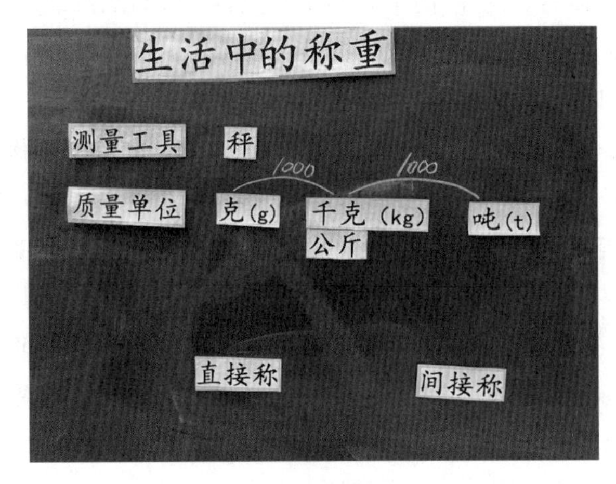

图 5-4-15

6. 学习效果评价(表 5-4-3)

表 5-4-3 学习效果评价

评价内容	具体评价指标	学习效果评价
知识与技能	能够理解曹冲称象的原理,并且善于在生活中发现常用的秤,能主动探索使用方法	
过程与方法	能够熟练使用称量工具进行直接称重,能够对间接称量有自己的见解和想法	
情感、态度与价值观	乐于分享自己的探究结果,接受他人的不同方法,善于观察,善于思考、自我反思	
数学核心素养	能够正确称重测量,也能合理估测物体的质量,量感和推理意识得以发展	

(案例提供:苏州工业园区斜塘学校　彭国庆名师工作坊　闫晓栋)

单元四　曹冲称象的故事之测量庞然大物的质量

1. 教学内容分析

在《课标(2022年版)》中,“曹冲称象”作为数学“综合与实践”领域第二学段的主题活动,学生通过测量、感知身边物体的质量,积累丰富的生活经验,形成初步的量感,并以此为基准,建立与其他物品的联系,通过想象和推理,形成对更多物品轻重的认识,在反复多次的活动中,从不同角度、不同方式引导学生掌握并引用“常用的质量单位”的相关知识,在无形中发展学生的量感和推理意识。

而其中测量庞然大物的质量则在学生认识常用的质量单位的基础上,进一步体会曹冲称象的基本原理是等量的等量相等,能够理解并尝试运用这一原理进行推理,知道常见的数量关系“总量等于各分量之和”。但在实际教学中，这些原理对于学生而言是抽象难懂的，因此需要借助这样一个具体情境，在思辨活动中去体验，感悟其中蕴含的原理。

同时，曹冲称象的故事所涉及的基本原理及数量关系能引导学生在推理与应用的过程中感受古人的智慧与时代的发展、科技的进步，拓宽学生的视界，引导学生用数学的眼光观察世界，进一步培养学生的家国情怀。

2. 教学目标确定

（1）教育目标

① 能借助实际情境理解“等量的等量相等”这一基本原理和“总量等于各分量之和”这一数量关系，能够应用所学知识进行推理，解决生活中的实际问题。

② 能积极参与称重活动，与他人合作进行称重方案的创新与制定，并能在设计方案过程中不断反思，不断改进，积累数学活动经验，形成问题意识。

③ 感受我国古人的智慧以及时代的发展，培养民族自豪感的同时，提高学习数学的兴趣，建立学好数学的信心，形成质疑问难、自我反思和勇于探索的科学精神。

④ 能够理解并尝试运用“等量的等量相等”这一原理进行推理，理解常见的数量关系“总量等于各分量之和”，在培养学生应用能力及创新意识的同时，进一步发展学生的量感和推理意识。

（2）教学重点

借助实际情境理解“等量的等量相等”。

（3）教学难点

运用“总量等于分量之和”这一数量关系解决实际问题。

3. 学具准备

多媒体课件、学习单。

4. 教学活动设计

任务 1 ▶ 复习引入，唤醒学生旧知

谈话：同学们，今天我们学习的内容与质量有关，你们知道哪些质量单位？你们能解决这些问题吗？

出示题目：一袋大米重 50（　　）；20 袋大米重 1（　　）；200 袋大米重（　　）吨；8 吨这样的大米一共有（　　）袋。

指名回答并介绍自己的思考过程。

【设计意图：复习回顾，借助大米这一标准质量的物体唤醒学生关于生活中物体质量的知识，并由多袋大米组成一个质量极大的情况，为后续测量庞然大物质量的学习做铺垫。】

任务 2 ▶ 借助故事，锁定核心问题

（1）寻找故事中的问题

提问：曹操遇到了什么问题？大象的质量为什么这么难称？

指出:今天这节课我们就一起来测量庞然大物的质量。(板书课题:测量庞然大物的质量)

(2) 探究故事中的数学

出示问题:故事中的人们想要怎样称象?

指名回答,并相机板书。(板书:造大秤　切块称)

探究方法 1:造大秤。

提问:造一杆大秤后,人们想做什么?这个方法有什么优点?存在什么问题?

指出:造大秤的方法是直接称,优点是称重时比较方便并且精准,问题是大秤很难制造并且不易操作。

探究方法 2:切成块。

提问:用切成块这种方法能直接称出大象的质量吗?这个方法有什么优点或缺点?

指出:切块称的方法是间接称,优点是比较容易操作,缺点是耗时费力、容易有误差并且不道德。

明确:这两种方法是有着合理性的,但都有着自身难以解决的问题,不便于我们操作实施。

【设计意图:借助学生对曹冲称象这一故事已有的认知,引导学生思考故事中称象方法的可行性与合理性,学生能够在这一系列的思辨活动中,体会在设计称重方案时所需要考虑的各方面因素,同时为后续曹冲称象方法的探究做铺垫。】

任务 3 ▶ 合作探究,理解称象原理

交流:故事中曹冲是怎样称象的?

学生结合课件分步说明曹冲称象的具体步骤。

探究:曹冲称象的原理是什么?

提问:为什么船两次下沉的深度必须相同?这时船起到了什么作用?

指出:船下沉到同样的位置,船的排水量就是相同的,此时大象的质量等于所有石头质量的和。小船相当于一个天平,使得它们的质量相等。

讨论:曹冲称象方法有什么优点或缺点?可以怎样改善?

提问:曹冲称象的方法特点是什么?

明确:曹冲的方法将大象的质量即总量转化成了石头质量的和即各分量的和。

引导:曹冲称象的方法与哪个方法相似?存在着什么问题?

指出:曹冲称象的方法与切块称相似,都属于间接称,操作时也存在着耗时费力的问题。

追问:你们有办法帮曹冲优化他的称重方法吗?

启发:如果换成标准质量的石头会不会好一点?但是大象的质量就一定正好是整百或整十数吗?是不是增添使用规格为 1 千克的石头,称出来的质量会更准确呢?

学生小组交流后,组织反馈。

明确:利用多种不同规格的石头,只需要看有几个百、几个十、几个一,最后合起来就是大象的质量,这样做简化计算,节约了称重的时间。

【设计意图:在本环节没有直接探究曹冲称象的原理,而是让学生利用简短的语言阐述曹冲称象的步骤,为曹冲称象原理的探讨奠定基础。在探究称象原理时,借助天平的模型帮助学生更好地理解“等量的等量相等”这一基本原理,后续借助对称象方法优点的探讨,进一步体会“总量等于各分量之和”这一数量关系。最后通过优化称象的方法,拓宽学生的思路,使其合理展开创新设计,培养学生的应用能力及创新意识。】

任务 4 ▶ 古今对比,体会时代发展

谈话:随着科技的发展,故事中的那杆大秤已经被发明出来了,而且它就应用于我们的日常生活中。

播放视频:地磅的介绍。

提问:看到这杆“秤”,你们有什么感觉?与古代的大秤相比,有什么进步?

指名回答。

【设计意图:借助地磅与故事中大秤的对比,学生体会其中不变的数学原理,并体会称重工具随着时代发展所产生的进步,感受科技发展为人们日常生活所带来便利。】

任务 5 ▶ 制定方案,解决实际问题

播放视频:地磅年检新闻。

提问:年检时,地磅要怎样校准?

出示校准方法:首先需要在地磅上放置一定质量的物体,再根据质量大小调整计量表读数,使得称取质量与计量表读数相对应。

启发:在设计方案时,我们首先要解决什么问题?

学生独立设计后小组交流。指名演示,并组织学生互评。

补充:后续完善的设计可以通过手抄报、视频等形式在易加学院内展示。

【设计意图:该环节意在让学生作为设计者经历度量的过程,通过独立设计、小组交流等方法,进一步理解并应用“等量的等量相等”“总量等于分量之和”等知识。同时,设计这一形式能够更好地留下学习痕迹,辅助学生合作学习,使其成为本课重要的学习评价内容。】

任务 6 ▶ 畅想未来,体会数学妙用

谈话:古代想要称量大象这种庞然大物的质量受到许多技术的限制。但是现在科学技术飞速发展,让我们有更多样的方法去称量这些庞然大物。

播放视频:无人机在船舶水尺计重中的应用探索。

提问:随着科学技术的不断发展,未来会怎样测量庞然大物的质量?

指名回答。

【设计意图:借助视频进一步展示我国科技的发展,培养学生的爱国情怀,让学生感受数学应用的广泛性。同时借助学生对于未来测量庞然大物质量的想象培养学生新时代主人翁的意识,引导学生多用数学的思维去思考、解决生活中的问题。】

5. 板书设计(图 5-4-16)

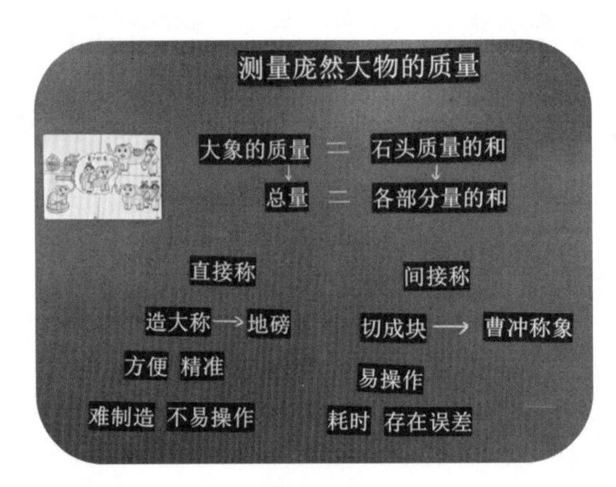

图 5-4-16

6. 学习效果评价(表 5-4-4)

表 5-4-4 学习效果评价

评价内容	具体评价指标	学习效果评价
知识与技能	了解故事及生活中测量庞然大物质量所用到的方法; 理解“等量的等量相等”这一基本原理以及“总量等于各分量之和”这一数量关系; 运用“等量的等量相等”“总量等于分量之和”进行推理并解决生活中的实际问题	
过程与方法	学生经历对曹冲称象方法的思考与辨析,感受“等量的等量的相等”这一基本原理推导得出的过程; 在推导“等量的等量相等”的过程中,通过独立思考、合作探究等形式,理解“总量等于各分量之和”; 在与他人合作设计校准方案的过程中,经历发现问题、提出问题、分析问题、解决问题的过程,培养学生的问题解决能力	
情感、态度与价值观	通过本课的学习,学生感受我国古人的智慧以及时代的发展,培养民族自豪感的同时,提高学习数学的兴趣,建立学好数学的信心,形成质疑问难、自我反思和勇于探索的科学精神	
数学核心素养	在活动中能用数学的语言表达、数学的眼光观察、数学的思维思考,培养学生的创新、应用能力,并使其量感和推理意识得到发展	

(案例提供:苏州工业园区跨塘实验小学　彭国庆名师工作坊　肖英杰)

单元五　曹冲称象的故事之度量策略

1. 教学内容分析

曹冲称象的故事是《课标(2022 年版)》第二学段中“综合与实践”的内容。本节课重点探究曹冲称象故事中的度量策略。在此之前学生已经学习了质量单位“克、千克、吨”

的知识，掌握了各质量单位之间的关系。本节课重温曹冲称象的称量过程，通过操作、讨论，充分理解数学原理，感悟测量策略，发展分析问题、解决问题的能力，培养初步的策略意识。

2. 教学目标确定

（1）教学目标

① 从曹冲称象的故事中发现数学问题，提出问题，小组讨论，学会分析问题并联系已有知识经验解决问题。在具体的称量情境中理解“等量的等量相等”“总量等于各分量之和”“转化”的度量策略。会运用策略解决实际的称重问题，并能联系习题发现“等量的等量相等”“总量等于各分量之和”的策略，内化策略。

② 经历模拟曹冲称象的称量过程，制定称重方案，感悟故事中的度量测量的获得过程，在操作中获得发现问题、解决问题的能力，形成问题意识。

③ 通过对本节课的学习，从模拟曹冲称象的测量过程中，感受曹冲的智慧；学习曹冲敢于尝试的探索精神，提高学习数学的兴趣，建立学好数学的信心，形成质疑问难、自我反思和勇于探索的科学精神。

④ 在活动中理解数学知识，积累活动经验，促进数学思考，丰富量感，培养推理意识和应用意识、创新意识。

（2）教学重点

理解曹冲称象故事的原理，能模拟称象过程在小组合作中称量出“大象”的质量。

（3）教学难点

在操作中发现问题，解决问题。

3. 学具准备

大箱子，水，石子，字典，电子秤，撕好的几片纸巾。

4. 教学活动设计

任务 1 ▶ 课前活动，故事导入

播放视频《曹冲称象》。

任务 2 ▶ 走进故事，初步探究

（1）教师示范，发现问题

要想探究故事中的度量策略，我们得先从发现问题开始，这个问题可以是你们对故事中曹冲的方法的疑问，也可以是你们对某一个过程的想法。再筛选出你感兴趣的问题，提出问题进行探究。

老师先来提出两个问题：第一个问题，大象的质量用哪个质量单位比较合适？第二个问题，为什么故事中造一杆大秤的办法不可行？

分析问题：第一个问题，大象的质量用哪个质量单位比较合适？

与学生互动回忆学过的质量单位“克、千克、吨”的知识。

练习巩固：看来质量单位的知识你们学得不错嘛，让老师来考考你们（图 5-4-17）。

图 5-4-17

第二个问题,为什么故事中造一杆大称的办法不可行?

预设:生活中没有能称量那么大、那么重物体的秆称,就算造出来也没人能提得起来。

评价:曹冲当时用的是杆秤,要将物体提起来才能称重,根本没人能提得起来。

(2) 古今对比,了解称量工具

对于古人来说,称量庞然大物很困难。因为古人的称量工具不先进,不方便称太重的物品。而随着科学技术的进步,我们的称量工具越来越先进。比如,称量较轻的物体可以用小型电子秤,称量几千克的物品可以用盘秤,称量更重一点的物品可以用磅秤,称量大宗物品也有更方便的地秤。所以现在可以让大象站在磅秤上称量出它的质量。你们猜曹冲称出的大象大概有多重?

预设:3 吨。

评价:成年大象的质量大概为 3～5 吨,你们的猜想符合逻辑。

谈话:科学技术让我们的生活变得更加方便。曹冲用自己的智慧称出了大象的质量,这种善于思考、敢于尝试的精神值得我们学习。

小结:刚才我们通过发现问题、提出问题、分析问题的过程来探究故事中的度量策略。

【设计意图:发现问题、提出问题、分析问题和解决问题是新课程标准的课程目标要求的学生应该发展的基本素养。这一环节从曹冲称象的故事出发,引导学生在故事中发现问题、提出问题,并在教师的示范作用下学会小组讨论,提出有研究价值的问题。这有利于培养学生深度学习的能力,学生对自己提出的问题更有探究兴趣和方向。】

任务 3 ▶ 提问分析,操作称象

(1) 提出问题

关于曹冲称象的故事,你们能发现问题并提出问题吗?

活动 1:

① 提出一个关于曹冲称象的问题并在组内交流;(只需要提出问题,不需要解答)

② 选出两个与数学相关的问题写在探究纸上。

请 2 人上台展示。(时间约 6 分钟)

(2) 提炼问题

问题 1:为什么把大象替换成石头?

问题 2:大象的质量为什么等于石头的质量?

这些问题的答案就藏在曹冲称象的称量过程中。你们想不想再来体验一下曹冲称象的过程?

(3) 再次模拟曹冲称象

活动要求：

① 字典代表大象，小盒子代表船，大盒子里装满水；

② 小组长合理分工组内观察、标记、称量、记录人员；

③ 小组长汇报称量过程和结果。

注意：电子秤称量的范围在 1～100 克，因此不能直接称出“大象”的质量。观察水位要平视。

开始操作。(时间约 10 分钟)

(4) 分析问题

问题 1：为什么把大象替换成石头？

预设：大象是动的物体，称量时不好操作；石头是静止的物体，更方便称量。

谈话：是啊，曹冲将活动的不好操作的物体替换成静止的更方便称量的物体，这叫化动为静。还有别的原因吗？

预设：大象太重，没人能提得起来，而石子可以分成一堆一堆的，好称量，因此曹冲将大象替换成石头来称量。

小结：这叫化大为小。曹冲用转化的策略化动为静、化大为小，将大象的质量转化成一块块小石头的质量之和，让复杂的问题变得简单。这是我们探究的第一条度量策略。(板书：转化)

提问：把大象的质量看成总量，一堆堆石头的质量就是分量，那么总量和各分量之间有什么关系呢？

预设：总量等于所装的所有石头的质量之和。(板书：总量＝各分量之和)

问题 2：大象的质量为什么等于石头的质量？

预设：因为大象和石头放在船上都到同样的刻度。

提问：在船上做标记有什么作用？

预设：可以确定第一次船下沉了多少。船身下沉，什么被排出去了？

评价：船身下沉，排出的水的质量就等于大象的质量，第二次放石头进去，船身也下沉到这个位置，所以石头的质量也等于排水的质量。大象的质量和石头的质量都有一个共同的等量——排水的质量，那么这两个量就叫作等量的等量，大象的质量＝石头的质量。这就叫作等量的等量相等。(板书)

【设计意图：曹冲称象的故事中蕴含的数学原理，学生其实并不很了解，尤其对于石头和大象之间的关系存在很多的疑问，通过模拟称象的过程帮助学生梳理和表达曹冲称象的办法，能初步理解等量的等量相等，可以更切实际地探讨秤重物的问题。其中，多次称量石头的质量再求和的过程为数学原理的探讨奠定基础，帮助学生体会总量等于各分量之和。】

任务 4 ▶ 联系旧知，巩固策略

你们能列出三个等式(图 5-4-18)，找到等量的等量吗？

图 5-4-18

3 只鸡的质量＝2 只鸭的质量

1 只鹅的质量＝2 只鸭的质量

3 只鸡的质量＝1 只鹅的质量

如果一只鹅的质量是 6 千克，一只小鸡的质量是多少克？

分量＝总量÷个数。（板书）

【设计意图：学生在教师的引导下分析问题，总结了三条度量策略，其实这些数学原理就蕴含在之前的习题中。在理解了转化、等量的等量相等、总量等于各分量之和的知识后再回过头去分析这些习题，新旧知识相互融合，更自然地内化了新知。】

任务 5 ▶ 运用策略，解决问题

（1）称一张餐巾纸的质量

你们能运用以上数学原理，称一张薄薄的餐巾纸的质量吗？

活动 2：

① 组内讨论制定称量方案；

② 小组合作尝试称量；

③ 小组长上台交流称量过程。

预设：称出多张纸的质量，再用总数除以张数。

小结：运用转化的思想，将一张纸的质量转化成多张纸质量，再用分量＝总量÷张数求出一张纸的质量。

（2）计算（图 5-4-19）

图 5-4-19

在学习单上写出三个等式，再计算。

1 个西瓜＝（　　）根香蕉

【设计意图：学生一直习惯于被提问，习惯于解决问题，而这恰恰应该是探究数学问题的最后一环节。学生发现称量一张薄薄的纸张，电子秤没有显示，于是需要像曹冲一样运

用一些策略才能解决。而称量太轻的物体可以用"总量等于各分量之和"的逆运算"分量等于总量除以个数"来算,这是本节课度量测量的综合运用,也是应用知识的体现。】

任务 6 ▶ 回顾总结,分享收获

今天这节课你们有什么收获?

5. 板书设计(图 5-4-20)

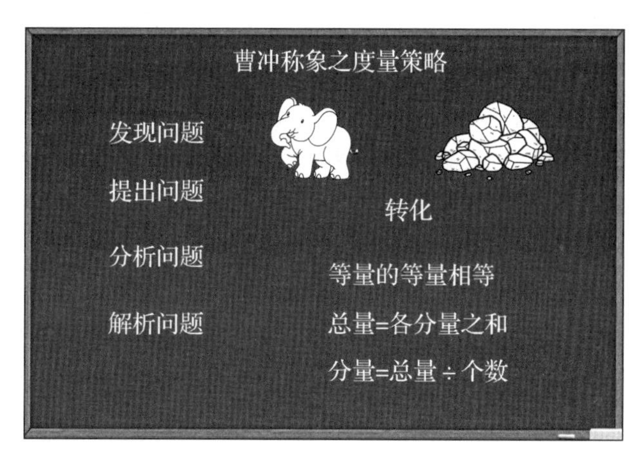

图 5-4-20

6. 学习效果评价(表 5-4-5)

表 5-4-5 学习效果评价

评价内容	具体评价指标	学习效果评价
知识与技能	理解探究数学原理的一般方法:发现问题、提出问题、分析问题、解决问题; 掌握"等量的等量相等""总量=各分量之和"的数学原理	
过程与方法	在小组活动中经历了称"象"的具体操作过程,进一步了解曹冲称象的步骤; 在称量的过程中进一步探索自己所提问题的答案,并深入思考称"象"中蕴含的数学原理和方法	
情感、态度与价值观	通过本节课的学习感受曹冲称象方法的妙处,对数学有好奇心和求知欲; 形成质疑问难、自我反思和勇于探索的科学精神,培养独立思考、敢于尝试的精神	
数学核心素养	在活动中理解数学知识,积累活动经验,促进数学思考,丰富有关质量单位的量感; 在鼓励学生分析问题、解决问题的过程中培养应用能力、实践能力和创新意识	

(案例提供:苏州工业园区第二实验小学 彭国庆名师工作坊 张海云)

5.4.2 基于跨学段的大单元整体教学设计

第一学段 我的教室

1. 教学内容分析

《课标(2022年版)》将“我的教室”纳入“综合与实践”领域第一学段的内容，采用主题式学习。在学习本节课之前，学生已经会用前、后、左、右、上、下来描述物体的相对位置，因此在教学设计中，在学生的已有经验中寻找真实起点，通过教室这一现实场景，经历发现和提出问题、分析问题和解决问题的过程，借助生活经验，认识东、南、西、北四个方向。在丰富的具身体验中体会东、南、西、北四个方向的相对性和顺序性，了解物体间位置、方向的相对性，形成初步的空间观念。这部分内容也将为第二学段学习“寻找宝藏”提供知识经验的支持。

2. 学情分析

“我的教室”和“寻找宝藏”都属于“综合与实践”领域的内容，其中“我的教室”属于第一学段，“寻找宝藏”属于第二学段。在学习这部分内容时，两节课有着如下特征：

(1) 寻找合适的学习起点，尊重学生的认知需求

在学习“我的教室”之前，学生的知识经验起点是能用前、后、左、右、上、下描述物体的相对位置。基于这样的起点，抛出大问题：我的教室在教学楼的哪个位置？引发学生的认知冲突，从而产生用东、南、西、北描述位置的需求。在学习“寻找宝藏”之前，通过复习教室的东、南、西、北在哪里，唤醒对东、南、西、北的认知，为学习东南、西南、东北、西北四个方向做铺垫。

(2) 游戏串联多维运用，感悟其实际价值

在认识东、南、西、北之后，通过游戏串联，将方向运用在生活中，能用东、南、西、北描述物体的位置，并能说出去某个位置的行走路线。在“寻找宝藏”中，利用苏州乐园平面图，通过寻找宝藏的游戏将方向知识串联其中，最后，小组合作设计藏宝图，在“藏宝”过程中感悟生活中运用方向的实际价值。

3. 教学目标确定

(1) 教学目标

① 基于生活经验，会用上、下、左、右、前、后描述我的教室中物体的相对位置；会用东、南、西、北描述物体所在的方向；给定东、南、西、北四个方向中的一个方向，能辨别其余三个方向。

② 能积极参与集体活动，在活动体验中能描述行走路线，感悟物体间位置和方向的相对性。

③ 在积极的活动体验中感受方向和日常生活的联系，感悟用方向描述位置的必要性。

④ 经历提出问题并解决问题的过程，在观察、操作、想象中发展推理意识，培养空间观念。

（2）教学重点

在生活中认识东、南、西、北四个方向，在教室里会用东、南、西、北描述物体所在的方向。

（3）教学难点

给定东、南、西、北四个方向中的一个方向，能辨别其余三个方向，形成初步的空间观念。

4. 教学活动设计

任务 1 ▶ 问题驱动，引入新课

谈话：同学们，你们喜欢咱们班的教室吗？听说咱们班的同学上课表现非常出色，所以听课老师也要到我们班来观摩听课。可是咱们的教室在教学楼的哪个位置呢？你们能介绍一下咱们班教室的位置，方便老师们过来听课吗？

学生说教室的位置。

小结：正因为我们面朝的方向不一样，单单用前、后、左、右来描述，不能说清楚教室的位置。

提问：你们觉得可以用什么方向词来描述教室的位置呢？

引导得出东、南、西、北。

提问：关于东、南、西、北，你们已经知道哪些知识了呢？你们还有什么问题要问呢？

揭题：今天我们就从我们的教室里来认识东、南、西、北。

【设计意图：“综合与实践”的课程内容要求学生能够经历发现问题、提出问题、分析问题和解决问题的过程，因此，围绕“我的教室”这一主题，教师抛出一个大问题：我的教室在哪里？通过大问题驱动，学生在描述教室的位置时，发现问题：不能用已有知识经验来准确描述。因此产生学习新的与方向相关的知识的需求，从而引出东、南、西、北。】

任务 2 ▶ 联系生活，认识相对的方向

（1）基于生活经验，明确一个方向

提问：你们知道我们教室的东、南、西、北在哪里吗？

引导得出：当我们不知道如何辨别方向的时候，我们可以借助生活中能帮我们辨别方向的事物，让我们一起去了解一下。

播放生活中辨别方向小技巧视频。

小结：我们借助太阳、北极星、岩石等事物可以确定一个方向，那么如何在知道一个方向的情况下，确定其他方向呢？让我们进一步来研究。

（2）借助相对关系，明确两个方向

以晴朗的早晨为例，小明面向太阳站立，他的前面是东。

指出：早上太阳升起的方向就是东，后面就是西；左面是北，右面就是南。

出示儿歌：早上起来，面向太阳。前面是东，后面是西，左面是北，右面是南。

指出：我们知道，前和后是相对的，左和右也是相对的。在这首儿歌里，你们还能找到像这样相对的方向吗？

明确：东和西相对，南和北相对。

对口令:前面是南,后面是(　　);左面是(　　),右面是西;后面是北,前面是(　　);右面是西,(　　)是(　　)。

小结:看来只要告诉我们一个方向,就可以确定与它相对的另一个方向。

【设计意图:本环节旨在帮助学生从生活中认识方向并感受方向具有相对性。东、南、西、北是人们从生活经验中约定的,因此利用早晨面向太阳是东,初步了解东、南、西、北。根据方向歌认识相对的方向,并在知道一个方向的情况下,确定与它相对的方向,感受方向的相对性。】

任务3 ▶ 具身体验,认识所有的方向

(1) 具身体验,认识方向

过渡:确定了两个方向,还有两个方向怎么确定呢?你们能在我们的教室里找到东在哪里吗?

追问:找到东了,还有哪个方向你们能很快找到?那么另外两个方向该怎么判断呢?

提问:你们能在教室里指一指这几个方向吗?

提问:游戏升级,敢挑战吗?

代表示范,指名学生上台演示。

要求:面向东站立,右手侧平举。

提问:他面向东,右手指的什么方向?向右转,他现在面向哪?右面指着什么方向?如果接着再向右转,他将面朝哪个方向?他的右手又指向哪个方向?

全班活动,带领学生以顺时针方向依次向右转,明确教室的东、南、西、北面。

追问:还要不要转了?

小结:刚才,我们借助我们的右手,知道了东的右面一定是南,南的右面一定是西,西的右面一定是北,北的右面一定是东。

追问:如果放下右手,我们现在只向右转,你们还能找到面朝的方向吗?

代表再次示范,指明学生面向东站立,依次向右转。

(2) 发现规律,明确顺序

提问:同学们,通过刚刚的活动,你们有什么发现?

小结:东、南、西、北始终都是沿着和时钟运转相同的方向按照东、南、西、北这样的顺序排列的。看来,东、南、西、北四个方向间不仅有相对关系,它们的排列还是有顺序的。

(3) 回顾总结,明确方法

提问:回顾刚刚的学习,你们能说说我们今天是如何确定东、南、西、北的吗?

小结:运用生活中的事物我们能确定一个方向,再根据相对关系可以确定与它相对的方向,再根据它们的排列顺序就可以确定所有方向了。

追问:如果确定了一个方向,能一下子确定所有方向吗?怎么确定?

学生演示。

【设计意图:本环节在认识方向相对性的基础上,认识所有的方向。学生通过侧平举向右转、直接向右转、想象一个方向的右面方向这三个活动体验,感受东、南、西、北是按照一定的顺序进行排列的,而这种顺序规律可以帮助学生从一个方向确定所有的方向。通过有

趣的具身体验活动,经历辨别方向的形成过程,从而掌握新知。】

任务 4 ▶ 生活运用,发展空间观念

(1) 寻找教室中的位置关系

活动 1:找一找

提问:认识了这四个方向,你们能用东、南、西、北介绍你们的同学吗?你们还能找一找教室的东、南、西、北都有什么吗?

小组讨论,说一说。

追问:讲台在大门的什么方向呢?门在书架的什么方向?老师在这行同学的什么方向?又在这行同学的什么方向?

小结:看来在咱们的教室里,我们不仅能找到教室的东、南、西、北在哪里,还能找到教室中的物体与物体、人与人之间的位置关系。

活动 2:猜猜他是谁

提问:想不想玩捉迷藏的游戏?

他藏在某同学的正西面。他是谁?

追问:只有他一个吗?还可以是谁?

小结:看来藏在某同学正西面的不止一个人,可以是在她正西面的所有同学。

他藏在某同学的正北面。他是谁?

他藏在某同学的正南面。他是谁?

活动 3:你想去哪里

提问:从教室大门走到某同学的位置,该如何走呢?你们能用东、南、西、北说一说吗?

同桌讨论,说明方法。

提问:从你们的座位,怎么走,可以走到谁的位置或是教室的哪个地方呢?

学生先独立思考,组织反馈。

追问:请你们展开想象,如果从你们的位置开始,你们能走出教室大门,走到外面的某个地方吗?

小组讨论,说说行走路线。

小结:同学们,咱们运用东、南、西、北四个方向,不仅可以找到某个位置,还可以说出去某个位置的行走路线。

(2) 寻找教室外的位置关系

谈话:既然走出教室了,那么就让我们去庭院看看吧!

出示:小明面朝校门,你们知道他的前面是什么方向吗?那么你们能快速确定他的右面、后面和左面各是什么方向吗?

追问:你们能想象一下,他的东、南、西、北各有哪些建筑吗?

谈话:继续想象,如果我们走出学校,你们能想象一下学校的东、南、西、北各有哪些建筑设施吗?和同桌说说看。

小结:同学们,今天我们一起在教室里认识了东、南、西、北四个方向。通过体验活动,体会了四个方向的排列顺序,并且都能够运用四个方向说清教室里和教室外的某个位置和

行走路线。

【设计意图：在认识完四个方向后，本环节通过设计丰富的具身体验活动，多感官地将方向运用在生活中。本环节设计三个层次：第一层次，寻找自己的东、南、西、北和教室的东、南、西、北有什么，再找一找教室中物体与物体、人与人的位置关系，感悟位置的相对性；第二层次，经历在教室里走一走的过程，能用东、南、西、北说出行走路线；第三层次，想象从教室到教室外某个地方的行走路线，发展空间观念。三个层次层层递进，学生经历从教室里到教室外、从认识方向到描述具体位置的行走路线的过程，在观察、操作、想象中发展空间观念。】

任务5 ▶ 解决问题，感悟价值

（1）回顾问题，描述位置

提问：还记得咱们课前的那个问题吗？咱们的教室到底在教学楼的哪个位置呢？

追问：为什么课前咱们说不清楚呢？

小结：用前、后、左、右描述物体位置会因为身体朝向而改变，而东、南、西、北不会改变，可以清楚描述物体位置。所以我们去野外的时候，都是用东、南、西、北来确定方向的。

（2）延学作业，课堂延伸

谈话：同学们，课堂要进入尾声了，老师也布置了一个“玩转方向”的延学系列活动，从生活中辨方向、在诗情画意辨方向和巧手制作方向标，希望同学们在课后能够将今天所学内容应用到生活中，解决生活中的实际问题。

瞧，这是咱们学校的平面图，在平面图上，以庭院为中心，庭院的东、南、西、北有什么呢？我们在平面图上又是如何确定方向呢？

【设计意图：本环节和课始环节首尾呼应，通过提出问题：咱们的教室到底在哪里呢？感悟东、南、西、北描述位置的不变性。最后设计延学作业，融入跨学科内容，将方向知识与生活实际联系起来，感悟用东南西北辨别方向的实际价值。】

5. 板书设计（图 5-4-21）

图 5-4-21

6. 学习效果评价(表 5-4-6)

表 5-4-6 学习效果评价

评价内容	具体评价指标	学习效果评价
知识与技能	能在教师引导下在教室里认识东、南、西、北,给定一个方向,能辨别其余三个方向	
过程与方法	能积极参与集体活动,在活动体验中能描述行走路线,感悟物体间位置和方向的相对性	
情感、态度与价值观	在积极的活动体验中感受方向和日常生活的联系,感悟用方向描述位置的必要性	
数学核心素养	经历提出问题并解决问题的过程,在观察、操作、想象中发展推理意识,培养空间观念	

(案例提供:苏州工业园区文景实验学校 彭国庆名师工作坊 王怡)

第二学段 寻找宝藏

1. 教学内容分析

“寻找宝藏”是《课标(2022 年版)》中“综合与实践”领域的“主题活动”。本节课是在学生在第一学段学完“我的教室”,认识了生活中东、南、西、北四个方向的基础上,在生活情境中,进一步学习辨认东北、东南、西南、西北四个方向,了解“几点钟方向”,并认识包含八个方向和几点钟方向的简单的平面示意图,在实践活动中进一步发展空间观念。因此在教学中,设计将“如何找出宝藏”作为一个真问题引导学生探究,让学生充分经历发现和提出问题、分析问题和解决问题的过程,充分发展学生的空间观念、推理能力、应用意识和创新意识。

2. 教学目标确定

(1) 教学目标

① 通过主题活动“寻找宝藏”在认识东、南、西、北的基础上,学习东北、西北、东南、西南四个方向,了解“几点钟方向”,能描述图上物体所在的方向,并能用方位词描述物体之间的位置关系,发展学生空间观念。

② 能积极参与集体活动,在活动体验中能正确指出宝藏所藏位置,且能通过合作制作一张藏宝图,感悟物体空间方位和相互之间的关系。

③ 在积极的活动体验中感受方向,能质疑并提出自己的问题,分析与评价他人的方案与策略。

④ 经历提出问题并解决问题的过程,在观察、操作、想象中发展推理意识,培养空间观念。

(2) 教学重点

认识东北、东南、西北、西南和“几点钟方向”,能描述图上物体所在的方向,并能用方位词描述物体之间的位置关系。

(3) 教学难点

会用方向描述物体的位置,借助“寻宝”“藏宝”,确定现实生活中物体所在的具体位置。

3. 教学活动设计

任务1 ▶ 情境设置,旧知回顾

谈话:同学们,这节课我们要一起来“寻找宝藏”,想要找到宝物是要有线索的,今天我们的线索就是——方向。

提问:你们能指一指这个教室里的各个方向吗?

提问:你们都认为这面是东,你们是怎么知道这面是东的呢? 这一面呢? 怎么这么快确定的?

小结:东和西是相对的,除了东和西相对,还有南和北也是相对的。

【设计意图:利用寻宝情境唤起学生经验,用东、南、西、北来描述位置,大大激发了学生的学习兴趣和探究欲望。】

任务2 ▶ 活动探究,寻找宝藏

(1) 寻找身边的宝藏

谈话:现在方向搞清楚了,那么下面我们就正式开始寻宝。其实啊,宝物就藏在你们中间,我们一起来看老师提供的三条藏宝线索。

第一条线索:10 号的正北方向。

提问:找找看,宝藏在哪里? 你们是怎么找到的?

谈话:为了方便记录,老师把你们的座位缩小了,变成了一张座位图。

第二条线索:17 号的正东方向。

提问:现在宝藏又在哪里?

谈话:想不想知道宝藏到底是什么? 谁想来前面戳戳看。

第三条线索:15 号的西北方向。

提问:现在宝藏在哪里? 有哪几个号码?

追问:为什么这四个位置都是呢?

指出:(PPT 演示)这是 15 号,这是 15 号的北面,这是 15 号的西面,那么 15 号的西北方向就是他们之间的区域。可能是我们古人早期用太阳东升西落来定位,当两个方位词拼在一起的时候,我们习惯上把东和西放在前面,南和北放在后面。

追问:西北方向包不包括正西和正北呢? 其他三块区域是什么方向呢?

明确:(PPT 演示)正东和正北之间的区域是东北区域;正东和正南之间的区域是东南区域;正西和正南之间的区域是西南区域。

活动:还是以 15 号为中心,老师说到哪个区域,在这个区域的同学起立。

提问:南和北是相对的,东和西是相对的,这里新认识的方向有没有这个规律呢?

预设:东南和西北是相对的,东北和西南是相对的。

明确:方向具有相对性。

谈话:我们找到了这四个号码,那么找的到底对不对呢?

【设计意图:本环节解决了新方向是什么、为什么及怎么记忆和使用。通过学生自主发现线索中的方向新朋友,展示交流新方向并解释为什么,加深对这些新方向的理解。】

(2) 认识“几点钟方向”

提问:刚刚我们找到了这么多宝物,现在请你们来藏一个宝物,还是以 15 号为中心,你们打算藏在哪一块区域?

追问:一起来看一看东南区域,刚才他说让我们很难找到,那你们有没有什么好办法快速地确定宝藏的位置呢?

引导得出:多加几条信息。

提问:3 点钟方向和 12 点钟方向,这是什么意思?

预设:3 点钟方向就是正东方向,12 点方向就是正北方向。

谈话:你的知识可真丰富,如果把我们的钟面看成是指南针,将分针看成是指南针的指针,当指针指向 3 点的时候就是正东,当指针指向 12 点的时候就是正北。

追问:钟面上有这么多时间,你们还可以说出哪些方向呢?它在哪个区域呢?

谈话:瞧瞧,我们对方向的描述越来越准确了,现在你们能找出宝藏在哪里吗?

小结:看来,在描述位置时,除了我们以前学过的东、南、西、北、东南、东北、西南、西北,还可以根据平面中的方向指示,用几点钟方向来描述位置。

【设计意图:学生在“藏宝”的过程中发现问题,并提出解决问题的方法,在此基础上,教师引出“几点钟方向”的概念。通过教师的问题思考,感受新的方位词产生的必要性,即位置描述越来越精确。】

(3) 寻找平面图上的宝藏

提问:同学们,刚刚在寻宝、藏宝的过程中,你们有没有什么经验想和大家分享的?

小结:我们都是通过信息的提示找到了宝藏,有时候一条信息就能帮助我们找到宝藏,当一条信息不够的时候,我们可以借助更多的信息找到宝藏,当这些信息有交叉的时候,我们就能确定宝藏的位置。

谈话:刚刚在我们自己身边找到了好多宝藏,如果把寻宝范围扩大,扩大到我们熟悉的苏州乐园,你们还能找到宝藏吗?

出示:苏州乐园的平面图(图 5-4-22)。

图 5-4-22

提问：根据平面图的绘制规则，你们能找到地图上的各个方向吗？

指出：上北，下南，左西，右东。

小组合作，寻找平面图上的宝藏。

要求：

① 看一看：熟悉苏州乐园地图中各景点的大概方位。

② 找一找：借助工具，根据提供的线索，小组合作，找到宝藏所在处。

③ 说一说：小组交流是怎么找到宝藏的。

第一种：线索 1 在大门的西南方；线索 2 在鹅宝乐园的东面；线索 3 在绝处重生的 7 点钟方向；疯狂之旅的 11 点钟方向有宝藏。

第二种：宝藏在大门的东南方向；宝藏在七彩梦工厂的东面；疯狂之旅的 4 点钟方向藏着宝藏。

小组汇报交流。

比较：这些藏宝图有什么不同的地方吗？

指出：学生根据情况进行分类，一类是根据所有信息一下子找出所有宝藏位置，一类是根据提示走到一个地点拿到下一个提示再继续走，直到找出宝藏。

谈话：你们利用给出的信息一步步推理，最终找到宝藏的位置。你们自己想藏宝藏吗？让我们聚焦到苏州乐园的这一角，接下来就请你们小组合作，在这里藏宝物吧。

【设计意图：首先让学生认识平面图上的各个方向，感受到平面上的方向和生活中的方向可能是不一样的，接着利用不同观测点观察到的位置信息，经过学生的推理与想象找到正确的宝藏位置，感受到在不同的观测点描述同一位置是不同的，只靠一个方向去描述物体位置是不唯一的，需要结合多个信息进行推理和验证。】

任务 3 ▶ 体验感悟、制作藏宝图

(1) 设计藏宝图

试一试：四人一组，制作一张藏宝图，并在藏宝图中留有一些关于“藏宝”位置与方向的提示信息，制作好之后，展示在画板上。

找一找：制作好后，可以浏览其他小组的藏宝图，思考如何找出他们的宝藏。

评一评：给你心目中最好的藏宝图投票。

(2) 组织交流

谈话：你们都找出他们的宝藏了吗？你们认为哪个小组制作的藏宝图最好？说一说你们的推荐理由。

学生推荐自己最喜欢的藏宝图，并介绍如何找出正确位置，评选出“藏宝图设计金奖”。

【设计意图：这一环节任务是在“如何确定宝藏”这一问题基础上的逆向思考，要求学生不仅借助推理，想象并表达物体的空间方位和相互之间的关系才能正确制作出藏宝图，还要求学生能质疑并提出自己的问题，分析与评价他人的方案。】

任务 4 ▶ 全课总结、拓展延伸

① 古今表示方向的工具与方法有什么特点或不同？

② 今天这节课我们学习了什么内容？你们有什么收获？

4. 板书设计(图 5-4-23)

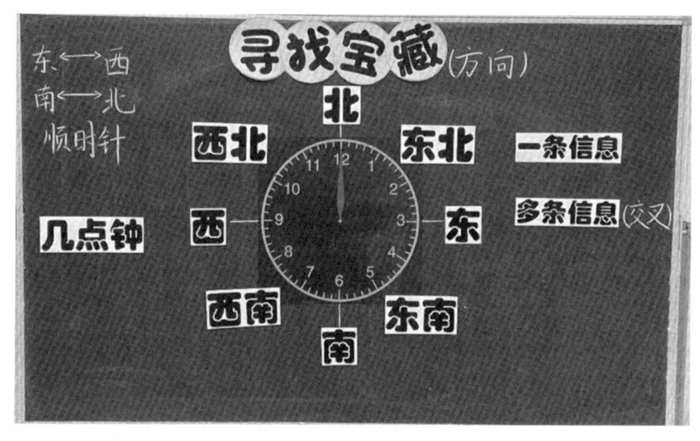

图 5-4-23

5. 学习效果评价(表 5-4-7)

表 5-4-7 学习效果评价

评价内容	具体评价指标	学习效果评价
知识与技能	能在教师引导下认识八个方向和利用“几点钟方向”描述物体位置	
过程与方法	能积极参与集体活动,在活动体验中能正确指出宝藏所藏位置,且能通过合作制作一张藏宝图,感悟物体空间方位和相互之间的关系	
情感、态度与价值观	在积极的活动体验中感受方向,能质疑并提出自己的问题,分析与评价他人的方案与策略	
数学核心素养	经历提出问题并解决问题的过程,在观察、操作、想象中发展推理意识,培养空间观念	

(案例提供:苏州工业园区文萃小学 彭国庆名师工作坊 许燕)